科学版精品课程立体化教材·经济学系列

宏观经济学

（第二版）

任保平　宋　宇　主　编
郭俊华　林建华　副主编

- 国家精品资源共享课教材
- 国家级精品课程教材
- 陕西省精品课程教材
- 教育部教育质量工程项目“理论经济学创新人才培养模式实验区”核心课程教材
- 教育部教育质量工程项目“教育部高等学校特色专业建设点”核心课程教材

科学出版社
北　京

内 容 简 介

“宏观经济学”是教育部确定的高等院校财经类专业的核心课程。本教材根据宏观经济学的基础、长期模型、短期模型、模型的扩展，以及宏观经济问题与政策五大部分建立课程体系结构，内容涉及国民收入核算、经济增长理论、总供给分析、总需求分析、宏观经济均衡模型、开放经济理论、消费理论、投资理论、预期理论、失业理论、通货理论、经济周期理论和宏观经济政策等。本教材参考了国内外多种教材，在理论体系构造上有所创新，以中国的事实为案例，形成了基于中国事实的理论。教材在体例上体现出“史-论-图”一体化，教材深度上偏向于中级教程，形成图像式和代数式相结合的教材模式。另外，教材形式上还附加了“专栏”“相关链接”等。

本教材可作为经济、管理、金融、财政以及其他财经类本科专业的基础课教材，同时也可供相关专业研究生、经济学研究者参考、阅读。

图书在版编目（CIP）数据

宏观经济学 / 任保平，宋宇主编. —2 版. —北京：科学出版社，2016

科学版精品课程立体化教材·经济学系列

ISBN 978-7-03-049725-3

Ⅰ. ①宏…　Ⅱ. ①任…　②宋…　Ⅲ. ①宏观经济学-高等学校-教材

Ⅳ. ①F015

中国版本图书馆 CIP 数据核字（2016）第 199437 号

责任编辑：方小丽 / 责任校对：邹慧卿

责任印制：赵　博 / 封面设计：蓝正设计

科学出版社出版

北京东黄城根北街 16 号

邮政编码：100717

http://www.sciencep.com

北京科印技术咨询服务有限公司数码印刷分部印刷

科学出版社发行　各地新华书店经销

*

2009 年 2 月第　一　版　开本：787×1092　1/16

2016 年 8 月第　二　版　印张：19 1/4

2025 年 7 月第十七次印刷　字数：451 000

定价：48.00 元

（如有印装质量问题，我社负责调换）

第二版前言

《宏观经济学》是2008年西方经济学被评为国家精品课程之后，西北大学经济管理学院西方经济学教学团队集体编写的一本教材，这部教材从2009年出版以来，在科学出版社的关心支持下，至今已经印刷了8次。被国内许多大学使用，取得了良好的效果。

但是，本教材在使用中也存在许多问题，一些参考资料变得陈旧，一些案例也显得过时。在科学出版社的支持下，我们启动了教材的再版，本次再版主要涉及以下方面：

第一，补充了一些新的材料。例如，第四章中将章标题改为“增长理论前沿”，第四节“劳动分工内生化的杨小凯-博兰德模型”因为内容在发展经济学中讲授，同时在硕士阶段也讲，再版中把这一节的内容改为“反增长理论”；并增加了第五节“增长质量理论”。

第二，更新了某些案例和相关链接。例如，第二章中把国民收入核算的一些相关链接数据进行了更新，第十三章中替换了专题13-1。

第三，对全书中的相位图、公式进行了核实，改正了某些错误。对教材中一些错误的表述进行了修正。

本次修订主要由一些使用本教材的年轻教师来完成，郭晗博士完成了第一篇的修订，钞小静副教授负责了第二篇的修订，师博副教授负责了第三篇的修订，陕西师范大学的李娟伟负责了第四篇的修订，魏捷博士负责了第五篇的修订。在整体修订中，魏捷博士做了大量的协调工作。全书修订稿完成之后，我最后进行了全书的最终通稿。由于时间仓促，本教材虽然进行了认真修订，但是可能还会存在一些问题，欢迎读者提出批评意见。本次修订工作得到了科学出版社张凯编辑的支持和督促，在此也一并表示感谢。

任保平

2016年6月于西北大学

第一版前言

西方经济学，包括微观经济学和宏观经济学，是财经类本科专业的基础课程和核心课程。学习该课程，可以为进一步学习财经类其他课程打下坚实的基础。该课程针对已具备高等数学知识的财经类本科生开设，为专业必修课。通过学习，要求学生认识并掌握微观经济学和宏观经济学的基本理论框架和分析逻辑，理解并弄清微观经济学和宏观经济学的基本概念，熟悉并掌握图形分析、实例分析以及简单的数学模型分析等基本分析方法和技巧，提高运用所学的经济学理论与分析工具分析和解决现实经济问题的能力。

·本教材的课程背景

西北大学很早就开设了西方经济学课程，并将其设置为专业基础课程和重点建设课程。早在20世纪80年代，西北大学经济管理学院各专业就开设了西方经济学课程，最早由李瑞芝教授开设，此后邹东涛、赵增耀、杨小卿都讲授过西方经济学课程。

20世纪90年代以来，随着经济学课程体系的改革，西方经济学分化为“宏观经济学”和“微观经济学”，分两学期开设，形成了以王忠民教授为主体的教学队伍，李树民、杨小卿、赵增耀、王小龙、范王榜、林建华都成为该课程的教学人员。

进入21世纪，随着人员的流动和人才的引进，教师队伍发生了新的变化。任保平教授、常云昆教授、李树民教授、严汉平教授、范王榜副教授、杨小卿副教授、宋宇副教授、郭俊华副教授、林建华博士、岳丽萍博士、王聪博士都成为西方经济学课程的主讲教师，形成了西方经济学课程教学团队，师资队伍进一步壮大，学历结构和职称结构进一步优化。

经过多年的建设，1998年西方经济学成为国家理论经济学人才培养基地核心课程，2004年成为西北大学精品课程和陕西省重点学科，2006年成为陕西省精品课程，2007年成为“教育部理论经济学创新人才培养模式实验区”核心课程、“教育部高等学校特色专业建设点”核心课程，2008年被批准为“国家级精品课程”。随着教学实践的不断探索，西方经济学课程体系进一步完善，围绕“宏观经济学”“微观经济学”的教学，又进一步开设了“西方经济学流派”“西方经济学说史”“西方经济学前沿专题”等课程，形成了较为完善的课程体系和结构合理的教学团队，在教学手段上充分利用现代教学设备，形成了较完善的多媒体教学手段。

•本教材的作者队伍及其分工

为了加强西北大学经济管理学院西方经济学精品课程的建设，在科学出版社的支持下，我们编写了本教材。《宏观经济学》教材的大纲是在任保平教授和宋宇副教授共同商量下确定的，各章初稿的编写分工如下：第一章，西北大学任保平；第二章，西北大学林建华；第三章，西北大学钞小静；第四章，西北大学邵晓；第五章，西北大学郭俊华；第六章，江苏大学汤向俊；第七章，西北大学张如意；第八章，西北大学林建华；第九章，西北大学宋宇；第十章，兰州商学院柳江；第十一章，西北大学宋宇；第十二章，西北大学蔡炳权；第十三章，西安科技大学王思薇；第十四章，西安理工大学王艳；第十五章，西北大学王聪。在各章初稿的基础上，任保平教授和宋宇副教授对全书进行了统稿工作，郭俊华副教授和林建华博士协助进行了部分章节的最终校对工作。

•本教材的特色

国内翻译了“宏观经济学”的许多国外原版教材，但是这些原版教材基本上是以美国案例为主的，难以解释国内的许多经济问题。同时各个高校也编写了自己的教材，但是这些教材基本上是以介绍为主，缺乏应用性。本教材在编写过程中，参考了国内外的多种教材，形成了以下特色：

（1）在理论体系上构建和现有体系不同的体系结构。在体系上将宏观经济学分为五大篇：第一篇为宏观经济学基础，包括宏观经济学概论和国民收入的核算及其决定两章；第二篇为宏观经济学的长期模型，包括经济增长理论及其基准模型、内生增长理论；第三篇为宏观经济学的短期模型，包括总供给与总需求、总需求理论和总供给理论；第四篇为宏观经济学模型的扩展，包括消费理论、投资理论、预期理论、开放经济的宏观均衡模型；第五篇为宏观经济问题与政策，包括失业理论、通货理论、经济周期理论和宏观经济政策。

（2）以中国的事实为案例，形成了基于中国事实的理论分析。现有的翻译教材以及国内编写的教材，大多数依据美国的案例来说明问题。本教材在编写过程中，许多理论力求以中国的案例来说明。例如，在第二章“国民收入的核算及其决定”中，不仅以美国的例子来说明，而且以中国 2006 年的数据来说明支出法 GDP 的核算及其结构。在第六章 IS-LM 模型中，不仅介绍了这一模型的内容，而且在“专栏”中介绍了“中国的 IS-LM 模型及其政策分析”。

（3）本教材在深度上偏向于中级教程，形成图像式和代数式相结合的教材模式。例如，在经济增长理论中，现有教材主要介绍新古典模型，而本教材在介绍新古典模型的基础上，进一步介绍了新古典经济增长模型的扩展，同时介绍了内生增长诸模型，包括技术内生的阿罗-谢辛斯基模型、知识内生的罗默模型、人力资本内生的卢卡斯模型、分工内生的杨小凯-博兰德模型。不仅介绍了这些模型的思想，而且介绍了模型的推导过程，从而便于学生在初级教程学习的基础上向中级过渡。

（4）教材体例上体现出“史-论-图”一体化。在教材形式上，附加了“专栏”“相关链接”等形式。扩展性知识通过“专栏”形式来介绍。例如，在介绍经济增长理论中，通过“专栏”介绍“经济增长的要素贡献的计算”；在消费理论中，通过“专栏”介绍“中国目前的消费态势及其解释”；在失业理论中，通过“专栏”介绍“中国失业率计算”。对于补充性知识通过“相关链接”来处理。例如，在经济增长理论中，通过“相关链接”介绍“反增长理论”；在总需求理论中，通过“相关链接”介绍“中国总需求结构的现状分析”。

由于水平和认识上的局限性，本教材难免存在各种不足，欢迎读者和各位同行批评指正。

•致谢

在教材编写过程中，我们参考了近年来国际和国内出版的同类教材，吸收了各家长处，参考的教材和书目在各章最后的主要“扩展性阅读资料”中列出，在此表示感谢。

本教材的编写以西北大学经济管理学院西方经济学教学团队为主体，同时得到了西安理工大学、兰州商学院、西安科技大学和江苏大学的支持。此外，本教材是“国家级精品课程教材”、“陕西省精品课程教材”、教育部教育质量工程项目“理论经济学创新人才培养模式创新实验区”核心课程教材和“教育部高等学校特色专业建设点”核心课程教材。在教材编写过程中得到了西北大学教务处和经济管理学院的大力支持，西北大学副校长任宗哲教授、经济管理学院院长白永秀教授、教务处处长王正斌教授给予了积极的鼓励和支持，在此表示感谢。同时，也得到了陕西省外国经济学学说研究会会长冯涛教授、副会长常云昆教授以及经济管理学院李树民教授等的支持，在此一并表示感谢。最后，科学出版社的林建编辑为本教材的出版付出了辛勤的劳动，并在大纲形成和教材的思路上提供了许多建设性的意见，在此表示感谢。

任保平
2008 年 12 月于西北大学

目　录

第一篇　宏观经济学基础

第二篇 宏观经济学的长期模型

第三篇 宏观经济学的短期模型

相关链接目录

专栏目录

第一篇

宏观经济学基础

第一章

宏观经济学概论

宏观经济学又称总体经济学、大经济学，是微观经济学的对称。宏观经济学是现代西方经济学的一个分支，它以整个国民经济为考察对象，研究经济中各有关总量的决定及其变动，以解决失业、通货膨胀、经济波动、国际收支等宏观问题，实现经济长期稳定的发展。本章主要研究宏观经济学的基本问题、基本假设、研究方法、宏观经济学理论体系的演化及其新进展。

第一节　宏观经济学的基本问题

一、宏观经济学的研究对象

宏观经济学主要研究整体经济，以产出、失业、通货膨胀这些大范围内的经济现象为研究对象，通过对经济中各有关总量的决定和变化的研究来说明一国经济如何实现经济持续增长、充分就业、价格稳定和国际收支平衡的目标。其目的是对产出、失业以及价格的变动做出经济解释，对社会福利的影响和政府政策可能发挥的作用进行分析。

宏观经济学围绕经济运行的四大目标展开：①提高经济增长；②降低失业率；③降低通货膨胀率；④平衡国际收支。四大目标之间相互联系、相互区别，在四大目标中，经济增长是主要的基础性目标。

二、宏观经济学的内容

宏观经济学一般研究四个层次的内容：①宏观经济学的基本理论，包括国民收入决定理论、总供给理论、总需求理论、总供给和总需求的均衡理论、消费理论、投资理论、货币理论、经济增长理论、开放经济理论等。②宏观经济模型，主要包括各个流派建立的基本模型及其数理形式，如长期模型、短期模型、模型的扩展、开放经济模型等。③宏观经济问题，包括在总量模型的基础上研究宏观经济运行中资源不能被充分利用的三大宏观经济问题——通货问题、经济周期问题、失业问题。④宏观经济政策，包括经济政策目标、经济政策工具、经济政策机制（即经济政策工具如何达到既定的目标）、经济政策效应、宏观经济政策运用。以上四个层次共同构成了现代宏观经济学。现代宏观经济学是为国家干预经济的政策服务的。第二次世界大战后，凯恩斯主义宏观经济政策在西方各国得到了广泛运用，在相当大的程度上促进了经济的发展，但是，国家对经济的干预也引起了各种问题。

从以上四个层次的问题出发，宏观经济学研究的具体内容主要包括经济增长、经济周期波动、失业、通货膨胀、国家财政、国际贸易等方面，涉及国民收入及全社会消费、储蓄、投资与国民收入的比率，货币流通量和流通速度，物价水平，利息率，人口数量及增长率，就业人数和失业率，国家预算和赤字，进出口贸易和国际收入差额等问题。

三、宏观经济学研究的基本范式

1. 宏观经济学研究的三个角度

第一，如何衡量宏观经济——衡量是认识的基础。一个国家的宏观经济状况可以用一些经济指标来说明，这些经济指标包括国内生产总值（GDP）、通货膨胀率和失业率等。其中最重要的是 GDP，因为这个指标衡量整体宏观经济的状况。

第二，如何认识宏观经济——认识宏观经济的运行状态和规律。宏观经济学研究的问题是一个国家整体经济的运行情况以及政府如何运用经济政策来影响国家整体经济的运行。宏观经济各个变量之间的关系反映了宏观经济的运行状态和变动规律，如何认识这些变量及其关系是宏观经济研究的重要方面。

第三，如何发展经济——如何有效地利用资源、政府的作用和政策。宏观经济学是在假定资源能有效配置的情况下，来研究如何实现资源有效利用问题的。在宏观经济运行中，通货膨胀与通货紧缩、失业和经济波动往往会造成资源不能有效利用，因此需要发挥政府以及宏观经济政策的作用，以实现资源的有效配置和利用。

2. 表达理论的四种方式

第一，语言描述。运用语言描述方式，来揭示宏观经济运行的状态、基本规律以及宏观经济变量之间的关系，这是宏观经济学的基本表达方式。

第二，图表。用一些图表来反映一些宏观经济变量之间的关系。

第三，图形。在语言描述的基础上，用相位图来表示宏观经济变量之间的关系。例如，用 IS-LM 曲线表示产品市场和货币市场之间的均衡关系，用洛伦茨曲线表示收入分配的公平程度，用菲利普斯曲线表示失业与通货膨胀之间的关系。

第四，数理模型。经济模型是一种分析方法，也是用来描述和研究经济现象中有关经济变量依存关系的一种理论结构。经济理论是实际经济事物与经验认识的高度抽象与概括，经济模型就是经济理论的简明表达。宏观经济模型是代表经济运行行为的一组方程式，各方程式代表经济总量的经济行为。例如，索罗模型用资本、劳动力、折旧、人口、技术进步之间关系的方程式来表示新古典的经济增长思路。

3. 宏观经济学分析三大市场

宏观经济学把一个经济体系中所有的市场综合为三个市场——产品市场、金融市场和劳动力市场。整个宏观经济学围绕宏观经济的三大市场来建立分析框架，分析产品市场、金融市场和劳动力市场同时均衡的条件及其实现均衡的政策调整。

4. 宏观经济学三个行为主体

在市场经济运行中，不同行为主体的行为方式及其对经济活动的影响各不相同。据此，宏观经济学将它们划分为三种主要的主体，即家庭、厂商和政府。宏观经济学在很大程度上是要研究这三种行为主体在三个市场中的行为方式及其之间的相互关系。

四、宏观经济学和微观经济学的区别与联系

1. 宏观经济学和微观经济学的区别

第一，研究对象不同。微观经济学的研究对象是单个经济单位，如家庭、厂商等。正如美国经济学家 J. 亨德逊（J. Henderson）所说，“居民户和厂商这种单个单位的最优化行为奠定了微观经济学的基础”。而宏观经济学的研究对象则是整个经济，研究整个经济的运行方式与规律，从总量上分析经济问题。正如萨缪尔森所说，宏观经济学是“根据产量、收入、价格水平和失业来分析整个经济行为”的。美国经济学家E. 夏皮罗（E.Shapiro）则强调了“宏观经济学考察国民经济作为一个整体的功能”。

第二，解决的问题不同。微观经济学把资源有效利用作为既定的前提，解决的是资源配置问题，即生产什么、如何生产和为谁生产的问题，以实现个体效益的最大化。宏观经济学则把资源配置作为既定的前提，研究社会范围内的资源利用问题，以实现社会福利的最大化。

第三，研究方法不同。微观经济学的研究方法是个量分析，即研究经济变量的单项数值如何决定。而宏观经济学的研究方法则是总量分析，即对能够反映整个经济运行情况的经济变量的决定、变动及其相互关系进行分析。这些总量包括两类：一类是个量的总和；另一类是平均量。因此，宏观经济学又被称为“总量经济学”。

第四，基本假设不同。微观经济学的基本假设是市场出清、完全理性、充分信息，认为“看不见的手”能自由调节以实现资源配置的最优化。宏观经济学则假定市场机制是不完善的，政府有能力调节经济，通过“看得见的手”纠正市场机制的缺陷。

第五，中心理论和基本内容不同。微观经济学的中心理论是价格理论，还包括消费者行为理论、生产理论、分配理论、一般均衡理论、市场理论、产权理论、福利经济学、

外部性理论等。宏观经济学的中心理论则是国民收入决定理论，还包括失业与通货膨胀理论、经济周期与经济增长理论、开放经济理论、消费理论、投资理论等。

2. 宏观经济学和微观经济学的联系

微观经济学和宏观经济学虽然有明显的区别，但作为经济学的不同分支，二者的共同点也是明显的：一方面，宏观经济学和微观经济学只是从不同角度对经济现象进行的分析，采用的都是实证分析方法，即都把社会经济制度作为既定的，不涉及制度因素对经济的影响，从而与制度经济学区分开来；另一方面，微观经济学先于宏观经济学产生，发展得比较成熟，因而是宏观经济学的基础。两者互相补充、互相渗透，共同组成了经济学的基本原理。

相关链接 1-1　对宏观经济学微观基础的探寻

关于宏观经济学的微观基础问题，一直是学界激烈争论的问题。宏观经济理论，无论是凯恩斯主义还是货币主义，都把微观经济理论所探讨和得出的某些原理当作既定的前提加以接受，但诸如价值形成问题、收入分配的依据问题等并不包括在他们的理论之中。也就是说，宏观经济学一直缺乏自己的微观经济学基础。寻找微观基础一直是宏观经济理论研究者孜孜以求的工作。

（1）对于凯恩斯宏观经济学的微观基础问题，主要有两种看法：其一，萨缪尔森早就提出，用新古典经济学的微观理论，即边际效用价值论和边际生产力分配理论作为凯恩斯宏观经济学的微观基础，因而被称为“新古典综合派”。其二，以卡尔多、琼·罗宾逊为首的凯恩斯主义者则认为，要从李嘉图的价值理论和分配理论中去寻找宏观经济学的微观基础，要承认价值本身有客观的、物质的基础，承认分配问题不能脱离特定历史条件和所有权因素来考察。凯恩斯经济学的微观基础问题，实际上是凯恩斯主义中两大分支——新古典综合派和新剑桥学派——之争，这个争论还在继续。

（2）货币主义宏观经济理论的微观经济学基础问题，货币主义者们尤其是所谓第二代通货膨胀研究者们对此进行了补充和发展。他们认为，人们预期的形成与市场信息之间存在着密切的关系，而市场信息的获得不仅需要成本，而且难以充分。因此，只分析宏观经济学领域中货币流通总量和利息率水平，而不分析微观经济学领域中人们对工资和价格的预期、市场信息的传递方式，显然是不够的。

（3）希克斯在宏观经济学和微观经济学结合的问题上走了一条独特的道路，既不同于凯恩斯主义，也不同于货币主义。早在20世纪30年代，他在《价值与资本》一书中就开始了二者结合的尝试，在他的理论中，微观理论和宏观理论是一致的。

资料来源：厉以宁：《宏观经济学的产生和发展》，湖南人民出版社，1997年。

第二节　宏观经济学的基本假设和研究方法

一、基本假设

1. 资源有效配置

在市场机制能够有效配置资源的前提下研究资源有效利用问题，在宏观经济总量模型的基础上研究失业、通货膨胀和经济周期问题。

●专栏 1-1　经济学研究的假设

假设（hypothesis）是指在研究开始时提出的等待检验的命题，它构成了研究的主题。假设必须以前人的研究为基础，假设的目的是发现新知识。因此，假设的合理性主要体现在：①假设必须建立在可靠的理论基础之上。任何假设都是现有理论的扩展和继续，不可能离开现有的理论去进行假设。②假设必须清晰和具体地表述变量之间的关系。③假设必须是可以验证的，可以观测，也可以验证。假设的类型包括：一是归纳型假设。在观测基础上通过对事实的概括（generalization）来观测变量之间可能有的关联，并给予初步的解释。二是演绎型假设。从公理、原理或者学说出发，运用逻辑推理提出假设。经济理论的研究往往要从一些假设前提出发，而这些假设前提又与现实中的情形存在着一定的距离。因此，有的西方学者主张经济理论的“结论就不可能作为正确的而被接受”。

资料来源：阿尔弗雷德·S. 艾克纳：《经济学为什么还不是一门科学》，苏通等译，北京大学出版社，1990 年，第 146 页。

---

2. 市场机制的不完善

宏观经济学是以市场机制是不完善的和政府应该并可以调节经济为假设条件的。宏观经济学是在此假设条件下，以整个国民经济为研究对象，通过研究经济中各有关总量的决定及其变化，来说明资源通过政府的宏观经济政策才能得到充分利用的经济理论。

二、研究方法

1. 总量分析方法

宏观经济学的研究方法是总量分析，即对能够反映整个经济运行情况的经济变量的决定、变动及其相互关系进行分析。这些总量包括两类：一类是个量的总和；另一类是平均量。因此，宏观经济学又被称为“总量经济学”。总量研究方法又被称为整体分析，是以经济发展的总体或总量为着眼点的研究方法。这种研究方法是在假定制度不变的前提下进行的，它把制度因素及其变动的原因和后果以及国民经济的个量都看成是不变的和已知的，在此前提下研究宏观经济总量及其相互关系。例如，在研究消费时，只着眼于考察社会总消费及其与总收入、总投资、总储蓄的相互关系，对于个体的消费行为及其变动则不予关注。这种研究方法由于一开始就抓住了经济运动的总体状况及其总体结构的基本状况，因此其研究结果对把握国民经济全局具有重要的作用。但是这种研究方法也有局限性，主要是只见森林而不见树木，往往忽视个量对总量的影响。因而在这一研究方法的内在结构中，个体对总体关系的影响和作用往往是不清楚的。

2. 实证分析和规范分析

宏观经济学的研究方法包括实证分析方法和规范分析方法两种。

实证分析方法不涉及任何价值判断，只研究客观经济规律，考察经济变量之间的因果关系，根据这些规律或关系对经济行为结果进行分析、预测。

规范分析方法主要涉及经济行为应该是什么、经济问题应如何解决等问题，具有强烈的主观色彩。规范经济学要对经济现象的社会价值做出判断，分析是好是坏、是对是错，因此它具有特别明显的主观性。

实证经济学要通过对客观经济规律的深入研究，发现经济变量之间的内在联系，以此为依据来分析、预测未来；实证经济学的内容极具客观性，结论通常可接受事实的检验，检验结果具有客观性。与此相反，规范经济学由于主观性过强，不同的人对同一个经济现象有不同的看法，并做出不同的评价。

3. 均衡分析和非均衡分析

均衡分析又可以分为局部均衡分析和一般均衡分析。局部均衡分析考察在其他条件不变时单个市场均衡的建立与变动；一般均衡分析考察各个市场之间均衡的建立与变动，是在各个市场的相互关系中来考察一个市场的均衡问题。

4. 静态分析和动态分析

静态分析和动态分析的基本区别在于，前者不考虑时间因素，而后者考虑时间因素。换句话来说，静态分析考察一定时期内各种变量之间的相互关系，而动态分析考察各种变量在不同时期的变动情况。把均衡分析与静态分析和动态分析结合在一起就产生了三种分析工具——静态均衡分析、比较静态均衡分析和动态均衡分析。

5. 定性分析和定量分析

定性分析是说明经济现象的性质及其内在规定性与规律性；定量分析则是分析经济现象之间量的关系。

三、研究步骤

宏观经济学是研究经济的总体行为、考察经济的总体趋势的学问，而经济的总体趋势是经济中数以百万计的单个经济个体的行为加总的结果，因此，宏观经济理论必须与构成经济的数以百万计的家庭和企业的微观基本行为相一致。为此，现代宏观经济学采取三个基本步骤：

（1）试图从理论水平上理解单个家庭和企业的决策过程。现代宏观经济学假定经济中存在一个典型的或平均的家庭或企业，然后利用微观经济学的工具研究它们在各种不同的经济环境中怎样以及将要怎样的行为。

（2）宏观经济学家试图通过加总经济中个别家庭和企业的所有决定，来解释经济的整体行为。他们将典型家庭或企业的行为以某种适当的方法加以“复合”（multiplied），把经济中的关键变量（如价格、产量、消费量等）加总，然后推导出整体数据间的各种不同关系，以试图解释关键经济变量间的联系。

（3）通过收集并分析实际宏观经济数据以赋予理论经验内容、验证理论的有效性，宏观经济学就是这样运用微观经济学理论来不断完善自己的理论体系的。

第三节　宏观经济学的基本变量关系

一、国内生产总值与国民生产总值

GDP 是一定时期内（通常是一年）一国境内所产生的全部最终产品和劳务的价值总和。这里的“最终产品和劳务”指的是由最终使用者购买的产品和劳务，而不被用作投入品以生产其他产品和劳务。

国民生产总值（gross national product，GNP），即一国公民在一定时期内所得到的收入价值总和。在一个封闭经济中——与其他国家不发生任何贸易往来和资本流动——GDP 与 GNP 的值是相等的。但在开放经济情况下，这两个值通常是有出入的，因为在大多数国家里，总有部分国内产值为外国公民所有，而外国的部分产值又是本国公民的收入。

相关链接 1-2　1978 年以来中国的 GDP、人均 GDP 以及经济增长率（表 1-1）

表 1-1　1978 年以来中国的 GDP、人均 GDP 以及经济增长率

年份	GDP/亿元	人均 GDP/元	经济增长率/%
1978	3 645.2	381.2	11.7
1980	4 545.6	463.2	7.8
1985	9 016.0	857.8	13.5
1989	16 992.3	1 519.0	4.1
1990	18 667.8	1 644.4	3.8
1991	21 781.5	1 892.7	9.2
1995	60 146.5	5 074	11.0
2000	70 538.3	5 878	9.9
2001	78 517.3	6 457	9.2
2002	83 505.7	6 835	7.8
2003	88 989.8	7 199	7.6

续表

年份	GDP/亿元	人均 GDP/元	经济增长率/%
2004	98 562.2	7 902	8.4
2005	108 683.4	8 670	8.3
2006	119 765.0	9 450	9.1
2007	135 718.9	10 600	10.0
2008	160 289.7	12 400	10.1
2009	184 575.8	14 259	11.3
2010	217 246.6	16 602	12.7
2011	268 631.0	20 337	14.2
2012	318 736.7	23 912	9.6
2013	345 046.4	25 963	9.2
2014	407 137.8	30 567	10.6

资料来源：国家统计局网站，http://data.stats.gov.cn

GNP 和 GDP 之间的差额是净要素支付（net factor payment，NFP），它等于本国公民在国外的收入减去外国公民在本国的收入。NFP 所衡量的正是 GDP 与 GNP 之间的差异，即

$$NFP=GNP-GDP$$

当在国外投入生产的本国生产要素所获取的收入大于在国内投资生产的外国生产要素所获取的收入，也就是当 NFP 为正数时，GNP 高于 GDP；反之，也就是当 NFP 为负数时，GNP 低于 GDP。

GNP 是以国民为范围核算的，而 GDP 是以国土为范围进行核算的。GDP 是“领土”概念，GNP 是“生产要素”概念；GDP 是“生产”概念，GNP 是“收入”概念。在经济封闭的国家或地区，GNP 等于 GDP；在经济开放的国家或地区，GNP 等于 GDP 加上国外净要素收入。

二、名义价值与实际价值

以上对 GDP 和 GNP 的讨论是基于名义价值基础上的，也就是以现时的货币价值作为衡量产品和劳务价值量的标准。然而，这种名义价值往往并不具备可比性，因为在实际经济生活中货币价值通常是不稳定的。当存在通货膨胀或通货紧缩时，就必须将所看到的名义价值及其所蕴涵的实际价值区分开来。

名义 GDP 修正为实际 GDP 只需剔除名义 GDP 中的价格变化因素即可。计算实际 GDP 的公式为

$$实际\ GDP=名义\ GDP/价格水平\times 100$$

三、流量与存量

在宏观经济学中，经常会遇到流量和存量的概念。流量是指特定的时间段中发生的

经济量值，如某一企业的年生产量、国家统计局定期公布的月度工业增加值等。存量是稳定时点上现存的经济量值，如1990年世界人口数量、1999年年末的香港外汇储备等。迄今我们所讨论的大多数概念都是流量，如GDP、GNP、人均收入、进出口等，而少数概念，如一国的失业人数，属于存量。

四、利率与现值

在宏观经济变量中引入时间以后，就形成了现值与未来值的区分。现值是变量的现在货币值，未来值是现值加上利率以后的货币值。未来值=现值+利率，即现值=未来值–利率。例如，今年的1元钱与明年1元钱是有区别的。在10%的年利率下，今天存入的1元钱到明年的今天将是1.1元。同样，为使明年的今天得到1元钱，今天就得存入约0.91元。换句话说，明年1元钱的现在价值为0.91元。这就是经济学中经常遇到的货币现值这一概念的含义。

第四节 宏观经济问题

一、经济增长问题

产出的增长率，尤其是人均产出的增长率最终决定一国的贫富程度，因此，宏观经济学一个最重要的任务就是弄清经济增长的决定因素。然而，这样并不容易。例如，是什么使日本和韩国这样资源贫乏国家的经济近年来停滞不前甚至出现负增长呢？如何解释经济史上的各种“增长奇迹”与“增长的灾难”？尽管宏观经济学家对这一问题进行了卓有成效的研究，并得出了一些令人信服的结论，但目前他们仍无法圆满回答经济增长的决定因素究竟是什么。但是现在的研究表明，储蓄率、投资率、技术创新以及其他一些因素是取得经济高增长的重要条件。这些都为人们进一步的研究提供了有价值的思路。

二、经济周期波动问题

在经济学中，经济周期指的是经济运行过程中出现的阶段性的、不规则的上下波动。经济周期通常用实际GDP和其他一些宏观经济指标的波动来衡量。由于经济活动的复杂性，经济周期并非如时钟的运转那么规律和固定，其演变的进程往往是随机的和难以预计的。一个经济周期通常由这样几个部分组成，即收缩期、谷底、扩张期、顶峰。实际GDP并不是在经济周期中发生波动的唯一指标，经济活动的波动还体现在失业率、股票价格和通货膨胀率等方面。

（1）失业率与经济周期。在一个经济周期的收缩期，失业率通常会上升；在扩张期，失业率则会下降。在经济周期的峰顶时，失业率保持在最低水平；而在经济周期的谷底时，失业率则达到最高点。

（2）股票价格与经济周期。与失业率相比，股票价格与经济周期的吻合性稍显逊色。总的来说，股票价格能够反映经济周期的演变，并且由于其往往领先于经济活动的变化，因而具有一定的预测性。因此，股票价格常常被认为是国民经济的晴雨表，这一点在大萧条期间表现得最为突出。

（3）通货膨胀率与经济周期。从历史的经验来看，当经济步入收缩期时，通货膨胀率往往随之下降，严重时甚至出现负数，也就是出现了通货紧缩。而当经济回升时，又常常伴随着通货膨胀率的上升。应当说，在大多数情况下，通货膨胀与经济周期的走向相吻合，并且通货膨胀的波动往往比经济周期的波动更为剧烈。

三、失业问题

失业就是指在当前工资水平下愿意工作的人无法找到工作。一个国家的失业总人数被称为失业人口，有工作的人的总数被称为就业人口，两者之和是一国的劳动人口。失业率是失业人口与劳动人口的比率。宏观经济学的失业问题主要研究：

（1）失业的衡量和失业的类型。衡量失业的主要指标是失业率，即失业人口与劳动人口的比率。根据失业形成的原因，其主要类型包括：①摩擦性失业。来自于正常的劳动力市场变动的失业称为摩擦性失业。②结构性失业。这一类失业来自于特定的地区或行业就业机会的减少。③周期性失业。由于经济扩张步伐变慢而产生的失业称为周期性失业。

（2）充分就业。充分就业是指所有的失业均属于摩擦性失业和结构性失业，因为此时工作机会的数量和失业工人的数量是相当的。充分就业下的失业率称为自然失业率（natural rate of unemployment）。

（3）失业的危害。其包括：①产出和收入减少。这是失业所造成的危害中最显著的一个。②人力资本流失。失业有时候会损害失业者的事业发展并侵蚀人力资本。③犯罪率上升。高失业率常常导致高犯罪率。④人格尊严丧失。长期失业给个人带来的挫折感和经济窘困是难以承受的，会极大地损伤个人的自尊。

四、通货问题

宏观经济学的通货问题包括通货膨胀和通货紧缩两种情况。通货膨胀（inflation）简称通胀，指的是平均价格水平的上升。与它相反的是通货紧缩（deflation），代表平均价格水平的下降。平均价格水平通常用价格指数来衡量。计算价格指数首先要将以前的某个时间设定为基期，再将即期的价格水平与基期比较，所得出的比数就是即期的价格指数。通货紧缩就是物价、工资、利率、粮食、能源等价格的持续下跌，当市场上流通的货币减少，人们的货币所得减少，购买力下降，物价随之下跌，从而造成通货紧缩。长期的货币紧缩会抑制投资与生产，导致失业率升高及经济衰退。在经济实践中，判断某个时期的物价下跌是否为通货紧缩，一是看通货膨胀率是否由正转为负，二是看这种下降的持续是否超过了一定时限。

五、国际经济问题

在当前的世界经济格局中，任何一个有一定规模的国家的经济都是开放经济，或者说是一个与其他国家有着大量贸易和金融联系的经济体。宏观经济学的研究范围就包括国与国之间经济贸易的联结方式，以及在国际经济交往中产生的问题，如国际收支平衡、汇率决定、大国开放及小国开放等。

六、宏观经济政策问题

宏观经济政策是从全局上对经济运行施加影响的方法和手段。财政政策和货币政策是两种最主要的宏观经济政策形式。财政政策通过各级政府的支付活动和税收对宏观经济的运行施加影响。在当前的中国，由于个人所得税的比重还不高，税收政策的变化主要体现的是政府和企业之间的关系，尤其是政府和国有企业之间的关系。支出政策也主要体现在对各级政府的支出以及国有企业投资政策的管理上。货币政策主要是指通过中央银行控制货币供应量，进而影响经济运行的情况。中国的中央银行是中国人民银行，美国行使中央银行职责的是联邦储备体系（Federal Reserve System）。

第五节　宏观经济学理论体系的演变与新进展

“宏观经济学”一词最早是由挪威经济学家弗里希在1933年提出来的。宏观经济学的产生与发展，迄今为止大体上经历了四个阶段。第一阶段：17世纪中期到19世纪中期，是早期宏观经济学阶段，或称古典宏观经济学阶段；第二阶段：19世纪后期到20世纪30年代，是现代宏观经济学的奠基阶段；第三阶段：20世纪30~60年代，是现代宏观经济学的建立阶段；第四阶段：20世纪60年代以后，是宏观经济学进一步发展和演变的阶段。

一、宏观经济学理论体系的演化

1. 古典的宏观经济理论：宏观经济学的萌芽时期

经济学中对宏观经济现象的研究与考察，可以上溯到古典学派。法国重农学派创始人魁奈的《经济表》就是最早对资本主义生产总过程进行分析的经济学文献。一种看法认为，宏观经济学最早产生于重农学派，理由是法国重农经济学家魁奈分析了社会资本再生产过程，把国民财富产生和增加的源泉从流通领域转移到生产领域。另一种看法认为，英国古典经济学家是宏观经济学的最早研究者，因为他们不仅从普遍的物质生产领域考察了国民财富的产生和增加，而且从国民收入核算的角度考察了宏观经济的运行。同时，英国古典经济学家威廉·配第也是宏观经济问题的最早研究者，他在1662年出版的《赋税论》一书被看作西方经济学中第一部以宏观经济为研究对象的学术著作。

从时间顺序上看，早期宏观经济学则经历了一个从威廉·配第到魁奈，再到亚当·斯密、大卫·李嘉图的产生和发展过程。早期宏观经济学的贡献有：提出了国民财富的基本概念；关于社会总资本再生产与流通的研究；关于经济增长问题的早期研究；萨伊定律的提出；关于经济政策问题的研究。

2. 现代宏观经济学的准备时期

从19世纪晚期开始，随着垄断资本主义阶段经济危机的频繁出现，宏观经济学将研究视角主要集中于对经济周期波动的解释上，形成了许多种宏观经济学说，如瑞典经济学家的动态均衡理论、熊彼特的经济发展理论、英美经济学家的货币数量理论、美国经济学家密契尔等对国民收入和经济周期的研究等，使宏观经济学进入一个新的发展时期：①20世纪20~30年代库兹涅茨及其国民经济研究所从概念与统计上为国民收入核算奠定了基础；②凯恩斯的《就业、利息和货币通论》是现代宏观经济学的大“宪章”；③计量经济学为宏观经济模型的建立与验证奠定了基础；④数学技巧的运用加速了宏观经济学理论的发展。

3. 现代宏观经济学的形成

宏观经济学形成一个相对独立的理论体系，是从英国经济学家凯恩斯1936年出版的《就业、利息和货币通论》一书开始的。在凯恩斯之前，经济学的研究基本集中于微观领域，但也有不少经济学家涉足了总产量、就业、利息、工资等宏观经济问题，他们被称为宏观经济学的古典学派。古典经济学家普遍认为，在一个社会中，生产是起决定性作用的，供给决定需求，因此生产什么是社会经济的主要问题。在市场经济条件下，生产什么通常是由企业决定的，这是个体经济单位的行为，因此经济运行的关键在于微观领域。

在这个基础上，社会生活中的经济波动仅仅是局部的、暂时的现象。当供求关系失衡时，市场可以通过价格、工资等因素的变动使经济自动地回到由供给决定的自然水平，从而不会出现大规模的失业，因此政府没有必要对经济进行干预。

20世纪30年代的经济大萧条使古典经济理论受到了挑战。按照古典经济理论，价格、工资等都是有伸缩性的，经济活动有其内在的调节机制，经济大萧条是不可能产生的。那么，是什么原因造成了经济大萧条呢？在回答这个问题时，凯恩斯的理论也就应运而生了。凯恩斯从社会总需求入手，寻找经济大萧条产生的原因，因此凯恩斯的理论一开始就是从宏观经济层面上展开的。凯恩斯理论的核心是有效需求，也就是目前在众多宏观经济学教材中所指的总需求。凯恩斯认为，由于市场机制本身存在着某种缺陷（如价格、工资刚性），供给并不一定就能创造需求，而总需求是起决定性作用的，它决定着国民收入的波动。总需求的大小又主要取决于三个心理因素，即“边际消费倾向”递减、资本边际效率递减和“流动性偏好”。如果人们对未来预期产生悲观情绪，或者说这些心理因素发生了不正常波动，就会影响人们的经济行为从而导致总需求不足。在总需求不足又不能通过市场机制调节的情况下，国民经济就会偏离充分就业的自然水平，从而导致经济的波动。他还认为，尽管在长期内，国民经济有受价格机制的作用又回到自然水平的趋势，但这个过程是相当缓慢的，而且谈论长期是没有意义的，因为“在长期，我们都会死去”。这样，凯恩斯提供了一个对经济大萧条的理论解释，也产生了以研究总需求为核心内容的宏观经济理论。

4. 新古典学派与新凯恩斯学派的争论时期

20 世纪 60 年代后期起，现代宏观经济学在争论中获得了进一步发展和演变。凯恩斯宏观经济学出现以后，成为当代西方经济学的新正统派，在第二次世界大战后大约保持了 20 年的极盛期。60 年代后期起，由于资本主义世界出现了“滞胀”（stagflation），而凯恩斯宏观经济理论难以对其做出解释，未能提出有效的经济政策，于是，宏观经济学发生了一系列重要变化：

（1）非凯恩斯派宏观经济学开始复兴。其中最突出的例子就是货币数量理论的复兴——以弗里德曼为代表的现代货币主义逐渐成为凯恩斯经济学的有力挑战者。此外，以林德伯克为代表的新一代瑞典经济学家的宏观经济学也开始复兴。他们在总量分析的基础上对国民经济进行了结构分析，提出了社会民主主义理论和“混合经济模型”，这是非凯恩斯派宏观经济学的又一个新动向。另外，长周期理论也获得了很大的发展，出现了熊彼特以创新为中心的周期理论、康德拉捷夫的 55 年长周期理论以及库兹涅茨的 20 年长周期观点等。

（2）凯恩斯派宏观经济理论也在不断改进和完善。例如，凯恩斯派在将凯恩斯理论动态化、长期化时，不仅从总需求方面做了补充，而且还重点分析了总供给的变化；不仅继续采用实证经济学的分析方法，而且强调采用规范经济学的分析方法。在规范分析方面，琼·罗宾逊、詹姆斯·托宾、阿瑟·奥肯等在经济分析中对价值判断、伦理标准的强调，都是凯恩斯宏观经济理论中规范经济学色彩强化的具体表现。

（3）凯恩斯宏观经济学和非凯恩斯宏观经济学互相渗透。两派虽然都采用总量分析方法，但由于各自的理论基础和政策主张不同，存在着严重的分歧，论战非常激烈。不过，经过较长时期的争论，两派开始互相吸收对方的合理部分，互相影响和渗透。目前，两派在货币因素的重要性、失业问题的顽固性、国家长期规划的作用、浮动汇率问题等方面取得了比较接近的看法。当然，这并不意味着两派的分歧消失了。事实上，凯恩斯主义的国家干预主义思潮和货币主义的经济自由主义思潮的鸿沟是难以逾越的，二者的论战还将继续下去。

但是，从 20 世纪 70 年代开始，发达国家出现的“滞胀”，即失业和通货膨胀并发的现象，严重地动摇了凯恩斯主义的统治地位。凯恩斯的宏观经济理论既不能在理论上对这种现象给出令人信服的解释，又不能在实践上提出有效的政策措施，其内在合理性和可解释性遇到了根本性的挑战，因而古典学派和凯恩斯理论的“综合”受到了许多经济学家的怀疑，其中以货币主义（monetarists）和理性预期（rational expectations）学派影响最大。货币主义学派以弗里德曼为代表，理性预期学派则以卢卡斯（Lucas）为代表。

理性预期学派认为，在理性预期下，市场能够自动出清，政府对经济的干预是没有必要的，这又回到了古典学派的一个组成部分。另外，凯恩斯理论也在不断发展，在吸取了理性预期学派的某些研究成果后，出现了新凯恩斯经济学（new Keynesian economics）。目前，宏观经济学的争论主要在新古典学派和新凯恩斯学派两大学派之间展开，这实际上就是过去古典学派和凯恩斯学派之争的延续，其争论的内容主要集中在以下两个方面：

第一，市场机制的有效性。市场机制是否有效的核心是价格、工资是否具备充分伸缩性。如果价格、工资具有完全伸缩性，市场就会通过自我调节达到出清状态；如果工资和价格缺乏伸缩性，情况就会相反。新古典学派从理性预期出发，对价格、工资的伸缩性做了新的解释。他们认为，人们的预期不是被动地重复过去，而是主动的、有理性的，人们能够利用现有的一切信息形成理性预期并指导自己的行动。由于理性预期的存在，价格、工资就具备完全伸缩性，市场是能够出清的。

新凯恩斯学派则认为，即使理性预期存在，价格、工资的刚性仍然是一种普遍的现象，从而导致市场不能出清。例如，工资合同的期限一般都是2~3年，在这期间不论外界有什么变化，工资合同的工资率都是不能变更的，因此工资实际上并不具备充分伸缩性。价格也在不同程度上存在着这种情况。商店里的商品牌价就具有相对稳定性，不可能时时刻刻发生变动，因为变动商品牌价是有成本的。单个商品中的这种价格相对稳定现象虽然对个别决策行为没有太大的影响，但是反映在宏观层面上就会积少成多，导致价格刚性。

第二，政府干预的必要性。有什么样的经济理论就有什么样的政策主张。由于古典学派认为价格、工资具备充分伸缩性，市场能够自动出清，因此政府干预经济就是没有必要的。具体来讲，货币主义的基本观点是：在长期，实际总产量和就业水平是由实际变量决定的，与货币因素无关；而在短期，货币决定着总产量与就业水平的波动。因此，稳定货币是稳定经济的前提，政府的财政政策是无效的。而理性预期学派相信，由于理性预期的存在，政府的政策就有可能事先被人们预料到，人们会做出相应的对策从而使政策失效，这也就是我们通常所说的“上有政策，下有对策”。因此，货币主义和理性预期学派都不主张政府对经济进行干预，不过，货币主义主张政府的任务就是保持货币供应量的稳定，而理性预期学派则认为任何形式的政府干预都是没有意义的。新古典学派还认为，最好的政策工具不是“最优控制”，而是一种博弈，在博弈的情况下，政府要保证政策的连贯性，否则良好的愿望可能导致灾难性的后果。而新凯恩斯学派则认为由于市场机制本身存在着缺陷，市场出清只是一种理想状态，因此政府要承担起市场出清的任务，政府对经济进行干预是必要的。

二、宏观经济学的新进展和发展趋势

1. 宏观经济学的新进展

进入20世纪80年代以后，西方经济学在宏观经济领域又获得了令人瞩目的发展，主要的新进展表现在：

（1）由于理性预期学说的兴起及其影响的扩大，出现了新凯恩斯主义。它们以黏性工资和黏性价格假说为出发点，对非自愿失业问题和生产过剩问题做了新的解释，同时还致力于为凯恩斯宏观经济学寻求一个新的微观经济学基础，这就是信息的不完整性、不对称性和滞后性。

（2）非均衡理论有了较大的发展，经过贝纳西等的努力，形成了一个非均衡经济学体系。

（3）对经济增长问题研究的视野显著扩大了，引入了人力资本、非技术因素等，特别是重视制度因素在经济增长中的贡献，如产权问题、交易成本问题的分析取得了丰硕的成果。宏观经济学与制度经济学的结合，使宏观经济研究出现了新的格局。

（4）政府失灵问题引起了学者较大的研究兴趣，出现了从金融政策角度或从公共选择理论角度进行新的理论解释，这些研究实际上已经超出了单纯的宏观经济学范围。

2. 宏观经济学的发展趋势

宏观经济学作为独立学科的形成，无疑是20世纪西方宏观经济学取得的一个巨大成就。正因为这一理论框架的建立，人们才有可能讨论和分析整个经济发展过程中遇到的种种宏观经济问题，从而把经济理论向前推进。总体来看，未来宏观经济学的发展呈现出如下趋势：①各流派的争论将会持续下去。宏观经济学对一些问题的争论至今还没有统一的定论，这些争论将会进一步继续下去，如宏观经济学的微观基础等。②新古典综合派仍占正统地位。新古典综合派是现代凯恩斯主义的两大支派之一，自20世纪50年代起至80年代初，一直代表凯恩斯主义雄踞官方经济学的宝座。新古典综合派对凯恩斯货币金融学说的发展是多方面的，其中既有继承又有突破。尽管其理论体系存在一些问题，但是新古典综合派仍占正统地位。③宏观经济学的精密化、实用化与微观化。当代宏观经济学广泛运用自然科学、经济计量和数量统计等方法，使宏观经济学更加精密化和科学化。同时，宏观经济学更加关注宏观经济的实践，理论研究也朝着实用化方向发展。

➢本章提要

宏观经济学是一门以一个社会的整体经济运行作为考察对象的学科，它主要研究宏观经济的长期增长和短期波动。宏观经济学与微观经济学只是从不同角度对经济现象进行分析，采用的都是实证分析方法，即都把社会经济制度作为既定的，不涉及制度因素对经济的影响，从而与制度经济学区分开来。另外，微观经济学先于宏观经济学产生，发展得比较成熟，因而是宏观经济学的基础。两者互相补充、互相渗透，共同组成了经济学的基本原理。

宏观经济学的产生与发展，迄今为止大体上经历了四个阶段。第一阶段：17世纪中期到19世纪中期，是早期宏观经济学阶段，或称古典宏观经济学阶段；第二阶段：19世纪后期到20世纪30年代，是现代宏观经济学的奠基阶段；第三阶段：20世纪30～60年代，是现代宏观经济学的建立阶段；第四阶段：20世纪60年代以后，是宏观经济学进一步发展和演变的阶段。

宏观经济学发展的趋势表现为：各流派的争论将会持续下去，新古典综合派仍占正统地位，当代宏观经济学广泛运用自然科学、经济计量和数量统计等方法，使宏观经济学更加精密化和科学化。

➤关键概念

实证分析（empirical analysis）
规范分析（normative analysis）
均衡分析（equilibrium analysis）
静态分析（static analysis）
动态分析（dynamic analysis）
国内生产总值（gross domestic product）
国民生产总值（gross national product）
名义价值（nominal value）
实际价值（real value）
流量（flow）
存量（stock）

➤复习思考题

1. 宏观经济学的研究对象是什么？
2. 宏观经济学的研究方法是什么？
3. 请谈谈宏观经济学派与宏观经济学的关系。
4. 你认为当前中国宏观经济运行中的主要问题是什么？
5. 简要分析宏观经济学的发展趋势。

➤扩展性阅读资料

厉以宁. 1997. 宏观经济学的产生和发展. 长沙：湖南人民出版社
梁小民. 2014. 西方经济学导论. 北京：中国统计出版社
萨克斯 J，拉雷恩 F. 2012. 全球视角的宏观经济学. 费方域等译. 上海：上海三联书店
萨缪尔森 P A，诺德豪斯 W D. 2013. 经济学. 萧琛等译. 北京：商务印书馆
夏皮罗 E. 1985. 宏观经济分析. 王文钧译. 北京：中国社会科学出版社

第二章

国民收入的核算及其决定

宏观经济学以社会总体经济活动为研究对象，研究各经济总量的决定、变化及相互关系，也称为总量经济学。本章着重介绍国民收入的核算与国民收入的均衡决定。全章共分三节：第一节国民收入的核算，主要介绍宏观经济的流量循环过程、国民收入的核算方法，这是宏观经济分析的前提；第二节国民收入的流量循环模型，主要讨论在两部门、三部门和四部门国民收入的决定；第三节国民收入均衡的决定及其变动，主要研究宏观经济的均衡条件及其变动规律。

第一节　国民收入的核算

一、宏观经济的流量循环过程

在诸多经济总量指标中，GDP 是衡量宏观经济运行的最基本指标，对 GDP 进行衡量和测算是宏观经济研究的前提和基础。宏观经济的流量循环描述了宏观经济运行的基本状况，全面反映了宏观经济中的收入和支出循环，是进一步研究 GDP 的构成并对其进行核算的理论依据。

在宏观经济的流量循环中，整个宏观经济由四个部门、三个市场组成。四个部门分别是家庭、厂商、政府及国外经济部门；三个市场分别为产品市场、金融市场和生产要素市场。四个部门在三个市场中发生如下经济往来。

在生产要素市场，家庭向厂商提供生产要素，并获取相应的要素收入，即国民收入；厂商在要素市场上购买生产所需的各种生产要素，并支付要素价格。在产品市场，家庭将其部分可支配收入用于购买厂商生产的产品，形成消费支出，剩下的收入则会作为储蓄进入金融机构，通过金融市场转化为厂商的投资。政府向家庭和厂商征税，获取财政收入，并用于购买所需产品和劳务，形成政府购买支出。国外经济部门同本国发生贸易联系，一方面向本国提供其产品和劳务，形成进口；另一方面也会购买本国的产品和劳务，形成出口。同国外部门的贸易对本国的最终影响体现在进出口差额（即净出口）的大小上，净出口的数额反映了国外部门对本国产品和劳务的净支出。至此，整个经济就完成了收入和支出的循环流动，宏观经济的正常运行依赖于这一循环过程的持续进行。

宏观经济的流量循环过程既反映了经济中所有人的总收入，又反映了经济中用于物品与服务的总支出。通过宏观经济的流量循环过程可知，从收入的角度看，GDP 是指投入生产的所有生产要素收入的总和，它等于家庭提供生产要素所获得的全部收入，就是通常所说的国民收入；从支出的角度看，GDP 是指社会购买厂商所生产的产品和劳务的总支出。

●专栏 2-1　物质产品平衡体系与国民账户体系

国民收入核算理论是宏观经济学的前提和基础。联合国统计司为了规范各国国民收入核算的指标和方法，分别组织市场经济国家和计划经济国家的学者制定并颁布了两种不同的国民收入核算体系，即国民经济核算体系（system of national accounting, SNA）和物质产品平衡体系（material product system, MPS）。国民经济核算体系也被称为国民账户体系，是与市场经济体制相适应的国民收入核算体系，主要为西方实行市场经济体制的国家所采用；物质产品平衡体系是与计划经济体制相适应的国民收入核算体系，主要运用于实行计划经济体制的社会主义国家。自 20 世纪 80 年代以来，各社会主义国家开始由计划经济向市场经济转型，物质产品平衡体系逐渐淡出人们的视线。目前，国民账户体系是国民收入核算的主要方法，也是宏观经济学赖以建立的基础。国民账户体系是以美国经济学家库兹涅茨和英国经济学家斯通的研究成果为基础建立起来的，并随着资本主义经济的发展而日益完善。这一体系在进行经济分析、政策制定和比较研究中发挥着基础性作用，是进行分析和决策的依据。我国为适应市场化改革及与国际接轨的要求，从 1993 年 7 月 1 日开始采用这一体系。

资料来源：范金、朱强、王艳：《中级宏观经济学》，经济管理出版社，2004 年。

二、衡量 GDP 的总支出法

总支出法（out-expenditure approach）又称为产品流动法，这种方法是把一年内购买的各项最终产品和劳务的支出加总求得最终产品和劳务的货币价值之和。用总支出衡量 GDP，根据支出主体的不同 GDP 可分为以下四部分：消费支出（C）、投资支出（I）、政府购买支出（G）和净出口（NX）。可用公式表示为

$$\mathrm{GDP}=C+I+G+\mathrm{NX} \tag{2-1}$$

式（2-1）为国民收入恒等式。等式的左边为总收入（即 GDP），右边为总支出。由于对整体经济而言，总收入必等于总支出，式（2-1）左右两边必然相等。

为了更好地理解总支出的构成，有必要对其各个组成部分分别加以讨论。

1. 消费支出

消费支出通常被定义为家庭用于物品与劳务的支出，是一个国家总支出中最主要的部分，通常占 GDP 的 2/3 左右，且较为稳定。消费支出主要包括以下项目：①耐用消费

品支出，如购买汽车、洗衣机、音响等使用寿命较长的消费品的支出；②非耐用消费品支出，如用于食物、服装、燃料等消费品的支出；③服务，是消费支出的重要组成部分，主要指用于医疗、教育、保险、交通等方面的支出。在消费支出中，服务是最大的部分，占一半左右。特别需要注意的是，购买新住房的支出不包括在此项中，它被统计在投资支出中。

2. 投资支出

投资支出是指厂商在厂房、设备和存货上的支出以及家庭在住宅上的支出，包括三项内容：①企业固定投资，即企业用于经营活动的建筑物和设备方面的投资；②居民住房投资，是家庭用于新住房和公寓建筑的支出；③存货投资，即厂商持有的存货数量，包括企业持有的原料、半成品及未售出的最终产品。将企业存货作为投资来处理，是为了使企业的支出与生产要素得到的收入相一致，如果企业的存货增加，存货投资为正；反之，则存货投资为负。企业当年存货投资等于当年年终存货数量减去上年年终存货数量。

3. 政府购买支出

政府购买支出是指各级政府购买产品和劳务的支出总和，如公立学校、道路建设、军事装备等方面的支出。政府购买支出只是政府总支出的一部分，政府的转移性支出，如社会保障和福利，由于其所具有的收入再分配性质，并未包含在 GDP 的统计中。

需要注意的是，上述消费支出、投资支出和政府购买支出之间的差别主要在于购买者的类型，而非所购买产品的类型。

4. 净出口

净出口是指出口减进口的差额，即本国向其他国家提供的产品与劳务的价值减去外国向本国提供的产品与劳务的价值，可用公式表示为 $NX=X-M$。其中，NX 为净出口；X 为出口；M 为进口。净出口 NX 代表了贸易平衡状况，当 $NX>0$ 时，贸易盈余；$NX<0$ 时，贸易赤字；$NX=0$ 时，贸易平衡。因此，净出口代表了外国对本国当期生产的最终产品和劳务的净支出。

表 2- 1 和表 2-2 分别统计了美国 2010 年各项支出的构成，以及中国 2014 年各项支出构成，有助于我们进一步理解总支出测算方法。

相关链接 2-1　美国和中国支出法的 GDP 及其构成（表 2-1 和表 2-2）

表 2-1　2010 年美国支出法 GDP 及其构成

构成	数量/亿元	占 GDP 比重/%
GDP（Y）	1 466.0	100.0
消费支出（C）	1 034.9	70.6
耐用品	108.9	7.4
非耐用品	233.6	15.9

续表

构成	数量/亿元	占 GDP 比重/%
服务	692.3	47.2
投资支出（I）	182.8	12.5
固定投资	175.6	12.0
存货增减	7.2	0.5
政府购买（G）	300.0	20.5
联邦（国防）	81.8	5.6
联邦（非国防）	39.7	2.7
地方政府	178.6	12.2
净出口（NX）	−51.6	−3.5
出口	183.8	12.5
进口	−235.4	−16.1

注：由于四舍五入，表中数据有误差，在可接受范围内

表 2-2 2014 年中国支出法 GDP 及其构成

构成	数量/亿元
GDP	640 796.4
最终消费	328 311.2
居民消费	241 541
农村居民消费	54 177.6
城镇居民消费	187 363.4
政府消费	86 770.5
资本形成总额	295 022.3
固定资本形成总额	283 017.6
存货变动	12 004.7
货物和服务净出口	17 462.9

三、衡量 GDP 的总收入法

衡量 GDP 的总收入法（earnings or income approach）也称要素支付法，这种方法是把生产过程中各种生产要素所得到的收入相加起来计算国民收入的核算方法。GDP 等于家庭所获得的全部收入，即一国所有生产要素收入的总和。

要了解和认识这一方法首先要区别 GNP 和 GDP 这对概念。由于统计口径不同，在开放经济条件下，两个指标的数值是不同的。GNP 是按国民原则进行统计的，凡是本国国民创造的收入，不论其来自于国内还是国外，都被计入本国的 GNP。而 GDP 是按国土原则进行统计的，凡是一国领土范围内所获取的收入，不论其是由本国国民创造还是由外国国民创造，均被计入本国 GDP。因此，在考察一国所有生产要素在一定时期的收入总和时，要将 GDP 进行调整，以得出完整的 GNP 数值。对 GDP 的调整首先要减去外国公民在本国所获取的收入，再加上本国公民在国外所获取的收入。可用公式表示为

$$GNP=GDP+NFP \tag{2-2}$$

其中，NFP 为净要素支付，它等于本国公民在国外所获取的收入减去外国公民在本国所

获取的收入。

虽然在实际经济生活中，每 1 元的产出就创造出 1 元的收入，但并不是所有的收入都真正属于生产要素所有者。一个企业必须补偿它当年的资本设备的磨损消耗即折旧，还必须交纳销售税、营业税等各项税收。因此，要全面考察要素所有者的实际收入状况，有必要引入其他宏观总量指标。

1. 国民生产净值

国民生产净值（net national product，NNP）是指一个国家在一年之内新增加的产值，它等于 GNP 减去用于补偿生产中固定资本损耗的折旧。可用公式表示为

NNP=GNP−折旧　　（2-3）

2. 国民收入

国民收入（national income，NI）有广义和狭义之分。广义国民收入即指 GNP 或 GDP。狭义国民收入是指一国一年内以货币计算的用于生产的各种生产要素所得到的全部收入。狭义的国民收入可用公式表示为

NI=NNP−间接税　　（2-4）

国民收入具体包括劳动收入、业主收入、租金收入、公司利润及净利息收入五部分收入，即

NI=劳动收入+业主收入+租金收入+公司利润+净利息收入　　（2-5）

其中，劳动收入包括工人的工资、补贴以及雇主为工人缴纳的社会保险金；业主收入是指合伙制小企业及独立生产者的收入，由于这类企业的所有者是自己“雇用”自己，业主收入既包括企业利润，又包含劳动收入；租金收入是指个人在出租土地、房屋等资产时所获取的租金收入；公司利润是指公司的销售收入扣除工资、租金以及其他成本项目后的余额；净利息是指个人从企业获得的因资金借贷所产生的利息收入，不包括个人之间因借贷关系而发生的利息及购买政府公债所得到的利息。

3. 个人收入

个人收入（personal income，PI）是指一个国家在一年之内个人所得到的全部收入。虽然国民收入是一国所有生产要素所有者的收入，但是国民收入并不等于个人在一定时期内实际拿到的收入。首先，要从国民收入中减去公司利润和由公司缴纳的社会保险金；其次，还要将个人实际获得的但未被计入国民收入的部分加上，包括政府的转移支付、红利以及利息调整收入。经过上述加减调整后，可以得到个人收入。用公式表示为

PI=NI−公司利润−社会保险金+政府的转移支付+红利+利息调整　　（2-6）

4. 个人可支配收入

个人可支配收入（disposable personal income，DPI）是指一国一年内可以由个人实际支配使用的全部收入。个人收入减去个人所得税和其他非税收性支付，即为个人可支配收入。这部分收入通常分为消费和储蓄两个部分，用公式表示为

$$DPI=PI-个人所得税-非税收性支付 \quad (2-7)$$

相关链接 2-2 美国 2010 年收入法的 GDP 及其构成

我们仍以美国为例，来说明衡量 GDP 的总收入法。表 2-3 是美国 2010 年收入法的 GDP 及其构成，该表详细分解了用收入法计算 GDP 时的各项指标及其构成情况。

表 2-3 美国 2010 年收入法的 GDP 及其构成

构成	数量/亿美元	占 GDP 比重/%
GDP（*Y*）	1 466.0	100.0
净要素支付（NFP）	18.9	1.3
GNP= GDP+ NFP	1 484.9	101.3
资本消耗（折旧）	186.9	12.7
国民生产净值（NNP=GNP–折旧）	1 298.0	88.5
间接税	15.2	1.0
国民收入（NI=NNP–间接税）	1 282.8	87.5
收入项目调整	28.1	1.9
个人收入（PI=NI–收入项目调整）	1 254.7	85.6
个人所得税	116.7	8.0
个人可支配收入	1 138.0	77.6
个人支出	1 072.1	73.1
个人储蓄	65.9	4.5

四、衡量 GDP 的产出法

GDP 是指在某一既定时期一个国家生产的所有最终产品与劳务的市场价值总和。从这一定义出发，可以得到计算 GDP 的第三种方法，即产出法（production approach）。这种方法是从产品的使用出发，计算一年内全国生产的最终产品和劳务的总价值。具体做法是把一年内生产的各项最终产品的市场价值加总。若以 Q_1，Q_2，Q_3，…，Q_n 代表各种最终产品和劳务的数量，以 P_1，P_2，P_3，…，P_n 代表各种最终产品和劳务的价格，则产出法计算 GDP 的公式为

$$GDP=Q_1 \cdot P_1+Q_2 \cdot P_2+Q_3 \cdot P_3+\cdots+Q_n \cdot P_n$$

运用产出法计算 GDP 需注意对中间产品和最终产品的区分。由于中间产品的价值已包含在最终产品当中，为避免重复计算，GDP 核算应只包括最终产品和劳务的价值，为此需要将最终产品和中间产品作明确区分。但在现实经济生活中，许多中间产品和最终产品之间的界限非常模糊，要想准确地加以区分是不可能的，这种现象的存在必然导致重复计算的发生。为避免产品无法准确界分所造成的重复计算，应采用增值法来进行计算。

增值法就是将产品在生产各阶段所增加的价值相加来计算 GDP。下面以服装生产为例，来说明这种计算方法。

从棉花到服装要经过四个生产阶段，每一阶段的产品都是后续生产需投入的中间产品，每一阶段的产品价值和价值增值如表 2-4 所示。

表 2-4　服装生产的阶段及增值（单位：元）

生产阶段	产品价值	中间产品成本	增值
棉花	8	—	8
棉纱	11	8	3
棉布	20	11	9
服装	30	20	10
合计	69	39	30

从表 2-4 中可以看出，从棉花到服装，各生产阶段的增值额之和为 8+3+9+10=30（元），而最终产品服装的价值也为 30 元，新增价值的总和等于最终产品价值。可见，一国所有生产过程中新增价值的总和等于最终产品或劳务的价值总和，因此，GDP 也可以定义为一定时期内经济中新创造的价值总和。

上述三种方法从不同角度对国民收入进行统计核算。从理论上讲，三种方法核算的结果应该一致，但是在实际核算中并非一致。因此，第一种方法（即支出法）是基本核算方法，如果三种方法核算的结果不一致，则需对后两种方法进行校正。

五、国民收入核算的缺陷

1. 有些经济活动未计入 GDP

GDP 是以市场价格来衡量一国最终产品和劳务的价值，它以市场交易为前提，不进入市场进行交易则不被计入 GDP，因此，有一些实际发生的非市场性经济活动并未被计入 GDP 当中。包括以下情况：

（1）非法的经济活动。例如，毒品的生产及贩卖等违法犯罪活动。

（2）地下经济活动。其是指为了逃避政府监管所从事的活动，这类经济活动虽然合法但未进行申报。其目的是逃避政府的安全管制、最低工资标准、社会保险的支付、税收或其他对自己不利的法律与规章制度。

（3）非市场经济活动。其是指那些虽然公开进行但未经过市场交易的经济活动，如家务劳动。GDP 用市场价格来评估产品与劳务，因此在市场之外进行的活动的价值均未包括在 GDP 的统计中。在发展中国家，这种非市场活动所占比例相当大。

2. 不能完全反映出经济福利的变动

GDP 的增加并不等于国民福利的增加，生活水平只部分地取决于产值，其他影响生活质量的因素包括闲暇、环境质量、收入分配状况、工作和居住的安全感、治安等，但 GDP 无法加以反映。

●专栏 2-2 测量经济福利的指标

衡量经济福利的指标是美国经济学家诺德豪斯（William D. Nordhaus）和托宾（James Tobin）在 1972 年提出的概念。他们认为传统的 GDP 指标不能真实地反映经济福利，特别是由于环境污染越来越严重，GDP 的增长是在牺牲环境质量条件下获得的，实际社会福利并没有那么多，主张对传统的 GDP 数字加以调整来得到经济福利量的数值。调整的方法是，将用传统方法核算的 GDP，减去由于环境污染和现代城市病带来的损失，加上家庭主妇的劳务和闲暇价值等。根据这种方法计算，美国 1925~1965 年的经济福利量的增长慢于 GDP 的增长，尤其是 20 世纪 50 年代以后更加缓慢，环境污染与生态破坏的代价越来越大。有些经济学家认为，经济福利量未包括很多其他方面的福利增加，如犯罪率、死亡率、自杀率、婴儿死亡率和疾病发生率的下降以及教育普及率的上升等。如果加上这些指标，将更能反映社会福利的变动状态。

（1）不能反映闲暇的价值。GDP 指标只能反映出经济产值的变化，却无法体现闲暇所带来的福利增进。实际上，闲暇时的休息、娱乐、健身可以给人带来极大的精神满足，使人们的福利增加。但由于闲暇不能带来任何产值，其对福利的贡献并未被计入 GDP。

（2）不能反映经济活动的环境成本。GDP 指标虽然衡量了经济的总产出，反映了国民经济的运行状况，但不能反映经济活动的环境成本，从而没有反映出社会为经济增长付出的代价。伴随着 GDP 的增长，环境破坏和环境污染越来越严重，环境危机给人类造成的危害越来越大，而人类为改善环境所付出的代价也越来越大，导致社会净福利减少，但社会福利的这种变化并未由 GDP 体现出来。

（3）不能反映收入分配状况。无论是反映经济总量的 GDP 还是反映富裕程度的人均 GDP，都无法反映收入分配的均等状况。虽然收入总量或人均收入水平越高，社会成员能够得到的福利水平也越高，但社会收入的分配状况也会影响社会福利水平。在人均收入相同的情况下，贫富差距相对较小的国家的整体福利水平显然高于贫富差距悬殊的国家。

经济活动的最终目的是增进个人与家庭的福利，社会福利的高低不仅取决于所消费的产品数量，更取决于人们的生活质量。在大多数情况下，GDP 被认为是衡量社会经济福利的最好指标，因为人们对高收入的偏好大于低收入。但它显然不是一个衡量福利的完美指标，因为 GDP 核算体系缺失了一些能够影响经济福利的重要因素。如果 GDP 增长是以闲暇减少、交通拥堵、空气污染、健康恶化为代价的，那么虽然以 GDP 衡量的国民经济是增长的，但社会福利却是下降的。可见，GDP 核算体系并不能真实地反映社会福利状况，故应该对其进行修正。

相关链接 2-3 绿色国民账户体系

国民收入核算体系虽然能够基本反映一个国家经济运行的总体状况，但也存在一些缺陷，其中之一就是国民收入核算体系无法反映经济增长的环境代价。生态环境对于人类主要有两大功能：一方面，它是人类赖以生存和发展的终极物质来源；另一方面，它承载着人类活动产生的废弃物和各种作用的结果。伴随着人类经济活动的不断扩张，对生态环境的破坏和污染日益严重，导致环境危机。有资料显示，第二次世界大战以来，美国的 GDP 增长了 100%，污染却增加了 20 倍。另据世界银行推算，我国目前每年因大气污染和水污染对人体健康的危害所造成的经济损失几乎是我国年 GDP 的 8%。与此同时，各国为改善环境质量所付出的代价也日益增大，西方发达国家用于环境治理和生态建设的资金占 GDP 比重呈明显上升趋势。目前，美国用于污染治理方面的资金占其 GDP 的 2%~3%，这实际上从一个侧面反映出经济增长的环境成本。

传统的国民经济核算体系，仅以最终产品和劳务的市场价值为核算指标，而未将经济增长对环境资源的消耗和破坏所造成的影响纳入其中，因此它无法衡量人类活动所使用的资源环境的真实成本，也反映不出人类为防治污染、改善环境而付出的巨大代价和社会福利的变动，结果造成“砍树有产值，种树无产值”，导致资源的盲目开采和浪费，以及环境的任意污染与破坏。因此，必须对现有的国民收入核算方法作相应的调整。通过构造一个新的国民生产总值（GNP*）即绿色 GNP 来反映总体环境价值（total environment value，TEV）的变化，以避免这种情况的发生。

资料来源：范金、朱强、王艳：《中级宏观经济学》，经济管理出版社，2004 年。

针对国民收入核算的上述缺陷，20 世纪 70 年代美国经济学家 J. 托宾和 W.诺德豪斯提出了经济福利尺度，萨缪尔森也提出了纯经济福利，以克服国民收入核算的缺陷，更好地反映经济福利的状况。

第二节　国民收入的流量循环模型

本节主要通过对国民经济收入和支出流量循环的考察，从总供给和总需求的角度分析国民收入的构成及其决定。

一、两部门经济中国民收入的流量循环模型

假定经济社会不存在政府部门，也不存在对外贸易，只存在家庭和厂商两个经济部门，这样的经济被称为两部门经济。在这种经济体系中，家庭在生产要素市场向厂商提供各种生产要素，并从厂商处获得收入，收入一部分用于产品市场的消费，另一部分形成储蓄；厂商在要素市场购买各种生产要素进行生产，在产品市场向家庭提供产品和劳务；家庭的储蓄通过金融机构转化为对厂商的投资。因此，两部门经济涉及厂商和家庭两个经济主体，由生产要素市场、产品市场和金融市场三个市场组成。两部门经济中国民收入的流量循环模型如图 2-1 所示。

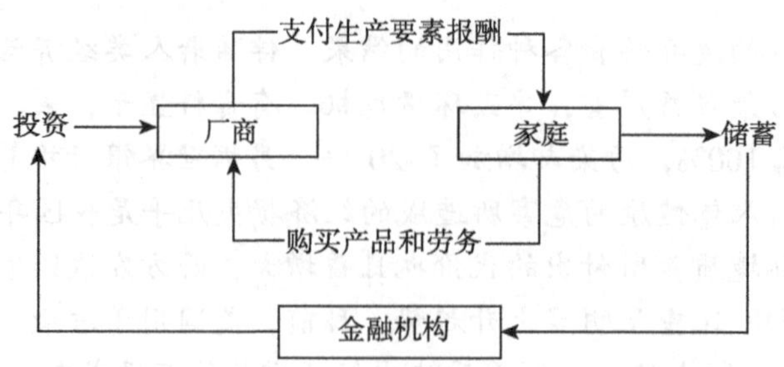

图 2-1 两部门经济中国民收入的流量循环模型

根据上述模型，可以从总需求和总供给两个角度来考察国民收入的决定。

从总需求角度看，一国的国民收入是消费需求和投资需求的总和。消费需求和投资需求可以分别用消费支出和投资支出来代表，消费支出即为消费，投资支出即为投资。

因此，

国民收入=消费需求+投资需求
=消费支出+投资支出
=消费+投资

以 Y 代表国民收入，C 代表消费，I 代表投资，则上式可写为

$$Y=C+I \tag{2-8}$$

从总供给角度看，一国的国民收入是由各种生产要素所生产出来的，可以说是各种生产要素的总和，即劳动、资本、土地、企业家才能的总和。这种生产要素的总和可以用各种生产要素相应得到的收入总和，即工资、利息、地租、利润的总和来表示。这些收入又可分为消费和储蓄两个部分。

因此，

国民收入=各种生产要素供给的总和
=各种生产要素得到的收入的总和
=工资+利息+地租+利润
=消费+储蓄

以 Y 代表国民收入，C 代表消费，S 代表储蓄，则上式可写为

$$Y=C+S \tag{2-9}$$

国民收入的多少，取决于社会总需求与总供给的均衡水平。若总需求小于总供给，表示社会上需求不足，产品卖不出去，这时价格必然下降，生产收缩，从而总供给减少，国民收入也因此减少。若总需求大于总供给，表示社会上供给不足，这时价格必然上升，生产扩大，从而总供给增加，国民收入也因此增加。若总需求等于总供给，则国民收入既不增加也不减少，处于均衡状态。因此，国民收入达到均衡的条件是

总需求=总供给

即

$$C+I=C+S \text{ 或 } I=S$$

于是，当 $I>S$ 时，国民收入扩张；

$I<S$ 时，国民收入收缩；

$I=S$ 时，国民收入达到均衡。

二、三部门经济中国民收入的流量循环模型

在两部门经济的基础上引入政府的经济活动，就形成了三部门经济。政府在经济中的作用，主要通过政府支出和税收（即政府预算）来实现。一方面，政府要向厂商和消费者征税，以获取财政收入；另一方面，政府也要购买厂商的产品和家庭的生产要素，形成政府支出。政府与家庭和厂商之间的收入流动是双向的。三部门经济中国民收入的流量循环模型如图 2-2 所示。

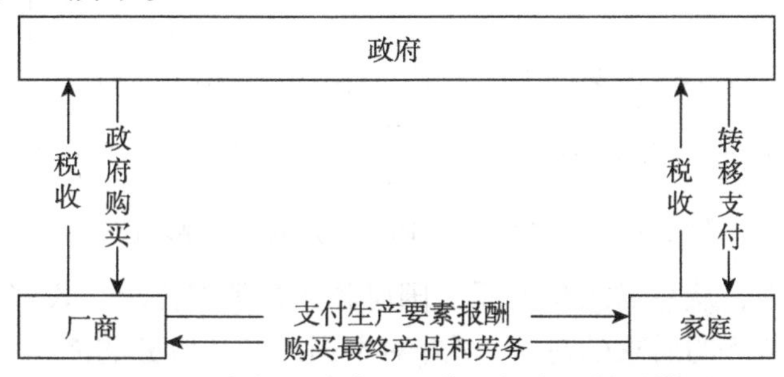

图 2-2　三部门经济中国民收入的流量循环模型

在三部门经济中，从总需求角度看，国民收入是消费需求、投资需求和政府需求的总和。政府的需求可以用政府支出来表示。

因此，

$$\text{国民收入}=\text{消费}+\text{投资}+\text{政府支出}$$

若以 G 代表政府支出，则上式可写为

$$Y=C+I+G \tag{2-10}$$

从总供给角度看，国民收入是在 $C+S$ 的基础上，加上政府的供给，政府的供给可以用政府的税收来代表。

这样，国民收入=消费+储蓄+政府税收。

若以 T 代表政府税收，则上述公式可写为

$$Y=C+S+T \tag{2-11}$$

根据国民收入的均衡条件可得

$$C+I+G=C+S+T \text{ 或 } I+G=S+T$$

于是，当 $I+G>S+T$ 时，国民收入扩张；

$I+G<S+T$ 时，国民收入收缩；

$I+G=S+T$ 时，国民收入达到均衡。

三、四部门经济中国民收入的流量循环模型

在三部门经济的基础上，加上国外部门就形成了由家庭、厂商、政府和国外部门组成的四部门经济。国外部门泛指除本国以外的所有国家和地区。四部门经济是开放经济。

国外部门对本国经济的影响体现在两个方面：一方面是以供给者的身份向本国提供产品和劳务，对本国来说是进口；另一方面是作为需求者购买本国的产品和劳务，对本国来说是出口。四部门经济中国民收入的流量循环模型如图 2-3 所示。

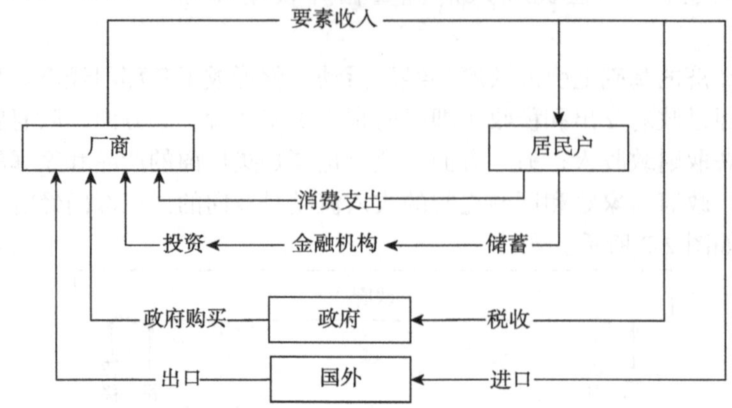

图 2-3 四部门经济中国民收入的流量循环模型

在四部门经济中，从总需求角度看，国民收入是消费需求、投资需求、政府需求和国外对本国产品和劳务的需求的总和。国外对本国产品和劳务的需求可以用出口来表示。

因此，

国民收入=消费+投资+政府支出+出口

若以 X 代表出口，则上式可写为

$$Y=C+I+G+X \tag{2-12}$$

从总供给角度看，国民收入是在 $C+S+T$ 的基础上，再加上外国向本国提供的产品和劳务，外国向本国提供的产品和劳务可以用进口来代表。

这样，国民收入=消费+储蓄+政府税收+进口。

若以 M 代表进口，则上述公式可写为

$$Y=C+S+T+M \tag{2-13}$$

根据国民收入的均衡条件可得

$$C+I+G+X=C+S+T+M \text{ 或 } I+G+X=S+T+M$$

于是，当 $I+G+X>S+T+M$ 时，国民收入扩张；

$I+G+X<S+T+M$ 时，国民收入收缩；

$I+G+X=S+T+M$ 时，国民收入达到均衡。

第三节 国民收入均衡的决定及其变动

本节主要运用收入–支出分析，研究在价格不变的前提下，国民收入的均衡决定及其变动问题。

一、总支出及总支出曲线

1. 总支出及其构成

总支出分为计划总支出和实际总支出。计划总支出是指家庭、厂商、政府及国外部门所愿意购买的产品和劳务的总量；实际总支出是指家庭、厂商、政府及国外部门实际购买产品和劳务的支出总量。如前所述，在一个经济中实际支出恒等于国民收入。在经济生活中，计划总支出与实际总支出往往并不相等，实际总支出可能大于、等于或者小于计划总支出。在此，我们主要分析计划总支出及其与国民收入的均衡决定。在四部门经济中，计划总支出为消费支出、投资支出、政府购买支出和净出口之和。若用 AE 表示总支出，C 表示消费支出，I 表示投资支出，G 表示政府购买支出，NX 表示净出口，则计划总支出可用公式表示为

$$\mathrm{AE}=C+I+G+\mathrm{NX} \tag{2-14}$$

由本章第一节“国民收入的核算”可知，家庭的消费支出是其可支配收入的函数，若用 Y 代表个人收入，T 代表税收，则个人可支配收入为 $Y-T$，则消费函数为

$$C=C(Y-T) \tag{2-15}$$

当 $T=0$ 时，消费可计为

$$C=a+bY \tag{2-16}$$

其中，a 为自主性消费，是一个大于 0 的常数，是不依存于收入的消费，取决于生存的基本需要；bY 为引致消费，是随收入变动而变化的消费；b 为边际消费倾向，其数值介于 0~1。

将式（2-16）代入式（2-14）可得

$$\begin{aligned}AE &= a+bY+I+G+NX \\ &=(a+I+G+NX)+bY\end{aligned} \tag{2-17}$$

其中，$a+I+G+\mathrm{NX}$ 部分与收入变动无关，而 bY 部分则与收入正相关。由此，可以将计划总支出分为自发支出与引致支出。所谓自发支出是指总支出中不受国民收入影响的各部分之和，具体包括消费、投资、政府购买和净出口，这部分支出即便收入为 0 也依然存在。引致支出是指总支出中随国民收入变动而变动的部分。若令 $A_0=a+I+G+\mathrm{NX}$，$eY=bY$，则计划总支出又可表示为

$$\mathrm{AE}=A_0+eY \tag{2-18}$$

其中，A_0 为自发支出；eY 为引致支出；e 为边际支出倾向，即总支出曲线的斜率。

2. 总支出曲线

总支出曲线是用以表示在固定价格水平上计划总支出与国民收入之间关系的曲线。计划总支出曲线如图 2-4 所示。

在图 2-4 中，横轴代表收入，纵轴代表总支出，AE 为计划总支出线。计划总支出线向右上方倾斜，说明计划总支出随收入的增加而增加，计划总支出与收入正相关。计划总支出线在纵轴上的截距为自发支出 A_0，说明即使国民收入为零，计划总支出也为正值。

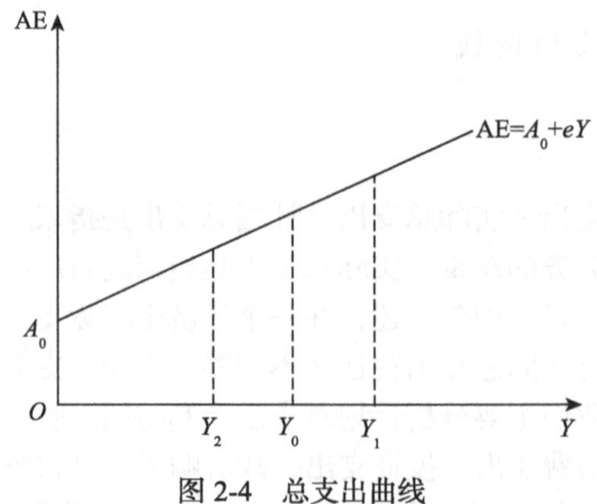

图 2-4　总支出曲线

计划总支出线的斜率为边际支出倾向 e，其值小于 1，说明计划总支出的增量少于收入的增量。

二、国民收入的均衡决定

由宏观经济的流量循环模型可知，任何一项交易都涉及买卖双方，根据会计原则，买方购买产品和劳务的支出就是卖方销售产品和劳务所得到的收入。因此，一个经济的实际总支出必定与总收入相等，这就是国民收入恒等式，也是国民收入均衡的条件。由于家庭、厂商、政府及国外部门愿意或计划安排的总支出并不总是与其实际支出相等，计划总支出也并不总是与总收入相等，实际上计划总支出可能大于、等于或者小于总收入。当计划总支出大于总收入时，产品供不应求，厂商计划存货减少，国民收入扩张；当计划总支出小于总收入时，产品积压，厂商非计划存货增加，国民收入收缩。只有在计划总支出与总收入相等时，国民收入既不扩张也不收缩，从而达到稳定的均衡状态。

国民收入的均衡决定如图 2-5 所示。

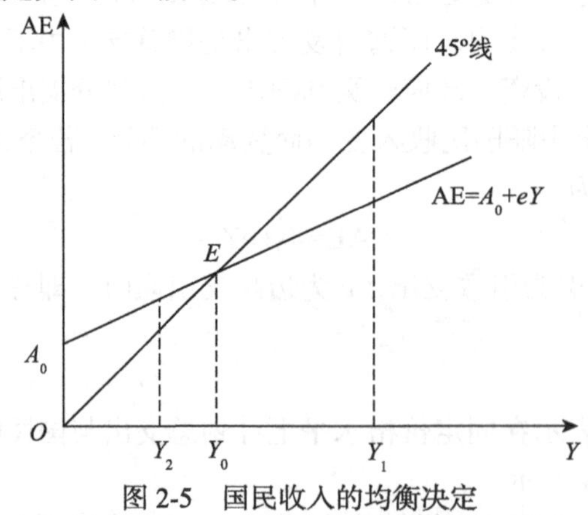

图 2-5　国民收入的均衡决定

在图 2-5 中，45° 线表示总收入与总支出相等，即 45° 线上的点满足国民收入均衡的条件，因此所对应的国民收入都是均衡的国民收入。计划总支出线与 45° 线相交于 E 点，此时计划总支出与实际总支出相等，且都等于总收入，因此 E 点为均衡点，此时宏观经济达到均衡状态，均衡的国民收入为 Y_0。在 E 点的左边，计划总支出大于总收入，国民收入将不断扩张，直至计划总支出等于总收入，国民收入达到均衡；在 E 点的右边，计划总支出小于总收入，国民收入将不断收缩，直至计划总支出等于总收入，国民收入达到均衡。

当计划总支出与总收入不相等时，厂商通过对存货的调整来实现二者的均衡。厂商通常会根据市场状况确定一个合意的存货数量以应付市场的变化。当计划总支出大于总收入时，说明人们愿意购买的产品和劳务的数量大于正常情况下厂商提供的数量，为满足增加的市场需求，厂商将减少其存货。存货的减少使得厂商的存货低于合意水平，于是厂商会扩大生产以便提高存货数量至合意水平。在这一过程中，国民收入不断扩张，一直到计划总支出与总收入相等为止。当计划总支出小于总收入时，说明人们愿意购买的产品和劳务的数量小于正常情况下厂商提供的数量，厂商产品积压，存货增加并超过合意水平，此时厂商会减少产量以降低存货数量至合意水平。在这一过程中，国民收入不断收缩，直到计划总支出与总收入相等为止。

三、计划总支出线的移动及其对国民收入的影响

由上述分析可知，自发支出和边际支出倾向是决定总支出曲线的两个因素，当其他因素发生变动并导致自发支出和边际支出倾向变化时，总支出曲线也会发生相应移动。

1. 自发支出对计划总支出曲线的影响

自发支出的变动不会改变总支出曲线的斜率e，因此自发支出的增加或减少会导致总支出线平行移动。

引起自发支出变动的原因很多，如利息率下降刺激厂商投资增加，国外经济部门经济持续增长导致出口增加，生活水平提高导致自发消费增加，以及政府职能增加导致政府购买增长，等等。这些因素都会导致自发支出增加。假设政府购买增加使自发支出增加，则计划总支出曲线的移动如图 2-6 所示。

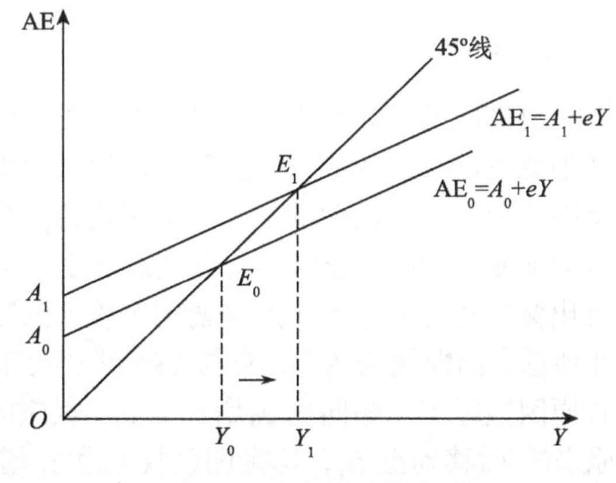

图 2-6　自发支出的变动

图 2-6 反映了自发支出变动对计划总支出及均衡国民收入的影响。假设初始时自发

支出为 A_0，相应的计划总支出曲线为 AE_0，它与 45° 线相交于 E_0，所决定的均衡国民收入为 Y_0。若政府购买支出增加了 ΔG，使自发支出由 A_0 增加至 A_1，相应地，计划总支出线由 AE_0 向上平行移动至 AE_1，均衡点由原来的 E_0 移动至 E_1，均衡国民收入则由 Y_0 增加至 Y_1。

2. 总支出乘数及其计算

进一步观察可以发现，均衡国民收入的增加倍数于政府购买支出的增加，这个倍数就是乘数。可见，均衡国民收入与自发支出正相关，即自发支出增加，均衡国民收入也增加，自发支出减少，则均衡国民收入也相应减少。不仅如此，自发支出变动会使国民收入成倍地变动，这就是自发支出乘数。若用 k 表示，则

$$k=\Delta Y/\Delta A \quad (2\text{-}19)$$

根据影响自发支出的因素，可以将自发支出乘数分为投资乘数、政府购买乘数、税收乘数和对外贸易乘数等内容。在此，以政府购买乘数为例，来说明乘数效应的产生。

假定 $e=b=0.5$，$\Delta G=100$ 万元，根据乘数定义，政府购买乘数 $K_G=\Delta Y/\Delta G$。现在考察增加的 100 万元政府支出对总收入的影响：第一步，政府支出增加 100 万元，相应地，社会总收入就增加了 100 万元；第二步，在边际支出倾向等于 0.5 时，社会消费支出会增加 50 万元，相应地，社会总收入也会增加 50 万元；第三步，由于边际支出倾向等于 0.5，新增加的 50 万元社会总收入中，有 25 万元会用于消费支出，这样，社会总收入也相应增加 25 万元；第四步，新增加的 25 万元收入中，有 12.5 万元用于消费支出，使总收入又增加 12.5 万元……这一过程一直延续下去，最终使国民收入增加量为

$$\Delta Y=(1+e+e^1+e^2+e^3+\cdots+e^n)\cdot\Delta G$$

因此，

$$\begin{aligned}K_G&=\Delta Y/\Delta G=1+e+e^1+e^2+e^3+\cdots+e^n\\&=1/(1-e)\end{aligned} \quad (2\text{-}20)$$

这样，在 $e=b=0.5$，$\Delta G=100$ 万元时，$K_G=1/(1-e)=2$，$\Delta Y=2\times100=200$（万元）。在乘数的作用下，政府支出增加 100 万元可以使国民收入增加 200 万元。

3. 边际支出倾向对总支出的影响

除自发支出外，边际支出倾向的变化也会导致计划总支出线的移动。所不同的是，由于边际支出倾向就是计划总支出线的斜率，当边际支出倾向发生变化时，计划总支出线的斜率会发生改变。又因为边际支出倾向的变化不会影响自发支出的水平，改变后的计划支出线在纵轴上的截距不变。边际支出倾向对计划总支出的影响如图 2-7 所示。

图 2-7 反映了边际支出倾向对计划总支出及均衡国民收入的影响。假设初始时边际支出倾向为 e_0，相应的计划总支出曲线为 AE_0，它与 45° 线相交于 E_0，所决定的均衡国民收入为 Y_0。若由于某种原因边际支出倾向由 e_0 增加至 e_1，相应的计划总支出线由 AE_0 移动至 AE_1，均衡点由原来的 E_0 移动至 E_1，均衡国民收入由 Y_0 增加至 Y_1。

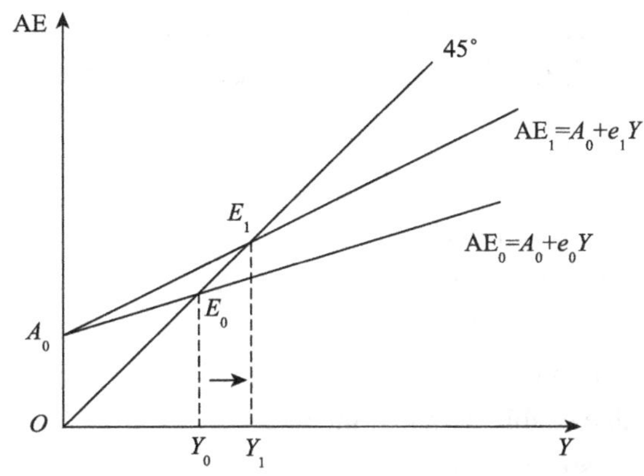

图 2-7　边际支出倾向对计划总支出的影响

由乘数计算公式可知，边际支出倾向与乘数正相关，边际支出倾向越大则乘数越大，边际支出倾向越小则乘数越小。

现以三部门经济为例来考察影响边际支出倾向的因素及其效应。在三部门经济中，政府购买支出来源于税收，因此需将税收引入模型进行分析。引入税收 T 后，计划总支出可表示为

$$AE=a+b(Y-T)+I+G \tag{2-21}$$

假定实行比例税制，税率为 t（$0<t<1$），则 t 就是边际税率，$T=tY$，式（2-21）可写成

$$\begin{aligned}AE&=a+b(Y-tY)+I+G\\&=(a+I+G)+b(1-t)Y\end{aligned} \tag{2-22}$$

其中，$e=b(1-t)$。可见，边际支出倾向取决于边际消费倾向 b 和边际税率 t，边际支出倾向与边际消费倾向正相关而与边际税率负相关，边际税率降低使边际支出倾向增加，乘数增大；边际税率提高则使边际支出倾向下降，乘数减小。因此，边际支出倾向是通过改变计划总支出乘数来影响国民收入的。

➢本章提要

GDP 是一国在一段时间内所生产的最终产品和劳务的市场价值总和，可以从支出和收入两方面对其进行核算。用支出法对 GDP 进行核算，主要包括 C、I、G 和 NX 四个部分，其中 C 是最大的组成部分，而 I 是最易变动的组成部分。用收入法计算 GDP 则主要计算各种生产要素所获取的收入总和。通常 GDP 是经济福利的一个良好的衡量指标，但不是一个完美的福利指标，因为它不能全面反映 GDP 增长的代价和收益。

收入–支出分析是在价格水平是固定不变的条件下，研究均衡国民收入的决定。计划总支出等于 C、I、G 和 NX 之和。均衡国民收入是由 45° 线与计划总支出曲线的交点决定的。45° 线表示计划总支出等于总产出，所以 45° 线上的点所对应的产出都是均衡产出水平。

计划总支出由自发支出和引致支出两部分构成，计划总支出的增加会使均衡产出成倍增加，这一倍数即为乘数，其大小取决于计划总支出曲线的斜率 e。乘数的作用是双向的，这意味着计划总支出一旦减少，均衡产出也会成倍减少。

国民收入的流量循环模型主要通过对国民经济收入和支出流量循环的考察，从总供给和总需求的角度分析国民收入的构成及国民收入的一般均衡。

➤关键概念

支出法（out-expenditure approach）
收入法（earnings or income approach）
产出法（production approach）
个人收入（personal income）
个人可支配收入（disposable personal income）
消费支出（consumer spending）
投资支出（investment spending）
政府购买（government purchase）
净出口（net exports）

➤复习思考题

1. 试述GNP、GDP、国民生产净值、国民收入、个人收入、个人可支配收入之间的关系。

2. 试述名义GDP和实际GDP的区别。为什么计算一个国家的经济增长通常使用实际GDP?

3. 追求利润最大化的完全竞争企业怎样来决定它对生产的需求?

4. 在国民收入核算中，社会保险税对GDP、国民收入、个人收入、个人可支配收入中哪个指标有影响？为什么？

5. 假设GDP是5 000，个人可支配收入是4 100，政府预算赤字是200，消费是3 800，贸易赤字是100（单位：万元），计算：①储蓄；②投资；③政府支出。

6. 在宏观经济均衡中，政府的税收发生变化会对宏观经济均衡产生什么影响?

➤扩展性阅读资料

多恩布什 R，费希尔 S，斯塔兹 R. 2000. 宏观经济学. 第7版. 范家骧等译. 北京：中国人民大学出版社
范金，朱强，王艳. 2004. 中级宏观经济学. 北京：经济管理出版社
黄亚钧. 2005. 宏观经济学. 第2版. 北京：高等教育出版社
李晓西. 2005. 宏观经济学（中国版）. 北京：中国人民大学出版社
厉以宁. 2005. 西方经济学. 第2版. 北京：高等教育出版社
帕金 M. 2008. 宏观经济学. 第8版. 张军译. 北京：人民邮电出版社
钱伯海. 2001. 国民经济核算原理. 北京：中国经济出版社
斯通 R，斯通 G. 1988. 国民收入与支出. 郭羽诞等译. 上海：上海译文出版社
张金水，张研. 2001. 应用宏观经济学. 北京：清华大学出版社
赵彦云. 2014. 宏观经济统计分析. 第二版. 北京：中国人民大学出版社

第二篇

宏观经济学的长期模型

第三章

经济增长理论及其基准模型

经济学家往往需要建立不同时间范围的不同模型来研究宏观经济问题。大部分宏观经济学家认为，短期与长期之间的关键差别是价格行为。在研究短期经济行为时，许多价格是固定在某个预先确定的水平之上的，价格黏性是相对合适的假设。而在长期，如果以几年或是几十年时间来观察实际GDP这类长期问题的话，工资和价格就会根据供求变动做出调整，那么价格的伸缩性则是一个更好的假设。由于价格行为在短期和长期之间存在显著差别，所以需要在不同时间范围内分别对短期波动和长期趋势进行不同的分析。

经济增长是经济学领域中最基本的问题之一，是宏观经济学中至关重要的组成部分。这个世界由各种形态和不同规模的经济体组成，为什么有些国家十分富裕，而有些国家却非常贫困？经济增长的引擎是什么？经济体如何实现产出的持续增长？穷国怎样快速地转变为富国？这些问题都构成了旨在解释经济是如何在长期中演进的经济增长理论的主要内容。本章主要介绍经济增长理论的基本问题及新古典经济增长的基准模型。

第一节　经济增长的基本问题

经济增长（economic growth）是指一个国家或地区在一定时期内所生产的产品和劳务总量不断增加的过程，它是反映一个国家或地区的经济实力和生活水平最重要的指标。

一、增长的特征

西蒙·库兹涅茨在《各国的经济增长》一书中把经济增长的特征概括为以下六个方面。

1. 按人口计算的产出高

产出增长率、人均增长率与人均产出增长率都高。按库兹涅茨的估算，1750年以来的 200 多年中，发达国家人均产量的增长速度平均每年大致为 2%，人口每年平均增长 1%，因此总产量大约年平均增长 3%。这意味着，人均产量每 35 年翻一番，人口每 70 年翻一番，实际 GNP 每 24 年翻一番，增长速度远远快于 18 世纪末工业革命开始前的整个时期。

2. 生产率增长的速度很快，技术进步促进了产出的增长

按库兹涅茨的估算，人均产量增长的 50%~75%来自于生产率的增长。也就是说，技术进步对于现代经济增长起了很大作用。

3. 经济结构的变革速度比较快

库兹涅茨从国民收入和劳动力在产业间的分布这两个方面对产业结构的变化做了详细的分析。他指出，农业部门实现的国民收入在整个国民收入中的比重，以及农业劳动力在全部劳动力中的比重，随着时间的推移处于不断下降之中。工业部门的国民收入的相对比重大体上是上升的，而工业部门劳动力的相对比重大体不变或略有上升。服务部门劳动力的相对比重几乎在所有国家都呈上升趋势，但其国民收入的相对比重大体不变或略有上升。在美国，1870 年全部劳动力的 53%在农业部门，到 1960 年降到不足 7%。在一个世纪中，发达国家农业劳动力占全部劳动力的百分比减少了 30~40 百分点。此外，生产单位的规模、企业组织形式、消费结构、国内国外供应的相对份额也都发生了变化。

4. 社会结构与意识形态改革迅速

城市化进程加快，法律意识增强，如城市化、家庭规模的变化、现代观念的传播等。

5. 经济增长在世界范围内扩大

现代经济增长的扩散，尽管有扩散到世界范围的倾向，但实际的扩散却是有限的，局限于不到全世界 1/3 人口的范围内。

6. 世界各国的经济增长率不平衡

各国生产率水平的差异、制度的差异、经济增长因素的差异导致世界各国的经济增长率不平衡。

二、增长的要素

通常认为，一个国家或地区的生产总值和收入水平依赖于该国的自然资源禀赋（包括矿产、水、森林等）、劳动力或人力资源禀赋（包括教育、培训、技巧和技能等方面的人力资源投资）、资本资源（包括物质资本投资、基础设施建设、金融资本资源等）、企业管理、组织和技术进步状况等。从长期来看，经济增长要考虑经济结构和制度因素，而在短期分析中则不考虑经济结构和制度因素。一般来说，经济增长的要素包括自然资源、人力资源、资本资源以及技术进步。

1. 自然资源

自然资源主要包括耕地、石油、天然气、森林、水力和矿产资源等。许多国家凭借其丰富的资源跻身于高收入国家之列，但自然资源的拥有量并不是经济发展取得成功的必要条件。例如，对几乎没有自然资源的日本而言，其通过大力发展劳动密集型和资本密集型的产业，同样获得了经济发展。

2. 人力资源

劳动力投入包括劳动力数量和劳动力的技术水平。很多经济学家认为，劳动力在接受教育、培训的过程中，积累了专门的知识、经验和技能，这样形成的人力资本可以极大地提高劳动生产率。人力资源是一国经济增长最重要的因素。

3. 资本资源

资本资源包括物质资本投资、基础设施建设和金融资本资源等。资本资源对于经济增长而言至关重要，经济快速增长的国家一般都在新资本品上大量投资，在大多数的经济高速发展的国家，10%~20%的产出都用于净资本的形成。此外，为新兴的私人投资部门提供基础设施的社会基础投资也在经济增长中发挥了重要的保障作用。

4. 技术进步

除了上述的三个传统因素之外，经济增长还依赖于第四个重要因素——技术进步。历史上，增长从来不是一种简单复制的过程，使一国生产潜力获得巨大提高的往往是发明和技术创新的涓涓细流。技术进步在经济增长中的作用体现在产出效率的提高。

三、经济增长的机制

经济增长的机制与规模报酬（returns to scale）这个概念密不可分，因此首先介绍一下规模报酬的定义。规模报酬是指各种投入要素按相同比例变化时带来的产量变化。在进行经济分析时，通常用齐次生产函数来描述规模报酬关系。设生产一种商品的技术可以描述为一个所需投入 x_i 的函数：

$$y=f(x_1,x_2,\cdots,x_n)$$

如果所有的投入要素都变化 λ 倍，产量也同方向变化 λ^n 倍，则这类生产函数就为齐次生产函数。当 n=1 时，该函数是线性齐次生产函数。在线性齐次生产函数的情形中，当 $\lambda>1$ 时，如果 $f(\lambda x_1, \lambda x_2,\cdots, \lambda x_n)> \lambda f(x_1,x_2,\cdots,x_n)$，则为规模报酬递增；如果 $f(\lambda x_1, \lambda x_2,\cdots, \lambda x_n)= \lambda f(x_1,x_2,\cdots,x_n)$，则为规模报酬不变；如果 $f(\lambda x_1, \lambda x_2,\cdots, \lambda x_n)< \lambda f(x_1,x_2,\cdots,x_n)$，则为规模报酬递减。另外，当 $\lambda<1$ 时，如果 $f(\lambda x_1, \lambda x_2,\cdots, \lambda x_n)< \lambda f(x_1,x_2,\cdots,x_n)$，则为规模报酬递增，其余以此类推。这些数学定义表明了规模报酬的三种状态之间的对称性，而这种对称现象完全是假设的。

依据规模报酬的不同状态，经济增长主要有规模报酬不变和规模报酬递增两种机制。新古典经济增长理论和经济增长模型以规模报酬不变为假设前提，而新增长理论则将规模报酬递增引入模型。

相关链接 3-1　改革 30 多年来中国经济增长奇迹的不同解释

中国连续 30 多年的高速经济增长引起了世界的广泛关注，为了解释中国奇迹之谜，国内外的经济学家从不同视角来界定、解释中国奇迹的形成。从现有研究来看，国际和国内主要从以下方面来界定和解释中国经济增长的奇迹。

1. 国际上的不同解释

国际上对中国奇迹的研究，主要形成了五种不同的解释：①经济改革政策说。俄罗斯经济分析研究所所长伊拉里奥诺夫通过对中国和俄罗斯的比较，运用大量具体数据向世人展示了中国自改革开放以来所取得的空前巨大的经济成就，认为始于 20 世纪 70 年代末的经济改革和各项经济政策是中国经济发展“奇迹”的动因。②四因素综合作用说。泰中商务委员会主席、泰国正大集团副董事长李绍祝认为，中国奇迹的形成来自四个关键因素的综合作用——强有力的领导班子，持续明晰、符合中国国情的发展战略，制度因素，积极财政政策拉动内需，并认为只要上述四个关键因素不变，中国经济还会保持持续快速的发展。③高储蓄率和高投资率说。美国的 Jonathan Anderson 认为中国奇迹和亚洲模式没有区别，亚洲模式主要来自于投资的推动，而投资来源于高的国民储蓄，通过抑制性的国民储蓄将很高的储蓄转化为投资，加速资本形成，通过投资拉动国民经济的高速增长。他认为中国模式亦是如此，无论是 GDP、贸易还是工业化的进度，中国都在沿着其他亚洲经济体曾经走过的道路前行。④低起点说。国际货币基金组织前第一副总裁安·克鲁格认为中国经济的起步非常低。在过去的十多年内，尽管名义收入已经翻了一番，但按国际标准，人均收入仍然相对较低。实际数字表明，中国与它的很多邻国比起来，仍然相当贫穷。按照世界银行的分类，中国还是一个中低收入的国家。这个经济体仍有许多需要迎头赶上的地方。如果中国想进一步降低贫困率，持续快速的经济增长将至关重要。中国面临的挑战是要在相当长的时期内，确保这种增长是可持续的。⑤初始条件说。哈佛大学萨克斯教授依据新古典经济学理论，认为中国经济增长奇迹得益于一系列的初始条件和内部条件。一是经济结构的初始条件。改革开放之初，中国国有部门的就业人员大约占到 18%，70%的劳动力在农村，中国的改革开放使得生产率较低的农业向生产率较高的工业过渡，大量流动的劳动力为非国有部门的发展提供了劳动力。二是改革开放之初，中国的金融部门相对稳定，没有严重的外债。

2. 国内的不同解释

国内学者对中国奇迹的研究，主要形成了八种不同的认识：①创新说。认为中国 30 年“经济增长奇迹”来自于创新的结果。这种观点依据熊彼特的创新思想，从引进新的产品、采用新的生产方法、开辟新市场、控制原材料的新来源、实现工业的新组织五个方面解释了中国奇迹的发生机制。②制度变迁说。认为中国奇迹的发生主要来自于制度的变迁，中国 30 年的制度变迁是沿着有利于经济效率的轨迹向前推进的，中国之所以发生有效的制度变迁，其原因有三，即制度创新的分散性、市场化改革的自我强化性以及中国共产党的泛利性。③“三化”推进说。认为中国奇迹是“工业化、市场化和国际化”

三化推进的结果，工业化、市场化和国际化是中国奇迹的主要原因，而其中最重要的是工业化，中国经济的高速增长在很大程度上是工业化的直接结果。④发展战略说。认为中国奇迹的发生关键在于采取了一套行之有效的发展战略，改革开放以前中国经济发展缓慢的原因在于推行了不符合中国比较优势的重工业优先发展战略；而改革开放以来中国经济得以迅速发展的关键则在于改革传统经济体制，使中国所具有的资源比较优势能够得以发挥。⑤市场需求说。北京大学海闻教授认为“中国奇迹”至少还可以保持 20 年的高速增长。展望未来的发展前景，其动力来自四个方面，即规模巨大的人力资源和劳动力成本、潜在的市场规模产生的内需、中国深入改革产生的制度变迁和更加开放的国际环境。国内市场规模产生的巨大内需成为经济快速增长的主要动力，中国深入改革产生的制度变迁将进一步产生创造力和提高生产力，更加开放的国际环境有助于更好地利用全球市场与资源。⑥技术进步说。沈波涛、李玉举运用新经济增长理论分析了中国“增长的奇迹”。他们认为新经济增长理论可以很好地解释中国奇迹的产生，并且借助这一分析，探讨了如何通过加速技术创新、完善、健全制度因素来使中国经济继续保持高速增长，使中国奇迹持续下去。⑦劳动力转移说。黄忠平认为大量劳动力从低生产率的农业部门流向高生产率的工业部门所引发的跨部门配置效率，与部门内的增长效率一起解释了中国的增长奇迹。中国经济持续较快增长的关键在于继续鼓励资源从低生产率的农业部门流向高生产率的工业与服务业部门。⑧地方政府竞争说。复旦大学张军教授认为中国奇迹的出现来自于地方政府的竞争，向地方政府的经济分权，并从体制上维持一个集中的政治威权，把巨大的经济体分解为众多独立决策的小型地方经济，创造出了地方为经济增长而竞争的“控制权市场”。地方政府之间的竞争导致地方对基础设施的投资和有利于投资增长的政策环境的改善，加快了金融深化的进程和融资市场化的步伐。同时，外商直接投资的增长和中国经济的深度开放，也是地方为经济增长而竞争的结果。

资料来源：任保平、刘丽：《中国 30 年“经济增长奇迹”：描述、界定与理论解释》，《西北大学学报（哲学社会科学版）》，2008 年第 1 期。

四、经济增长的度量

在宏观经济学中，经济增长通常用以固定价格计算的某种表示人均国民收入的指标的变化率来衡量，目前应用最广泛的是以不变价格计算的 GDP，即实际的 GDP。从消费方面来看，它可以被看作一国的居民为个人消费而在最终产品和劳务上的总支出，在国内与国外的投资，以及政府在健康、教育、国防和其他服务上支出的总和。以总的生产要素收入与以总产出来定义其实是等价的。因此，经济增长应当以实际 GDP 的增长率来度量。如果考虑人口变动的影响，则采用人均 GDP 来度量。此外，GNP 与国内净产值等变量也可以用来度量经济增长。

相关链接 3-2　水平量的变化与变化率

在研究经济增长时，理解水平量的变化与变化率之间的区别至关重要。当我们说实际 GDP“增长”时，我们指的是实际 GDP 水平的上升。例如，我们可能会说 2007 年美国的实际 GDP 增长了 2 290 亿美元。

如果我们知道 2006 年美国的实际 GDP 水平，我们也可以以变化率的形式来描述 2007 年的增长状况。例如，假设 2006 年美国的实际 GDP 水平为 112 950 亿美元，那么 2007 年美国的实际 GDP 为 112 950 亿美元+2 290 亿美元=115 240（亿美元）。2007 年美国实际 GDP 的变化率，或者增长率，可计算如下：[(115 240 亿美元–112 950 亿美元)/112 950 亿美元]×100%=2 290 亿美元/112 950 亿美元×100%=2.03%。一段时间内的经济增长状况通常都采用增长率的变化来加以描述。

在谈及增长或增长率时，经济学家通常会混用这两个概念，因此有可能会发生混淆。例如，当我们说“20 世纪 70 年代美国增长下降”时，我们实际上指的是 20 世纪 70 年代美国实际 GDP 的增长率与 60 年代相比较低。当我们说“20 世纪 90 年代初增长加速”时，我们指的是 20 世纪 90 年代初增长率逐年上升的状况，如从 3%上升至 3.5%再上升至 4%。

资料来源：保罗·克鲁格曼、罗宾·韦尔斯：《宏观经济学》（第二版），赵英军等译，中国人民大学出版社，2012 年。

第二节 早期的经济增长模型：哈罗德–多马模型

英国经济学家哈罗德在《关于动态理论的一篇论文》（1939 年）和《走向动态经济学》（1948 年）中将凯恩斯的短期宏观经济分析动态化、长期化。几乎与此同时，美国经济学家多马在《资本扩张、增长率和就业》（1946 年）和《扩张和就业》（1947 年）中独立地提出了与哈罗德经济增长模型相似的主要结论，人们习惯上将这两个模型合称为哈罗德–多马模型。哈罗德–多马模型奠定了现代经济增长理论的基本框架，也标志着经济增长理论研究在主流经济学中的复兴。

一、哈罗德模型

哈罗德模型以凯恩斯的收入决定论为理论基础，在凯恩斯的短期分析中整合进经济增长的长期因素，主要研究了产出增长率、储蓄率和资本产出比三个变量之间的相互关系，认为资本积累是经济持续增长的决定性因素。

1. 哈罗德模型的基本假定

（1）假定消费者边际储蓄倾向为 s，且与平均储蓄倾向相等，储蓄 S 是国民收入 Y 的函数：$S=sY$。

（2）假定劳动力 L 以不变、外生的速率 n 增长，即 $n=\frac{\Delta L}{L}$。

（3）假定不存在技术进步和资本存量的折旧。

（4）假定生产函数具有固定系数的性质，生产一单位产出 Y 需要的劳动力 L 和资本 K 唯一给定，即

$$Y=\min\left[\frac{K}{v},\frac{L}{u}\right]$$

其中，乘数 $u>0$ 是劳动对总产出的比率，这意味着生产任何给定的产出都需要 $\frac{L}{u}$ 单位的劳动；乘数 $v>0$ 是不变的资本–产出比（ICOR），即 $v=\frac{K}{Y}$。

进一步扩展假定，视平均的和边际的资本–产出比是一致的，则有

$$v=\frac{\Delta K}{\Delta Y}$$

如果 $\frac{K}{v}=\frac{L}{u}$，那么所有的工人和机器都得到充分的利用；如果 $\frac{K}{v}>\frac{L}{u}$，那么只有 $\frac{v}{u}L$ 的资本得到利用，其余被闲置；如果 $\frac{K}{v}<\frac{L}{u}$，那么只有 $\frac{u}{v}K$ 的劳动得到利用，其余的处于失业状态。

2. 哈罗德模型的基本方程

根据凯恩斯的收入决定论，只有当投资（I）与储蓄（S）相等时，经济活动才能达到均衡状态，则有

$$I=S$$

由于假定资本存量不存在折旧，则资本存量的增量 $\Delta K=I$，从而有

$$\Delta K=S$$

两边同除以产出增量 ΔY，可得

$$\frac{\Delta K}{\Delta Y}=\frac{S}{\Delta Y}$$

因为 $v=\frac{\Delta K}{\Delta Y}$，且 $S=sY$，则进一步有

$$v=\frac{sY}{\Delta Y}$$

令 $G=\frac{\Delta Y}{Y}$，可得哈罗德模型的基本方程为

$$G=\frac{s}{v} \tag{3-1}$$

3. 有保证的增长路径

经济的移动均衡增长路径（哈罗德将此描述为有保证的增长路径）是为了实现完全的经济均衡，工业与商业投资决策所必须且始终遵守的必要的均衡增长路径，它要求全部净储蓄（国民收入的百分比为 s）能够连续地被投资吸收。究竟在什么样的增长率上，厂商才能始终选择均衡增长所要求的等于国民收入 s 百分比的投资量？哈罗德利用加速

器原理，即厂商为追加一单位产出将需要 v_r 单位的追加投资，得出产出的有保证的增长率，有

$$G_w = \frac{s_f}{v_r} \tag{3-2}$$

其中，G_w 为有保证的增长率；s_f 为意愿的充分就业下的储蓄率；v_r 为追求利润极大化的企业家认为是理想的边际资本–产出比。如果产出按国民收入的 s_f/v_r 百分率提高，将要求一个相当于 v_r 乘以（s_f/v_r）的均衡投资，它等于国民收入的 s_f 百分率。用哈罗德的例子来说，他建议用一个占国民收入 10%的典型的 s_f 和等于 4 的 v_r，去产生一个等于 2.5%的有保证的增长率。由此可见，如果存在连续的储蓄，那么为了取得均衡就要求生产也连续地按几何级数增长。

4. 经济长期均衡增长的条件

哈罗德模型用有保证的增长率、实际增长率和自然增长率三个概念分析了一个经济在充分就业水平上连续生产所必须满足的长期条件：

（1）经济必须在每一年使投资等于充分就业的储蓄，即经济的实际增长率必须等于有保证的增长率。如果投资份额低于充分就业时的储蓄率 s_f，那么有效需求相对于充分就业必然是不足的。因此，经济长期均衡增长的第一个必需的条件是

$$G_A = G_M = \frac{s_f}{v_r} \tag{3-3}$$

其中，G_A 为实际发生的增长率，即事后增长率，它由实际储蓄率 s_f 和实际的资本–产出比 v_r 所决定。这一条件的含义是，均衡增长将使充分就业的储蓄连续地被投资。

（2）为保持连续充分就业，经济增长率必须等于实际劳动力增长率加上劳动生产率的增长率，即自然增长率。因此，经济长期均衡增长的第二个必需的条件就是

$$G_A=G_N=n+a \tag{3-4}$$

其中，G_N 为自然增长率，是由人口和技术水平所决定的经济增长率，是潜在最大的经济增长率，或者说是最大可能达到的经济增长率，适应于技术进步，又能保证充分就业；n 为基本假定中的劳动力增长率；a 为劳动生产率的增长率。

综上所述，一个经济只有当它的实际增长率 G_A 同时等于有保证的增长率 G_w 和自然增长率 G_N 时，才能实现连续的充分就业，实现经济长期均衡的增长。当以上三个经济增长率相等时，经济增长便进入罗宾逊夫人所说的“黄金时代”。

5. 哈罗德问题

哈罗德模型采取长期的动态分析方法，将凯恩斯的储蓄转化为投资并将其动态化，引入了时间因素，使其理论具有说服力和应用价值。而且模型中所描述的经济增长率、储蓄率和资本–产出比之间的关系是正确的，具有应用价值。除此之外，该模型从供给与需求相结合的角度揭示了经济增长，克服了凯恩斯理论的局限性。但是，哈罗德模型也存在一些问题：

（1）哈罗德模型的刀刃性质。哈罗德模型把经济增长的路径设计为储蓄转换为

投资，即资本积累，从而形成了刀刃上的增长，即经济不能自行纠正实际增长率与有保证的增长率之间的偏离，而且还会累积性地产生更大的偏离。具体地讲，有保证的增长率是建立在给定企业家预期类型基础上的加权平均率，如果实际增长率小于有保证的增长率，则意味着企业家们生产能力的扩张超过了现有需求量，它们将会压缩投资，并通过乘数效应压低有效需求和产出，而这又将导致更大的生产能力过剩，不平衡会不断重复下去。如果实际增长率大于有保证的增长率，则相反的情况将会发生，形成累积性的经济扩张。

（2）哈罗德模型中增长的均衡可能不存在。这是因为，决定有保证增长率与自然增长率的相关变量是相互独立的，储蓄率 s_f 由经济中的厂商和居民的偏好决定，资本–产出比 v_r 是一个技术性的假定，而自然增长率对于经济制度而言是外生的。只有当 s_f、v_r、n 和 a 的数值恰好满足等式 $\frac{s_f}{v_r}=n+a$ 时，才会出现稳定均衡的增长，而这种情况的可能性非常之小，所以长期均衡是很偶然的现象。具体而言，如果有保证的增长率大于自然增长率，就意味着储蓄或投资率超过了人口增长和技术进步允许的水平，经济将往下向自然增长率偏离，陷入萧条之中；如果有保证的增长率低于自然增长率，则产出将往上向自然增长率接近，经济不断地走向繁荣。

二、多马模型

在哈罗德模型出现后不久，多马也以凯恩斯理论为基础，将这一理论动态化、长期化，建立了多马经济增长模型。多马模型与哈罗德模型存在许多相似性。例如，它们都提出了长期均衡增长的条件，都预见了长期充分就业与均衡增长的困难，都面临着同样的刀刃问题。但是这两个模型也具有一定的差异性，其中最大的区别就在于哈罗德模型注重完全就业，而多马模型更强调投资的双重性，即投资不仅是创造收入的工具，也能增加生产能力。具体表现为投资通过凯恩斯的乘数过程决定收入的实际水平，由于投资增加了资本存量的规模而增加了收入的最高潜在水平，即生产能力。

运用类似于哈罗德模型的推导过程，多马认为存在着一种均衡增长率，即能满足一个时期的实际产出增量 ΔY 恰好等于该时期最高潜在产出增量 $\Delta\bar{Y}$ 的增长率，并且总产量的均衡增长率 $\frac{\Delta Y}{Y}$ 又正好与投资增长率 $\frac{\Delta I}{I}$ 相等。假定在一定的技术条件下，用 σ 来表示已知投资水平下生产潜在能力的变化率，并设其为常数。资本的存量增量与投资相等，即有 $\Delta K=I$，则 $\frac{\Delta Y}{\Delta K}=\sigma=\frac{\Delta Y}{I}$，从而有 $\Delta Y=\sigma\cdot I$。作为均衡增长率的前提是 $\Delta Y=\Delta\bar{Y}$，所以 $\Delta\bar{Y}=\sigma\cdot I$。

根据凯恩斯的乘数理论，实际产量增量 ΔY 等于投资乘以投资乘数 MULT，即 $\Delta Y=\Delta I\cdot \text{MULT}$，而 $\text{MULT}=\frac{1}{1-\text{MPC}}=\frac{1}{\text{MPS}}$，其中，MPC、MPS 分别为边际消费倾向和边际储蓄倾向。因此，实际产出的增量公式就可写为

$$\Delta Y=\frac{1}{\text{MPS}}\cdot\Delta I$$

进而有 $\sigma\cdot I=\frac{\Delta I}{\text{MPS}}$。

经变换后可得

$$\frac{\Delta I}{I}=\sigma\cdot\text{MPS}$$

因为有 $\Delta Y=\Delta\bar{Y}=\sigma\cdot I$，且均衡时投资与储蓄相等，即 $I=S$，而储蓄又与实际产出和边际储蓄倾向的乘积相等，即 $S=\text{MPS}\cdot Y$，从而有下式成立：

$$\frac{\Delta Y}{I}=\sigma\cdot\text{MPS}=\frac{\Delta I}{I}$$

我们用 G 表示均衡增长率，则其基本公式为

$$G=\sigma\cdot\text{MPS} \tag{3-5}$$

这一方程非常类似于哈罗德模型的基本方程。

●专栏 3-1 模型化之前的经济增长思想

经济增长模型化之前的经济增长思想奠定了许多呈现于现代经济增长理论中的基本成分，重商主义经济学说开创了近代经济学研究，把促进一国经济增长的手段当作研究的中心课题，但是将货币财富等同于经济增长。古典经济学在对重商主义的批判过程中得以产生，它指出对于一个国家来说，真正的国民财富不是积累的贵金属，而是本国能够生产的物质产品。

早期的古典经济学家直到其最主要的代表亚当·斯密，都把增加国民财富的途径作为经济学研究的主要目的。亚当·斯密的经济理论是现代经济增长理论的先驱，他不仅系统地探讨了达到尽可能快的经济增长的途径，而且也系统地论证了自由竞争的市场经济对近代经济增长的积极作用。他把整个经济运行中资本与劳动的关系放在核心地位，非常强调资本积累对经济增长的重要性。后期的古典经济学家以大卫·李嘉图为代表，他对经济增长的分析是围绕着收入分配展开的。在他看来，由于土地资源是给定的，增加投入在土地上进行生产的劳动会使这种劳动的边际产量递减，整个经济中资本积累的利润率不断下降，最终导致经济陷入停滞状态。李嘉图关于经济增长将逐渐趋于终结的学说结束了凯恩斯之前的主流经济学对经济增长理论的研究。马尔萨斯开创了对人口增长与经济增长之间关系的分析。他认为土地产出的边际增量是逐步降低的，食物供给大致按算术级数增长，而人口在某一限度之内具有持续增长的性质，呈现出以几何级数增长的趋势，从而人口的增长率与人均收入的增长率之间存在着一种均衡，这种均衡就是“马尔萨斯陷阱”。在这种状态中，人均收入处于最小值，所有的收入都用于消费，根本没有给收入留有部分地转化为储蓄的余地，与此相应的是人口的增长率为零。

从 19 世纪中叶至 20 世纪中叶，在经济学的主流学派中几乎完全看不到对长期经济增长理论的讨论，但也有一些学者是例外，包括马歇尔和熊彼特。马歇尔试图引入外部经济、企业衰亡理论和单个厂商面对向下倾斜的需求曲线来调和报酬递增与竞争之间的冲突，这在构建第一代内生增长模型时起到了至关重要的作用。熊彼特指出创新或技术是经济系统的内生变量，创新过程伴随着大规模的投资。强调创新、模仿和适应在经济增长中的决定作用，强调经济增长过程是一种创造性破坏过程，新产品、新的生产方法、新市场的开拓等“创新”会不断地使经济结构从内部发生革命，不断地摧毁旧的经济结构，创造出新的经济结构。

资料来源：左大培、杨春学：《经济增长理论模型的内生化历程》，中国经济出版社，2007 年，第 25-62 页。

第三节　经济增长的基准模型：新古典模型

美国经济学家索洛在《对经济增长理论的一个贡献》（1956 年）中克服了哈罗德–多马模型中的“刀刃性质”，建立了新古典经济增长模型，这一模型成为此后半个世纪几乎所有经济增长理论模型研究的基准模型。由于英国经济学家斯旺也在《经济增长和资本积累》（1956 年）中独立提出了与此相似的经济增长模型，一般情况下把两者合称为索洛–斯旺模型。

一、基本假定

索洛–斯旺模型是围绕生产函数与资本积累函数两个方程展开的，主要建立在如下假定之上：

（1）排除市场和企业，仅考虑一个类似于鲁宾孙·克鲁索家庭/生产者的经济。假定经济中仅有物质资本 $K(t)$和劳动 $L(t)$两种投入，生产函数形式为

$$Y(t)=F(K(t),L(t),t) \tag{3-6}$$

其中，$Y(t)$为 t 时所生产的产出流量，而生产函数对时间 t 的依赖则反映了技术进步的影响。

（2）假定一个单部门生产技术，其中产出是一种既可用来消费 $C(t)$或者也可用于投资 $I(t)$创造新物质资本 $K(t)$的同质产品。

（3）假定经济是封闭的，家庭既不能购买国外的产品或资产，也不能向国外出售产品或资产。

（4）假定储蓄率 $s(\cdot)$是外生给定的，是一个常数 $s(\cdot)=s>0$。

（5）假定资本折旧率 $\delta>0$ 是一个常数。在一个时点上物质资本存量的变化等于总投资减去生产过程中的资本损耗：

$$\dot{K}=I-\delta K=s\cdot F(K,L,t)-\delta K$$

其中，变量 $\dot{K}$ 上方的一点表示 K 对时间的导数，代表相邻期资本存量的变化，且有 $0\leqslant s\leqslant 1$。

（6）假定人口以不变外生的速率增长，$\dot{L}/L=n\geqslant 0$，且每个人的工作强度是给定的。如果把初始的人口数和每个人的工作强度均标准化为 1，那么 t 时的人口（劳动力）就为 $L(t)=e^{nt}$。

二、基本的索洛–斯旺模型

在对生产函数 $F(\cdot)$的假设上，即使存在微小的差异也有可能导致截然不同的经济增长理论。索洛–斯旺模型的核心就依赖于其新古典生产函数 $F(\cdot)$的性质，这种生产函数与不变储蓄率结合起来，产生了一个极为简单的一般均衡经济型。

（一）新古典生产函数

如果忽略技术进步，也就是说我们假定 $F(\cdot)$独立于 t（在后面的论述中这一假定将被进一步放松），生产函数可以采取如下形式：

$$Y=F(K,L) \tag{3-7}$$

新古典的生产函数假设对每种投入的报酬递减、规模报酬不变以及投入之间具有某种正的且平滑的替代弹性。也就是说，新古典生产函数满足以下三个性质。

（1）对所有 $K>0$ 和 $L>0$，生产函数 $F(\cdot)$对每一投入具有正的且递减的边际产品：

$$\frac{\partial F}{\partial K}>0,\quad \frac{\partial^2 F}{\partial K^2}<0$$

$$\frac{\partial F}{\partial L}>0,\quad \frac{\partial^2 F}{\partial L^2}<0$$

（2）$F(\cdot)$呈现出不变规模报酬，满足一次齐次性：

$$F(\lambda K,\lambda L)=\lambda\cdot F(K,\ L),\quad \lambda>0$$

（3）$F(\cdot)$满足稻田条件，即随着资本或劳动趋于零，资本或劳动的边际产品趋于无穷大；随着资本或劳动趋于无穷大，资本或劳动的边际产品趋于零：

$$\lim_{K\to 0}\left(F_K\right)=\lim_{L\to 0}\left(F_L\right)=\infty$$

$$\lim_{K\to \infty}\left(F_K\right)=\lim_{L\to \infty}\left(F_L\right)=0$$

“稻田条件”的作用是保证经济的路径不分散。不变规模报酬条件意味着产出可以被写成

$$Y=F(K,\ L)=L\cdot F(K/L,\ 1)=L\cdot f(k)$$

其中，$k\equiv K/L$ 为劳动力的人均资本；$y\equiv Y/L$ 为劳动力的人均产出，函数 $f(k)$被定义为等于 $F(k,\ l)$。该式意味着生产函数可以被表示为如下的集约形式：

$$y=f(k) \tag{3-8}$$

科布–道格拉斯函数提供了对现实经济的合理描述，在此假定生产函数符合科布–道格拉斯函数形式：

$$Y=K^{\alpha}L^{1-\alpha} \tag{3-9}$$

其中，α为介于 0~1 的数。科布–道格拉斯函数可被写成集约形式：

$$y=k^{\alpha} \tag{3-10}$$

根据式（3-10）我们求得，$f'(k)=\alpha k^{\alpha-1}>0$，$f''(k)=\alpha(\alpha-1)k^{\alpha-2}<0$，$\lim\limits_{k\to\infty}f'(k)=0$，$\lim\limits_{k\to\infty}f'(k)=\infty$。由此可见，科布–道格拉斯函数形式满足新古典生产函数的性质，该生产函数可用图 3-1 表示出来。在图 3-1 中，横轴为人均资本存量 k，纵轴为人均产出 y，从中可以看出，人均产出 y 随着人均资本 k 的增加而增加，但是人均资本的规模报酬则是递减的，即每增加一单位劳动，人均资本所带来的产出的增加是逐渐减少的。

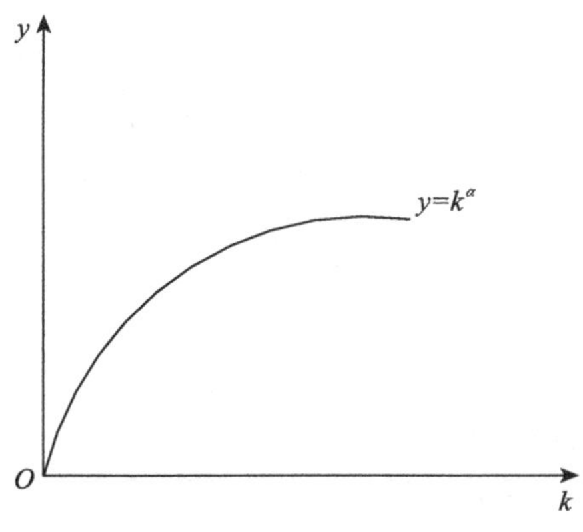

图 3-1　科布–道格拉斯生产函数

（二）资本积累的基本动态方程

索洛–斯旺模型的另一个重要方程是资本积累方程，它被用来分析新古典生产函数所描述的经济的动态行为。根据基本假定，在封闭经济中，产出在消费和投资之间划分。在不变的资本折旧率 δ 下，可得资本积累的动态方程为

$$\dot{K}=I-\delta K=sY-\delta K \tag{3-11}$$

为研究人均产出的变化过程，我们以劳动力人均资本重新表述资本积累方程：

$$\dot{k}=s\cdot f(k)-(n+\delta)\cdot k \tag{3-12}$$

其中，$n=\dot{L}/L$。这个非线性方程就是索洛–斯旺模型的基本微分方程，由式（3-12）可以看出它仅依赖于：资本–劳动比率 $k\equiv K/L$，而$(n+\delta)$可以理解为是资本–劳动比 k 的有效折旧率，如果储蓄率 s 为 0，则 k 将下降。这一方面是因为 K 以速率 δ 进行折旧，另一方面是因为人口 L 以速率 n 增长。图 3-2 显示了式（3-12）的运作。在图 3-2 中，横轴为人均资本存量 k，纵轴为人均产出 y，该图包含三条曲线，分别代表均以资本–劳动比率 k 为自变量的三个函数。上面一条曲线是生产函数 $f(k)$，下面一条曲线 $s\cdot f(k)$ 描述的是与该生产函数形状相同，只是被多乘以了一个正比例常数 s 的人均投资量。需要注意的是，$s\cdot f(k)$曲线自原点开始（$f(0)=0$），有正的斜率（$f'(k)>0$），而且随着 k 增加变得越来越平坦（$f''(k)<0$）。稻田条件意味着 $s\cdot f(k)$曲线在 $k=0$ 处是垂直的，随着 k 趋近于无穷大它变得平坦。还有一条曲线$(n+\delta)\cdot k$ 是一条从原点开始有正斜率 $n+\delta$ 的直线，它表示的是在考虑资本损耗和劳动力数量的增加对人均资本的影响的情况下，为保持固定的劳动力人均资本不变的新的人均投资量。三个函数之间的关系如图 3-2 所示。假定经济中人均初始资本存量 $k(0)>0$，则人均投资量等于在此点的 $s\cdot f(k)$曲线的高度。人均消费量等于此点上 $f(k)$和 $s\cdot f(k)$曲线之间的垂直距离。k 的变化由 $s\cdot f(k)$与$(n+\delta)\cdot k$ 之间的垂直距离给定。$s\cdot f(k)$曲线与$(n+\delta)\cdot k$ 线之间的交点决定了资本的稳态水平 k^*。

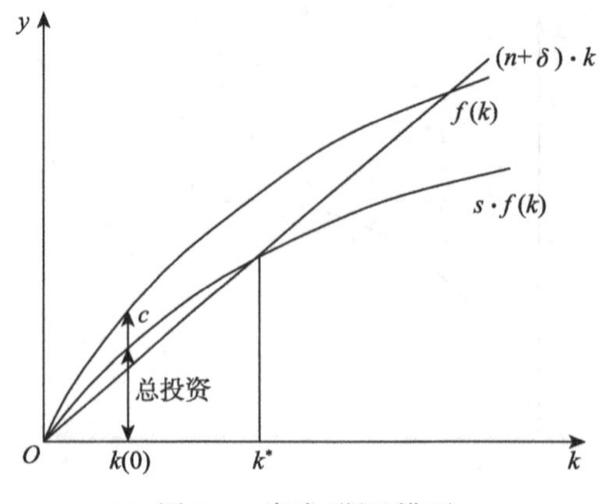

图 3-2 索洛–斯旺模型

（三）稳态增长

我们把稳态定义为一种其中每一变量都以不变速率增长的状况。如图 3-2 所示，假定经济体初始人均资本存量 $k(0)>0$，在该点处，人均投资量超出了为保持人均资本不变所必需的数量，人均资本增加，k 随时间推移增加，这种情况一直持续到 $k=k^*$处为止。在该点处，$s\cdot f(k)=(n+\delta)\cdot k$，人均资本存量保持不变，$\dot{k}=0$。如果经济体初始的人均资本存量大于 k^*，对应于横轴上 k^*右侧的 k 值，人均投资量少于为保持资本–劳动比率不变所必需的数量，此时人均资本量减少，$\dot{k}$ 值为负，这种趋势一直持续到人均资本存量下降到 $k=k^*$处为止。在索洛–斯旺模型中，稳态对应于 $\dot{k}=s\cdot f(k)-(n+\delta)\cdot k$，式中的 $\dot{k}=0$，也就是图 3-2 中 $s\cdot f(k)$曲线与$(n+\delta)\cdot k$ 线之间的交点，k^*满足如下条件：

$$s\cdot f(k^*)=(n+\delta)\cdot k^* \tag{3-13}$$

因为在稳态中 k 是不变的，相应地，人均产出 y 和人均消费 c 也就分别固定在值 $y^*=f(k^*)$和 $c^*=(1-s)\cdot f(k^*)$上，人均数量 k、y 和 c 在稳态中都不增长。这就意味着在稳态中变量 K、Y 和 C 的水平以不变的外生的人口增长率 n 的速率增长。

进一步来分析稳定状态下，经济在遭到“冲击”之后人均产出的变化。这里所指的“冲击”包括投资率 s 的增加和人口增长率 n 的增加。首先来看投资率的增加。如图 3-3 所示，横轴为人均资本存量，纵轴为人均产出。假定人均产出已经达到稳定状态值，消费者把投资率从 s 提高到 s'，这使得曲线 $s\cdot f(k)$向上移动到 $s'\cdot f(k)$，对应于初始稳态下的人均资本量 k^*，变化后的人均投资量超出了为保持人均资本量不变所必需的数量，资本–劳动比率增加，这种情况一直持续到 $s'\cdot f(k)=(n+\delta)\cdot k$ 为止，此时所对应的人均资本量达到一个新的更高的值 k^{**}。结合生产函数我们不难看出，较高的人均资本对应的人均产出也较高，则经济体比以前更加富裕了。投资率的增加最终导致人均产出的增加。

再来看人口增长率增加的情况。如图 3-4 所示，横轴代表人均资本存量，纵轴代表人均产出水平。假定经济体已经达到稳定状态，人口增长率从 n 增加到 n'，曲线$(n+\delta)\cdot k$ 将绕原点向左旋转至$(n'+\delta)\cdot k$。对应于初始稳态下的人均资本量 k^*，人口增长后的人

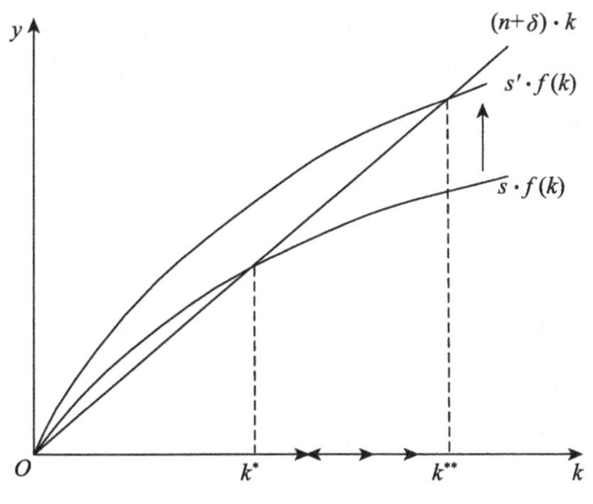

图 3-3　投资率的增加

均投资量低于为保持人均资本量不变所必需的数量，从而资本–劳动比率开始下降，一直持续到 $s\cdot f(k)=(n'+\delta)\cdot k$ 为止。此时所对应的人均资本量为 k^{**}，低于人口增长前的数量，经济体比以前更加贫困了。人口增长率的增加最终导致人均产出的下降。

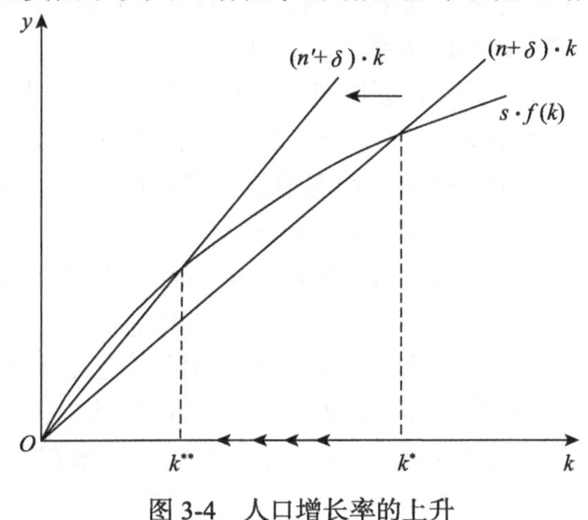

图 3-4　人口增长率的上升

（四）资本积累的黄金律

资本积累和产出不是人们追求的最终目标，人们追求经济增长的最终目标是消费水平和福利水平的最大化。长期消费总水平最高的稳定状态被称为资本积累的“黄金律水平”。在经济学意义上黄金律被解释为：“如果我们对每一当前和未来世代的成员提供相同数量的消费——也就是说我们给予未来世代的并不比给予我们自己的要少——则人均消费的最大数量为 c_{gold}。”

对于一个给定的生产函数与给定的 n 及 δ 值，储蓄率 s 的每个值存在唯一一个稳态值 $k^*>0$。设这种关系可用 $k^*(s)$ 来表示，且有 $\mathrm{d}k^*(s)/\mathrm{d}s>0$。人均消费的稳态水平为

$$c^*=(1-s)\cdot f(k^*(s)) \tag{3-14}$$

根据式（3-13）可进一步把 c^* 的表达式写为

$$c^*(s)=f(k^*(s))-(n+\delta)\cdot k^*(s) \tag{3-15}$$

图 3-5 显示了式（3-15）中所隐含的 c^* 与 s 之间的关系。在图 3-5 中，横轴为人均储蓄率 s，纵轴为人均消费。

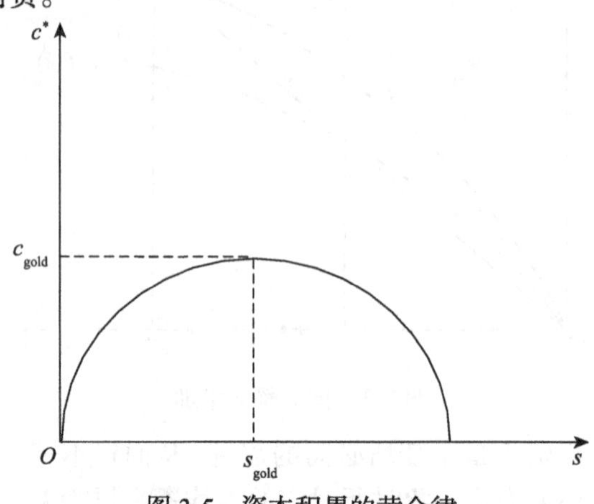

图 3-5 资本积累的黄金律

图 3-5 中纵轴表示对应于每一储蓄率的人均消费的稳态水平，使人均稳态消费达到最大时的储蓄率被称为“黄金律储蓄率”，在此以 s_{gold} 来表示。对于较低水平的 s，c^* 是 s 的增函数；而对于较高水平的 s，c^*则是 s 的减函数。当其导数为零，即［$f'(k^*)-(n+\delta)$］$\cdot dk^*/ds=0$ 时，c^*达到最大值。因为有 $dk^*/ds>0$，则方括号之内的项必须为零。如果用 k_{gold} 来表示对应于 c^*最大值的 k 的稳态值 k^*，那么决定 k_{gold} 的条件是

$$f'(k_{gold})=x+n+\delta \tag{3-16}$$

相应的储蓄率可被表示为 s_{gold}，与之相对应的稳定状态的人均消费水平为

$$c_{gold}=f(k_{gold})-(n+\delta)\cdot k_{gold} \tag{3-17}$$

由此可见，稳定状态的人均消费是稳态人均产出与稳态折旧之差。

图 3-6 描述了黄金律的运作，横轴是人均资本存量 k，纵轴是人均产出 y。考虑三种可能的储蓄率 s_1、s_{gold}、s_2，且有 $s_1<s_{gold}<s_2$。相应的人均资本存量分别为 k_1^*、k_{gold}、k_2^*，人均消费分别为 c_1^*、c_{gold}、c_2^*。根据图 3-2，人均消费量 c 在每种情况下都等于生产函数 $f(k)$和 $s\cdot f(k)$曲线之间的垂直距离。对于每一 s，$s\cdot f(k)$曲线与$(n+\delta)\cdot k$ 线之间的交点决定了资本的稳态水平 k^*。稳态人均消费 c^*在 $k^*=k_{gold}$ 时取得最大值，这是因为在该点生产函数 $f(k)$的切线平行于$(n+\delta)\cdot k$ 线，使得 $k^*=k_{gold}$ 的储蓄率为 $s\cdot f(k)$曲线与$(n+\delta)\cdot k$ 线相交点对应的储蓄率。

当且仅当 $s=s_{gold}$ 时，k^*满足资本积累的黄金法则，此时经济体处于帕累托最优状态。考虑一个在图 3-6 中以储蓄率 s_2 所刻画的经济，因为有 $s_2>s_{gold}$，所以 $k_2^*>k_{gold}$，且 $c_2^*<c_{gold}$。从稳态出发，储蓄率被永久性地降低到 s_{gold}。人均消费 c 最初以离散数量增加，然后在向新的稳态值 c_{gold} 转移的过程中单调下降。由于 $c_2^*<c_{gold}$，在全部转移时期以及新的稳态中 c 都超过了 c_2^*。因此，当 $s>s_{gold}$ 时，人均消费在所有时间点上都可以通过降低储蓄率而得以增加。也就是说，人均消费路径在所有时间点都位于另一条可行路径之下，此时经济处于过度储蓄状态，这种经济被称为“动态无效率”（dynamically inefficient）。

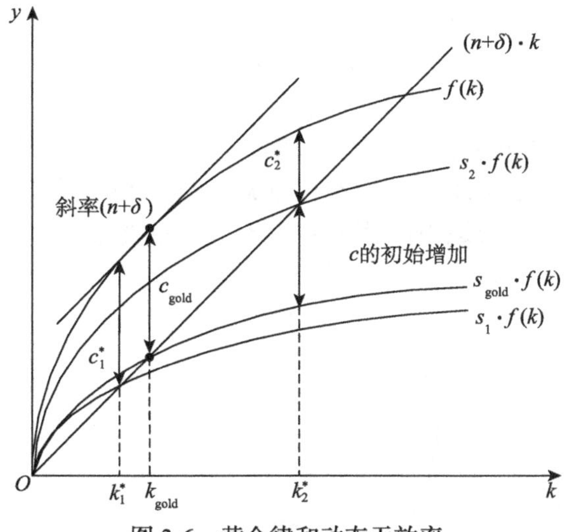

图 3-6 黄金律和动态无效率

考虑一个在图 3-6 中以储蓄率 s_1 所描述的情况，因为 $s_1<s_{gold}$，则有 $k_1^*<k_{gold}$，且 $c_1^*<c_{gold}$。可以通过提高储蓄率来增加人均消费的稳态数量，但储蓄率的上升会立刻且在转移过程中减少当前的消费。最终结果的好坏取决于家庭在当前消费与未来消费路径之间的权衡。

三、扩展的索洛–斯旺模型

在基本的索洛–斯旺模型中，假定技术水平持续不变，从而得出长时间内所有的人均变量都是不变的。这个性质明显与现实不相符，而且在缺乏技术进步的情况下，递减报酬将使得仅通过资本积累维持增长成为不可能。20 世纪 50 年代和 60 年代的新古典经济学家们意识到这一问题，把基本模型扩展到容许技术持续进步，从而摆脱了报酬递减的约束，使经济实现长期增长。

将技术进步因素引入基本的索洛–斯旺模型中，需要在生产函数中增加一个代表技术进步的变量 $A(t)$：

$$Y=F(K,L\cdot A(t)) \tag{3-18}$$

通过这样的形式引入技术变量被称为“劳动增强型技术进步”或“哈罗德中性技术进步”。技术进步与劳动存量的增加所发挥的作用一样提高了产出。假定 $A(t)$以一个固定比率 λ 增长，即

$$\dot{A}(t)=\lambda A(t) \tag{3-19}$$

资本存量的变化条件为

$$\dot{K}=s\cdot F(K,L\cdot A(t))-\delta K \tag{3-20}$$

两边同除以 L，可得 k 随时间变化的基本方程：

$$\dot{k}=s\cdot F(k,A(t))-(n+\delta)\cdot k \tag{3-21}$$

式（3-21）与式（3-12）的唯一区别在于此时人均产出依赖于技术进步水平 $A(t)$。在

该式两边同除以 k，可得增长率为

$$g_k = \frac{s \cdot F\left(k, A(t)\right)}{k} - (n + \delta) \tag{3-22}$$

对于给定的 k，因为 $A(t)$以固定比率 λ 增长，资本的平均产品 $F(k, A(t))/k$ 随着时间持续递增。在图 3-7 中，横轴为人均资本存量 k，纵轴为人均产出 y。反映在图 3-7 中就是负斜率的曲线 $s \cdot F(\cdot)/k$ 持续右移，因此对应于这条曲线与 $n+\delta$ 线之间交点的 k 也持续右移。

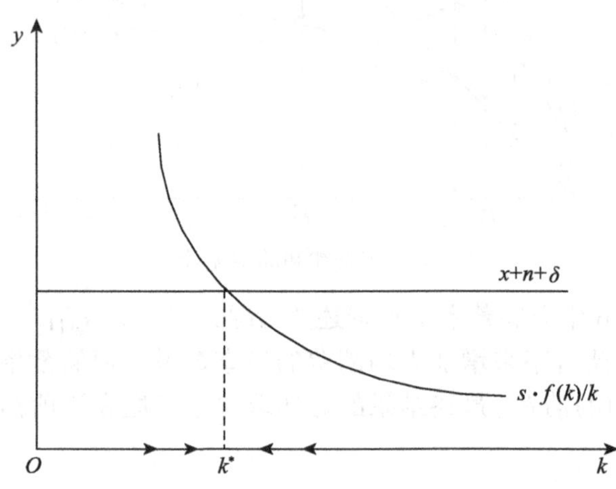

图 3-7 引入技术进步的索洛–斯旺模型

根据定义，稳态增长率 g_k^* 是不变的，s、n 和 δ 都为常数，则资本的平均产品 $F(k,A(t))/k$ 在稳态中也是不变的。由于假定规模报酬不变，则资本的平均产品就等于 $F(1,A(t)/k)$，当且仅当 k 与 A 以同样的比率增长，即 $g_k^* = \lambda$ 时，它才为常数。人均产出为

$$y=F(k,A(t))=k \cdot F(1,A(t)/k) \tag{3-23}$$

正如以上所分析的那样，k 与 A 以相同的比率 λ 增长，则 y 的稳态增长率也就等于 λ。由于 $c=(1-s) \cdot y$，则 c 的稳态增长率也等于 λ。

假定生产函数符合科布–道格拉斯函数形式：

$$Y=K^{\alpha}(AL)^{1-\alpha} \tag{3-24}$$

技术进步增长率为

$$\dot{A}/A=\lambda \tag{3-25}$$

资本积累方程就为

$$\dot{K}/K=s \cdot Y/K-\delta \tag{3-26}$$

人均产出就可表示为

$$y=k^{\alpha}A^{1-\alpha} \tag{3-27}$$

对等式两边先取对数再求导可得

$$\dot{y}/y=\alpha\,\dot{k}/k+(1-\alpha)\,\dot{A}/A \tag{3-28}$$

由资本积累方程可知，当且仅当 Y/K 的比值为一个定值时，K 的增长率才是一个常数。如果 Y/K 为定值，那么 y/k 也一定，且 y 和 k 以相同的比率增长。这种资本、产出、消费和人口都按照一个相同固定的比率增长的情形就被称为“平衡增长路径”。把某一

变量 x 沿平衡增长路径的增长率记为 g_x，根据上面的分析，我们可得

$$g_y = g_k = \lambda \tag{3-29}$$

式（3-29）说明在索洛–斯旺模型中，沿着平衡增长路径，人均产出和人均资本的增长率等于外生的技术进步的增长率。由此我们可以得出，技术进步是推动经济持续增长的源泉。

第四节　经济增长基准模型的扩展

不管是哈罗德–多马模型，还是经济增长的基准模型索洛–斯旺模型，都假定储蓄率是外生不变的。在新古典经济学看来，这是一个缺乏微观基础的经济增长理论，它没有考虑到消费者这一市场经济主体的最优决策行为。作为对经济增长基准模型的扩展，产生了拉姆齐–卡斯–库普曼斯模型（即无限期界模型）和戴蒙德的世代交叠模型，它们把储蓄率作为模型的内生变量，通过家庭有关消费和消费–储蓄之间关系的最优决策，由模型内生地决定储蓄水平。

一、拉姆齐–卡斯–库普曼斯模型

拉姆齐 1928 年发表的经典论文《储蓄的一个数理理论》奠定了最优积累和最优增长理论研究的基础，建立了以最优化的消费行为来决定储蓄率的分析框架。1965 年，卡斯在《总量资本积累模式中的最优增长》、库普曼斯在《论最优经济增长的概念》等文章中，引入拉姆齐的消费者最优分析，运用拉姆齐的思想对索洛–斯旺模型进行新古典式的改造，建立了将储蓄率内生化的最优跨期消费模型，合称拉姆齐–卡斯–库普曼斯模型。

一般情况下储蓄率不是固定不变的，而是人均资本存量的函数。拉姆齐–卡斯–库普曼斯模型主要从两个方面修正了索洛–斯旺模型：其一，使储蓄率的平均水平受到约束；其二，决定了随着经济发展储蓄率是上升还是下降。储蓄率的平均水平对稳态中变量水平的决定非常重要。拉姆齐–卡斯–库普曼斯模型中的最优化条件避免了索洛–斯旺模型中动态无效率的过度储蓄情况，因为一旦典型的无寿命家庭过度积累，那么它将意识到这不是最优的，就会转换到更少储蓄的一条路径上去。

1. 新古典生产函数

假定生产函数是具有哈罗德中性技术进步的新古典生产函数 $Y=F(K,AL)$，满足新古典生产函数的三条性质，即每种投入的报酬递减、规模报酬不变以及稻田条件。因此，可以将其简记为 $y=f(k)$，且有 $f'(k)>0$，$f''(k)<0$，$\lim_{k\to 0} f'(k)=\infty$，$\lim_{k\to\infty} f'(k)=0$。相应地，科布–道格拉斯生产函数 $Y=K^{\alpha}(AL)^{1-\alpha}$ 可简记为 $t=k^{\alpha}$，其中 $0<\alpha<1$。

2. 资本积累方程

对于资本积累方程，拉姆齐–卡斯–库普曼斯模型放弃了哈罗德–多马模型和索洛–斯旺模型均采用的线性假定 $S=sY$，而通过储蓄和消费的关系，把储蓄的决定转化为最优消费的决定，并通过家庭的最优消费决策求得最优消费水平。

假定在封闭经济中，总投资与总储蓄相等，最终产出由储蓄和消费两部分组成。$I=\dot{K}+\delta K$，$S=Y-C$，因为有投资与储蓄相等 $I=sY$，所以 $\dot{K}=Y-C-\delta K$。写为人均资本的形式则有

$$\dot{k}=f(k)-c-(n+\lambda+\delta)k \tag{3-30}$$

其中，n 和 λ 分别为外生给定的人口增长率和技术进步增长率；δ 为资本折旧率。从而，最优储蓄水平的决定就转化为最优消费水平的确定，而最优消费水平则根据家庭最优消费决策由模型内生地决定。

3. 最优决策与均衡增长

在新古典生产函数和资本积累方程的约束条件下，拉姆齐–卡斯–库普曼斯模型通过了解一个家庭的最优消费决策问题来说明经济增长中消费与资本积累的动态。

考虑一个长生不老的不断扩展的家庭，假定整个经济中的家庭数为常数 H，每个家庭的规模即成员数以不变的增长率 n 增长。设 t 时的总消费为 $c(t)$，每个家庭都希望能使总效用最大化：

$$U=\int_0^\infty \mathrm{e}^{-\rho t}\cdot u\left(A_t\cdot c(t)\right)\cdot\frac{L_0}{H}\cdot \mathrm{e}^{nt}\,\mathrm{d}t \tag{3-31}$$

其中，参数 ρ 为个人的主观贴现率；L_0 为整个经济中的初始人口数量。家庭总效用的最大化通过家庭消费决策者选择全家各期的最优消费水平来实现，对其施加约束条件式（3-30），求解该动态路径的最优化问题。平衡增长的最优路径由消费 c 和资本 k 的最优动态路径共同决定。利用各种外生给定的参数推导出消费 c 的最优动态路径为

$$\frac{\dot{c}}{c}=-\frac{u'}{u''A_tc_t}\left(f'(k)-\rho-\delta+\frac{u''A_tc_t}{u'}\lambda\right) \tag{3-32}$$

其中，$-\dfrac{u'}{u''A_tc_t}$ 为消费的瞬时跨期替代弹性。在完全竞争的市场中，企业追求利润最大化，必须使得资本的边际产品 $f'(k)$等于资本的边际收益 $r+\delta$，其中 r 为资本的收益率。

$$\frac{\dot{c}}{c}=-\frac{u'}{u''A_tc_t}\left(r-\rho+\frac{u''A_tc_t}{u'}\lambda\right) \tag{3-33}$$

根据约束条件式（3-30）资本的动态变化，可表示为消费、资本以及其他参数的函数。由于通过消费的最优动态路径可求得各期最优消费水平，资本的最优动态路径也可以确定。

因为决定储蓄率的收入和最优消费在不同时点上极为不同，内生决定的最优储蓄率在不同时点上也完全不同。在拉姆齐–卡斯–库普曼斯模型中，任意时点上的总储蓄率为

$$s=\frac{z}{f(k)} \tag{3-34}$$

$$z(t)+c(t)=y(t)=f(k(t)) \tag{3-35}$$

其中，$z(t)$、$c(t)$、$k(t)$和 $y(t)$分别为每单位劳动的投资、消费、资本存量以及产出。每个时点上 $z(t)$、$c(t)$、$k(t)$和 $y(t)$是由最优跨期消费决策所决定的，因此，任意时点上的总储蓄率是内生决定的。

二、戴蒙德的世代交叠模型

在拉姆齐–卡斯–库普曼斯模型基本形成的同一年（1965 年），戴蒙德（P. Diamond）在《新古典模式中的国家债务》中根据阿莱和萨缪尔森的研究建立了一个均衡的世代交叠模型（overlapping generation model，OLG），讨论了增长模型中的长期竞争性均衡，并进一步分析了这一均衡中政府债务的效应。

在世代交叠模型中，家庭消费决策者仅考虑自身生存时期的效用最大化问题，他们的消费–储蓄行为并不一定能实现社会最优的帕累托效率。此外，个人最优的分散均衡也并不必然导致稳态的经济增长，经济增长的稳态可能是不存在的，也可能存在多重的稳态增长，并且增长的稳态还可能是不稳定的、振荡性的。

1. 家庭

戴蒙德世代交叠模型与拉姆齐–卡斯–库普曼斯模型的关键区别在于消费决策者考虑效用最大化的时间范围不同。拉姆齐–卡斯–库普曼斯模型假定存在一个长生不老的不断扩展的家庭，因此消费决策者考虑的是家庭在未来无穷时间中效用的最大化；而戴蒙德世代交叠模型假定个体寿命有限，存在人口的交替，所以消费决策者考虑的仅是自己在世时的效用最大化问题。假定时间是间断的而不是连续的，这样模型中的变量就定义为 $t=0, 1, 2, \cdots$。为了简化分析，进一步假定作为经济主体的每个人只生活两期，在第一期年轻时期供给一单位劳动并获得实际工资 w_t，所得收入用于消费和储蓄；在第二期老年时期不进行劳动，仅消费上一期的储蓄和所获得的利息。

令 L_t 为第 t 期出生的人数，假定人口增长率为不变的 n，则有

$$L_t=(1+n)L_{t-1}=L_0(1+n)^t \tag{3-36}$$

令 t 期出生的人在第 t 期的消费为 c_{1t}，在第 $t+1$ 期的消费为 c_{2t+1}，t 期的储蓄为 s_t，从时期 t 到时期 $t+1$ 的利率为 r_{t+1}，则 t 期出生的消费者在两个时期的预算约束为

$$c_{1t}+s_t=w_t \tag{3-37}$$

$$c_{2t+1}=(1+r_{t+1})\cdot s_t \tag{3-38}$$

假定可加可分的消费者效用函数为

$$U_t=u(c_{1t})+\frac{1}{1+\rho}\cdot u(c_{2t+1}) \tag{3-39}$$

其中，$\rho>0$，且 $u'(\cdot)>0$，$u''(\cdot)<0$。为了简化分析，设存在一个常数相对风险回避效用函数，可写为

$$U_t = \frac{c_{1t}^{1-\theta}-1}{1-\theta} + \frac{1}{1+\rho} \cdot \frac{c_{2t+1}^{1-\theta}-1}{1-\theta}, \quad \theta>0 \tag{3-40}$$

在式（3-37）和式（3-38）的约束下使效用最大化，可得

$$s_t = w_t / \psi_{t+1} \tag{3-41}$$

其中，$\psi_{t+1} \equiv [1+(1+\rho)^{1/\theta} \cdot (1+r_{t+1})^{-(1-\theta)/\theta}] > 1$。对方程求导数，可得 s_t 对 w_t 和 r_{t+1} 的依赖性

$$s_w \equiv \frac{\partial s_t}{\partial w_t} = \frac{1}{\psi_{t+1}} \tag{3-42}$$

$$s_r \equiv \frac{\partial s_t}{\partial r_{t+1}} = \frac{1-\theta}{\theta} \cdot \left(\frac{1+\rho}{1+r_{t+1}}\right)^{1/\theta} \cdot \frac{s_t}{\psi_{t+1}} \tag{3-43}$$

由此可得，$0 < s_w < 1$，这意味着储蓄是实际工资的增函数。而对于 s_r，若 $\theta<1$，则 $s_r > 0$，储蓄是利率的增函数；若 $\theta>1$，则 $s_r < 0$，储蓄是利率的减函数；若 $\theta=1$，则 $s_r = 0$。

2. 企业

企业一般具有新古典的生产函数，则有

$$y_t = f(k_t) \tag{3-44}$$

其中，$y_t \equiv Y_t / L_t$、$k_t \equiv K_t / L_t$ 分别为人均产出和人均资本。由于每个年轻人工作一个单位的时间，则变量 L_t 就是经济中年轻人的总数。假设第 t 期的资本存量在相同时间内是生产性的，即生产与资本利用没有时滞。竞争性企业的利润最大化下净边际产品与要素价格相等，则有

$$w_t = f(k_t) - k_t \cdot f'(k_t) \tag{3-45}$$

$$r_t = f'(k_t) - \delta \tag{3-46}$$

其中，δ 为资本的折旧率。

3. 均衡

假定在一个封闭经济中，家庭的资产等于其资本存量。总净投资等于总收入减去总消费：

$$K_{t+1} - K_t = w_t L_t + r_t K_t - c_{1t} L_t - c_{2t} L_{t-1} \tag{3-47}$$

其中，L_{t-1} 为第 t-1 期出生的人口数，在第 t 期进入老年时期。将式（3-45）和式（3-46）代入可得经济的资源约束：

$$K_{t+1} - K_t = F(K_t, L_t) - C_t - \delta K_t \tag{3-48}$$

其中，$C_t = c_{1t} L_t + c_{2t} L_{t-1}$ 是总消费，包括年轻时期的消费 $c_{1t} L_t$ 与老年时期的消费 $c_{2t} L_{t-1}$。将 $c_{1t} + s_t = w_t$ 和 $c_{2t+1} = (1+r_{t+1}) \cdot s_t$ 代入可得

$$K_{t+1} = s_t L_t \tag{3-49}$$

式（3-49）说明年轻人的储蓄就等于下一期的资本存量。假设一个不变的人口增长率 n，经过一系列变换后可得一个关于 k_t 的非线性差分方程：

$$k_{t+1}\cdot(1+n)\cdot\left[1+(1+\rho)^{1/\theta}\cdot\left(1+r\left(k_{t+1}\right)\right)^{(\theta-1)/\theta}\right]=w\left(k_t\right) \tag{3-50}$$

由式（3-50）可知，对于每个 k_t 值，该式都隐含地确定了 k_{t+1} 的均衡值，刻画出了资本存量的未来路径。

4. 稳态

若效用是对数型的（ $\theta=1$ ），则以上差分方程可简化为

$$k_{t+1}=\frac{f\left(k_t\right)-k_t f'\left(k_t\right)}{(1+n)(2+\rho)} \tag{3-51}$$

稳态资本密集度的解为

$$k^*=\left[\frac{A(1-\alpha)}{(1+n)(2+\rho)}\right]^{1/(1-\alpha)} \tag{3-52}$$

第五节　基准模型的困境

以索洛–斯旺模型为基准模型的新古典经济增长理论以新古典生产函数为一个基本的假定前提，这决定了在劳动供给不变时，资本的边际收益递减。当资本存量增长时，由于边际收益递减，经济增长将会减缓并最终停止。但这一结论显然并不符合世界各国经济增长的现实。在过去的 100 多年时间里，有许多国家都保持了正的人均产出增长率。

索洛–斯旺模型的一个重要结论是趋同性趋势，即落后国家会有比平均水平更高的经济增长率，而发达国家的经济增长率将低于平均水平，这意味着落后国家和发达国家之间将最终收敛于经济增长的稳定状态。然而，经验研究的结果显示出国家间的巨大人均收入差异与索洛模型的收敛性结论存在明显差异。

在索洛–斯旺模型中，技术变化被视为外生给定，在新古典生产函数的性质下得出外生的技术变化是经济增长的唯一源泉，这样基准模型就不可避免地陷入了困境，增长理论事实上并没有为增长提供一个理论基础。正如一些批评者所指出的那样，基准模型是通过假设增长而解释增长。

➢本章提要

经济增长是指一个国家或地区在一定时期内所生产的产品和劳务总量不断增多的过程，它是反映一个国家或地区的经济实力和生活水平最重要的指标。经济增长具有六大特征，包括自然资源、人力资源、资本资源、技术进步状况四大要素，以及具有规模报酬不变和规模报酬递增两大机制。

哈罗德–多马模型奠定了现代经济增长理论的基本框架，将凯恩斯的短期宏观经济分析动态化、长期化。

索洛–斯旺模型是新古典经济增长理论模型研究的基准模型，围绕新古典生产函数与资本积累函数两大方程展开，得出了经济增长的稳态与资本积累的黄金律。

作为对经济增长基准模型的扩展，产生了拉姆齐–卡斯–库普曼斯模型（即无限期界模型）和戴蒙德的世代交叠模型，他们把储蓄率作为模型的内生变量，通过家庭有关消费和消费–储蓄之间关系的最优决策，由模型内生地决定储蓄水平。

➢关键概念

经济增长（economic growth）
有保证的增长率（warranted rate of growth）
刀刃性质（knife-edge）
资本积累的黄金律（golden rule of capital accumulation）
动态无效率（dynamically inefficient）

➢复习思考题

1. 哈罗德模型与多马模型的相似性和差异性是什么？
2. 哈罗德模型是如何分析经济长期均衡条件的？
3. 在索洛–斯旺模型中，投资率与人口增长率的变化如何影响稳定状态的产出水平？
4. 在索洛–斯旺模型中，什么是资本积累的黄金律？黄金律是如何运作的？
5. 在索洛模型中，什么因素决定稳定状态下的人均收入增长率？
6. 为什么一个经济决策者会选择黄金规则的资本水平？
7. 在索洛模型中，人口增长如何影响稳定状态的增长率？
8. 经济增长基准模型的困境是什么？

➢扩展性阅读资料

北京大学中国国民经济核算与经济增长研究中心. 2006. 中国经济增长报告（2006）：对外开放中的经济增长. 北京：中国经济出版社
北京大学中国国民经济核算与经济增长研究中心. 2007. 中国经济增长报告（2007）：和谐社会与可持续发展. 北京：中国经济出版社
樊潇彦. 2005. 经济增长与中国宏观投资效率研究. 上海：上海人民出版社
司春林，王安宇. 2002. 宏观经济学——中国经济分析. 上海：上海财经大学出版社
杨冠琼. 2006. 中国经济增长数据可信度检验研究：理论、模型与实证检验. 北京：经济管理出版社
袁富华. 2007. 中国经济增长潜力分析. 北京：社会科学文献出版社
岳希明，张曙光，许宪春. 2005. 中国经济增长速度研究与争论. 北京：中信出版社
张平，刘辉霞. 2007. 中国经济增长前沿. 北京：社会科学文献出版社

第四章

增长理论前沿

内生增长理论是在新古典经济增长理论基础上的扩展。本章首先介绍了内生增长理论对新古典增长理论的发展和提出的新问题，接着介绍了包含“干中学”和知识外溢的单部门内生增长模型，包括人力资本外部性的内生增长模型和基于分工的内生经济增长模型①。

第一节 内生增长理论概述

新古典增长理论对生产函数的性质进行了规定，即要素边际产出递减，规模报酬不变；更严格的稻田条件规定在要素趋于无穷大时，要素的边际收益为零，即 $\lim_{k\to\infty} f'(k)=0$ 。在索洛模型中，这个条件保证了稳态的存在；在拉姆齐模型中，这个条件保证了目标函数的收敛性。但根据这一条件，随着资本增加，资本的边际收益率会收敛于利息率，这时，如果没有相应的劳动力增加，则不会再有投资，经济也停止增长。而在现实中，发达国家人口几乎停止了增长，资本也较不发达国家丰富，但发达国家的资本却没有流入最贫穷且人口增长最快的国家。新古典经济增长理论与现实出现了偏差，这种偏差又被称为新古典增长理论的“尴尬境地”。

由此产生了内生经济增长理论或新经济增长理论。所谓内生是指较新古典经济增长理论将技术等因素视为外生给定而言的。内生增长理论将技术进步、人力资本等诸因素内生化，将其对产出的影响以某种形式置于生产函数内部加以讨论，而在考虑了这些因素后，要素的边际产出不再递减，厂商或社会的生产函数也可能会出现规模报酬递增，这些就是内生增长理论或新增长理论不同于新古典经济增长理论的地方。

① 本章的目的不是要求读者熟知内生增长模型的所有复杂推理，而在于方便读者进一步学习和拓宽研究增长和发展问题的思路。

相关链接 4-1　内生变量与外生变量

初学者在看到内生、外生或内生变量（endogenous variable）与外生变量（exogenous variable）时会有些困惑，内生和外生究竟有什么区别和联系？在计量经济学教材中对这对概念的解释是：在经济模型中，内生变量是指该模型所要决定的变量；外生变量是指由模型以外的因素所决定的已知变量，它是模型据以建立的外部条件。看过这个定义后，很多没有学过计量经济学的学生会不知所云，毕竟这个概念太过抽象。

在这里有必要将这对概念作充分的说明。简单地说，假设一个函数：$y=Af(x_1,x_2,\cdots,x_n)$，内生变量就是指那些会变化的自变量，这些变量的变化同时会导致因变量的变化。而外生变量则是指那些在函数中不会变化的参数或参量，这些量是给定的、不变的，但对函数系统也会产生影响。

因此可以理解为：在设定的模型中的自变量是内生变量，直接给定的量是外生变量。在现实中则可以理解为：随着系统中其他因素的变化而不得不变的量是内生变量，这些量是由系统决定的，而可以变也可以不变并会对系统产生作用的量则是外生变量。

以货币内生供给与外生供给为例，在有些国家的中央银行是不独立的，经济系统的变化会迫使其发行货币，这些货币供给是由经济系统中其他因素决定的，所以称为内生货币供给。而在有些国家中央银行独立性很强，可以自主决定什么时候发放多少货币，则称其为外生货币供给。

变量是内生还是外生是由理论本身决定的，一个变量在一个理论里是外生的，在另一个理论中则是内生的。例如，新古典经济学假定信息完全对称、制度不变，都是事先给定的，在这里信息和制度就是外生变量。但在青木昌彦看来，制度就是内生的，因此他构造了有关制度变迁的“内生性博弈模型”，认为制度是经济系统中个体博弈的结果。

内生增长理论就是一个极好的例子，在新古典增长理论中，知识、技术、人力资本等因素是外生的，是构建模型时设定为给定的量，在这些变量给定的条件下讨论资本、劳动和产出的关系。但在新增长理论中，逐渐地将这些因素内生化，也就是将这些原来认为是给定的量也纳入模型中，研究这些变量变化的原因和结果。这就是新增长理论又称为内生增长理论的原因。

一个最简单的例子就是 Ak 模型，这一模型由巴罗（Barro）和里贝罗（Kebelo）提出。设定生产函数为 $y=Ak$，资本边际产出始终等于 A，避免了 $\lim\limits_{k\to\infty} f'(k)=0$ 的情况。

由于内生增长理论违背了新古典经济学关于要素边际产出递减和规模报酬不变或递减的假定，就引出了一系列新的问题。例如，边际产出不变或递增、规模报酬递增时企业是否会无限扩张？竞争性均衡以何种方式实现？这些新问题在新古典经济增长理论中是不存在的，但在内生增长理论中是不可回避的。

以下介绍几个有代表性的内生增长理论，当然内生增长理论绝不限于这几种。在这个领域近几年中外学者进行了大量的研究，构建了许多内生增长模型来解释不同国家的经济增长和发展。本章只涉及内生增长理论的基本概念、研究问题、研究思路和基本的模型推导，而不包括对模型的动态演化和均衡存在的证明的介绍。

第二节 单部门内生增长模型："干中学"与知识外溢模型

阿罗（Kenneth J. Arrow）在 1962 年的经典论文《干中学的经济含义》中，提出了"干中学"（learning by doing，也译边干边学、在干中学）的概念。简单地说，"干中学"的含义是指企业增加其物质资本的同时也学会了如何更有效率生产的经验，这种经验会对生产率产生影响。因此，"边干边学"可以理解为"边投资边学"（learning by investing）。知识来源于投资过程中的"干中学"，因此可以用总资本代表知识的存量；技术进步不过是资本积累的副产品，因此新投资具有外部性。

阿罗还认为，知识是一种公共产品，具有"溢出效应"（spillover effect）。因此，每一个厂商的技术都是由整个经济中的"干中学"决定的，并进而由经济的总资本存量决定。不仅进行投资的厂商可以通过积累生产经验而提高生产率，而且其他未投资的厂商也可以通过学习投资厂商的经验来提高生产率。这样，虽然从单一厂商来看，生产函数具有不变规模报酬，但从社会的角度来看，生产函数具有递增报酬。

在阿罗的"干中学"和知识外溢这两个假定的基础上，保罗·罗默（Paul M. Romer）1986 年发表了《收益递增与长期增长》一文，这篇文章成为内生增长理论的起点。由于阿罗与罗默的原始模型比较复杂，而且涉及的问题较多，我们不介绍原始模型[①]，而是介绍经罗伯特·巴罗（Robert J. Barro）和哈维尔·萨拉伊马丁（Xavier Sala-I-Martin）简化后的包含"干中学"和知识外溢的单部门内生增长模型，并以柯布–道格拉斯生产函数为例进行推导[②]。

企业资本存量的增加导致知识存量同样增加，加上知识具有外溢性，可以用全社会资本存量 K 表示企业 i 的知识存量 A_i，这样就将企业 i 的生产函数写为

$$Y_i = F(K_i, K \bullet L_i) \tag{4-1}$$

将生产函数写成柯布–道格拉斯形式，则企业 i 的产出由式（4-2）给出：

$$Y_i = A \bullet (k_i)^{\alpha} \bullet (KL_i)^{1-\alpha} \tag{4-2}$$

其中，$0<\alpha<1$。如果把企业人均产出 $y_i = Y_i / L$，企业人均资本 $k_i = K_i / L_i$ 和社会人均资本 $k=K/L$ 代入，且设企业人均产出与社会人均产出相等，即 $y_i = y$，企业人均资本与社会人均资本相等，即 $k_i = k$，则资本的平均产品

$$y / k = \bar{f}(L) = AL^{1-\alpha} \tag{4-3}$$

式（4-3）满足一般性质，即资本的平均产品 y/k 对人均资本 k 不变且随劳动力 L 递增。

通过在固定 K 和 L 的前提下将式（4-2）对 K_i 求导，可以确定资本的私人边际产品。如果把 $k_i = k$ 代入，则结果为

$$\partial Y_i / \partial K_i = A\alpha L^{1-\alpha} \tag{4-4}$$

---

① 有兴趣的读者可以参考英文文献：Arrow K J. The economic implications of learning by doing. The Review of Economic Studies，1962，29（3）：155-173；Romer P M. Endogenous technological change. The Journal of Political Economy，1990，98（5）：71-102；左大培，杨春学. 经济增长理论模型的内生化历程. 北京：中国经济出版社，2007.

② 巴罗 RJ，萨拉伊马丁 X. 经济增长. 何辉，刘明兴译. 北京：中国社会科学出版社，2000：132-137.

与前面讨论的性质相一致，式（4-4）中资本的私人边际产品对 k 不变，对 L 递增，且小于式（4-3）中所示的平均产品（因为 $0<\alpha<1$）。这一点导致了规模效应。

我们从假定的知识溢出和“干中学”模型中导出了规模效应。由于这些因素意味着 K 的报酬不变以及 K 和 L 在社会层次上的报酬递增，在增长率上产生规模效应。如果其他原因比这种类型的要素报酬更有说服力，也可以有类似的规模效应。然而，“干中学”与知识溢出模型很特殊，这个模型也意味着单个厂商所选择的 K_i 和 L_i 的规模报酬不变。如果在厂商层次上有递增报酬，则该模型与完全竞争不一致，因为厂商为了从规模经济中获益会有一种无限扩张的冲动。为了避免这一结果，模型假定厂商的技术依赖于社会的资本存量 K，且每个厂商都能忽略自己对总资本存量的贡献，这一设定使得模型可以维持完全竞争的性质，不至于使单个厂商无限扩张，但对于全社会而言却存在规模经济。

但是从式（4-3）和式（4-4）中可以看出，资本平均产出、私人资本收益的增长来源于总劳动力的增长，如果没有人口增长，经济增长同样无法实现。新古典增长理论的尴尬境地并没有彻底摆脱，这个困难在卢卡斯考虑了人力资本外部性的内生增长模型中得到了较好的解决。

●专栏 4-1　中国经济增长与技术进步

技术进步是什么、如何定义以及如何度量，是一个争议很大的概念，不同经济学家有不同的看法。索洛使用“技术变化”来表示生产函数中任何形式的变更，其中产量衰减、劳动力教育的改进等都可以归于“技术变化”因素。卢卡斯则认为技术有别于一般意义上的知识，是特定人群的知识，或是特定人群的亚文化，是某种由超过了我们当前理解范围因素决定的东西。罗默则强调，技术作为一种特殊投入品和人力资本存在区别，即技术既不是传统的商品，也不是纯粹的公共产品，它具有非竞争性和部分排他性。

研究技术进步与经济增长的思路有两种：一种是选择一些能够表示技术进步的变量与经济增长率作相关分析；另一种是根据生产函数确定技术进步对经济增长的贡献率。这里我们介绍后一种方法。

这种方法源于索洛的“索洛余值法”，他把技术的变动率表示为增长率扣除劳动和资本贡献之后的余额。索洛余值法避开了生产函数具体形式的讨论，而关注函数的相关性质，使得基于这一模型的技术进步度量方法有广泛的适用性。但这种方法也有明显的缺陷。在索洛模型中，技术进步的贡献只是产出增长扣除劳动力和资本贡献份额之后的“余值”，该“余值”反映了所有导致生产函数变动的因素。这种方法不能真实地反映现实的技术贡献，在中国这样的转型经济中更是如此。

罗默和卢卡斯通过引入外部性给出经济增长源泉的解释。罗默强调技术的外部性，卢卡斯强调人力资本的外部性来解释经济的内生增长。研究者却发现研究和开发（research & development，R&D）活动与经济增长的关系并不是线性的，在有些时候 R&D 投入增加了，但经济增长并没有被推动。

徐瑛、陈秀山和刘凤良在《中国技术进步贡献率的度量与分解》中回顾了国内研究者对技术进步在中国经济增长中贡献率的度量结果，如表 4-1 所示。

表 4-1　国内研究者对技术进步在中国经济增长中贡献率的度量结果（单位：%）

研究者	时期	技术进步贡献率
原计委科技司课题组	1979~1996 年	46
科技部研究中心	1978~1997 年	47
“十五”科技规划总体组	1979~1998 年	48
中国社会科学院数量经济与技术经济研究所周方	1978~1996 年	38.96

续表

研究者	时期	技术进步贡献率
中国社会科学院数量经济与技术经济研究所课题组	1978~1995 年	36.23
史清琪	1991~2000 年	39.6
杜希双	1981~2001 年	31.65
中国人民银行货币政策分析小组	1991~2001 年	20
郭庆旺、贾俊雪	1979~2004 年	10.13

徐瑛、陈秀山和刘凤良的工作主要是将索洛余值分解和明晰化，将其分解成产业结构变化、资本空间集聚、人力资本积累以及纯粹的技术进步贡献率四部分，并计算分解后的各个部分对于总产出的贡献；将索洛余值称为广义技术进步，而将进一步分解后的余值称为狭义技术进步。

经过一系列的计算后得出结果如表 4-2 所示。

表 4-2 中国索洛余值的分解（单位：%）

1987~2003 年各要素贡献率					广义技术进步贡献率			
年份	GDP 增长率	固定资本贡献率	劳动力贡献率	合计	结构优化贡献率	空间集聚贡献率	人力资本贡献率	狭义技术进步贡献率
1987	11.823	68.9	10.7	20.37	11.94	17.24	0.04	-8.85
1988	12.442	59.6	9.89	30.52	12.72	14.71	12.28	-9.19
1989	4.433	112	17.6	-29.73	89.31	26.64	31.83	-177.5
1990	6.557	72.4	17.2	10.38	94.52	17.34	20.62	-122.1
1991	10.526	49.4	11.6	39.04	3.39	12.34	1.29	22.01
1992	15.321	45	5.17	49.81	16.13	11.7	0.88	21.1
1987~1992	9.785	59.6	10.5	29.836	29.575	14.791	4.18	-23.8
1993	10.621	86.1	9.93	3.97	25.71	22.5	1.31	-45.55
1994	14.16	65.5	2.37	32.12	-0.4	16.36	-1.51	17.68
1995	13.032	70.6	4.14	25.23	6.22	17.53	6.58	-5.09
1996	11.142	75.5	8.99	15.48	6.81	20.68	1.75	-13.76
1997	11.233	71.4	3.91	24.73	1.17	18.48	4.7	0.38
1998	10.051	80.9	2.92	16.19	5.73	21.58	1.86	-12.98
1999	8.491	86.5	-13	26.63	2.6	22.79	2.54	-1.31
1993~1999	11.336	74	2.16	23.794	3.583	19.236	3.554	-1.613
2000	7.75	88.2	4.39	7.44	-4.48	23.42	13.24	-24.74
2001	9.519	70.8	0.59	28.59	-1.43	18.64	1.31	10.07
2002	10.633	66.9	4.65	28.4	2.67	17.36	1.15	7.22
2003	12.181	66.6	15.5	17.9	-14.88	16.87	3.13	12.78
2000~2003	10.782	68	7.47	24.556	-5.186	17.563	3.729	10.238

从表 4-2 中可以看出，人力资本一直是正水平的波动（除 1994 年），人力资本对经济产生的都是正面的推动作用。资本空间集聚的效应一直比较平稳，近几年有非常微弱的上升趋势。而狭义的技术进步贡献率可以分为两个阶段：第一阶段以 1995 年为界。1995 年以前，技术进步贡献率波动非常大；

1995 年以后技术进步贡献率波动幅度明显减小，技术进步进入了稳定发展时期。阶段一又可以以 1991 年为界分为两个时期。第一时期全部都是负拉动效应，出现过非常大的负值；第二个时期有些年份开始出现非常大的技术率，以正拉动效应为主。第二阶段以 2000 年为界分为两个时期。第一时期技术进步贡献率平稳地发展，但是不存在明显的上升或者下降趋势，绝大多数时间都是负的；第二个时期从 2001 年开始，出现明显的上涨趋势，技术进步进程开始加快。

作者进而得出结论和建议：

（1）1987～2000 年，中国经济的增长动力绝大部分来自投入的增加，技术进步的贡献非常小，而且波动很大。根据作者的测算，真实的技术进步贡献率即便在最高的时期（2000～2003 年）也不过 10.238%，并没有国内其他研究者所测算的那样高。在这段时期，中国经济增长的主要特征是外延性增长高速扩张，内涵式发展非常滞后。

（2）2001 年以后技术进步率开始出现稳定且明显的上升趋势，中国的技术进步进入稳定、上升的良性发展轨道。2001 年以后技术进步的变动趋势让我们看到了中国经济发展开始逐步走向技术进步、效率提升的内涵式发展道路。

（3）一直以来，人力资本的积累对于经济产生持续、稳定的正面推动效应。所以，我们应该加强教育投入，努力建设学习型的社会，加强人力资本的积累。

（4）2000 年以前，产业结构调整带来了经济的正增长，但是 2000 年以后，产业结构的负面影响比较突出。特别是 2003 年产业结构的低效率产生了非常突出的负面影响。产业结构的调整应该成为未来经济发展的重要内容，以产业结构调整来推动经济增长仍存在很大的空间。

（5）目前，资本空间集聚产生比较稳定的正影响力，但是该指标不仅包含了空间结构的变动，还包含了资本整体增长的影响。扣除资本总量的增长，而仅余下空间结构的变化时，发现其主要以负效应为主。进一步分析数据发现，因为资本日益集中到东部，但是东部地区由于其地理位置的原因，空间影响力受到了限制。这也从一个角度说明了中部地区崛起对于中国整体国民经济发展的重要意义。中部作为贯通东西的核心地带，资本在该地区集中时，能产生更大范围的带动作用。

资料来源：徐瑛、陈秀山、刘凤良：《中国技术进步贡献率的度量与分解》，《经济研究》，2006 年第 8 期，经整理所得。

第三节　考虑人力资本外部性的内生增长模型

卢卡斯（Lucas）在 1988 年的《论经济发展的机制》一文中沿着舒尔茨（Schultz）和贝克尔（Becker）的思路在模型中引入了人力资本，将宇泽提出的技术进步方程做了修改，提出了一个以人力资本的外部效应为核心的内生增长模型。卢卡斯模型中的人力资本投资，尤其是人力资本的外部效应，使生产具有递增收益，而这种源于人力资本外部效应的递增收益使人力资本成为“增长的发动机”。

人力资本是劳动者的技能水平，这种技能水平会提高劳动者自身的生产率。更为重要的是，卢卡斯区别了人力资本的两种效应——内部效应和外部效应。人力资本的外部效应会从一个人扩散到另一个人身上，从旧产品传递到新产品，从家庭的旧成员传递到新成员，因而会对所有生产要素的生产率都有贡献，进而使产出具有递增收益。

以下是卢卡斯建立的内生增长模型：

假设在一个竞争性市场的封闭经济中，存在许多相同的、理性的经济主体，在 t 时有 $N(t)$的人口或等值的人同时进入市场，且它们以常数率 λ 增长。

令 $c(t)(t\geqslant 0)$为单个商品的实际人均消费，对人均消费的偏好为

$$\int_0^\infty \frac{1}{1-\sigma}\left(c^{1-\sigma}-1\right)N\mathrm{e}^{-\rho t}\mathrm{d}t \tag{4-5}$$

其中，ρ为时间偏好率；σ为跨时替代弹性的倒数。

令 $h(t)$表示一个典型工人的一般技能水平（人力资本水平）。假设 N 个工人的技能水平从 0 到无穷大不等，技能水平为 h 的工人有 $N(h)$个，则 $N=\int_0^\infty N(h)\mathrm{d}h$。进一步，可定义平均的技能或人力资本水平为

$$h_0=\frac{\int_0^\infty N(h)\,\mathrm{d}h}{\int_0^\infty N(h)\,\mathrm{d}h} \tag{4-6}$$

卢卡斯指出，这样的人力资本不仅具有内部效应，即对自己的生产率有影响，而且更为重要的是，它具有外部效应，这一外部效应对所有的生产要素的生产率都有贡献。

假定所有的工人都是一样的，且每一工人投入 $u(t)$份额的非闲暇时间用于产品生产，$1-u(t)$的非闲暇时间投入人力资本积累。那么，经济中的产出 Y 就取决于资本存量 K、有效劳动 uNh，以及工人的平均技能水平 h_a。

卢卡斯以 $u(h)$表示一个具有技能水平 h 的劳动者将其非闲暇的时间用于最终产品生产的比例，在此基础上构造了最终产品的总量生产函数：

$$Y(t)=N(t)\bullet c(t)+\dot{K}(t)=A\bullet K(t)^{\beta}\bullet[u(t)\bullet N(t)]^{1-\beta}\bullet h_a(t)^{\gamma} \tag{4-7}$$

其中，$c(t)$为时点 t 上的人均消费；$K(t)$为整个经济中的资本总存量；$\dot{K}(t)$为其单位时间增量；A 为技术水平，卢卡斯的模型假设它为常数。这个生产函数中还假设所有的劳动者都有同样的技能水平 h，并且所有的劳动者都选择了同样的时间配置 u。而因子 $h_a(t)^{\gamma}$则体现了人力资本的外部效应。

卢卡斯上述模型中的人力资本生产函数是以个人人力资本的形式设计的：

$$\dot{h}(t)=\frac{\mathrm{d}h(t)}{\mathrm{d}t}=h(t)\bullet\delta\bullet\big(1-u(t)\big) \tag{4-8}$$

卢卡斯在家庭预算约束和人力资本生产函数下，用最大化效用函数解出最优选择时消费与人均资本共同的增长率为

$$k=\left(\frac{1-\beta+\gamma}{1-\beta}\right)\bullet g \tag{4-9}$$

其中，g 为个人人力资本的增长率。卢卡斯模型中人力资本的均衡增长率为

$$g=\frac{(1-\beta)\left[\delta-(\rho-\lambda)\right]}{\sigma(1-\beta+\gamma)-\gamma} \tag{4-10}$$

而其最优增长率则为

$$g^{*}=\sigma^{-1}\left[\delta-\frac{(1-\beta)(\rho-\lambda)}{1-\beta+\gamma}\right] \tag{4-11}$$

两者的差别可以由多种因素引起，如外部效应 γ，若 $\gamma=0$，$g=g^{*}$；若 $\gamma>0$，$g<g^{*}$。在式（4-9）和式（4-10）中，人力资本增长率皆随人力资本投资的有效程度 δ 的增加而增加，随贴现率 ρ 的增加而减少。而且，值得注意的是，尽管卢卡斯模型中的增长率仍

与劳动力的增长率有关，但是与新古典增长模型不同的是，即使劳动力增长率为 0，增长仍是可能的，因而卢卡斯模型避免了“干中学”和知识外溢模型没有人口增长就没有经济增长这样与现实不符的结果。

第四节 反增长理论

19 世纪初的经济学家托马斯·马尔萨斯提出，人口增长的压力会使生活水平达到极限。在过去，有限的土地供给确实限制了人均实际收入的大幅提高，然而技术进步以及物质资本和人力资本的快速积累使得世界否定了马尔萨斯的预言。但是这种情况会一直持续下去吗？一些经济学家对经济在面临有限的资源供给以及日益增加的环境压力时是否会实现长期经济增长表示怀疑。

一、梅多斯的经济增长极限理论

1972 年，以美国麻省理工学院斯隆管理学院丹尼斯·梅多斯为首的研究小组出版了《增长的极限》一书，产生了巨大的反响，之后又相继出版了《超越极限》（1992 年）和《增长的极限：30 年的更新》（2004 年）。相对于传统的经济增长理论只关注经济增长的动力机制和增长路径，增长极限理论将“极限”的概念引入经济增长中，目的是探索现有的增长模式会遇到的自然界限，提出了一种全新的经济增长观和社会发展观。

增长极限理论认为，影响经济增长的五个关键性因素分别为人口增长、粮食生产、资本投资、资源消耗和环境污染，这些因素都呈现指数增长的特点。指数增长是指一个量在既定时间周期内按常量的百分比增长，其最好的表现形式是“倍增时间”，即这些因素增加一倍所需要的时间，增长率越高，倍增时间越短。具体而言，指数型增长的产生有两种不同渠道：一种是以实体的自我再生为增长机制的指数型增长，称为天然型指数增长，人口和资本增长即属于这一类型。人口增长依靠生物繁衍的自然机制生成，而工业资本存量通过投资-积累-再投资这种自我再生产方式实现。只要资本的自我再生产没有受到消费需求、劳动力供给、原材料、能源、投资基金或其他因素的限制，经济就会呈现指数型增长。另一种指数型增长是实体依靠外界力量驱动形成的，这种增长称为衍生型指数增长，粮食生产、资源消耗和环境污染的增长即属于这一类型，它们的增长不是因为自身结构具有这种能力，而是因为人口和资本增长需要消费更多食物、材料和能源，也会产生更多污染。

增长极限理论设计了 World 3 模型来模拟未来世界增长的情景，该模型分析了人口、资本、粮食、不可再生资源和污染五个基本因素的因果关系和反馈回路结构，采用全球数据估算上述作用关系及持续时间，检验了基本假定中数字变化的结果，找出了系统行为中的关键决定因素，并检验各种政策对全球系统的影响。该理论认为影响经济增长的几个要素都呈现指数增长的态势，都有各自的极限并相互作用。指数型增长可以迅速地超过任何固定极限。如果消除一种极限而继续增长的话，将遭遇另一种极限。由于对极限做出反馈存在时滞，全球经济系统很可能超过其可持续水平。过冲是自然界所面临的一种最常见状态，意思是意外地超出了界限。人类社会无限制的指数型增长会导致过冲的发生，长期经济增长是不可持续的。

二、米香的经济增长代价理论

著名的反传统经济学家米香在《经济增长的代价》一书中深入分析了经济增长带来的高昂的经济代价和社会代价，探讨了经济增长与社会福利之间的关系，质疑“经济增长必然带来人民生活福利的提高”这一观点，并指出技术进步及其所带来的经济增长使得物质产品增加，却并非福利的增加；相反，人们为经济增长所付出的代价，尤其在社会与文化方面，却是高昂的、持续的。因此，单纯的经济增长反而会降低人的生活质量，这种经济增长是没有价值的。经济增长代价理论认为经济增长不是一个社会发展中别无选择的必需品，更不应该作为社会发展的核心，经济增长应当关注经济代价和社会代价两个方面。

从经济增长的经济代价来看，在经济增长过程中，经济活动的收益与损失在不同主体上的分离扭曲了市场价格，制度的缺失会导致溢出效应不能被矫正，由此带来巨大的生态环境代价，而市场失灵会产生高昂的交易成本，使得负溢出效应不断增长。由于所有溢出效应不可能被全部矫正，经济资源不能实现最优配置，人们能表达的需求并不能反映资源的稀缺程度，且市场上新产品的出现往往伴随着旧产品的退出，因此经济增长不一定必然伴随着有效消费选择束的增加。消费者只有在确定自己偏好和利益时，才能将选择集的增长等同于福利的增长。现实中消费者更多的是受冲动心理的影响，依赖于有限的信息、广告印象、个人推荐等来做出消费决定，而且由于受到所处时代、社会以及家庭等因素的制约，消费者也很难利用有限的有效选择权利。因此，经济的增长也不一定必然会提高社会福利，还有可能造成有限消费选择下的福利损失。

从经济增长的社会代价来看，持续的经济增长会使得人们转向对“个人成功、自身和谐”的狭隘追求，美好生活的各种特征逐渐消失，生活质量降低，而且物质化生活的模式正在以一个高负载的工业文明为中心，物质的丰富降低了人们对物质的贪婪，对商品的淡漠会使那些可传递幸福的独特事物逐渐丧失。随着增长过程中的不断创新，人们对科技解决所有问题的信心成为削弱情感纽带的主要因素，使得友谊和信任等情感逐渐被淡化。此外，尽管随着大众富裕和更倾向民粹主义形式的民主对新的享乐主义的认可，医学取得了快速进步，女性解放运动也取得了巨大成功，但这也导致了生活方式的极端自由。现代产业部门的持续扩张依赖于不间断的刺激和消费者欲望的扩张，最终形成了极端自由社会。这种极端自由会通过信誉和忠诚的衰落破坏文明的道德基础，逐渐削弱道德基础所必需的社会支持力和凝聚力，从而威胁社会秩序。

第五节 增长质量理论

传统经济增长理论研究经济增长的数量，现代经济增长理论产生以后，才开始重视研究经济增长的质量。经济增长数量与经济增长质量就像一枚硬币的两面，是同一个问题的两个方面，它们一起构成了经济增长的全部内容。在经济增长理论发展的200多年历史里，各种不同的经济增长理论一直把经济增长的数量问题当作经济增长的关键内容，但很少讨论经济增长质量的提高。尽管一些经济学家呼吁重视增长质量，却始终无法在主流认识中达成共识。20世纪末，随着各种经济增长质量问题的不断凸显，对经济增长质量的研究才受到经济学界的广泛关注。

一、卡马耶夫的经济增长质量理论

苏联经济学家卡马耶夫于1977年出版《经济增长的速度与质量》一书，通过阐述苏联经济增长的标准、指标、趋势和主要经济比例的变化来说明苏联在转向以集约型为主条件下加速经济增长和提高经济增长质量的主要因素。

卡马耶夫在政治经济学的范畴下讨论了经济增长的实质，认为只从增加经济增长数量的观点来分析经济增长问题是不够的，同时还应当看到我们是以什么样的代价来取得这一增长的，要在经济增长的速度与质量的互相联系中考察经济增长问题。他对经济增长的理解是："物质生产资源变化过程的总和，以及由此而增加了的产品数量和质量，通常被称为这一社会经济结构的经济增长"，并强调"在经济增长这个概念中，不仅应该包括生产资源的增加，生产量的增长，而且也应该包括产品质量的提高，生产效率的提高，消费品的消费效果的增长"。

卡马耶夫将经济增长质量理解为在发达社会主义条件下，在社会总产品的扩大再生产中，所使用资源的规模及其利用效率的变化。经济增长不只包含着对统一完整的国民经济综合体有代表性的经济过程，而且还取决于全部生产资源和非生产资源的利用效率。他认为改进管理是提高经济增长质量的决定性手段，并指出科学技术革命通过变更经济增长的各种因素来影响经济增长的速度和质量，因此管理完善科学技术进步的经济机制是发展中国家经济中非常重要的一项内容。

二、巴罗的经济增长质量理论

巴罗在2002年的一篇论文《经济增长的数量与质量》中指出大多有关经济增长的研究主要集中在人均GDP增长率这类狭隘的经济变量上，而较少关注经济增长的质量程度。他将经济增长的数量和经济增长的质量进行了细致的区分，将健康水平、生产力、收入分配、政治体制、犯罪行为以及宗教信仰等因素纳入经济增长研究的范畴，并借助于跨国数据阐述了其经济增长质量思想。

巴罗赋予增长质量一种很宽泛的概念，将经济增长质量看作相对于经济增长数量而言的，认为经济发展是与经济增长数量紧密相关的经济方面的因素，而经济增长质量则是与经济增长数量紧密相关的社会、政治及宗教等方面的因素。经济发展从根本上反映了人均 GDP 的增长，其基本测度指标为人均 GDP 的对数、教育年限以及城市化率。而经济增长质量作为与经济增长紧密相关的社会、政治及宗教等方面的因素，具体包括受教育水平、预期寿命、健康状况、法律和秩序发展的程度以及收入不平等。他通过经验验证得出：经济增长总会伴随有生活水平的提高，而生活水平的提高又往往伴随着民主政治的扩大、法律规则维护的增加以及官员腐败的减少。虽然有库兹涅茨曲线的存在，但是收入不公平略微的改善可以被整体经济发展水平解释。用谋杀率来代替的犯罪率与发展水平相关性不大，但是其与收入不公平却有着非常密切的联系。在经济增长的同时明显伴随有去教堂人数的减少和宗教信仰程度的降低，但是在经济增长其他指标固定不变的情况下，宗教信仰一定与教育有关。

三、托马斯等的经济增长质量理论

2000 年，由温诺·托马斯负责的世界银行学院的一个写作小组撰写了《增长的质量》一书，该书是较早的系统论述经济增长质量问题的论著，提出在经济发展的进程中不只需要关注经济增长的数量，同时还要重视经济增长的质量。它不是对发展的全面审视，所探讨的只是那些作为行动的基础而常常被忽略的根本问题，在对发展成果回顾的基础上提出了发展的三个基本原则以及提高经济增长质量的行动方案。

托马斯等发展了一个人力资本、物质资本和自然资本三种重要资产增长的分析框架，认为经济增长质量作为发展速度的补充，是指构成经济增长进程的关键性内容，如机会的分配、环境的可持续性、全球性风险的管理以及治理结构，并从福利、教育机会、自然环境、资本市场抵御全球金融风险的能力以及腐败等角度对各个国家或地区的经济增长质量进行了比较。研究发现，即使水平相近的经济增长率也会给人民的福利带来截然不同的结果，这说明过去的经济政策往往偏重考虑增加实物资本的投资规模，而忽略了这仅仅是构成高质量增长的众多重要因素中的一项，其实同样重要的因素还包括对人力资本和社会资本的投资，以及对自然资源和环境资本的投资。

➤本章提要

本章在对新古典经济增长理论的“尴尬境地”进行简要介绍的基础上，针对这些新古典增长理论中的问题，介绍了三种内生增长理论。

“干中学”的含义是指企业增加其物质资本的同时也学会了如何更有效率生产的经验，这种经验会对生产率产生影响。因此，“边干边学”可以理解为“边投资边学”。阿罗认为，知识来源于投资过程中的“干中学”，因此，可以用总资本代表知识的存量。他还认为，技术进步不过是资本积累的副产品，因此新投资具有外部性。

卢卡斯在 1988 年的《论经济发展的机制》一文中沿着舒尔茨和贝克尔的思路在模型中引入了人力资本，对宇泽（Uzawa）提出的技术进步方程做了修改，提出了一个以人力资本的外部效应为核心的内生增长模型。卢卡斯模型中的人力资本投资，尤其是人力资本的外部效应，使生产具有递增收益，而这种源于人力资本外部效应的递增收益使人力资本成为“增长的发动机”。

增长极限理论认为人口增长、粮食生产、资本投资、资源消耗和环境污染是影响经济增长的关键性因素，都呈现出指数增长的特点。各个因素都有各自的极限并相互作用，从而导致过冲发生，长期经济增长是不可持续的。

经济增长代价理论认为技术进步及其所带来的经济增长使得物质产品增加，却并非福利的增加。相反，人们为经济增长所付出的代价，尤其在社会与文化方面，却是高昂的、持续的。

经济增长数量反映的是经济增长的速度，而经济增长质量反映的是经济增长的优劣程度，它包含了受教育水平、预期寿命、收入不平等、环境的可持续性、法律和秩序发展程度等多方面的内容。

➢关键概念

内生增长理论（endogenous growth theory）
内生增长模型（models of endogenous growth）
边际收益（marginal revenue）
边际产出或边际生产力（marginal product）
规模报酬（returns to scale）
规模报酬递增（increasing return to scale）
规模报酬不变（constant return to scale）
规模报酬递减（decreasing return to scale）
稻田条件（Inada conditions）
干中学（learning by doing）
知识外溢（spillover effect of knowledge）
人力资本外部性或外部效应（externality of human capital）
技术进步（technological progress）
新兴古典经济学（new classical economics）
交易费用（transaction cost）
超边际分析（inframarginal analysis）

➢复习思考题

1. 新古典增长理论的“尴尬境地”是什么？

2. 新古典增长模型与内生增长模型的主要区别表现在哪些方面？

3. 包含了“干中学”和知识外溢的内生增长模型是以什么样的函数形式将这两个假定内生化的？又是如何解决了竞争性均衡与规模报酬递增的矛盾的？为什么说在人口增长与经济增长关系上存在问题？

4. 1950～1973 年，法国、德国和日本的增长率都比美国高出至少 2 百分点，在那段时间内最为重要的技术进步都发生在美国，为什么会这样呢？根据本章知识，试对可能的原因进行推测，并在互联网上检索相关资料，检验你的推测是否正确，以及正确的解释应该是什么？

➢扩展性阅读资料

巴罗 R J，萨拉伊马丁 X. 2000. 经济增长. 何晖，刘明兴译. 北京：中国社会科学出版社
郭熙保，王翊. 2001. 现代经济增长理论的演进历程. 当代财经，（4）：18-21
卢卡斯 Jr R E. 2007. 经济发展讲座. 罗汉等译. 南京：江苏人民出版社
潘士远，史晋川. 2002. 内生经济增长理论：一个文献综述. 经济学（季刊），1（4）：753-786
朱勇，王成勇. 1998. 新增长理论的产生和发展. 国外理论动态，（12）：17-20
庄子银. 1998. 新增长理论简评. 经济科学，（2）：114-121
左大培，杨春学. 2007. 经济增长理论模型的内生化历程. 北京：中国经济出版社
Arrow K J. 1962. The economic implications of learning by doing. The Review of Economic Studies, 29(3): 155-173
Romer P M. 1990. Endogenous technological change. The Journal of Political Economy，98（5）：72-103

第三篇

宏观经济学的短期模型

第五章

总供给与总需求

总需求和总供给是宏观经济学重要的分析变量，也是理解宏观经济学中一些重大问题的基础。前面有关宏观经济问题的研究，都是在一般价格水平固定不变的假设条件下进行的，这些都忽略产量（收入）和价格水平之间的关系。本章在放松价格水平固定不变的假设条件下，着重说明产量和价格水平的决定。首先分析总需求、总需求曲线及其变动，其次说明总供给、总供给曲线及其变动，最后阐述总供给和总需求的短期均衡及其波动。

第一节　总需求分析

一、总需求的决定

总需求（aggregate demand）是指经济体在一定价格水平下所愿意购买的产品和劳务的总量。这一需求总量通常以产出水平来表示。因此，总需求反映了价格水平和总需求量之间的关系。

按照总需求的定义，用 AD 代表总需求，在开放经济条件下总需求由以下四个部分构成：

$$\mathrm{AD}=C+I+G+\mathrm{NX}$$

其中，C 为消费需求，指国内居民对最终产品和劳务的需求；I 为投资需求，指企业购买资本品的需求；G 为政府需求，指政府购买产品和劳务的需求；NX 为净出口，指外国购买本国产品和劳务与本国购买外国产品和劳务需求的差值。总需求的四个构成部分实际上也是总支出的四个组成部分。

相关链接 5-1 中国总需求结构

中国近年经济增长速度虽然明显加快，但结构矛盾也日益突出。总需求结构失衡状况在中国也有所表现。由表 5-1 的数据可知，自 1998 年中国开始实行积极财政政策以来，“十五”期间投资需求占 GDP 的比重稳步上升，其对经济增长的贡献率一度超过 60%，成为促进中国经济增长的主导型需求。这表明，通过增加政府投资来带动内需增长的积极财政政策取得了一定的效果。直到 2004 年，中国政府才决定由积极财政政策转向稳健财政政策，投资需求才有所下降。但是，与此同时，消费需求并没有如中国政府期望的有所扩大，反而逐年降低，消费需求对经济增长的贡献率在 2003 年低至 35.3%，这在一定程度上表明消费、投资与出口需求的结构性矛盾已非常严重，甚至有导致宏观经济大幅波动的潜在可能性。美国的消费需求对其 GDP 增长的贡献率约为 80%，即使是日本、韩国等国家，消费需求对 GDP 增长的贡献率也比中国要高出许多。

表 5-1 2006~2014 年中国三大需求占 GDP 比重及其对 GDP 增长的贡献率（单位：%）

年度	消费		投资		净出口	
	占比	贡献率	占比	贡献率	占比	贡献率
2006	38.3	28.1	40.0	37.7	7.6	20.4
2007	37.0	31.3	40.7	43.5	8.7	13.5
2008	36.4	32.6	42.6	53.6	7.6	1.7
2009	36.6	38.7	45.7	79.0	4.3	–31.4
2010	35.9	32.2	47.2	56.1	3.7	0.03
2011	36.7	41.0	47.3	47.9	2.4	–4.5
2012	37.1	40.8	46.5	38.6	2.7	5.5
2013	37.3	38.6	46.5	46.9	2.5	–0.15
2014	37.7	42.7	46.0	40.8	2.7	5.7

资料来源：国家统计局

2005 年、2006 年中国出口需求占 GDP 的比重虽然有较大增长，但并未高于 10%，而出口需求对 GDP 增长的贡献率甚至超过 20%，这表明中国经济增长对出口需求的依赖度有所增加。2005 年中国的外贸依存度达到了历史性的 80%，表明中国应开始关注内需与外需的平衡。但不可否认，自 1978 年中国实行改革开放以来，外向型经济发展模式在扩大国内就业、提高居民收入、弥补国内消费不足，并最终促进经济增长等方面做出了重要的贡献。

资料来源：赵晓雷：《中国的总需求态势与宏观经济政策分析》，《税务与经济》，2008 年第 1 期。

二、总需求曲线

总需求曲线反映了在其他条件不变的情况下，价格水平与总需求量之间的关系，如图 5-1 所示。

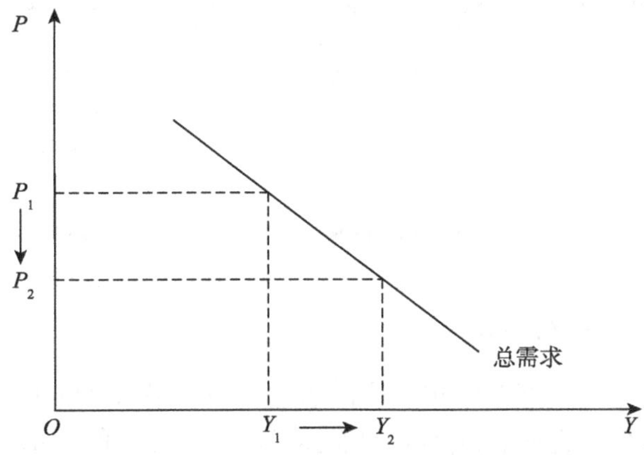

图 5-1　总需求曲线

图 5-1 反映了价格水平与总需求变化之间的关系，图中，横轴为产量 Y，纵轴为价格水平 P，当价格由 P_1 下降到 P_2 时，产量由 Y_1 增加到 Y_2。相反，物价水平的上升会导致产品与劳务的需求量减少。可见，物价水平与总需求量之间存在反方向变动关系，总需求曲线向右下方倾斜。

为了理解总需求曲线为什么向右下方倾斜，我们必须考察价格水平对消费需求、投资需求和净出口需求的影响，主要表现在财富效应（wealth effect）、利率效应（interest effect）和汇率效应（exchange rate effect）三方面。

1. 价格水平与消费：财富效应

价格水平下降提高了货币的实际购买力，并使消费者变得相对富有，鼓励他们更多地消费。消费者支出增加意味着产品与劳务需求量更大。相反，价格水平上升使人们所持有的货币及其他以货币衡量的名义资产的实际价值降低，居民财富水平降低，于是消费支出就相应地减少，消费者支出以及产品与劳务的需求量也会减少。财富效应使得消费者在物价水平下降时，消费需求增加，反之亦然。在价格水平上升时，愿意购买的商品数量减少，从而导致总需求曲线向下倾斜。

●专栏 5-1　居民消费价格指数

居民消费价格指数（consumer price index，CPI），是反映与居民生活有关的产品与劳务的价格变动指标。居民消费价格指数是一个滞后性的数据，但它往往是市场经济活动与政府货币政策的一个重要参考指标。居民消费价格指数稳定、就业充分及 GDP 增长往往是最重要的社会经济目标。

居民消费价格指数的计算公式是：CPI=（一组固定商品按当期价格计算的价值）/（一组固定商品按基期价格计算的价值）×100。居民消费价格指数告诉人们的是，对普通家庭的支出来说，购买具有代表性的一组商品，在今天要比过去某一时间多花费多少。例如，若 1995 年某国普通家庭每个月购买一组商品的费用为 800 元，而 2000 年购买这组商品的费用为 1 000 元，那么该国 2000 年的居民消费价格指数为（以 1995 年为基期）CPI=1 000/800×100=125。也就是说，居民消费价格指数上涨了 25%。在日常生活中我们更关心的是通货膨胀率，它被定义为从一个时期到另一个时期价格水平变动的百分比，公式为：$T=(P_1-P_0)/P_0$。其中，T 为 1 时期的通货膨胀率，P_1 和 P_0 分别表示 1 时期和 0 时期的价格水平。如果用上面介绍的居民消费价格指数来衡量价格水平，则通货膨胀率就是不同时期的消费价格指数变动的百分比。假如一个经济体的居民消费价格从上一年的 100 增加到当年的 112，那么这一时期的通货膨胀率就为：$T=(112-100)/100\times100\%=12\%$。也就是说，通货膨胀率为 12%，表现为物价上涨 12%。

2. 价格水平与投资：利率效应

在现实经济中价格水平能够影响货币需求量。当价格水平降低，居民为购买产品和劳务所支出的货币减少，进而收入不变的前提下居民有更多的货币存入银行以获取利息收入。此时，由于存款上升市场中流动性供给增加，利率下降。利率下降使得贷款成本降低，鼓励企业从银行贷款增加厂房和机器设备投资，同时也刺激居民通过贷款购买住宅、有价证券等投资品。此外，当企业投资增加、产生上升，居民收入也随之提高、消费需求增强。反之亦然。因此价格水平下降，通过利率效应使得需求上升。利率效应同样会导致总需求曲线向右下方倾斜。

3. 物价与净出口：开放经济效应

汇率是本国货币相对于外国货币的价格。经济学上汇率分为名义汇率和实际汇率。名义汇率是指两国间货币的相对比价，实际汇率是指两国间商品的相对价格。实际汇率的计算公式为

$$\text{实际汇率}=\frac{\text{名义汇率}\times\text{本国商品价格}}{\text{外国商品价格}}$$

汇率上升意味着本国商品的相对价格上升，外国商品相对价格下降，本国人将扩大对进口的需求，而外国人减少对出口的需求，于是本国将减少出口；汇率下降的作用则相反。

价格水平下降，导致实际汇率下降，进而本币相对于外币贬值。本国商品价格在国外相对降低，而外国商品价格在国内则相对上升。导致本国出口到国外的产品和劳务增加，而本国进口国外的产品和劳务下降，净出口需求增加，反之亦然。因此，价格水平通过汇率影响到净出口，最终表现为价格水平与总需求反方向变动的特征。

三、总需求曲线的移动

总需求曲线向右下方倾斜表明价格水平下降增加了物品与劳务的总需求量。但是，当价格水平保持不变时，很多其他因素也能够影响产品与劳务的需求量。当这些因素中的一种因素变动时，总需求曲线也会移动。从宏观经济的角度来看，造成总需求曲线移动的主要因素有以下几方面，我们用图 5-2 来说明。在图 5-2 中横轴为产出 Y，纵轴为价格 P，AD_0、AD_1、AD_2 分别代表不同的总需求曲线。

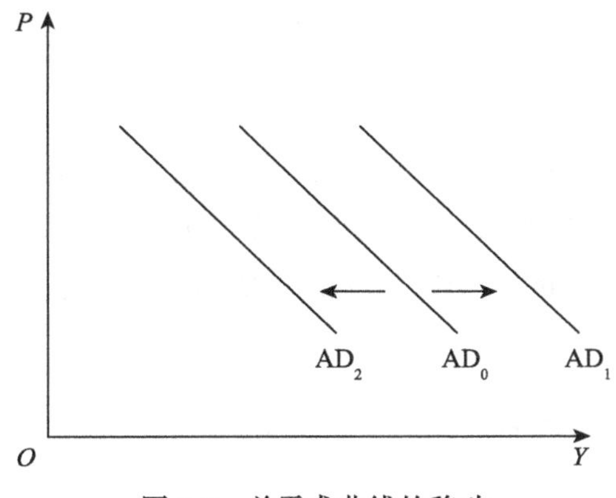

图 5-2　总需求曲线的移动

1. 消费变动引起的移动

在物价水平既定时，消费减少引起物品和劳务的需求量减少，所以总需求曲线向左方移动，由 AD_0 左移到 AD_2；相反，消费支出增加引起物品和劳务的需求量增加，总需求曲线向右移动，由 AD_0 右移到 AD_1。具有这种效应的政策变量之一是政府的税收水平。当政府减税时，它鼓励人们更多地支出，因此总需求曲线向右移动，由 AD_0 右移到 AD_1。当政府增税时，人们削减支出，因此总需求曲线向左移动，由 AD_0 左移到 AD_2。

2. 投资变动引起的移动

任何一个改变企业在物价水平既定时的投资态度的因素都会使总需求曲线移动。如果企业对未来经济持乐观态度，企业就会加大投资，在物价水平既定时，物品与劳务的需求量增加，总需求曲线向右移动，由 AD_0 右移到 AD_1。相反，企业对未来经济状况持悲观态度，它们就会削减投资支出，总需求曲线便会向左移动，由 AD_0 左移到 AD_2。

3. 税收政策引起的变动

税收政策也可以通过投资影响总需求，投资税收优惠可增加企业在利率既定时需求的投资品数量。因此，投资税收优惠使总需求曲线向右移动，由 AD_0 右移到 AD_1。相反，投资税收优惠的取消可减少投资，使总需求曲线向左移动，由 AD_0 左移到 AD_2。

4. 货币供给引起的变动

货币供给是影响投资和总需求的另一个政策变量，短期中货币供给增加会降低利率，使得借款成本下降，借款成本下降就刺激了投资需求，从而使总需求曲线向右移动，由 AD_0 右移到 AD_1。相反，货币供给减少提高了利率，增加了投资成本，抑制了投资需求，从而使总需求曲线向左移动，由 AD_0 左移到 AD_2。

5. 政府购买变动引起的移动

政府对物品与劳务购买的增加（增加对国防或高速公路建设的支出）使总需求曲线向右移动，由 AD_0 右移到 AD_1。政府对物品与劳务购买的减少（削减国防或高速公路建设支出）使总需求曲线向左移动，由 AD_0 左移到 AD_2。

6. 净出口变动引起的移动

在物价水平既定时，增加净出口（国外经济繁荣、投机引起的汇率下降）使总需求曲线向右移动，由 AD_0 右移到 AD_1。相反，减少净出口（国外经济衰退、投机引起的汇率上升）使总需求曲线向左移动，由 AD_0 左移到 AD_2。

第二节　总供给分析

一、总供给和总供给曲线

1. 总供给

总供给（aggregate supply）是指在任一价格水平下，企业所愿意提供的产品和劳务的总量（或总产出），它描述了经济社会的基本资源用于生产时可能有的产量。一般而言，总供给主要是由劳动力、生产性资本存量和技术决定的。在宏观经济学中，描述总产出与劳动、资本和技术之间的一个合适的工具就是生产函数。因此，总供给函数就是反映总产量与一般价格水平之间的关系。

2. 总供给曲线

总供给函数的几何表示即为总供给曲线，总供给曲线反映了价格水平和总供给量之间的关系。和向右下方倾斜的总需求曲线不同，总供给曲线的走势取决于所考察的时间长短。在长期中，总供给曲线是垂直的；而在短期中，总供给曲线向右上方倾斜。为了研究短期经济波动，以及经济的短期行为如何与长期行为不一致，我们既要考察长期总供给曲线，又要考察短期总供给曲线。首先考察长期总供给曲线。

二、长期总供给曲线及其移动

1. 长期总供给曲线

在长期中，一个经济的产品与劳务生产（它的真实 GDP）取决于它的劳动和资本的投入量，以及可得到的用于把这些生产要素变为产品与劳务的生产技术。而在任一时期，技术水平是不变的，生产要素的数量也是不变的，因此宏观总量生产函数可表示为

$$Y=F(N,\ K) \tag{5-1}$$

其中，Y 为总产量；K 为整个资本存量；N 为整个社会的就业水平或就业量。式（5-1）表明，经济社会的产出取决于整个社会的就业量和资本存量。在宏观总量生产函数的两个自变量中，资本存量 K 的规模和数量被认为是由经济社会以前各年的投资决定的。因此，在宏观经济波动分析中，一般把资本存量作为外生变量处理。同时，在凯恩斯的国

民收入决定理论中，考察一年内的国民收入，假定技术水平保持不变。所以宏观总量生产函数为

$$Y=F(N,\ \bar{K}) \tag{5-2}$$

宏观总量生产函数（5-2）表示，在一定的技术水平和资本存量条件下，经济社会的产出 Y 取决于就业量 N，即总产量是经济中就业量的函数，随就业量的变化而变化。

在古典经济中，由于价格、工资可以灵活变动，所有的生产要素都被充分利用，即资本不存在闲置，劳动达到充分就业，这种经济的产出称为潜在产出。潜在的产出又称为充分就业的产出，是指在现有资本和技术水平条件下，经济社会的潜在就业量所能生产的产量。它可以用生产函数表示为

$$Y^{*}=F(\bar{N},\ \bar{K}) \tag{5-3}$$

其中，Y^{*}为潜在的产量；N 为潜在就业量，这就是长期总供给。长期总供给曲线如图 5-3 所示，图中横轴为产出 Y，纵轴为价格 P，长期总供给曲线 LAS 是垂直的。即在长期中，经济的劳动、资本和技术决定了产品与劳务的总供给量，而且无论物价水平如何变动，供给量都是相同的。

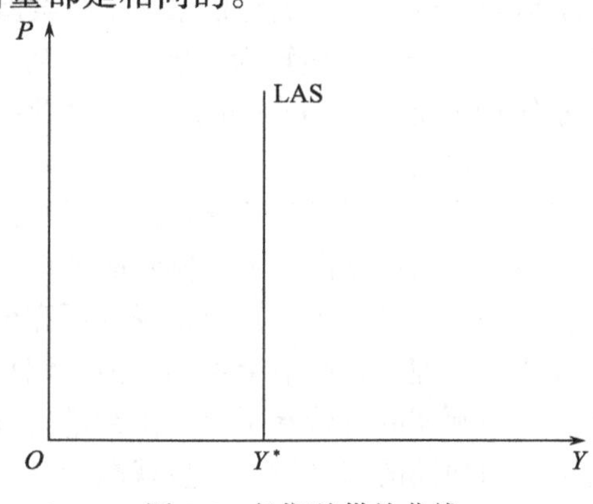

图 5-3　长期总供给曲线

2. 长期总供给曲线的移动

经济中任何改变自然产量率的变动都会使长期总供给曲线移动。因为古典模型中的产量取决于劳动、资本、自然资源和技术知识，我们可以把长期总供给曲线的移动划分为：

第一，劳动量变动引起的移动。劳动力的可获得性是经济增长的一个重要因素，也是一国现在所具有的一个重要优势。可得到的劳动量增加（国外移民或自然失业率下降）使总供给曲线向右移动，可得到的劳动量减少（国内人口迁出或自然失业率上升）使总供给曲线向左移动。

第二，资本引起的移动。资本是经济增长的主要因素，资本量的增加或减少都会引起经济增长的变动。资本包括人力资本和物质资本。物质资本或人力资本增加使总供给曲线向右移动，物质资本或人力资本减少使总供给曲线向左移动。

第三，技术进步引起的移动。狭义上的技术进步主要是指生产工艺、中间投入品以及制造技能等方面的革新和改进，具体表现为：对旧设备的改造和采用新设备改进旧工艺，采用新工艺使用新的原材料和能源对原有产品进行改进，研究开发新产品，提高工

人的劳动技能等。广义的技术进步则不仅体现为生产工艺、技能和中间投入品等硬技术的改进，还体现为组织管理效率的提高、决策沟通机制的完备、获得规模经济、融资渠道通畅和生产要素（如人力资本）质量提高等方面。这里我们探讨的技术进步是从其广义角度来说的。技术进步可以通过技术创新、技术扩散、技术外溢等方式来实现。因此，技术进步可以扩大生产的可能性边界，使总供给曲线向右移动，而可得到的技术减少使总供给曲线向左移动。

三、短期总供给曲线及其移动

1. 短期总供给曲线

短期中的经济与长期中的经济之间的关键差别是总供给的状况不同。长期总供给曲线是垂直的，因为在长期，价格总水平并不影响经济生产产品和劳务的能力。与此相反，在短期，物价水平确实影响经济的产量。也就是说，在一年或更短时期内，经济中物价总水平上升往往会增加产品与劳务供给量，而物价水平下降会减少产品与劳务供给量。结果，短期供给曲线如图 5-4（a）所示，横轴为产出 Y，纵轴为价格 P，短期总供给曲线 SAS 向右上方倾斜，表示短期内随着价格水平的上升，企业所愿意提供的产品和劳务总量不断增加，而价格水平下降时则相反。

为向右上方倾斜的短期总供给曲线提供理论解释是宏观经济学争论的核心部分。宏观经济学家提出三种说明短期总供给曲线向右上方倾斜的理论，分别是黏性工资理论、黏性价格理论及错觉理论。在每一种理论中，某个市场的不完全性引起经济中供给一方的短期状况与长期不同。虽然每一理论在细节上不同，但它们具有一项共同的内容：当经济中的实际物价水平背离人们预期的物价水平时，供给量就背离了其长期水平或“自然”水平；当物价水平高于人们预期的水平时，产量就高于其自然率；当物价水平低于预期水平时，产量就低于其自然率。我们可以用数学公式表述如下：

产量的供给量=自然产量率+a（实际物价水平−预期的物价水平）

其中，a 为决定产量对物价水平为预期到的变动做出多大反应的参数。

总之，短期总供给曲线向右上方倾斜不管是由于黏性工资、黏性价格，还是错觉，这些情况都不会持久存在下去。随着时间的推移，名义工资将变得没有黏性，价格将变得没有黏性，并且对相对价格的错觉也将得到纠正。在长期，合理的假设是工资和价格具有伸缩性，而不是黏性，且人们不会被相对价格迷惑。

因此，总供给曲线向右上方倾斜的原因关键在于决定总供给的价格因素——货币工资在短期内不具备充分的灵活性。只要在价格水平变动时，名义货币工资的变动滞后于价格的变动，实际工资就要发生变动，企业的利润也要发生变动，从而企业就会按照变动的价格来调节生产，短期总产量就有可能发生变动。一个极端的情况是名义工资完全缺乏伸缩性，也就是不论价格如何变动，工人的工资始终保持不变，那么短期总供给曲线 SAS 就是一条与横轴平行或接近于平行的水平线，如图 5-4（b）所示。水平的短期总供给曲线 SAS 是凯恩斯理论的极端情况，它表明由于名义货币工资保持不变，价格一旦上升，企业就可以在成本完全不变的情况下生产社会所需要的任意水平的产量，或者说企业在现行工资水平下获得它们所需要的任意数量的劳动力。

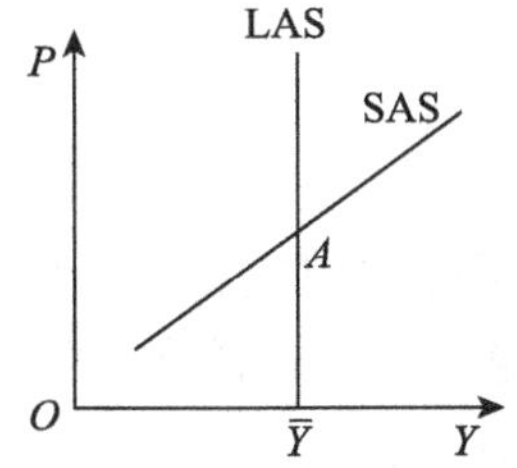

（a）向上倾斜的短期总供给曲线

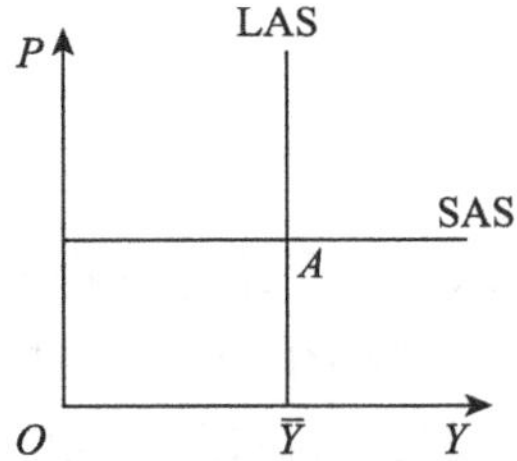

（b）水平的短期总供给曲线

图 5-4 短期总供给曲线

从前面分析可以看出，若价格、工资具有完全的伸缩性，则总供给曲线就是一条与价格无关的垂直的曲线；若价格、工资在一定程度上不具备伸缩性，则总供给曲线就是一条与价格相关的向右上方倾斜的曲线；若价格、工资完全不具备伸缩性，则总供给曲线就是一条与价格完全相关的水平曲线。它们分别代表了宏观市场机制完全有效、部分失灵和完全失灵的三种情况。大部分经济学家都认为，第一种情况代表了宏观经济的长期趋势，第二种情况在很大程度上反映了宏观经济的正常短期行为，而第三种情况在现实生活中较少出现，是一种特殊的短期现象，但其作为一种分析工具，还是具有一定理论价值的。在本章的分析中，我们主要考察了向右上方倾斜的正常短期总供给曲线。

2. *总供给曲线的移动*

短期总供给曲线是指在任何既定物价水平下产品与劳务的供给量。这条曲线与长期总供给曲线相似，但由于黏性工资、黏性价格以及错觉的存在，它不是垂直的，而是向右上方倾斜。那么，引起短期总供给曲线变化的因素，除了考虑引起长期总供给曲线移动的所有变量外，还必须考虑影响黏性工资、黏性价格和相对价格的错觉的新变量——预期的物价水平。

长期总供给曲线的移动通常是由于劳动、资本、自然资源和技术知识的变动。这些相同的变量也会使短期总供给曲线移动。例如，当经济中的资本存量增加提高了生产率时，这种经济就能生产更多的产品，因此，无论长期还是短期总供给曲线都向右方移动。失业率上升时，经济中就业的工人减少，生产的产品也减少。因此，无论长期还是短期总供给曲线都向左移动。

影响短期总供给曲线的重要变量是人们预期的物价水平。工资、价格和错觉都是根据预期的物价水平确定的，因此，当人们改变他们对物价水平的预期时，短期总供给曲线也将移动。实际水平不变时，预期物价水平上升就减少了产品和劳务供给量，并使短期总供给曲线向左移动。而预期物价水平下降则增加了产品与劳务供给量，并使短期总供给曲线向右移动。

第三节　宏观经济的短期均衡及其波动

一、宏观经济的短期均衡

总供给–总需求框架是决定均衡产量和价格水平的有用工具，特别是我们可以用此框架来研究具体的经济政策以及外来冲击对 Y 和 P 均衡水平的影响。把总需求曲线和短期总供给曲线放在一起，就可以考察宏观经济的短期均衡。

在图 5-5 中，横轴为产出 Y，纵轴为价格 P，总需求曲线 AD 和短期总供给曲线 SAS 在 E 点相交，此时，从短期来看，社会总需求量正好等于这个社会能够提供的总供给量。换句话说，经济将在均衡总需求和总供给相等的产量和价格水平上出清，宏观经济总量达到了短期均衡。此时决定的均衡价格水平是 P^*，均衡总产量是 Y^*。这个均衡点也决定了经济中的就业水平。但是，这个均衡并不表示最佳（最好）产量水平，甚至也不一定适合于意愿的产量水平。实际上，在经济的整体均衡水平上，可能会存在很大的产量缺口和大量的失业。均衡只是一定条件下经济会发生什么的度量，而不是应该发生什么的度量。

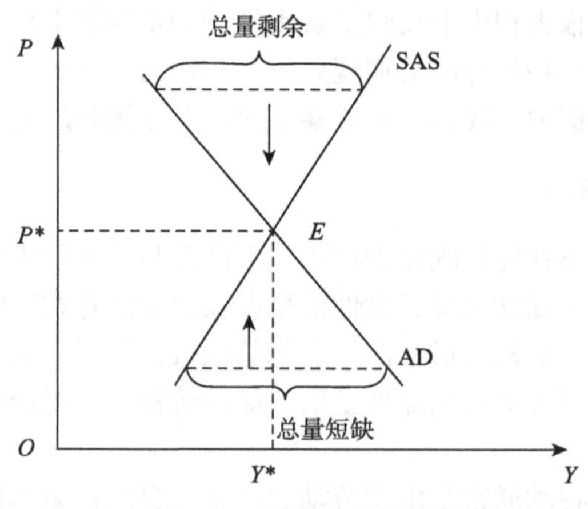

图 5-5　经济的短期均衡

从图 5-5 中可以看出，如果价格水平大于 P^*，总供给大于总需求，也就是说，企业所愿意提供的产品和劳务的总量要超过社会对这些产品和劳务的需求总量，那么经济会出现总量剩余，于是价格水平会下降。随着价格水平的下降，一方面，居民实际收入上升，消费需求随之增加；另一方面，在成本不变的情况下企业的利润会减少，企业就会缩减生产从而减少商品的总供给量，直到总需求量等于总供给量为止。如果价格水平低于 P^*，总需求大于总供给，也就是说，企业所愿意提供的产品和劳务的总量不能满足社会对这些产品和劳务的总需求，那么经济就会出现总量短缺，于是价格水平上升。随着价格水平的上升，居民会不断减少总需求量，直到总需求量等于总供给量为止。因此，只有在 E 点，当外界条件不发生变化时，价格水平和总产量不再发生变动，整个经济达到了短期均衡。

二、短期均衡和长期均衡的关系

由于短期总供给曲线会偏离长期总供给曲线，从长期均衡的角度出发，宏观经济的短期均衡会出现以下三种情况。

1. 失业均衡

失业均衡是指短期均衡产量小于长期潜在产量的均衡状态。图 5-6 反映了宏观经济的短期均衡，横轴为产出 Y，纵轴为价格 P。如图 5-6（a）所示，由总需求曲线 AD_0 和短期总供给曲线 SAS_0 的交点 E_0 决定了宏观经济的短期均衡。在 E_0 点，从短期来看，一个社会的总需求量正好等于总供给量，既不存在总量短缺，也没有总量剩余，此时均衡价格水平为 P_0，均衡总产量为 Y_0。但从长期来看，E_0 点并不在长期总供给曲线上，因此经济虽处在短期均衡状态，但没有达到长期均衡。从图 5-6（a）中可看到，短期均衡点 E_0 在长期总供给曲线的左边，由此决定的短期均衡产量 Y_0 要低于长期的潜在产出水平 $\overline{Y}$。这表明整个社会的生产资源没有得到充分利用，劳动和资本出现了闲置，此时，失业率要大于自然失业率。因此，现实的均衡产量低于长期潜在产量的短期均衡也称为失业均衡。

2. 充分就业均衡

充分就业均衡是指短期均衡产量正好等于长期潜在产量的均衡状态。如图 5-6（b）所示，总需求曲线 AD_1 和短期总供给曲线 SAS_1 的交点 E_1 正好在长期总供给曲线上，因此 E_1 点不仅是短期均衡点，也是长期均衡点。这意味着宏观经济在达到短期均衡的同时也达到了长期均衡，此时均衡价格水平为 P_1，均衡产量就是长期潜在产量 $\overline{Y}$。在长期均衡下，整个社会的生产资源得到了充分利用，失业率等于自然失业率，因此现实的均衡产量等于长期潜在总供给的均衡也称为充分就业均衡。

3. 超充分就业均衡

超充分就业均衡是指短期均衡产量大于长期潜在产量的均衡状态。如图 5-6（c）所示，总需求曲线 AD_2 和短期总供给曲线 SAS_2 在 E_2 点相交，此时均衡价格水平为 P_2，均衡总产量为 Y_2。由于 E_2 点并不在长期总供给曲线上，E_2 点不是长期均衡点。与图 5-6（a）不同的是，短期均衡点 E_2 在长期总供给曲线的右边，由此短期均衡产量 Y_2 要高于长期潜在的产量 $\overline{Y}$。这表明社会生产资源得到了超充分水平的利用，失业率小于自然失业率。因此，现实均衡产量大于长期潜在总供给的均衡也称为超充分就业均衡。

在现实中，生产资源的超充分使用表现为工人劳动时间的延长、自愿失业者重新加入就业队伍、机器设备的过度使用等。但是，超充分就业均衡对宏观经济来说未必是一件好事。因为，一方面，经济过热会刺激总需求，导致通货膨胀的产生；另一方面，工人劳动时间的延长和机器设备的过度使用会影响企业生产的正常运行，不利于经济的长期增长。

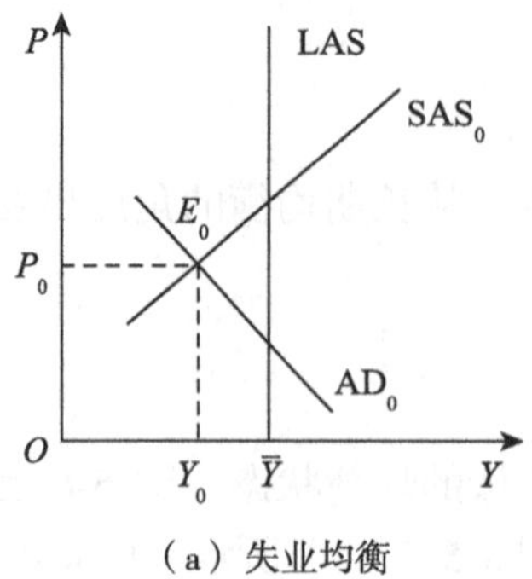

（a）失业均衡

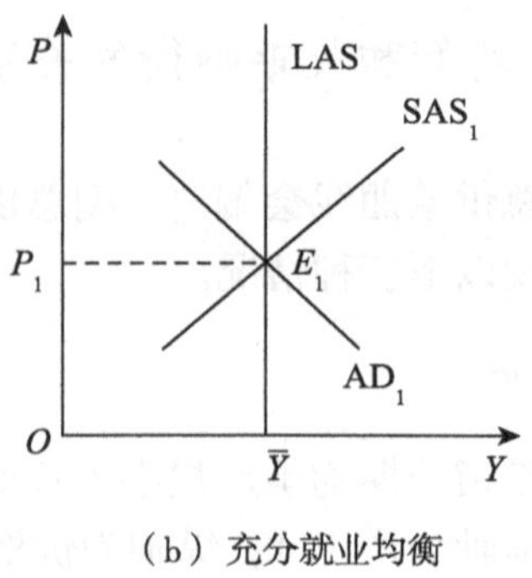

（b）充分就业均衡

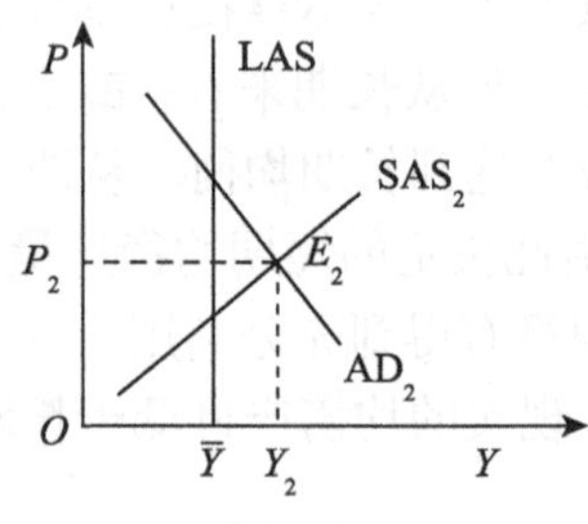

（c）超充分就业均衡

图 5-6 宏观经济的短期均衡

一个经济可能出现三种短期均衡状态，这不是一个随机的过程，而是由三种均衡状态依次不断转化构成的、有一定规律的过程。一般来讲，一个社会由失业均衡转为充分就业均衡，再由充分就业均衡转化为超充分就业均衡，这一过程就构成了经济的扩张时期。超充分就业均衡处在扩张期的繁荣阶段，此时现实的总产量大于潜在的总产量、失业率低于自然失业率。

然而，繁荣不可能持久，宏观经济会由超充分就业均衡转为充分就业均衡，再由充分就业均衡转化为失业均衡，这一过程就是经济的收缩时期，此时现实的总产量小于潜在的总产量、失业率高于自然失业率。这样，短期均衡围绕着长期均衡波动形成了一个周而复始的过程，这也就是经济周期的扩张、顶峰、收缩和谷底四个阶段。因此，经济周期性波动实际上就是短期均衡不断地、有规律地偏离长期潜在均衡的过程，而短期均衡与长期均衡的偏差也就反映了经济波动的幅度。

长期总供给可以认为是由一国长期平均增长率所决定的总产出，或者由一国自然失业率决定的总产出。因此，短期均衡围绕着长期均衡的波动在实际中就表现为实际的增长率围绕长期平均增长率波动。资料显示，1960~2000 年，美国 GDP 的年平均自然增长率约为 3%，自然失业率为 5%左右。在繁荣时期，实际经济增长率都要高于这一增长率；在衰退时期，实际经济增长率都要低于这一水平，而实际失业率都要高于这一自然失业率。那么，一个需要解释的问题是，经济是如何由短期均衡偏离长期均衡又从短期均衡调整到长期均衡的呢？这可以从总需求和总供给两个方面作一简单分析。

三、外部冲击与短期均衡的变动

（一）总需求冲击与短期均衡的变动

总需求的冲击往往会使宏观经济的短期均衡偏离长期均衡，使经济产生波动。影响总需求的因素很多，这里仅考虑预期这一因素。假定认为目前经济可能要转入衰退阶段，或者海外战争爆发，许多人对未来失去信心并改变他们的计划，家庭削减支出且延迟了重大购买，企业则放弃了购买新的设备。

为了清楚地考察预期变动对宏观经济的影响，假定在预期改变之前经济处在长期均衡状态。如图 5-7 所示，图中横轴为产出 Y，纵轴为价格 P。由总需求曲线 AD_1 和短期总供给曲线 SAS_1 决定的短期均衡点 A 恰好等于长期总供给，A 点也是长期均衡点，均衡价格水平为 P_1，均衡产量为潜在总产量 Y_1。现在假设预期经济走向衰退，总需求曲线由 AD_1 移动到 AD_2，均衡点将偏离长期均衡从 A 点移动到 B 点，相应的均衡价格水平和均衡总产量分别为 P_2 和 Y_2。B 点和 A 点相比，价格水平下降，实际产出小于潜在产出、失业率大于自然失业率，整个社会处于失业均衡状态。

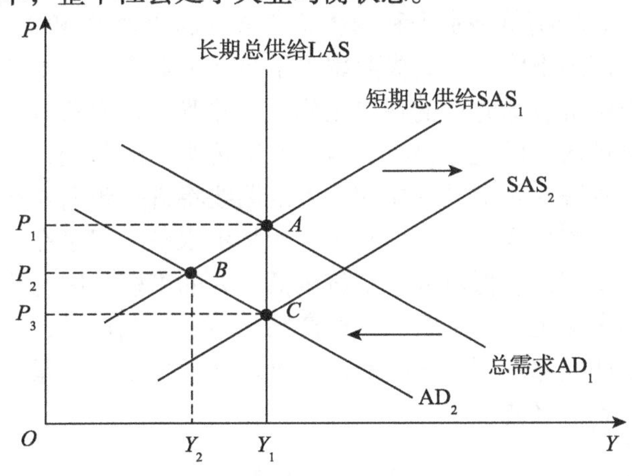

图 5-7　总需求的冲击

由于总需求减少，物价水平最初从 P_1 下降到 P_2，物价水平低于在总需求减少之前人们的预期水平（P_1）。尽管人们在短期中会感到吃惊，但不会一直这样。随着时间的推移，预期会逐渐适应现实，预期物价水平也会下降。预期物价水平下降改变了工资、价格和错觉，这会影响短期总供给曲线的位置。预期物价水平下降时，短期总供给曲线由 SAS_1 移向 SAS_2，这种移动使经济接近于 C 点，新的总需求曲线（AD_2）与长期总供给曲线在 C 点相交。

在新的长期均衡 C 点时，产量回到了其自然率。尽管悲观情绪减少了总需求，但物价水平大大下降（到 P_3）抵消了总需求曲线移动的影响，而且人们也会预期到这种新的低物价水平。因此在长期中，总需求曲线的移动完全反映在物价水平上，而根本没有反映在产量水平上，即总需求移动的长期效应是一种名义变动，而不是真实变动。

通过以上的分析可以发现，负向的总需求冲击在长期内并不能改变社会的潜在产出，只会降低价格水平，带来通货紧缩。如果政策制定者不能正确地预测到未来经济的走向，宏观经济政策就有可能人为地使经济脱离长期均衡的轨道而引发通货紧缩。在某种情况下，这种决策失误还有可能加剧经济的波动。

（二）总供给冲击与短期均衡的变动

总供给冲击是造成宏观经济的短期均衡偏离长期均衡的另一因素。影响总供给波动的因素也是相当多的，在这里主要考察短期总供给的波动。短期总供给主要受工资、原材料价格的影响。最典型的也是最具影响力的总供给冲击来自20世纪70年代初期的石油输出国组织（the Organization of Petroleum Exporting Countries，OPEC）的限产提价政策，这一政策使石油价格大幅度上升，石油价格的上升导致了企业成本增加，使短期总供给曲线向左移动。

以图5-8为例，横轴为产出 Y，纵轴为价格 P。我们仍然假定在石油提价之前经济处在长期均衡状态，也就是图5-8中的 A 点，此时均衡价格水平和均衡产量分别为 P_1 和 Y_1。现在假设石油价格上升，短期总供给曲线由 SAS_1 移动到 SAS_2。短期均衡点从 A 点移动到 B 点，相应地，均衡价格水平和均衡总产量分别变为 P_2 和 Y_2。B 点和 A 点相比，价格水平上升，实际产出下降，此时失业率大于自然失业率，整个社会处于失业均衡状态。这种通货膨胀与经济衰退并存的现象被称为“滞胀”，而滞胀又影响名义工资。企业和工人最初对高物价水平的反应是提高他们对物价水平的预期，并确定更高的名义工资，此时，企业的成本进一步上升，短期总供给曲线将进一步向左移动，滞胀问题更加严重。高物价引起高工资，高工资又引起更高的物价水平。但是在某一时点时，工资和物价的上升会放慢。低产量和低就业水平将压低工人的工资，因为当失业率较高时工人的谈判能力小了。当名义工资下降时，生产产品与劳务有利可图，短期总供给曲线向右移动。当短期总供给曲线移动到 SAS_1 时，物价水平下降了，产量也接近于其自然率。在长期中，经济又回到了 A 点。

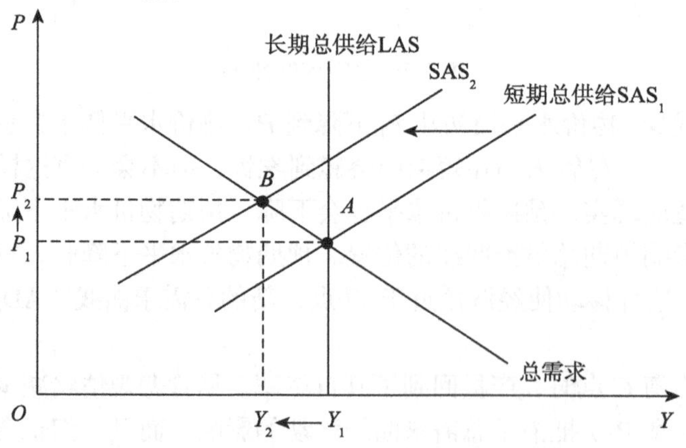

图5-8 总供给的冲击

相关链接 5-2　滞胀的原因和特征

滞胀全称停滞性通货膨胀，在经济学特别是在宏观经济学中，特指经济停滞（stagnation）与高通货膨胀（inflation）、失业以及不景气同时存在的经济现象。通俗地说就是指物价上升，但经济停滞不前。它是通货膨胀长期发展的结果。

造成滞胀的原因：一是预期心理因素。政府为抑制通货膨胀而采取紧缩性货币政策，但社会大众已事先预期通货膨胀会持续下去，因此将通货膨胀因素反映在公司的未来成本上，而造成物价上扬。二是供给面引发的震撼。例如，石油危机造成石油价格上涨，厂商无法立即反映其成本，在高成本的压力下，难以生存，失业率因此而提高。美国曾于 20 世纪 70 年代出现滞胀，国民生活水平大幅下滑。股市中的放量滞胀是指，股票的成交量放大，股价却停步不前。

滞胀的主要特征：与以往传统的周期性生产过剩危机不同，20 世纪 70 年代以来的结构性经济危机，从时间上看比周期性危机要长得多；从表现形式上看，结构性危机往往是生产停滞或低速缓慢增长；从波及面看，结构性危机期间各国不是同步发展，时而伴生美元危机、能源危机，时而伴生贸易失衡、信用危机；从直接导因看，主要是由结构失衡触发的，是西方发达国家生产力和生产关系、对内对外经济干预政策处于交替调整时期的综合产物。滞胀导致经济恶化的同时，西方发达国家的社会生产力发展正面临大调整：旧工业、旧技术、旧工艺、旧产品所体现的“夕阳工业”不景气，进行改造需要时间，新工业、新技术、新工艺、新产品所体现的“朝阳工业”取代“夕阳工业”尚需时间；新科学技术革命的发展正面临新的蜕变转折期，形成强有力的新的生产力也需时间；劳动力又遇到新的调整。以美国为例，1950~1965 年进入市场的劳动力增加了 9.8%，1965~1980 年增加了 40.5%，1950~1960 年就业人数为 690 万，1970 ~ 1980 年增加到 1 860 万，但失业人数和失业比例有增无减。与以往不同，滞胀时期出现了地区性、部门性的结构性失业现象，从而使失业问题的解决面临新难题。

资料来源：依据吴易风的《当代西方经济学流派与思潮》（首都经济贸易大学出版社，2005 年）改编。

然而，这种回到最初均衡的转变的前提是假设在整个过程中总需求保持不变，且要经历较长时期的经济衰退。此时政府可以采取扩张性宏观经济政策将总需求曲线从 AD_1 移动到 AD_2——正好足以阻止总供给移动对产量的影响，均衡点将会从 B 点移动到 C 点。在 C 点，均衡产量回到了原来的潜在水平 Y，但价格水平却进一步上升至 P_3。这样，经济可以减缓长期衰退，但必须付出通货膨胀的代价，即抵消性政策为了维持较高的产量和就业水平而接受了持久的高物价水平。如图 5-9 所示，横轴代表产量，纵轴为价格 P，均衡点由 A 移到 B，再移到 C，产量回到了原来的产出水平。

对于治理总供给冲击引起的经济衰退来说，政策制定者面临目标选择问题。如果政策制定者选择的目标是防止通货膨胀，从而采取让市场自动调节的政策，那么社会必须忍受一段时间的经济衰退；如果选择的目标是避免长期经济衰退，从而采取扩大总需求

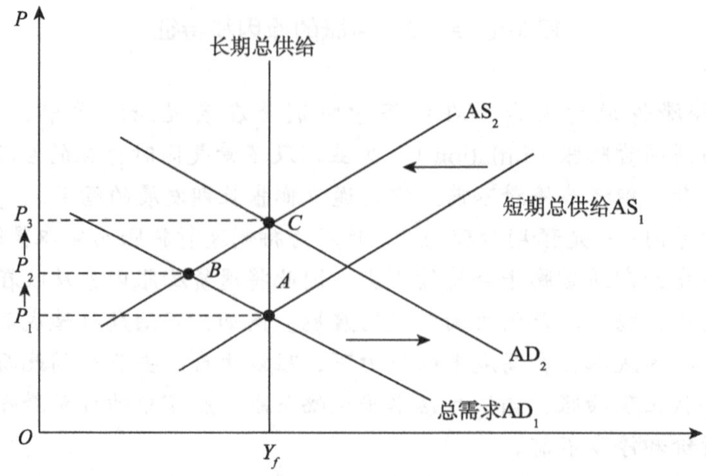

图 5-9 总供给的冲击

的措施，那么社会必须付出通货膨胀的代价。由此可见，宏观经济政策不可能面面俱到，任何一个可行的宏观经济政策在达到某个目标时都存在牺牲其他目标的可能性，在提高社会福利的同时又可能使社会付出一定的代价。

第四节 宏观经济的均衡模型

一、宏观经济均衡的基本模型

宏观经济的均衡模型包括总供给和总需求两个方面，涉及商品市场、货币市场、总量生产函数和劳动市场。商品市场和货币市场的均衡主要是从总需求方面说明国民收入的决定，总量生产函数和劳动市场的均衡则主要是从总供给的角度说明宏观经济的均衡。

从第二章的“国民收入流量循环模型”可知，在三部门经济中，从总需求角度看，国民收入是消费需求、投资需求和政府需求的总和。因此，产品市场的均衡条件为 $Y=C(Y)+I(r)+G$。

将产品市场国民收入恒等式稍作改变，可得到货币市场的均衡公式，过程如下：由 $Y=C(Y)+I(r)+G$ 可得：$I(r)=Y-C(Y)-G$。在三部门经济中，总收入减去消费支出和政府购买支出的余额形成储蓄，若以 S 代表储蓄，则 $S=Y-C(Y)-G$。因此，货币市场的均衡条件为 $S=I(r)$。

从总供给角度看，一国的国民收入就是经济的总产出水平，由投入的生产要素决定，因此总供给是要素投入的函数。若用 N 代表就业量，K 代表资本投入量，则总供给同生产要素之间的函数关系可用总量生产函数表示：$Y=F(N, K)$。在总量生产函数中，总供给（即国民收入）是就业量和资本投入的增函数，在资本投入和技术水平不变的情况下，国民收入取决于就业量，是就业量的增函数，即国民收入随就业量的增加而增加，随就业量的减少而减少。

由于从总供给角度来看，国民收入取决于就业量，而就业量又取决于劳动市场的均衡，因此还必须考察劳动市场。用 N_d 表示劳动的总需求量，N_s 表示劳动的总供给量，当劳动的总供给与劳动的总需求相等，即 $N_d=N_s$ 时，劳动市场实现均衡，从而决定了均衡的就业量。将这一就业量带入总量生产函数，就可计算出相应的国民收入。

由于国民收入的均衡条件是总供给与总需求相等，无论是总供给还是总需求都无法单方面决定均衡国民收入，只有将商品市场、货币市场、总量生产函数以及劳动市场结合在一起，才能建立起决定均衡国民收入水平的总供给和总需求的分析框架。

与收入-支出分析不同，总供给和总需求分析引入价格变量，考察价格水平与国民收入之间的关系。由产品市场和货币市场的均衡公式可以看出，价格水平上升，会导致可支配收入的减少和利息率的上升，使消费需求和投资需求减少，并最终导致总需求下降；反之，则总需求增加。因此，总需求与价格水平负相关，价格上升，总需求减少；价格下降，总需求增加。

对总供给的分析要从劳动市场开始。劳动市场的价格即为工资，工资调节劳动的供给和需求，使劳动市场达到均衡状态。由于对决定劳动供求的工资的预期不同，不同经济学家对劳动市场均衡状态的判断也大不相同，并据此推导出不同的总供给曲线。可以说，不同的宏观经济模型的差异主要体现在对总供给的分析上。

二、宏观经济均衡的古典模型

在实际经济生活中，工资有名义工资和实际工资之分。名义工资是指雇主支付给工人的货币工资，实际工资则是指名义工资的实际购买力。在价格水平固定不变时，名义工资与实际工资相等。在价格水平发生变化时，二者发生背离：若价格水平上升而名义工资不变，则实际工资下降；若价格水平下降而名义工资不变，则实际工资增加。

现实经济中，价格并非固定不变的而是处于不断的变化之中，这就造成名义工资和实际工资的差异。为避免价格波动给自己造成损失，人们会对未来的价格变化进行判断，形成自己的预期。显然，这种价格预期会影响人们对实际工资的看法，并改变劳动的供给和需求，从而改变均衡国民收入水平。

古典学派的宏观经济模型是建立在价格和工资具备充分伸缩性这一判断之上的。古典经济学从经济人假定出发，认为在充分信息的条件下，工人和厂商对价格变动的预期完全准确，因此劳动的供给和需求完全取决于实际工资。当价格发生变化时，工人和厂商会立即意识到实际工资的变化，从而根据新的实际工资调整自己的劳动供给和需求。例如，当价格水平上升而名义工资不变时，实际工资下降，此时，对于厂商来说意味着其生产成本降低。为追求更多利润，厂商会增雇工人扩大生产，劳动需求增加；对于工人来说，实际工资下降意味着其收益减少，一部分工人会退出劳动力队伍，成为自愿失业者，因此劳动供给减少。价格水平的变动会打破劳动市场的均衡格局，使劳动市场出现供不应求的局面，但由于价格和工资具有充分伸缩性，供不应求会使实际工资水平上升，并导致劳动需求减少和供给增加，实际工资会一直上升到原有水平，使劳动的供给和需求重新达到均衡。在这一工资水平下，愿意就业的人都会得到工作，整个经济实现了充分就业，社会总产出达到最大值。因此，古典学派的总供给曲线是一条垂直于横轴的直线，其所对应的国民收入为充分就业的国民收入。古典学派的宏观经济均衡模型如图 5-10 所示。

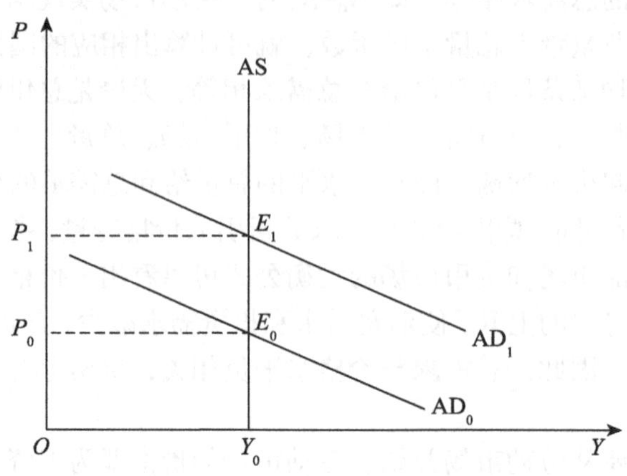

图 5-10　古典学派的宏观经济均衡模型

在图 5-10 中，横轴代表国民收入，纵轴代表价格，AS 为总供给曲线，垂直于横轴，所对应的国民收入 Y_0 是充分就业的国民收入。AD 为总需求曲线，向右下方倾斜，表示总需求随价格的上升而减少。总供给曲线和总需求曲线的交点为均衡点，决定均衡国民收入和均衡价格。由古典学派的宏观经济模型可以得出以下结论：

（1）由于社会总供给完全缺乏弹性，总需求的增加或减少对国民收入不会有任何影响，而只会引起价格水平的同比例变动。如在图 5-10 中，当总需求由 AD_0 增加至 AD_1 时，均衡点由 E_0 移动至 E_1，此时，均衡国民收入仍为 Y_0，而价格水平由 P_0 上升至 P_1。

（2）由于就业量取决于实际工资，劳动市场达到均衡状态时的就业量必然是充分就业的就业量。也就是说，凡是愿意接受现行实际工资的人都得到了工作，此时，社会经济达到充分就业状态。这意味着国民收入已经达到最大值，在既定条件下，总供给已经没有增长的空间，所以无论价格怎样变动，总供给始终不变，完全没有弹性。

（3）既然在市场经济体制下，社会经济能够自发地实现充分就业的均衡，政府就没有必要干预经济。相反，政府所采取的旨在刺激总需求的宏观经济政策，不仅不会使国民收入增加，而且还会引发严重的通货膨胀。因此，古典经济学家反对政府干预经济，主张实行自由放任的市场经济制度。

三、宏观经济均衡的凯恩斯模型

凯恩斯主义模型与古典模型最根本的差别体现在总供给曲线的形状上。与古典经济学的垂直于横轴的总供给曲线不同，凯恩斯模型的总供给曲线是向右上方倾斜的，如图 5-11 所示。

在图 5-11 中，横轴表示国民收入 Y，纵轴表示价格水平 P。总需求曲线 AD 向右下

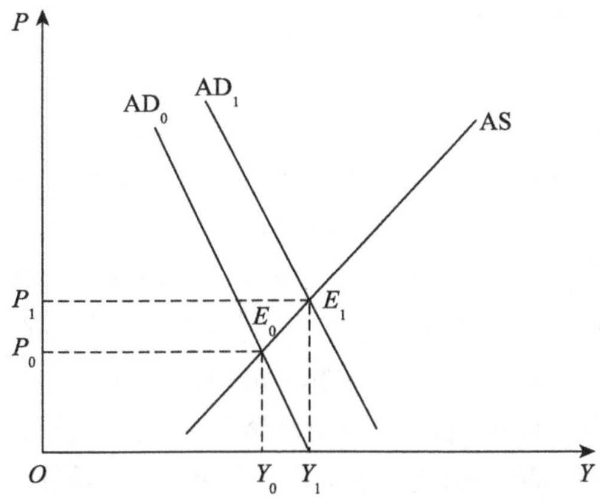

图 5-11　凯恩斯的宏观经济均衡模型

方倾斜，表示总需求与价格反向变动；总供给曲线 AS 向右上方倾斜，表示随价格上升总供给增加。总供给和总需求的交点为均衡点，此时总供给等于总需求，决定了均衡的国民收入和均衡的价格水平。

凯恩斯模型的关键点在于总供给曲线不是垂直而是向右上方倾斜的，其原因在于劳动供给不是取决于实际工资而是取决于名义工资，在宏观层次上即为就业量取决于名义工资。凯恩斯认为与厂商对价格的完全预期不同，工人在一段时间内会受名义工资的欺骗，认为名义工资就等同于它的实际购买力，名义工资的增加就是实际工资的增加，即所谓的“货币幻觉”。当价格水平上升而名义工资不变时，实际工资下降。此时，对于厂商来说就意味着其生产成本降低，为追求更多利润，厂商会增雇工人扩大生产。为了能够在劳动市场上雇到所需工人，厂商必须提高名义工资，只要名义工资的增长幅度小于价格上涨的幅度，厂商就会扩大生产。对于工人来说，由于存在“货币幻觉”，劳动供给取决于名义工资，只要名义工资提高，劳动供给就会增加，这样，均衡就业量增加，国民收入也相应增加。综上所述，由于就业量是名义工资的增函数，总供给就不是固定不变而是富于弹性的，总供给随价格水平的上升而增加，总供给曲线是一条向右上方倾斜的线。

凯恩斯模型的经济意义在于只要社会没有达到充分就业，总需求的增加就可以增加国民收入。如图 5-11 所示，如政府增加购买支出，使总需求增加，总需求曲线由 AD_0 向右上方移动至 AD_1，均衡点由 E_0 移动至 E_1，均衡国民收入则由 Y_0 增加至 Y_1。随着均衡国民收入的增加，虽然价格水平也相应上升，但其上涨幅度小于国民收入的增加幅度，因此，不会引发通货膨胀，物价的变动在可承受范围之内。凯恩斯认为资本主义经济之所以会产生失业，是因为有效需求不足，因此政府应采取扩张的宏观经济政策对经济进行干预，以提高有效需求，达到消除失业、摆脱经济危机、实现经济持续增长的目的。

四、理性预期学派的宏观经济均衡模型

理性预期学派的宏观经济均衡模型我们将在第十四章中具体介绍，这里我们只介绍该模型的基本思路。理性预期学派的宏观经济均衡模型是由新古典学派的代表人物之一罗伯特·卢卡斯建立的，这一模型强调预期价格和未来市场实现的实际价格之间的关系及其对总供给曲线的重要性。根据卢卡斯的观点，在短期，如果价格的上涨没有被完全预期到，则随着价格上升，实际工资下降，厂商愿意供给的商品数量增加。因此，短期供给曲线是向上倾斜的，但这个短期仅仅指非常短的时期。

在长期，工人及雇主都能够准确地预期价格的变化，这样，价格的上升便只能导致工资同幅度的上升。由于厂商面对的实际工资保持不变，也就没有改变生产水平的动力，产出不会增加，因此，长期供给曲线是垂直的。新古典经济学家从长期总供给曲线得出的一个重要结论是：总供给是无弹性的，总需求变动只能改变价格，而对产出无任何影响，因此，政府试图调节经济运行的宏观经济政策是无效的。理性预期的宏观经济均衡模型如图 5-12 所示。

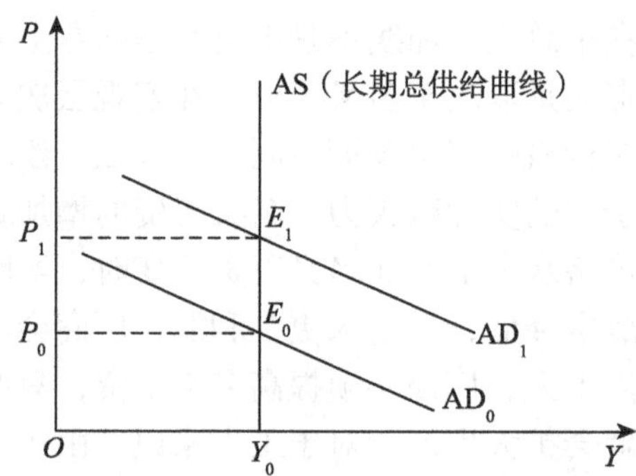

图 5-12 理性预期的宏观经济均衡模型

在图 5-12 中，横轴为产出 Y，纵轴为价格 P。长期总供给曲线 AS 是一条垂直于横轴的直线，不管价格怎样变化，其所对应的产出始终为 Y_0。假设初始的总需求曲线为 AD_0，与总供给线相交于 E_0 点，此时均衡价格为 P_0，均衡国民收入为 Y_0。若政府采取刺激总需求的措施，使总需求曲线由 AD_0 向右上方移动到 AD_1，均衡点则由 E_0 移动至 E_1，此时均衡国民收入仍然是 Y_0，但价格水平却由 P_0 上升至 P_1。可见，刺激总需求只能影响价格水平而不能影响产出水平，因此政府的宏观经济政策无效。

五、新凯恩斯主义宏观经济均衡的模型

与理性预期学派的观点不同，新凯恩斯主义者认为，即使家庭和厂商的最终预期是理性的，对预期的修正也要花费较长时间，因此，短期中总供给曲线是向右上方倾斜而不是垂直的。这样，总需求的增加必然使均衡产出增加。新凯恩斯主义的宏观经济均衡模型如图 5-13 所示。

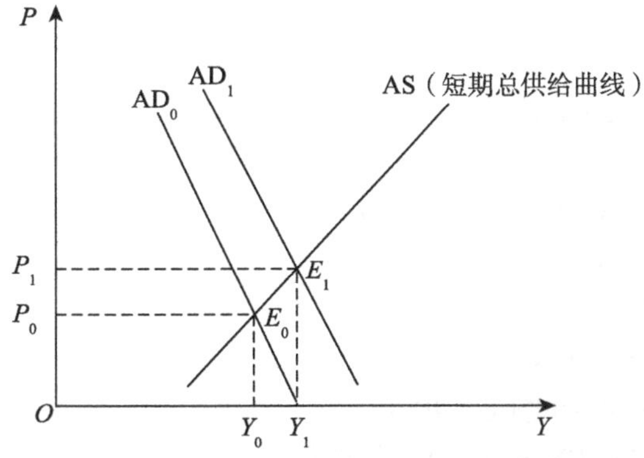

图 5-13 新凯恩斯主义的宏观经济均衡模型

在图 5-13 中，横轴为产出 Y，纵轴为价格 P。短期总供给曲线向右上方倾斜，表示总供给随价格的上升而增加，此时，总需求的增加不仅能影响价格水平，而且能影响产出水平。假设初始的总需求曲线为 AD_0，与总供给线相交于 E_0 点，此时，均衡价格为 P_0，均衡国民收入为 Y_0。若政府采取刺激总需求的措施，使总需求曲线由 AD_0 向右上方移动到 AD_1，均衡点则由 E_0 移动至 E_1，此时均衡价格由 P_0 上升至 P_1，而均衡国民收入则由 Y_0 增加至 Y_1。因此，刺激总需求能达到提高国民收入的目的，政府的宏观经济政策是有效的。凯恩斯主义者正是以此为基础提出了一系列政府干预经济的宏观经济政策，其中尤以使总需求曲线移动的财政政策为主。

➢本章提要

总需求–总供给模型提供了一个分析宏观经济的短期波动和均衡的工具。宏观经济的短期均衡与长期均衡的根本差异在于，在短期内，工资、价格不能自由伸缩从而使经济调整到充分就业的水平。在古典经济学模型中价格具备充分伸缩性，长期总供给曲线是一条垂直线，即潜在产出保持在由技术、劳动、资本等因素决定的自然率水平上，不受价格变动的影响。在这种情况下，总需求变动只会影响价格水平，对实际产出不发生任何影响。

在短期工资等成本固定不变的情况下，短期总供给曲线是一条向上倾斜的曲线。这时，实际产出水平取决于总需求曲线和短期总供给曲线的交点。因此，短期均衡有可能偏离长期均衡，总需求的变动和总供给的变动都将导致经济的波动，通过市场机制的调节或政府的宏观经济政策，经济可以回到长期均衡，但实行宏观经济政策的结果有可能导致通货膨胀的产生。

宏观经济的均衡模型以宏观经济的四个基本模型为基础，将商品市场、货币市场、总量生产函数以及劳动市场结合在一起，建立起决定均衡国民收入水平的总供给和总需求的分析框架。由于对价格预期的不同，总供给曲线的形状也不相同。古典及新古典学派从理性预期出发构造了垂直于横轴的总供给曲线，而凯恩斯学派则认为存在“货币幻觉”，并据此得到了向右上方倾斜的总供给曲线。

➢关键概念

总需求（aggregate demand）
总供给（aggregate supply）
总需求曲线（aggregate demand curve)
财富效应（wealth effect）
利率效应（interest effect）
汇率效应（exchange rate effect）
总供给曲线（aggregate supply curve）
总量生产函数（total production function）
潜在产量（potential production）
长期总供给曲线（long-term aggregate supply curve）
短期总供给曲线（short-term aggregate supply curve）
滞胀（stagflation）

➢复习思考题

1. 试解释总需求曲线向右下方倾斜的原因。

2. 简述宏观经济中短期均衡和长期均衡的区别。在什么情况下两者达到一致？在什么情况下两者又会偏离？

3. 为什么长期总供给曲线是垂直的？

4. 引起总需求曲线移动的因素是什么？用总需求与总供给模型来分析这种移动对产量和物价水平的短期和长期影响。

5. 引起总供给曲线移动的因素是什么？用总需求与总供给模型来分析这种移动对产量和物价水平的短期和长期影响。

6. 如果总供给曲线为 Y_s=500，总需求曲线为 Y_d=600−50P。

（1）求总供给和总需求的均衡点；

（2）如果总需求下降 10%，求新的均衡点。

7. 假设一个经济的总供给函数为 Y=2 350+400P，总需求函数为 Y=2 000+750/P，

（1）求总供给和总需求均衡时的收入；

（2）求总供给和总需求均衡时的价格水平。

8. 试用价格水平的变动来说明总需求冲击如何导致宏观经济的短期波动。

9. 比较古典模型、凯恩斯模型、理性预期模型和新凯恩斯主义的宏观经济模型的异同。

➢扩展性阅读资料

布兰查德 O. 2003. 宏观经济学. 钟笑寒等译. 北京：清华大学出版社
樊纲. 1999. 公有制宏观经济理论大纲. 上海：上海三联书店
高鸿业. 2000. 西方经济学. 北京：中国人民大学出版社
黄亚钧. 2005. 宏观经济学. 第 2 版. 北京：高等教育出版社

刘迎秋. 1993. 总需求变动规律与宏观政策选择——中国 1952~1990 年经验理论的分析. 西安：陕西人民出版社
曼昆 G N. 2015. 经济学原理：宏观经济学分册. 第 7 版. 梁小民，梁砾译. 北京：北京大学出版社
萨克斯 J，拉雷恩 F. 2012. 全球视角的宏观经济学. 费方域等译. 上海：上海三联书店
王曦. 2004. 中国转型经济总需求分析. 广州：中山大学出版社

第六章

总需求理论

本章在对宏观经济总供给和总需求的基本问题介绍的基础上，在价格不变的情况下从总需求的角度考察货币市场的均衡和利率的决定，从产品市场和货币市场的均衡推导和分析 IS-LM 模型，考察均衡的利率和国民收入的决定。

第一节　金融市场及利率的决定

一、金融市场

1. 金融市场及其结构

金融市场是指资金供给者和资金需求者双方通过金融工具进行交易而融通资金的市场，是实现货币借贷、各种票据和有价证券交易活动的市场。

金融市场包括货币市场和资本市场，是资金融通市场。在金融市场中，资金从盈余者手中转移到资金赤字者手中。货币市场是融通短期资金的市场，通常为 1 年及 1 年以下；资本市场是融通长期资金的市场，通常为 1 年以上。货币市场和资本市场又可以进一步分为若干不同的子市场。货币市场包括金融同业拆借市场、回购协议市场、商业票据市场、银行承兑汇票市场、短期政府债券市场等。资本市场包括中长期信贷市场和证券市场。中长期信贷市场是金融机构与工商企业之间的贷款市场；证券市场是通过证券的发行与交易进行融资的市场，包括债券市场、股票市场、基金市场、保险市场、融资租赁市场等。

金融市场实际上是资金融通市场，一般分为直接融资和间接融资两种。直接融资是资金供求双方直接进行资金融通的活动，也就是资金需求者直接通过金融市场向社会上有资金盈余的机构和个人筹资；间接融资则是指通过银行所进行的资金融通活动，也就是资金需求者采取向银行等金融中介机构申请贷款的方式筹资。金融市场对经济活动的各个方面都有着直接的深刻影响，如个人财富、企业的经营、经济运行的效率，都直接取决于金融市场的活动。

2. 货币市场与利率

利率是借款的成本或为借款人资金支付的价格（通常表示为利息占本金的百分比）。在经济生活中有多种利率，如抵押贷款利率、助学贷款利率以及各种不同类型债券的利率。图 6-1 给出了 2014 年 1 月至 2015 年 8 月我国货币市场利率变动情况。

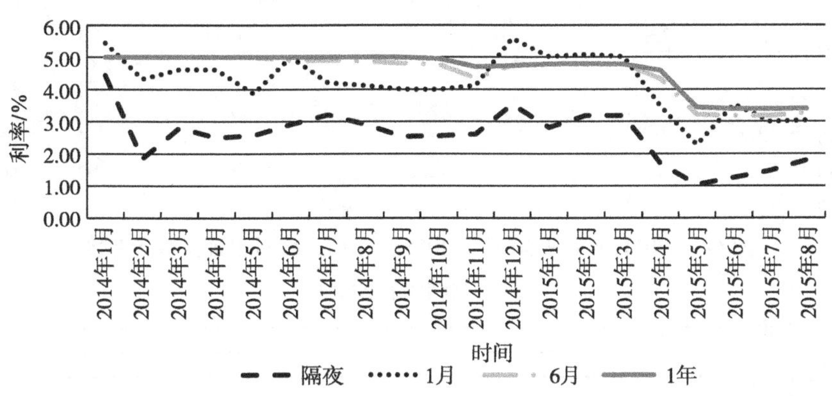

图 6-1 2014 年 1 月至 2015 年 8 月我国货币市场利率（Shibor）

资料来源：中国人民银行

普通股代表持有者对公司的所有权。股票是对公司收益和资产的索取权。公司为其业务活动进行筹资的一个重要途径就是发行股票并将其出售给公众。股票市场常常是公众关注的焦点，是财经新闻的“重头戏”。股票市场的价格是变幻莫测的，它是一个可以让人们迅速发财或破产的场所。图 6-2 描绘了 2011 年 9 月 30 日至 2015 年 10 月 22 日上证指数走势图。

外汇市场是指从事外汇买卖的交易场所，或者说是各种不同货币相互之间进行交换的场所。汇率是用其他国家货币表示的一国货币的价格。图 6-3 表示 2013 年 1 月至 2015 年 9 月美元兑人民币汇率的变动情况。

二、货币供给

货币供给是指在一定时点上经济中所拥有的货币存量，根据统计口径的不同，一般可将货币供给划分为 M_0、M_1、M_2 等。货币对经济会产生广泛影响，它不仅影响经济的总体状况，而且影响着人们的日常生活。

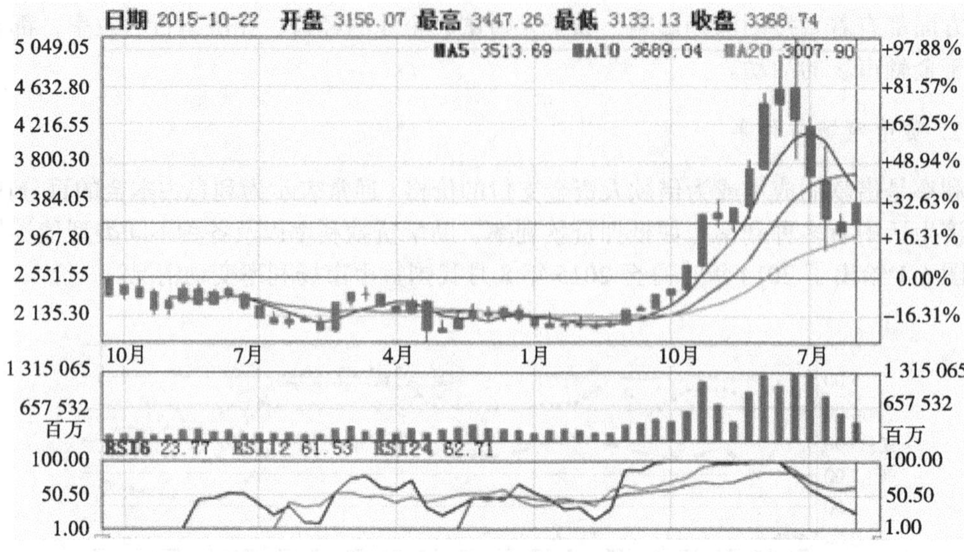

图 6-2 2011 年 9 月 30 日至 2015 年 10 月 22 日上证指数走势图

资料来源：和讯网

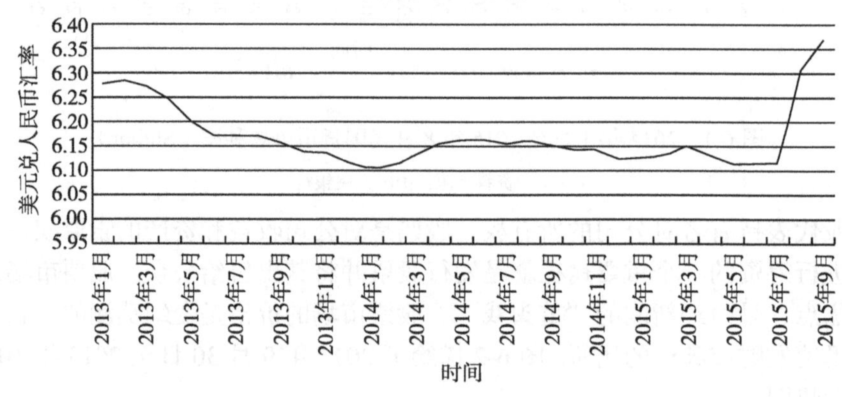

图 6-3 2013 年 1 月至 2015 年 9 月美元兑人民币汇率

资料来源：中国人民银行

相关链接 6-1 货币的基础知识

任何一种能执行交换媒介、价值尺度、延期支付标准或完全流动的财富储藏手段等功能的物品，都可被看作货币。货币职能的划分，古今学者虽然在划分标准上存在差异，但划分实质上并没有太大分歧。马克思从历史和逻辑的角度将货币职能划分为价值尺度、流通手段、货币储藏、支付手段和世界货币。现代经济学者倾向于将货币职能划分为：①赋予交易对象以价格形态；②购买和支付手段；③积累和保存价值的手段。

在中国一般将货币供给分为 M_0、M_1、M_2。

M_0=流通中现金

M_1=流通中现金+活期存款

M_2=流通中现金+活期存款+定期存款+储蓄存款+其他存款+证券公司客户保证金

表 6-1 中给出了 1995~2014 年年末中国各层次货币的供给量。

表 6-1　1995~2014 年年末中国各层次货币的供给量（单位：亿元）

年份	流通中现金（M_0）	货币（M_1=M_0+短期存款）	准货币（M_2=M_1+长期存款）
1995	7 885.3	23 987.1	60 750.5
1996	8 802.0	28 514.8	76 094.9
1997	10 177.6	34 826.3	90 995.3
1998	11 204.2	38 953.7	104 498.5
1999	13 455.5	45 837.3	119 897.9
2000	14 652.7	53 147.2	134 610.3
2001	15 688.8	59 871.6	158 301.9
2002	17 278.0	70 881.8	185 007.0
2003	19 745.9	84 118.6	221 222.8
2004	21 468.3	95 969.7	254 107.0
2005	24 031.7	107 278.8	298 755.7
2006	27 072.6	126 035.1	345 603.6
2007	30 375.2	152 560.1	403 442.2
2008	34 219.0	166 217.1	475 166.6
2009	38 246.0	220 001.5	606 225.0
2010	44 628.2	266 621.5	725 774.1
2011	50 748.5	289 847.7	851 590.9
2012	54 659.8	308 664.2	974 148.8
2013	58 574.4	337 291.1	1 106 525.0
2014	60 259.5	348 056.4	1 228 375.0

资料来源：国家统计局

1. 中央银行与基础货币

中央银行作为银行体系的监督者，负责制定和实施货币政策、维护金融稳定，在中国是中国人民银行。中央银行一般可以控制基础货币的总量，基础货币指的是流通中的现金和准备金总额。流通中的现金就是公众手中所持有的货币，它可以用于人们的日常交易。准备金指的是各商业银行在中央银行的存款以及商业银行实际持有的现金。

2. 存款与货币创造

在货币体系运转中，商业银行在存款创造过程中具有不可替代的作用。商业银行的存款创造必须具备部分准备金和部分现金提取的条件。

在部分准备金制度下，如果经济主体将现金存入银行后，为了防止商业银行面对的挤兑威胁，出于安全性的考虑，商业银行往往将现金部分存入中央银行，部分应付特殊需要，其余部分可用于贷款或购买债券。存款准备金占存款的百分比一般称为存款准备金率。中央银行规定的商业银行准备金比率称为法定存款准备金率。如果商业银行实际持有的准备金率高于这一最低水平，超出部分称为超额准备金率。

假设支票存款的法定准备金率为 20%，为分析方便，我们作如下假定：①商业银行不持有超额准备金，所有超额准备金都用于购买债券或发放贷款；②不存在支票存款向其他储蓄存款的转化；③不存在现金从银行的漏出，也就是说，公众会将现金支付后所收到的款项立即存入银行。

假定某人将向中央银行出售的 10 000 元债券所得款项，以支票形式存入第一银行，交易结束后第一银行的 T 形账户如下：

第一银行

资产		负债	
准备金	+10 000	支票存款	+10 000

第一银行在提取 20%的法定准备金后，其余 8 000 元全部用于贷款，按照假定借款者会将 8 000 元款项全部存入银行。假设存入第二银行，则第一银行、第二银行的 T 形账户为：

第一银行

资产		负债	
准备金	+2 000		
贷款	+8 000	支票存款	+10 000

第二银行

资产		负债	
准备金	+8 000	支票存款	+8 000

同理，假设第二银行根据 20%的法定存款准备金率提取准备金后，将其余 6 400 元全部用于贷款，借款者将 6 400 元全部存入第三银行，则第二银行与第三银行的 T 形账户为：

第二银行

资产		负债	
准备金	+1 600		
贷款	+6 400	支票存款	+8 000

第三银行

资产		负债	
准备金	+6 400	支票存款	+6 400

以此类推，第三银行将会把多余的现金贷放出去，从而形成第四银行的支票存款。如表 6-2 所示，这一过程不断持续下去，从第一银行至第二银行、第三银行……第 *n* 银行，持续地存款贷款、贷款存款，直到银行体系超额准备金为 0。

表 6-2 存款创造（单位：元）

银行	存款增加	贷款增加	准备金增加
第一银行	10 000	8 000	2 000
第二银行	8 000	6 400	1 600
第三银行	6 400	5 120	1 280
第四银行	5 120	4 096	1 024
第五银行	4 096	3 276.8	819.2
…	…	…	…

显然，各银行的支票存款增加额构成一个无穷级数递减数列，即 10 000，10 000×（1–20%），10 000×（1–20%）^{2}，10 000×（1–20%）^{3}，…，我们可得下列支票存款增加额：

$$
\begin{aligned}
&10\,000+10\,000\times(1-20\%)+10\,000\times(1-20\%)^2\\
&+10\,000\times(1-20\%)^3+\cdots\\
&=10\,000\times\frac{1}{1-(1-20\%)}\\
&=10\,000\times\frac{1}{20\%}\\
&=50\,000\text{（元）}
\end{aligned}
$$

一般地，假定支票存款的法定存款准备金率为 r，银行的初始准备金为 ΔR，则我们可得整个银行体系的支票存款增加额为

$$\Delta D=\Delta R\cdot\frac{1}{r} \tag{6-1}$$

其中，ΔD 为银行体系支票存款总额的变动；r 为法定存款准备金率；ΔR 为银行体系准备金的变动。

在上述模型的分析中，我们没有考虑银行对待超额准备金的政策、储户对持有现金的决定和借款人对借款数量的决策，而事实上这些因素都会引起货币供给的变动。

相关链接 6-2　货币乘数及其决定因素

货币乘数是指货币供给量对基础货币的倍数关系，即基础货币每增加或减少一个单位所引起的货币供给量增加或减少的倍数，不同口径的货币供应量有各自不同的货币乘数。货币乘数是货币供给扩张的倍数。在实际经济生活中，银行提供的货币和贷款会通过数次存款、贷款等活动产生出数倍于它的存款，即通常所说的派生存款。货币乘数的大小决定了货币供给扩张能力的大小。而货币乘数的大小又由以下四个因素决定：①法定准备金率。通常法定准备金率越高，货币乘数越小；反之，货币乘数越大。②超额准备金率。超额准备金率与货币乘数之间也呈反方向变动关系，超额准备金率越高，货币乘数越小；反之，货币乘数就越大。③现金比率。现金比率是指流通中的现金与商业银行活期存款的比率。现金比率与货币乘数负相关，现金比率越高，说明现金退出存款货币的扩张过程而流入日常流通的量越多，因而直接减少了银行的可贷资金量，制约了存款派生能力，货币乘数就越小。④定期存款与活期存款间的比率。一般来说，在其他因素不变的情况下，定期存款对活期存款比率上升，货币乘数就会变大；反之，货币乘数会变小。总之，货币乘数的大小主要由法定存款准备金率、超额准备金率、现金比率及定期存款与活期存款间的比率等因素决定。影响我国货币乘数的因素除了上述四个一般因素之外，还有财政性存款、信贷计划管理两个特殊因素。

资料来源：范从来：《货币银行学》，南京大学出版社，2007 年。

三、货币需求

为了分析利率的决定，在分析货币供给以后，我们有必要分析货币需求是如何决定的。关于货币需求的理论，经济学家一般从货币作为交易媒介和货币作为一种资产的角度进行思考。

（一）传统的货币数量论

早期的货币数量是从研究名义国民收入与物价是如何决定的角度思考货币因素，从而从一个侧面思考了一定名义国民收入条件下需要的货币量。

1. 现金交易数量说

美国经济学家费雪 1911 年首先提出了古典货币数量论的“交易方程式”，人们持有货币是为了购买产品和劳务。交易方程式为

货币×流通速度=物价×交易量

$$M \cdot V=P \cdot T \tag{6-2}$$

货币数量论的交易方程式反映了在交易中货币的支付总额等于交易产品或劳务的总价值。所有产品或劳务的交易次数的衡量是很困难的，为了解决这个问题，人们用经济的总产出国民收入来代替交易次数。数量方程式变为

货币×货币流通速度=物价×产出

$$M \cdot V=P \cdot Y \tag{6-3}$$

费雪认为，货币流通速度是由包括人们的支付习惯、信用的发达程度等制度性因素决定的，而这些制度性因素在短期内变化很小，基本可以视为常数。只要货币流通速度是固定的，也就意味着货币需求完全取决于名义国民收入。

2. 现金余额数量论

马歇尔和庇古等剑桥学派提出了现金余额数量论，虽然该学派得出了与现金交易说相同的结论，但是它开创了从个人资产选择角度分析货币需求的分析方法。剑桥学派认为影响人们持有货币额的因素有如下几个：第一，个人的财富总额。个人的财富总额限制了人们持有的货币量。第二，持有货币的机会成本。人们因持有货币而放弃的货币以外的各种资产收益。第三，人们对未来收入、支出和物价的预期。但是，令人遗憾的是，剑桥学派在作结论时，只是简单地认为人们的货币需求同财富的名义值成比例。方程式为

$$M=k \cdot P \cdot Y \tag{6-4}$$

其中，k 为人们愿意以货币这种形式持有的名义国民收入的比例。事实上，它就相当于现金交易数量论中的 $1/V$，从而同样认为名义货币供应量决定了名义国民收入。

（二）凯恩斯的流动性偏好理论

凯恩斯从个人资产选择的角度分析了人们持有货币的动机，称为流动性偏好理论。凯恩斯认为人们持有货币的动机有三类——交易动机、预防性动机和投机性动机。交易性需求指的是企业或个人为了应付日常的交易需要而愿意持有的一部分货币。实际上，这是货币作为交易媒介职能导致的需求，凯恩斯认为交易性需求主要取决于国民收入的大小。预防性需求指的是企业或个人为应付意外支出而持有的一部分货币。凯恩斯认为预防性需求同收入是成正比的。投机性需求指的是人们为了在未来某一适当时机进行投机活动而愿意持有的一部分货币。凯恩斯认为人们持有资产的形式有货币或生息资产两种，并且认为投机性需求主要取决于利率。

凯恩斯认为货币的投机性需求与利率呈反方向变化，在极端低利率条件下，还会引起流动性陷阱。“流动性陷阱”是指当利率极低时，有价证券等投资品的价格达到非常高的水平，进而人们认为投资品的价格已经位于最高值未来将会下跌，此时无论货币政策当局如何增加货币供给，人们总愿意持有货币而不再购买投资品，利率将保持不变，最终导致货币政策失效。

凯恩斯的货币需求函数可以表述如下：

$$\frac{M}{P}=L_1(Y)+L_2(i) \tag{6-5}$$

式（6-5）描述了货币需求与实际收入成正向关系，与利率成反向关系。

将利率引入货币需求函数是凯恩斯的一大理论贡献，不过凯恩斯认为利率仅对货币的投机性需求产生影响。后来的凯恩斯主义学者，如鲍莫尔（William J. Baumol）和惠伦（Edward L. Whalen）也证明了利率也影响货币的交易性需求（鲍莫尔）和预防性需求（惠伦）。

（三）鲍莫尔的货币交易性需求理论

凯恩斯主义者鲍莫尔和托宾在 20 世纪 50 年代分别论证了利率对货币交易性需求的影响。

假设经济主体每隔一段时间就获得一定量的收入（Y），并且在均匀地将它花费出去，则他的平均货币持有额为 $Y/2$，进而持有货币的机会成本为该经济主体失去的债券利息收入 $\frac{Y}{2}\cdot i$。经济主体为获得债券的利息收入也可以将暂时不用的部分收入用于购买债券，但是鉴于交易需要，经济主体必须为出售债券耗费时间与精力，即交易费用。假设每次出售债券的交易费用为 b，经济主体在期初全部以债券的形式持有收入，然后定期出售债券 K 以获得货币，从而出售债券总的交易成本为 $b\cdot\frac{Y}{K}$，平均货币持有额即为 $K/2$。这样经济主体的总成本为

$$C=b\cdot\frac{Y}{K}+i\cdot\frac{K}{2} \tag{6-6}$$

对式（6-6）关于 K 求一阶导数，并令其等于 0，得

$$\partial C / \partial K = -b \cdot \frac{Y}{K^2} + \frac{i}{2} = 0$$

可求得最有债券持有量：

$$K^* = \sqrt{\frac{2bY}{i}}$$

相应地，为购买债券而持有货币的交易性需求平均持有额为$L^* = \frac{K^*}{2} = \frac{1}{2}\sqrt{\frac{2bY}{i}}$。该式即为“平方根”公式，表明货币的交易性需求与收入Y和债券的交易性费用b呈正向变化，同利率呈反向变化。循着鲍莫尔和托宾的思路，惠伦证明了预防性需求也和利率呈反向变化，一般把它称为“立方根”公式。

（四）现代货币数量论

在货币数量论受到经济学界一片质疑声时，弗里德曼将货币是资产的观点引入货币数量论。不过，弗里德曼将资产的范围扩大到债券、股票以及各种实物资产，它们都可以作为货币的可替代资产。弗里德曼提出了“持久性收入”的理论，并且将财富分为人力财富和非人力财富。人力财富主要指的是个人的谋生能力，因制度性的约束，人力财富向非人力财富转化过程中存在很大限制，也就是说存在流动性不足。现代货币数量论的另一特点是认为货币与其他资产都有报酬，并且与预期报酬率同向变化。20 世纪 60 年代的西方国家，因金融创新而导致的支票存款也同样支付利息，这比较符合现实。弗里德曼的货币需求函数如下：

$$\frac{M^{\mathrm{d}}}{P} = f\left(Y_p, w, r_m, r_b, r_e, \frac{1}{P} \cdot \frac{\partial P}{\partial t}, u\right) \tag{6-7}$$

其中，$\frac{M^{\mathrm{d}}}{P}$为实际货币需求；Y_p为实际持久收入；w为非人力财富占总财富的比率；r_m为货币的预期名义报酬率；r_b为债券的名义报酬率；r_e为股票的预期名义报酬率；$\frac{1}{P} \cdot \frac{\partial P}{\partial t}$为实物资产的预期名义报酬率；$u$为其他影响货币需求的因素。

弗里德曼认为货币与其他资产的预期报酬率是同向变化的，所以影响货币需求的主要因素是“持久性收入”。

四、利率的决定

利率是引导货币在各种用途之间进行配置的重要方式，它直接影响着储蓄、投资决策。

1. 古典利率决定理论

古典学派的代表人物庞巴维克、马歇尔、费雪等认为利率是由资本供求决定的，如图 6-4 所示，资本的供给来源于储蓄，资本的需求来源于投资。储蓄流量会因为利率的提高而增加，随利率的降低而降低 $\left(S=S(i),\dfrac{\partial S}{\partial i}>0\right)$；而投资会因为利率的提高而减少，随利率的降低而增加 $\left(I=I(i),\dfrac{\partial I}{\partial i}<0\right)$。均衡利率取决于储蓄、投资流量的均衡（$S(i)=I(i)$）。

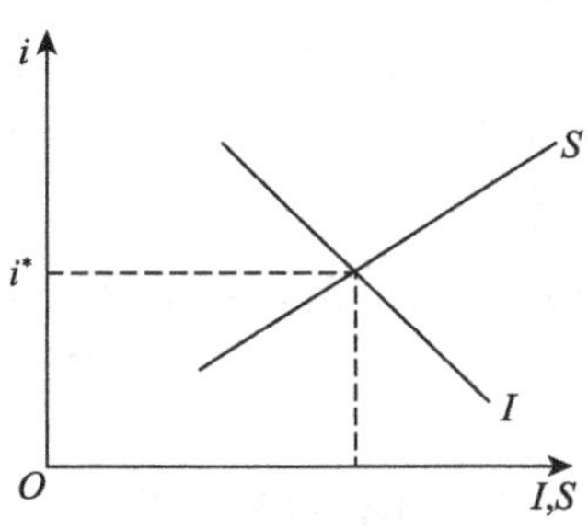

图 6-4　古典利率决定

古典的利率理论具有如下特点：①储蓄和投资决定利率，与收入无关；②利率调节储蓄和投资，使之趋于均衡。

2. 凯恩斯利率决定论

凯恩斯认为储蓄的决定因素是收入而不是利率，是收入调节储蓄和投资；认为货币是一种特殊的资产，最具流动性，利息是放弃这种流动性的报酬，而不是储蓄或等待的报酬。凯恩斯认为货币供给由货币当局决定，货币需求由交易、预防和投机动机决定，交易性需求和预防性需求取决于收入，投机性需求取决于利率。因为在凯恩斯的货币需求函数中只包含货币和债券两种资产，当利率过低时，人们将在市场上出售债券，以持有更多的货币，进而引起债券价格的下跌，这也意味着利率的上升，直到利率实现均衡；当利率高于均衡利率时，人们持有较多的货币量，将在市场购买债券，债券价格将上升，从而意味着利率下降，实现均衡。

$$M^s=M^s(i),\frac{\partial M^s}{\partial i}>0,M^d=P\bullet L(Y,i),\frac{\partial M^d}{\partial i}<0 \tag{6-8}$$

其中，M^s 为货币供给；M^d 为货币需求。

如图 6-5 所示，均衡水平为 $M^s=M^d$。

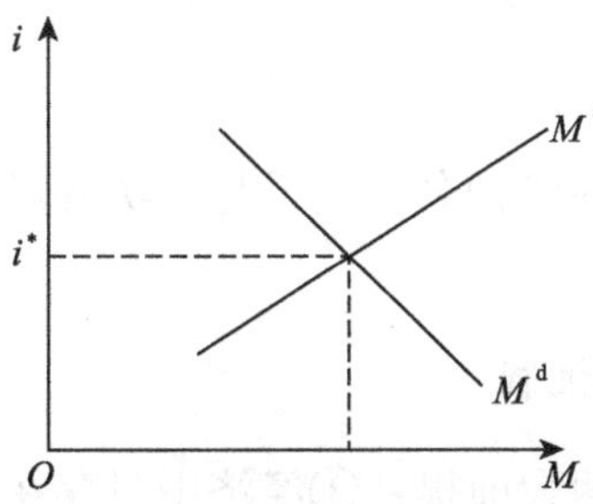

图 6-5　凯恩斯利率决定

在该理论中，利率的变动使货币供求而不是使储蓄投资趋于均衡，储蓄投资的均衡主要是由收入而不是利率调节实现的。

3. 可贷资金供求均衡利率论

可贷资金利率理论的代表人物是罗伯逊（D. H. Robertson）和俄林（B. G. Ohlin）等。在他们看来，古典的利率理论仅仅考虑了实际因素对利率的影响，没有考虑货币因素对利率的影响；凯恩斯的流动性偏好理论仅仅考虑了货币因素对利率的影响，而排除了实际因素对利率的影响。可贷资金利率理论认为应把实际因素与货币因素、流量分析与存量分析结合起来说明利率决定因素。

可贷资金供给包括总储蓄和新增货币量，新增货币供给主要由中央银行决定。

$$L^s = S(i) + \Delta M^s(i), \quad \frac{\partial L^s}{\partial i} > 0 \tag{6-9}$$

其中，L^s为可贷资金供给；$\Delta M^s(i)$为新增的货币供给。

可贷资金理论认为，可贷资金需求包括总投资和人们因投机而产生的储存货币的需求，即

$$L^d = I(i) + \Delta M^d(i), \quad \frac{\partial L^d}{\partial i} < 0 \tag{6-10}$$

其中，L^d为可贷资金需求；$\Delta M^d(i)$为一定时期新增的货币需求。如图 6-6 所示，横轴为可借贷资金需求 L，纵轴为利率 i。

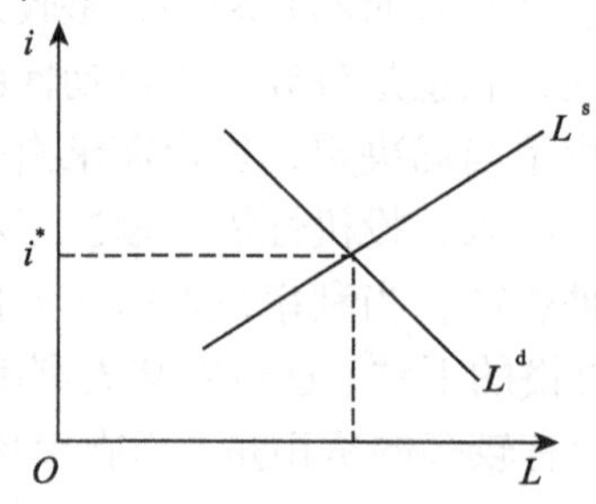

图 6-6 可贷资金利率决定

均衡利率取决于可贷资金供求的平衡关系，可贷资金利率理论相比流动性偏好理论是一个长期利率理论，更关注长期的利率变动。

五、利率传导机制

货币如何影响经济体系中的各种名义变量与真实变量，即货币政策如何传导，成为制定货币政策的重要依据。

1. 凯恩斯主义的货币传导机制

凯恩斯的利率传导机制有两大前提：①经济中只存在货币与债券两种资产；②金融市场以利率出清。在此前提下，封闭经济中的利率传导机制被总结为

$$R\uparrow \Rightarrow M\downarrow \Rightarrow i\uparrow \Rightarrow I\downarrow, C\downarrow \Rightarrow Y\downarrow \tag{6-11}$$

假设中央银行增加准备金以紧缩银根，商业银行必然减少对社会的货币供给，从而意味着社会货币存量下降（$M\downarrow$），居民货币持有额减少、债券持有额增加。这将导致名义利率上升，如果价格水平没有变化，则真实利率（$i\uparrow$）随之上升，最终将导致投资及消费（$I\downarrow$，$C\downarrow$）降低，国民收入减少。

凯恩斯利率传导机制中的两个前提限定了利率传导的范围，忽视了其他金融市场的传导作用；托宾和莫迪利亚尼等提出了在货币政策传导过程中引入财富效应和多种资产不完全替代的资产结构效应。

托宾提出了 Q 理论。托宾 Q 值是企业市值对重置成本的比值。如果 Q 值高，则企业市值高于企业的重置成本，这时企业新增投资将增加，经济呈现景气态势；相反，如果 Q 值低，企业新增投资欲望将降低，进而投资萎缩，产出下降。传导机制如下：

$$R\uparrow\Rightarrow M\downarrow\Rightarrow i\uparrow\Rightarrow P^{e}\downarrow\Rightarrow Q\downarrow\Rightarrow I\downarrow\Rightarrow Y\downarrow \tag{6-12}$$

在货币紧缩政策下，将会导致利率上升，股票和债券的相对收益将随之变动，最终将导致股价下降（$P^{e}\downarrow$），Q 值下降。

莫迪利亚尼主张利率通过影响股价，引起财富效应变化，进而对居民消费产生影响。

$$R\downarrow\Rightarrow M\uparrow\Rightarrow i\downarrow\Rightarrow P^{e}\uparrow\Rightarrow W\uparrow\Rightarrow C\uparrow\Rightarrow Y\uparrow \tag{6-13}$$

货币扩张将导致股价上升，因为股票是构成金融财富的一个重要组成部分，如果股价上升，居民财富（W）随之增加，其消费需求和产出也会上升。

2. 信用传导机制

利率传导机制以信息对称市场下金融资产的完全替代以及价格出清为前提。现代经济学的信息不对称理论使上述假设前提受到挑战，信用配额理论得到发展。斯蒂格利兹认为信用配额行为是银行利润最大化要求的体现，在此基础上逐渐形成了银行信贷渠道与资产负债表渠道、两个信用传导机制的理论。

（1）银行信贷渠道。银行信贷渠道认为银行贷款与其他金融资产不可完全替代，特定类型的借款人只能依靠银行贷款融资，所以货币政策可以通过影响贷款规模的变化，进一步影响经济产出的变化。伯南克和布林德提供了银行信贷传导的模型，他们认为银行贷款对于特定借款人特别是信息不对称问题突出的中小企业或个人是不可或缺的，大的厂商可以通过股票市场或债券市场融资，而小企业几乎不可能，只有依赖银行贷款融资。传导机制如下：

$$R\downarrow\Rightarrow M\uparrow\Rightarrow D\uparrow\Rightarrow L\uparrow\Rightarrow I\uparrow\Rightarrow Y\uparrow \tag{6-14}$$

货币扩张以后，银行活期存款 D 相应增加，从而银行贷款 L 的供给将增加。在银行利率下降而刺激投资的基础上，这将进一步刺激那些依赖银行贷款融资的特定借款人，国民收入上升。

（2）资产负债表渠道。伯南克和布林德从不同货币政策态势对特定借款人资产负债状况的影响角度解释信用在传导过程中的独特作用。资产传导机制如下：

$$R\uparrow\Rightarrow M\downarrow\Rightarrow i\uparrow\Rightarrow \text{NCF},\quad P^{e}\downarrow\Rightarrow \text{资产状况恶化}\Rightarrow L\downarrow\Rightarrow I\downarrow\Rightarrow Y\downarrow \tag{6-15}$$

货币政策紧缩以后利率将上扬，将对借款人的资产状况产生影响：①利率的上升将导致利息等费用开支增加，从而直接减少净现金流（net cash flow，NCF）；②利率的上升导致股价下跌，从而使借款人资本品的价值减少，资产状况恶化。这些都会导致借款人担保品价值下降，获得银行贷款可能性下降，最终影响投资和产出。

值得注意的是，迄今为止，中国货币政策的主要手段仍然包括控制可贷资金总量，所以信用传导机制在中国有特殊的意义。

第二节　IS-LM 曲线

在凯恩斯对古典经济学家的批评声中，提出了古典经济学家只注重总供给的分析，忽视了在短期因价格黏性的观点，强调总需求影响国民收入。这一理论后经希克斯总结扩展形成 IS-LM 模型，分析在价格水平外生条件下，什么因素引起国民收入变动。本节我们分析在封闭条件下的 IS-LM 模型。

一、产品市场均衡与 IS 曲线

1. IS 曲线的推导

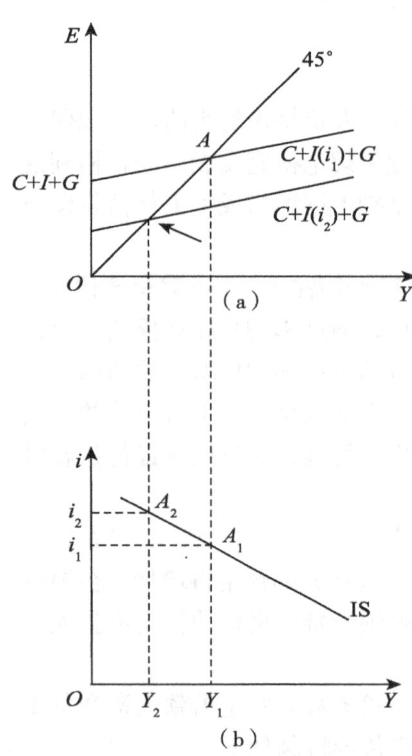

图 6-7　IS 曲线的推导

IS 曲线反映的是产品市场均衡，即投资等于储蓄时产出和利率之间的关系。根据前面的分析，可知在封闭条件下总产出可以表示为

$$Y=C(Y-T)+I(i)+G \qquad (6\text{-}16)$$

式（6-16）反映了总产出等于消费、投资、政府支出之和。消费主要由消费者的可支配收入决定，收入越高消费的意愿越强；投资是由利率决定的，产出越高投资的能力越强，利率越高将提高投资主体的成本支出，这将降低经济主体投资的积极性；政府购买是由政府的预算、财政政策决定的。

式（6-16）代表了产品市场的均衡条件，总供给（左边）必须等于总需求（右边），我们通过分析该式中利率的变化来推导 IS 曲线。

图 6-7（a）的纵轴为总需求 Y，横轴为总供给 E。45° 线为均衡条件，当利率从 i_1 上升为 i_2 时，将导致投资下降，从而意味着总需求曲线从 $C+I(i_1)+G$ 变为 $C+I(i_2)+G$ 时，均衡点从 A_1 变为 A_2，相应地，产出从 Y_1 减少到 Y_2。所以在产品市场上，利率和产出之间是反向关系。在图 6-7（b）中，横轴为总需求，纵轴为利率，图中反映利率和产出之间关系的向右下方倾斜的曲线就是 IS 曲线。

2. IS 曲线的斜率和移动

IS 曲线的经济学含义表达的是，利率的上升导致投资下降，进而作为总需求的产出也将下降，这意味着 IS 曲线的斜率为负。斜率的大小与两个因素有关：一是投资对利率的敏感度；二是投资引起产出变化的乘数的大小。当投资对利率的变化很敏感时，利率很小程度的降低将引起投资大幅度的增加并引起收入的相应增加，此时 IS 曲线较为平坦；反之，则陡峭。较大的投资乘数意味着投资的增加将通过投资乘数的影响引起产出的大幅增加，这也意味着 IS 曲线较为平坦；反之，则陡峭。

IS 曲线移动还受利率之外的其他因素影响，财政政策 T 的变化将引起可支配收入的变化，进而影响消费；政府支出 G 的变化直接影响总需求，从而带来 IS 曲线的位移。当政府实施扩张性的财政政策时，将会减少税收，扩大政府支出，从而导致在同样的利率水平下，总需求向外移动，进而导致 IS 曲线向外移动。

3. IS 曲线的数学推导

式（6-16）表达了国民收入恒等式中总需求包括消费、投资和政府购买。

我们假设消费函数为

$$C=a+b(Y-T) \tag{6-17}$$

其中，a 和 b 都大于 0；b 为边际消费倾向。

投资函数为

$$I=c-di \tag{6-18}$$

其中，c 和 d 都大于 0；d 为投资对利率的反应。

将式（6-17）和式（6-18）代入式（6-16），可得

$$Y=[a+b(Y-T)]+(c-di)+G \tag{6-19}$$

我们可对式（6-19）移项化简可得

$$Y=\frac{a+c}{1-b}+\frac{1}{1-b}G+\frac{-b}{1-b}T+\frac{-d}{1-b}i \tag{6-20}$$

式（6-20）就是表示了产出和利率之间关系的 IS 曲线，我们可以得出如下结论：①因为利率的系数是负的，所以 IS 曲线向右下方倾斜；②政府购买的系数是正的，从而政府购买的减少将引起 IS 曲线向左移动；③因为税收的系数是负的，从而税收的增加将引起 IS 曲线向左移动。

利率的系数为 $\frac{-d}{1-b}$ 说明决定 IS 曲线倾斜大小的影响因素。可以发现，当 d 越大，利率对投资的影响越大，投资对利率越敏感，IS 曲线就越平坦；相反，d 越小，说明投资对利率越不敏感，IS 曲线就越陡峭。此外，边际消费倾向 b 也是影响 IS 曲线斜率大小的因素，当 b 越大时，利率的变动产生的收入变动越大。

二、货币市场均衡与LM曲线

1. LM曲线的推导

LM 曲线描述了货币市场上利率与收入之间关系，它是在货币供给给定条件下货币供给与货币需求相等时利率和收入之间的组合。

我们上一节所分析凯恩斯主义的货币需求函数为

$$\frac{M}{P}=L(Y,i),\ \frac{\partial L}{\partial Y}>0,\ \frac{\partial L}{\partial i}<0 \tag{6-21}$$

假定货币供给不变，通过改变收入水平，来考虑对货币需求的影响，进而要恢复货币供求均衡所需的利率变化。

如图 6-8 所示，横轴为收入 Y，纵轴为利率 i，当收入从 Y_1 增加到 Y_2 时［图 6-8（a）］，货币需求曲线将向右移动，因实际货币余额保持不变，所以要保持供求均衡，就必须提高利率以实现均衡，利率将从 i_1 上升到 i_2。这种收入水平和利率之间的正向关系反映的就是 LM 曲线［图 6-8（b）］。

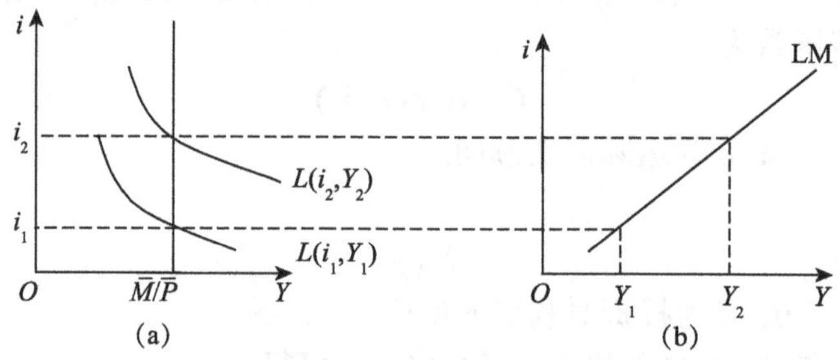

图 6-8 LM 曲线的推导

LM 曲线的斜率为正，当实际货币余额保持不变，收入水平上升引起的货币需求增加必须由利率上升引起的货币需求下降来抵消，这样才能使货币市场保持均衡。

2. LM曲线的数学推导

式（6-21）描述了货币市场均衡的收入和利率组合的关系：

$$\frac{M}{P}=L(Y,i)$$

假设货币需求函数为

$$L(Y,i)=kY-fi \tag{6-22}$$

式（6-22）中 k 和 f 都是大于 0 的数。k 表示收入变化引起的货币需求的变化，f 表示利率变化引起的货币需求的变化水平，进而货币市场的均衡条件为

$$\frac{M}{P}=kY-fi \tag{6-23}$$

对式（6-23）整理可得

$$i=\left(\frac{k}{f}\right)Y-\left(\frac{1}{f}\right)\frac{M}{P} \tag{6-24}$$

我们由式（6-24）可得出 LM 曲线的如下结论：①收入的系数为正，LM 曲线向右上方倾斜。②实际货币余额的系数为负，实际货币余额的增加将引起 LM 曲线的向下移动；反之，当实际货币余额降低时，LM 曲线向上移动。

三、产品市场和货币市场一般均衡：IS-LM 曲线

现在我们将 IS-LM 曲线放在一起考虑，可以得到产品市场和货币市场的一般均衡点。

IS 曲线

$$Y=C(Y-T)+I(i)+G$$

LM 曲线

$$\frac{M}{P}=L(Y,i)$$

下面我们将 IS-LM 曲线画在一张图上，可得均衡点 A_0（图 6-9）。

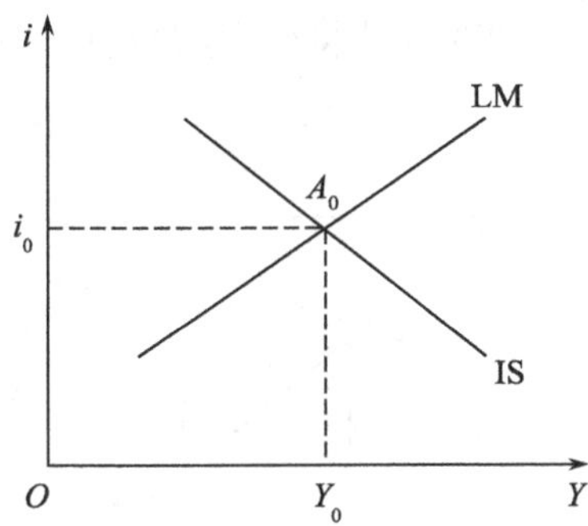

图 6-9　IS-LM 曲线的均衡

在图 6-9 中，横轴为收入 Y，纵轴为利率 i。图 6-9 反映了 IS-LM 曲线的均衡，包含了消费、投资、货币需求和货币供给等因素的影响，是分析政府宏观经济政策的重要工具。

（一）财政政策的影响

政府的财政政策主要包含政府购买与税收，由前面的分析可知，这两个因素主要对 IS 曲线产生影响。

1. 政府购买的变化

在图 6-10 中，横轴为收入 Y，纵轴为利率 i。当我们将政府购买增加 ΔG 时，这将引起 IS 曲线向右移动，IS 曲线从 IS_1 移动到 IS_2，与 LM 曲线形成新的均衡。此时产出增加，利率上升，利率的上升将通过影响投资进一步降低总产出，这一般被看作财政政策的挤出效应。

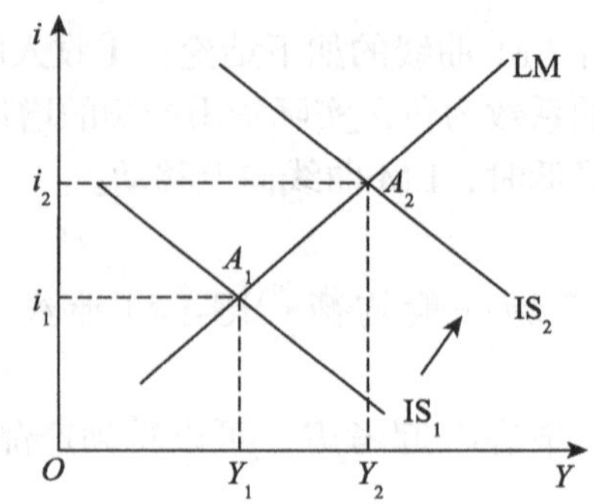

图 6-10 IS-LM 模型中政府购买的增加

2. 税收的变动

当经济过热时，政府可以通过增税的手段来稳定经济。在图 6-11 中，横轴为收入 Y，纵轴为利率 i。增加税收将会引起居民可支配收入减少，进而降低消费，这将引起总收入减少，使 IS 曲线向左移动。IS 曲线和 LM 曲线形成新的均衡，均衡点从 A_1 左移到 A_2。此时产出下降，利率降低，但是利率降低将会引起投资上升，增加总产出。

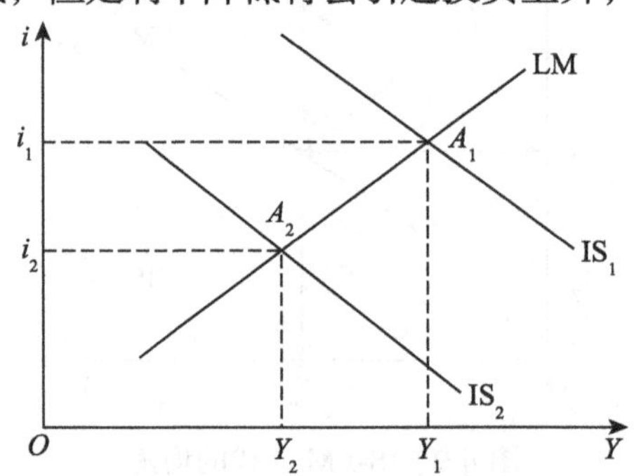

图 6-11 IS-LM 模型中政府提高税收的影响

（二）货币政策的影响

当央行判断经济形势过热时，往往通过减少货币供给，进而提高利率和降低产出。在图 6-12 中，横轴为收入 Y，纵轴为利率 i。假设央行减少货币供给，在价格水平不变的情形下，实际货币余额降低。货币供给的减少将使 LM 曲线从 LM_1 向上移动到 LM_2，LM 曲线和 IS 曲线的均衡点从 A_1 变为 A_2。此时利率从 i_1 提高到 i_2，利率的上升使投资下降，进一步使产出降低。

（三）货币和财政政策的共同作用

货币政策和财政政策分别出自经济的不同部门，不同经济部门的协调配合对于经济的稳定和发展意义非凡，所以我们有必要分析货币政策与财政政策共同作用的影响。

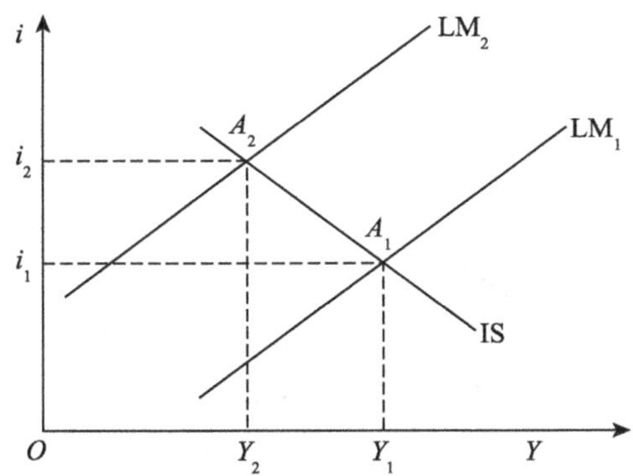

图 6-12　IS-LM 模型中货币供给的变动

假设政府由于预算的限制不得不降低政府购买，要看这一政策对经济有什么样的影响，我们据 IS-LM 模型，除了考虑对 IS 曲线的影响外还需考虑央行对这一政府购买减少所做出的反应。

（1）假设央行不作反应，也就是说货币供给保持不变。根据前面的分析可知，这将使 IS 曲线向左移动，与 LM 曲线形成新的均衡，均衡时利率由 i_1 降低到 i_2，产出由 Y_1 降低到 Y_2。如图 6-13 所示，横轴为收入 Y，纵轴为利率 i。

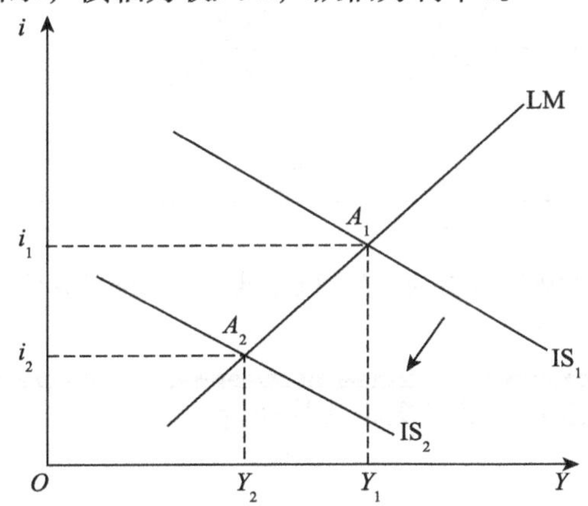

图 6-13　IS-LM 模型中政府购买变化引起的变动

（2）假设央行为稳定经济，防止降低政府购买引起的产出下降。此时央行只有增加货币供给，使 LM 曲线向下移动，均衡时使利率降低、投资上升，来抵消政府购买下降对产出的影响，保持产出不变。如图 6-14 所示，横轴为收入 Y，纵轴为利率 i。货币供给增加，LM_1 下移到 LM_2，利率由 i_1 降低到 i_2。投资减少，IS_1 下移到 IS_2，产出回到原来水平。

（3）假设央行目标是保持利率不变，以利于控制通货膨胀。此时央行会减少货币供给，LM 曲线向上移动，均衡时使利率上升，与原先保持一致，这将引起投资下降，从而进一步降低产出。如图 6-15 所示，横轴为收入 Y，纵轴为利率 i。货币供给减少，LM_1 移到 LM_2，利率由 i_1 提高到 i_2。投资减少，IS_1 下移到 IS_2，产出由 Y_1 降到 Y_2。

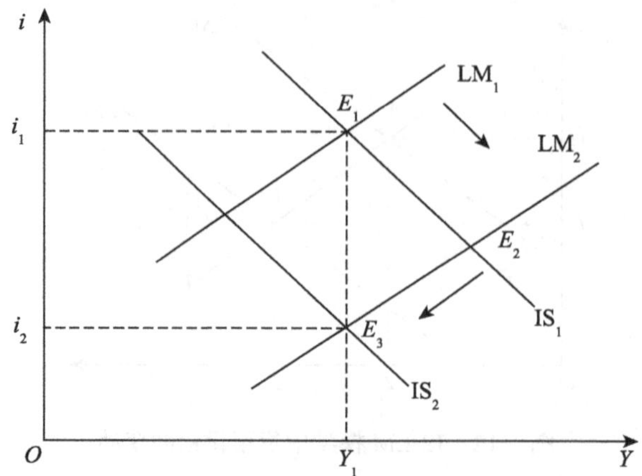

图 6-14 IS-LM 模型中政府购买降低和为保持产出不变引起的变动

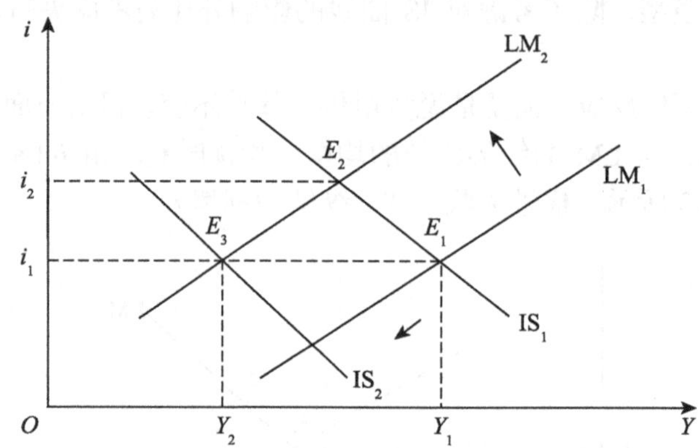

图 6-15 IS-LM 模型中政府购买降低和央行为保持利率不变引起的变动

●专栏 6-1 中国的 IS-LM 模型及其政策分析

1. 中国 IS-LM 模型设定

根据 IS-LM 模型，我们选取如下变量：总产出、消费、政府购买、投资、利率和净出口。

因为统计年鉴中部分数据与我们研究范围存在差异，我们首先对相关数据做出调整。

总消费：由居民消费和政府消费两部分组成。前者是指居民在核算期内对物质产品和劳务的最终消费，与 IS 中的 C 相对应；后者主要由政府财政负担，是 IS 中 G 的一部分。

总投资：在核算期内固定资产投资和库存投资的合计。目前，我国投资按照所需资金来源分为：①国家预算内投资；②国内贷款；③利用外资；④自筹资金。近年来，国家预算内投资在总投资中所占的比重逐年下降，并且更多地包含公共目的，所以我们将国家预算内投资归入 IS 中的 G 部分，将其他投资归入 IS 中的 I 部分。

总产出：我们选取 GDP 数据；利率：我们选取央行公布的一年期贷款利率数据；因为中国是个开放的经济，所以有必要在模型中包含净出口（具体开放条件下的经济分析请见本书第十一章）。

根据本节对模型的假定，我们仍然采用线性函数估计中国的 IS-LM 模型，使用中国的 1990~2006 年相应数据估计消费函数、投资和货币需求函数，结果如表 6-3 所示。

表 6-3　模型估计结果

项目	方程式	$\bar{R}^2$
消费函数	C=1 945.14+0.35Y t统计值（4.920 2）　（27.517 1） p值　（0.000 2）　（0.000）	0.979 1
投资函数	（1）I=33 795.78–2 179.43i t统计值（7.493 3）　（–4.134 0） p值　（0.000 0）　（0.000 9）	0.501 4
	（2）I=6 454.1–90.83i+0.21M t统计值（6.055 2）　（–0.948 1）（30.372 8） p值　（0.000 0）　（0.359 2）（0.000 00）	0.992 0
货币需求函数	M/P=1 614.51–443.25i+0.594 8Y t统计值（1.280 2）　（–4.248 1）（32.476 6） p值　（0.221 3）　（0.000 8）（0.000 0）	0.993 3

注：表中数据拟合采用 Eviews 4.0 软件获得。总产出、投资、消费数据全部用商品零售价格指数折算成实际值，利率采用名义利率。由表 6-3 中可知中国的消费、投资和货币需求函数。我们发现有两个投资函数，其中式（1）中 $\bar{R}^2$ 值很低，说明利率对投资的解释力不足；式（2）中在包含货币供给以后，$\bar{R}^2$ 值高达 0.992 0，但是利率的 p 值高达 0.359 2，进一步说明利率对投资的解释力不足。这主要是因为在中国特殊的经济体制下，政府对货币供给量与贷款规模的控制对投资的影响更为显著，利率投资的解释性不足

资料来源：《中国统计年鉴》

结合表 6-3 及本节所学知识，可得到中国的 IS-LM 模型为

$$\text{IS：}Y=1.53\,(8\,399.24+G+\text{NX})-139.74i+0.32M$$

$$\text{LM：}Y=-2\,714.36+745.21i+1.68M/P$$

2. 政策含义

根据中国的 IS-LM 模型我们得出如下结论：

（1）IS 曲线较陡，而 LM 曲线较平坦，说明在中国财政政策比货币政策更有效。因为中国采用的是有管理的浮动汇率，货币政策自主性不足，财政政策在稳定产出方面具有更大的作用。

（2）在 IS 模型中引入货币供给量，这与一般条件下的 IS 模型不符。货币供给包含 IS 模型中在经济转型期有特殊的经济学含义，政府在近些年虽然力推利率市场化改革，但是步履维艰，中国人民银行在实施货币政策时仍然主要是依靠控制可贷资金规模来影响投资和产出。

（3）政府购买支出与贸易因素对产出的影响具有同样的含义，所以在经济面临不利的外部冲击时，可以应用财政支出来影响产出，扩大内需。

当前，国内外经济环境开始恶化。人民币汇率不断升值和美国的次贷危机对中国贸易出口的不利影响日益显现；同时，因为国际原材料价格的不断攀升，通货膨胀压力不断增大。经过多年的投资快速扩张，2007 年下半年以来我国投资增速在减缓。

在如此经济背景下，应用 IS-LM 模型理论，我们认为应采取如下政策：

（1）继续执行从紧的货币政策，当前全球高企的通货膨胀对经济产生的不利影响已日益显现，对中国人民银行来说控制通货膨胀已成为货币政策的首要目标。但是此次通货膨胀很大程度上是成本推动型通货膨胀，如果实施过度从紧的货币政策，将可能引起经济衰退。

（2）虽然当前中国经济的不确定性增加，在 2008 年上半年发生了“雪灾”“大地震”这样不利的经济冲击。但世界银行估计，中国在 2008 年经济增长速度将达 9.8%，仍然高于政府所定 8%的目标，所以仍应实施审慎的财政政策，防止宽松的财政政策助推通货膨胀。

资料来源：司春林：《中国的 IS-LM 模型及其政策分析》，《管理科学学报》，2002 年第 1 期。

四、由 IS-LM 曲线推导总需求曲线

1. 总需求曲线

在我们用 IS-LM 模型解释经济波动时，实际上我们是假设价格固定不变，这在描述短期时是较符合现实的。我们在第五章简要介绍了总需求曲线，现在我们在价格发生变动时，从 IS-LM 模型推导出总需求曲线。

在图 6-16（a）中，横轴为产出 Y，纵轴为利率 i。在图 6-16（b）中，横轴为产出 Y，纵轴为价格水平 P。当价格水平由 P_1 上升到 P_2 时，在名义货币供给不变的条件下，实际货币余额（M/P）降低。因货币需求不变，我们可知 LM 曲线将向上移动，这将引起产出下降，利率上升［图 6-16（a）］。此处，价格水平由 P_1 上升到 P_2，而产出则由 Y_1 减少到 Y_2。图 6-16（b）表示产出与价格水平之间的负相关关系，得到总需求曲线 AD。

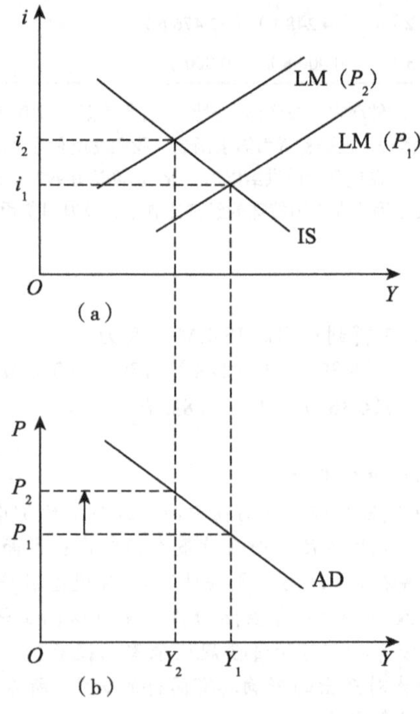

图 6-16 IS-LM 模型推导总需求曲线

2. 总需求曲线的数学推导

我们将式（6-24）代入式（6-20），可得

$$Y=\frac{a+c}{1-b}+\frac{1}{1-b}G+\frac{-b}{1-b}T+\frac{-d}{1-b}\left[\left(\frac{k}{f}Y-\left(\frac{1}{f}\right)\frac{M}{P}\right)\right] \tag{6-25}$$

我们对式（6-25）进行整理，得出收入和价格之间关系的方程式：

$$Y=\frac{h(a+c)}{1-b}+\frac{h}{1-b}G+\frac{-hb}{1-b}T+\frac{d}{(1-b)\left[f+dk/(1-b)\right]}\frac{M}{P} \tag{6-26}$$

其中，$h=f/[f+dk/(1-b)]$。式（6-26）就是表述总需求曲线的方程，我们由该式可知：①政府购买同总需求正相关，税收与总需求负相关，货币供给与总需求正相关；②因为价格的上升，将引起实际货币余额的减少，进而总产出降低，可以认为总需求曲线是向右下方倾斜的。

第三节　外部冲击与总需求

一、外部经济冲击

经济冲击会引起实际 GDP 偏离潜在 GDP 水平，一般我们可将外部冲击分为对引起总需求曲线移动的冲击和对价格水平的冲击引起总需求的变动。

1. 总需求的冲击

总需求冲击一般可定义为除政策之外的因素变化引起的总需求曲线移动的事件。下面我们考察因消费习惯的改变，人们更乐于使用网络支付的手段，这将导致人们使用更少的现金，货币需求将下降。我们由上一节可知，在货币供给不变的条件下，这将使利率下降，刺激投资，产出上升，总需求曲线向外移动。在总供给不变的情形下，将引起价格水平逐步上升，经济逐步回到均衡水平。在图 6-17 中，横轴为产出 Y，纵轴为价格水平 P。由于外部冲击，总需求由 AD_1 提高到 AD_2 价格由 P_1 提高到 P_2，此时均衡水平由 E_1 提高到 E_2。

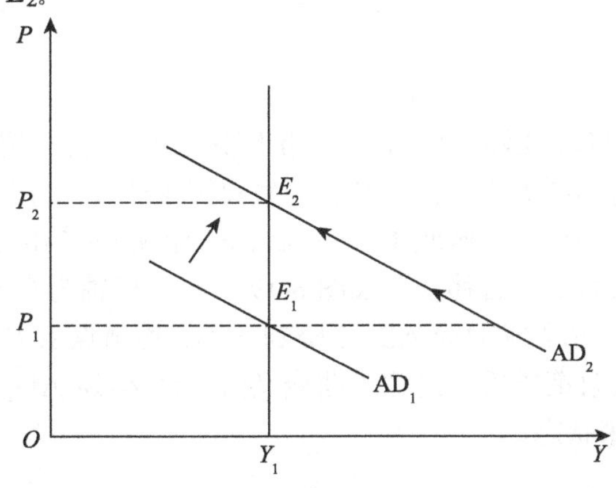

图 6-17　总需求冲击

2. 价格水平的冲击

除货币需求的变动产生的总需求冲击以外，原材料价格的上升、工资的提高和经济主体价格上涨预期的形成价格冲击也会对总需求产生影响。

如图 6-18 所示，横轴为产出 Y，纵轴为价格水平 P。在政策不变的条件下，当经济面临价格冲击以后（P_1 上升到 P_2），产出由 Y^* 下降到 Y_1，此时经济发生衰退。因货币政策和财政政策没有变化，所以为增加销售，生产者会降低产品价格水平，这样价格总水平也将下降，对应着价格水平的逐步下降，总产出水平将逐步上升，最终回到潜在产出水平。我们由该调整过程可知，在政策不变的条件下，当经济面临不利价格冲击时，经济有衰退过程，不过经济经过自我调整，可以实现均衡。

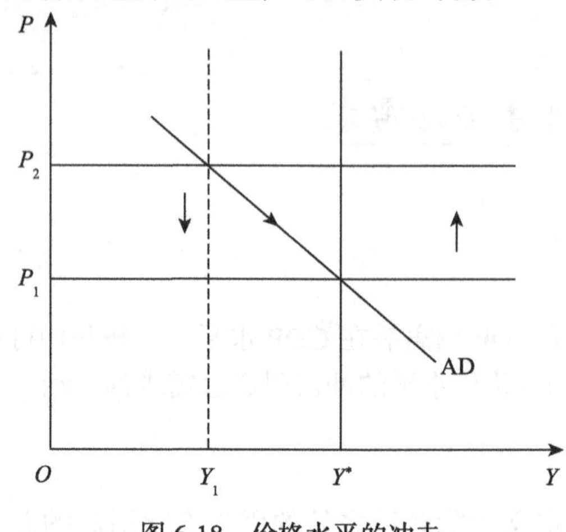

图 6-18 价格水平的冲击

二、对外部冲击的反应

在前面的分析中，假定当经济面临外部冲击时，货币政策与财政政策保持不变，但是很少有政府在面临外部冲击时不作反应。下面我们分析货币政策与财政政策对外部冲击的反应。

1. 总需求冲击

1997 年的亚洲金融危机爆发后，中国股市下跌，出口减少和投资需求下降，消费不振，这些都可以描述为不利需求冲击，它将导致总需求曲线向左移动。我们看到中国政府随后采取了增加政府购买的财政政策、降低利率的扩张性货币政策。上述政策都可以增加总需求，使总需求曲线向右移动。如图 6-19 所示，横轴为产出 Y，纵轴为价格水平 P。负面的价格冲击，使总需求曲线 AD_1 下降到 AD_2，均衡点由 E_1 移到 E_2。当政府采取扩张性货币政策与财政政策以后，总需求曲线又由 AD_2 移到 AD_1，均衡点又由 E_2 移回到 E_1 水平，恢复到原来状态。

2. 价格水平的冲击

当经济面临不利价格水平冲击时，政策反应比较困难，因为价格冲击会影响价格水平和产出水平。如果政策保持不变，不利价格冲击会引起价格上升和产出下降，但是做出反应可能会进一步提高价格，引起通货膨胀。

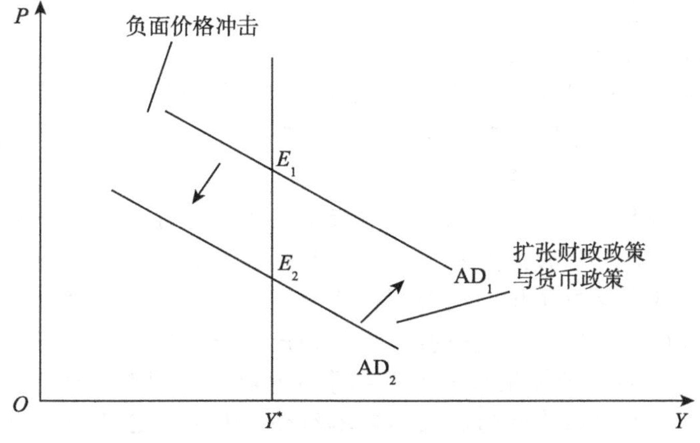

图 6-19　对总需求冲击的反应

如图 6-20 所示，横轴为产出 Y，纵轴为价格 P。央行采取扩张性的货币政策以应对价格冲击。当经济面临不利供给冲击时，产出水平由 Y^*降低到 Y_1，价格水平由 P_1上升到 P_2。在央行采取扩张性的货币政策之后，总需求曲线向外移动（由 AD_1增加到 AD_2）。此时，总需求曲线在价格水平 P_2下，产出由 Y_1上升到 Y_2，经济逐渐恢复到均衡状态，但是价格水平无法回到初始水平。所以当经济面临不利价格冲击时，政策当局往往是在经济衰退和通货膨胀之间进行权衡。

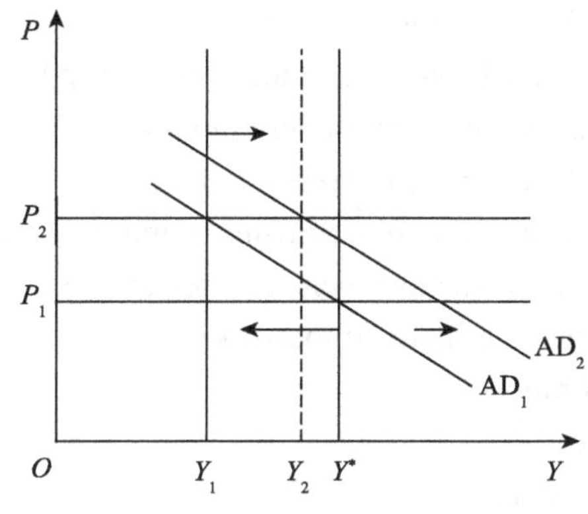

图 6-20　对价格冲击的反应

➤本章提要

商业银行在部分准备金和部分现金提取的条件下，可以产生多倍的存款创造。基础货币、准备金–存款比率等因素都会引起货币供给的变动。

货币需求的货币数量论强调了货币的交易媒介职能，认为货币需求完全取决于名义国民收入，后来的剑桥学派虽然在分析结论上同货币数量论分析结果一致，但首次从个人对资产需求的角度分析货币需求。凯恩斯继承了剑桥学派从个人对资产需求的角度分析货币需求，并将利率引入货币需求函数，但仅限于货币的投机性需求。后来的凯恩斯主义学者将利率扩展到货币的交易性需求与预防性需求。现代货币数量论将凯恩斯资产选择的范围仅限于货币与债券扩展到包括货币、债券、股票等其他各种资产，认为持久收入是影响货币需求的主要因素。

古典的利率决定理论强调了储蓄和投资对利率决定的作用，凯恩斯认为利率是由货币供求决定的货币现象。可贷资金理论是对上述两者的结合，既考虑了储蓄、投资因素，又考虑了货币供求因素对利率的影响。

凯恩斯主义的利率传导机制强调利率对投资的影响，进而影响产出。托宾认为利率变动影响股价变动，进而影响托宾 Q 值，最终影响投资和产出。莫迪利亚尼主张利率通过影响股价，引起财富效应变化，进而影响消费和产出。信用传导机制强调货币供给的变动，通过影响银行贷款行为，进而引起投资和产出的变化。

IS 曲线表示了产品市场上供给与需求相等时的收入和利率组合，LM 曲线表示了货币市场上货币供给与需求相等时的收入和利率组合。IS 和 LM 曲线则代表了在产品市场与货币市场同时均衡时利率和收入的组合，是分析短期经济均衡的重要工具。

外部冲击可分为总需求冲击以及价格水平的冲击，财政与货币政策可以对上述冲击做出反应。

➢关键概念

准备金（reserves）
基础货币（monetary base）
货币数量论（quantity theory of money）
凯恩斯主义货币需求理论（Keynesians theory of money）
现代货币数量论（quantity theory of modern money）
古典利率理论（classical theory of interest rate）
货币政策传导机制（transmission mechanisms of monetary policy）
凯恩斯主义利率理论（Keynesians theory of interest rate）
可贷资金利率理论（loanable funds framework）
托宾 Q 比率（Tobin Q ratio）
财富效应（wealth effect）
IS-LM 模型（IS-LM model）
总需求曲线（aggregate demand curve）
外部冲击（external shock）

➢复习思考题

1. 假定支票存款的法定准备金率为 10%，并且整个银行体系不存在超额准备金，某人向央行出售的 10 000 元债券获得现金存入银行，试用 T 形账户写出前三家的存款情况。

2. 如果一经济体在一年内经济中的货币存量为 10 万亿元，货币的流通速度为 10 次，试求名义国民收入。

3. 凯恩斯货币需求理论同货币数量论在论述利率与货币需求之间的关系时有何区别？

4. 可贷资金利率理论与流动性偏好理论有何区别？它们之间是否有共通之处？

5. 试解释IS曲线向右下方倾斜，LM曲线向右上方倾斜的原因。

6. 在下列情形中，IS曲线和LM曲线的斜率有何变化？并说明原因。

（1）货币需求对利率的敏感性上升；

（2）货币需求对收入的敏感性减少；

（3）投资乘数减少；

（4）投资对利率的敏感性增加。

7. 如果政府购买与税收等量增加，IS曲线将如何移动？

8. 央行为抑制通货膨胀而减少货币供给，但此时货币需求增加，LM曲线将如何移动？

9. 考虑如下封闭经济的情况：

消费函数：$C=200+0.25(Y-T)$；投资函数：$I=150+0.25Y-1\ 000i$；政府购买为250，税收为200；货币需求函数为：$(M/P)^{d}=2Y-8\ 000i$；货币供应量为3 200，价格水平为2。求：

（1）推导IS曲线和LM曲线，以及均衡利率和收入水平；

（2）当政府购买从250增加到400时，IS曲线将如何移动，并求出此时的均衡利率和收入水平；

（3）当货币供给从3 200增加到4 000时，LM曲线将如何移动，并求出此时的均衡利率和收入水平；

（4）假设价格水平可以变动，试推导出总需求曲线。

10. 试用外部经济冲击理论分析20世纪70年代世界经济“滞胀”产生的原因以及央行的应对之策。

➤扩展性阅读资料

布兰查德 O. 2003. 宏观经济学. 钟笑寒等译. 北京：清华大学出版社
陈享光. 2000. 货币经济学导论. 北京：经济科学出版社
霍尔 RE，帕佩尔 DH. 2008. 宏观经济学. 沈志彦译. 北京：中国人民大学出版社
李扬，王松奇. 2000. 中国金融理论前沿. 北京：社会科学文献出版社
曼昆 GN. 2011. 宏观经济学. 卢远瞩译. 北京：中国人民大学出版社
米什金 FS. 2006. 货币金融学. 郑艳文译. 北京：中国人民大学出版社
萨克斯 J，拉雷恩 F. 2012. 全球视角的宏观经济学. 费方域等译. 上海：上海三联书店
易纲，吴有昌. 1999. 货币银行学. 上海：上海人民出版社

第七章

总供给理论

总供给曲线描述的是在每一个给定的价格水平下，企业愿意提供的产品和劳务的总和，总供给是可供利用的资源、技术和价格水平的函数。本章主要介绍了五种短期总供给模型：工资黏性模型（sticky-wage model）、工人错觉模型（workers-misperception model）、不完全信息模型（imperfect-information model）、价格黏性模型（sticky-price model）和微观基础模型（micro-foundation model）。其中，前四种模型与某些市场的不完全性有关，第五种模型则涉及宏观经济学的微观基础问题。虽然这五种短期模型的假设不尽相同，强调的内容也不同，但其结论具有一致性，都得出一条向右上方倾斜的短期总供给曲线。

第一节　短期总供给模型

本章所涉及的知识就是围绕着短期总供给模型展开的。

相关链接 7-1　总供给的三种形式

厂商提供的产量取决于投入的生产资源的数量、质量和技术状况。在总量生产函数给定的条件下，一个社会的总量供给曲线 AS 一般具有三种形式：①凯恩斯的超短期总供给。AS 曲线是与横轴平行的一条水平线，这是一种极端少见的情况。例如，美国在 20 世纪 30 年代的大萧条期间，由于有效需求严重不足，工人大量失业，生产设备大部分闲置。因此，随着就业增加，产量扩大，产品成本保持不变，这是凯恩斯《就业、利息和货币通论》中描述的情况，所以常称为凯恩斯区间。②古典的总供给。古典模型假定货币工资具有完全的伸缩性，它随劳动供求关系的变化而变化。当劳动市场存在超额劳动供给时，货币工资就会下降；反之，当劳动市场存在超额劳动需求时，货币工资就会提高。简单地说，在古典总供给理论的假定下，劳动市场的运行毫无摩擦，总能维持劳动力的充分就业。既然在劳动市场，在工资的灵活调整下充分就业的状态总能被维持，因此，无论价格水平如何变化，经济中的产量总是与劳动力充分就业下的产量即潜在产量相对应。也就是说，因为全部劳动力都得到了就业，即使价格水平再上升，产量也无法增加，即国民收入已经实现了充分就业，无法再增加了。因而总供给曲线是一条与价格水平无关的垂直线。③正常的短期总供给。凯恩斯主义总供给曲线所根据的假设是，当存在失业时，工资变动不大或根本不能变（即工资具有刚性），从而失业会持续一段时期。古典总供给曲线所根据的假设是，工资具有完全的伸缩性，可以适应劳动供求关系的变动而迅速变动，从而通过对工资的调节可以使劳动市场总处于充分就业的均衡状态。这两种情况实际上都不多见，所以，正常的短期总供给曲线介于这两种特例之间，是一条向右上方倾斜的线。

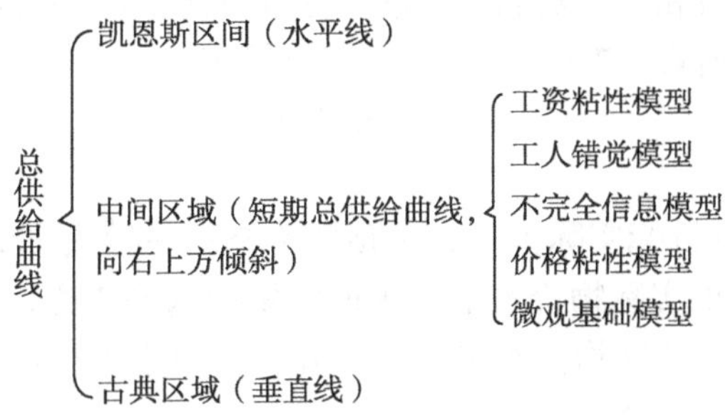

资料来源：依据相关教材整理。

一、工资黏性模型

（一）模型的基本假设与思路

工资黏性是指工资率的变动慢于劳动供求的变动，即工资率不能对劳动供求的变动做出及时而迅速的反应。工资黏性所强调的不是工资率不会对劳动供求的变动做出反应，而是这种反应慢，从而在短期内劳动市场会出现失衡。对于工资黏性产生的原因，在失业理论中已经有了比较详细的说明。其主要因素是工会的存在使得工资并不是由当期决定的，而是经过谈判形成一个时期的合同。合同本身就限制了工资调整的灵活性。工资黏性模型的基本假设有：第一，名义工资保持不变，价格水平的上升降低了实际工资，使劳动成本降低；第二，实际工资下降促使企业雇佣更多的工人；第三，劳动力投入的增加提高了产出水平；第四，工人和厂商都是最大化自身利益的理性人，他们会尽可能地利用可获得的信息从而具有理性预期。在这样的假设下，当总价格水平上升（下降）时，实际工资下降（上升），厂商雇佣更多（更少）的劳动，而厂商的短期生产函数仅由投入的劳动量决定，这意味着总价格水平与总产出之间有一种正相关关系，短期总供给曲线向右上方倾斜。这就是黏性工资模型的基本思路。

（二）模型的推导

假定企业和工人通过预先谈判签订了未来的工资合同以规定名义工资，这时双方都不知道合同生效时的实际价格水平 P，只是对未来价格有一个预期值 P^e。劳资谈判双方的心中有一个“目标实际工资”（target real wage）w，我们可以把它理解为劳资双方所期望达成劳动供求均衡观念的实际工资。双方根据这一实际工资心理价位 w 和他们对总价格水平 P 的预期 P^e 来确定他们的名义工资：

$$W=w\times P^e \tag{7-1}$$

即

名义工资=目标实际工资×预期的物价水平

在名义工资确定之后和劳动被雇用之前，企业知道实际物价水平 P。由此，实际工资可以表示为 W/P，根据式（7-1），实际工资就等于

$$W/P=w\times（P^e/P） \tag{7-2}$$

即

实际工资=目标实际工资×（预期价格水平/实际价格水平）

式（7-2）表明，如果实际物价水平与预期的物价水平背离，实际工资就与其目标背离。当实际物价水平高于预期物价水平时，实际工资小于其目标；当实际物价水平低于预期物价水平时，实际工资就大于其目标。

黏性工资模型的最后一个假设是，就业由企业需求的劳动量决定。换言之，工人和企业之间的谈判并没有事先决定就业水平；相反，工人同意按事先决定的工资提供企业希望购买的劳动量。我们用劳动需求函数 L_d 描述企业的雇佣决策：

$$L=L_d（W/P） \tag{7-3}$$

式（7-3）说明，实际工资越低，企业雇佣的劳动越多，劳动需求曲线如图 7-1（a）所示。产出由生产函数决定，企业生产函数可以用我们熟悉的公式来表示：

$$Y=F（\bar{K},L） \tag{7-4}$$

式（7-4）说明，在短期内，资本是不变的投入要素，只有劳动是可变的投入要素，产出的变化仅取决于劳动的投入变化。雇佣的劳动越多，生产的产出越多，但要素的边际报酬递减。图 7-1（b）表明了这一点。

由于名义工资是黏性的，未预期到的物价水平变动使实际工资背离目标实际工资，而且实际工资的这种变动影响所雇佣的劳动量及产出。在图 7-1（a）中，横轴为劳动力需求量 L，纵轴为实际工资 W/P，图 7-1（a）是向右下方倾斜的劳动需求曲线，表示劳动需求量和实际工资的反向变化关系。当价格由 P_1 上升到 P_2 时，实际工资由 W/P_1 下降到 W/P_2，劳动的需求量由 L_1 增加到 L_2，而劳动的投入量由 L_1 增加到 L_2。在图 7-1（b）中，横轴为劳动力需求量 L，纵轴为产出 Y。根据图 7-1（b），产出由 Y_1 增加到 Y_2。把价格水平的变化与产量的变化结合起来，就得到图 7-1（c）中的总供给曲线。其数学公式为

$$Y=\bar{Y}+\alpha（P-P^e） \tag{7-5}$$

其中，Y 为实际产出；$\bar{Y}$ 为潜在产出水平；P 为一般物价水平；P^e 为预期的价格水平。

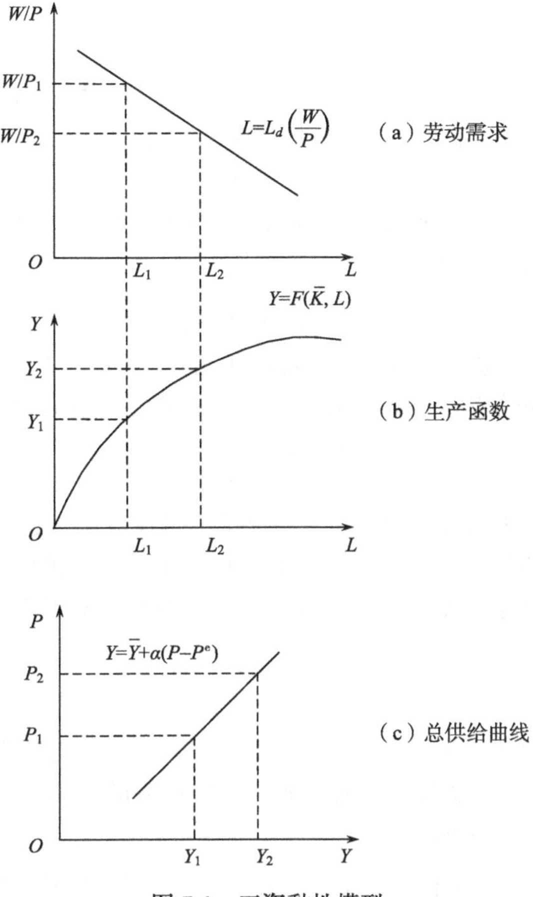

图 7-1 工资黏性模型

这一总供给方程表明，当价格水平偏离它的预期值时，实际工资就不等于由充分就业水平所确定的目标值，实际产出水平就会偏离充分就业的产出，也就是潜在产出 $\bar{Y}$ 。偏离的程度由两方面因素决定：一是参数 α ，它的倒数就是总供给曲线的斜率；二是实际价格水平与预期价格水平的差异，差距越大，则偏离的幅度越大。如果实际价格高于预期水平，实际工资水平会低于目标值，企业会增加劳动投入，产出也将高于充分就业的水平。反之，如果实际价格水平低于预期值，产量将低于充分就业的水平。

二、工人错觉模型

（一）模型的基本假定

工人错觉模型也强调劳动力市场不完善，但与黏性工资模型不同的是，工人错觉模型假定，为使劳动力市场达到均衡，工资可以自由迅速地调整。模型的关键性假定，也就是“工人错觉”模型名称的由来，它假定企业与工人相比，在获得信息上占有优势。工人可能会因为未预期到物价水平的变动而暂时混淆实际工资与名义工资。

（二）模型的推导

这一模型的两个基本要素是劳动的供给和需求。对于劳动需求，与通常情形一样，假定劳动需求是实际工资的函数，这一点与前面的黏性价格模型相同。则劳动需求函数为

$$L_{\mathrm{d}} = L_{\mathrm{d}}(W / P) \tag{7-6}$$

对于劳动的供给，该模型假定劳动的供给量依赖于工人所预期的实际工资，具体而言，劳动的供给函数为

$$L_{\mathrm{s}} = L_{\mathrm{s}}(W / P^{\mathrm{e}}) \tag{7-7}$$

工人虽然知道名义工资 W，但不能知道实际的价格水平 P。当要做出劳动供给决策时，工人考虑的是预期的实际工资。预期的实际工资可以表示为

$$\frac{W}{P^{\mathrm{e}}} = \frac{W}{P} \times \frac{P}{P^{\mathrm{e}}} \tag{7-8}$$

其中，P/P^{e} 可以被看作工人关于价格水平的错觉：如果 P/P^{e} 大于 1，那么物价水平大于工人所预期的；如果 P/P^{e} 小于 1，那么物价水平小于工人所预期的。为了说明什么决定劳动供给，我们可以用这个式子代替劳动供给函数中的（W/P^{e}）。所以，劳动供给函数可改写为

$$L_{\mathrm{s}} = L_{\mathrm{s}}\left((W / P) \times (P / P^{\mathrm{e}})\right) \tag{7-9}$$

式（7-9）表明，劳动的供给量取决于实际工资和工人关于价格的错觉。为了了解这一总供给模型的含义，考虑如图 7-2 所示的劳动力市场的均衡。

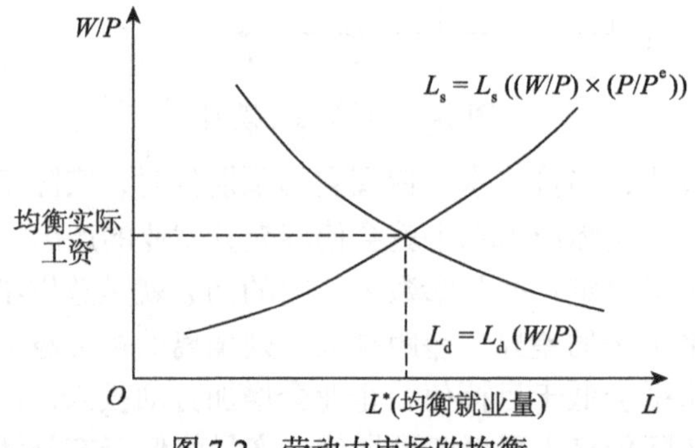

图 7-2 劳动力市场的均衡

在图 7-2 中，横轴为劳动力的需求量 L，纵轴为实际工资 W/P，劳动需求曲线和劳动供给曲线的交点决定了均衡的实际工资和均衡的就业水平，工资可以调整，以使劳动市场出清。需要指出的是，图 7-2 中劳动供给曲线的位置以及劳动市场的均衡，均取决于工人关于价格水平的错觉 P/P^{e}。

由于这个模型假定工人对未预期到的价格变动产生暂时的错觉，当工人没能预期到价格水平上升时，P^{e} 不发生变化，从而在每一实际工资之下，工人愿意供给更多的劳动，因为他们错误地认为这时的实际工资比实际的水平要高。P/P^{e} 的增加将使劳动的供给曲线向右移动，劳动供给曲线的右移会降低实际工资并提高就业水平。在理论上，由价格水平上升所引起的名义工资的增加，会使工人认为他们的实际工资更高，从而促使他们

供给更多的劳动。但实际上，名义工资的上升将小于价格水平的上升，如图 7-3 所示。

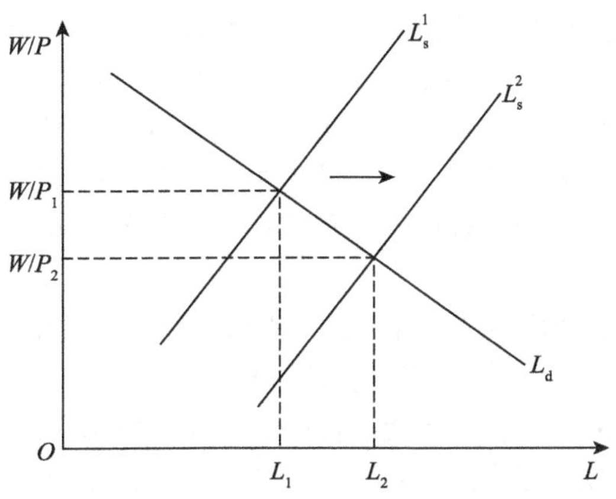

图 7-3　工人错觉模型：未预期到的物价水平上升

总之，工人错觉模型是说，预期价格水平与实际价格水平的偏离使工人改变了劳动供给，进而改变就业水平和产量。因此，这一模型关于总供给函数的表达式与黏性工资模型相同，即

$$Y=\overline{Y}+\alpha(P-P^e) \tag{7-10}$$

然而工人错觉模型与黏性工资模型的假设及作用机制均相异，当物价水平背离预期物价水平时，产出背离其潜在产出水平。

三、不完全信息模型

（一）模型的假定

关于产量波动的一种重要的现代观点是，波动是由于人们对经济中正在发生的事不具有完全信息而引起的。在这些模型中，假定价格和工资能灵活变动，因此市场是出清的，如工人错觉模型认为企业拥有比工人更充分的信息。这里将介绍另一个以信息为基础的模型，这一模型不对企业和工人作明确的区分，而假定经济行为人掌握的信息是不完全的。这一假定将价格水平的波动和企业供给决策联系起来。

该模型假定企业对自己产品的价格信息了解得很清楚，但在得到整个经济的价格信息方面存在困难。各种暂时的信息障碍，使企业除了自己所处的市场外，对于其他市场的情况的了解相对较慢。为了说明上述情况，经济学家提出了一个假说，这个假说借助一个比喻来描述：设想把企业看作居住在孤岛上的独立合约人，每个企业生产一种产品，并通过交换消费其他多种产品，他们对自己产品的价格有第一手知识，但不能迅速、准确地了解一般的物价水平。

（二）模型的推导

下面来分析单个企业的供给决策问题。根据微观经济学理论，企业将进行生产直到价格等于边际成本。边际成本取决于企业生产投入品的价格。如果企业的产品价格相对于经济中的其他产品（包括企业投入品）价格来说上升了，那么企业就会增加产量。但是，如果其他产品的价格和企业自己产品的价格上升相同幅度，企业就不会有增加生产的积极性。也就是说，只有当企业的产品价格相对于其他企业的产品价格上升时，企业才会增加生产。

我们用 i 下标表示某个代表性企业，式（7-11）给出了这个企业的供给曲线：

$$Y_i=\gamma(P_i-P)+\overline{Y}_i \tag{7-11}$$

其中，Y_i 为代表性企业的产量；P_i 为代表性企业产品的价格；P 为总的价格水平；$\overline{Y}_i$ 为代表性企业的潜在产出或者正常的产量。这一等式说明企业的产量 Y_i 等于企业的潜在产出 Y_i 加上常数 γ 乘以企业价格 P_i 与价格水平 P 之差。总价格水平 P 表示产品市场上所有其他产品的价格，如前所述，只有当自己的产品价格相对于其他产品价格上升时，企业才会生产出更多的产品。

但是当企业做出供给决策时，它并不清楚其他市场正在发生的情况。其他市场的信息可能来得较晚，也可能企业的经理没能及时关注全社会的经济状况。当信息不完全时，企业就不知道总的价格水平，只能对其进行猜测。据此，可将式（7-11）改写为

$$Y_i=\gamma(P_i-P^e)+\overline{Y}_i \tag{7-12}$$

其中，P^e 为企业对价格水平的预期。

当经济中所有价格都上升相同的幅度时，每个企业只会观察到自己产品价格的上升，而对于由价格指数 P 概括的所有其他产品的价格只能进行估计。如果企业预计到了价格水平的这种变动，那么它知道产品的相对价格未发生变化，因此也不会增加生产。如果企业没有预计到价格水平的提高，根据观察到的自己产品的价格上升，它会认为自己产品的相对价格有所上升，因此会增加劳动需求，扩大产量。如果其他企业也如此的话，它们也会由价格水平的上升错误地认为自己产品的价格上升，从而增加生产。当所有企业的生产超过它的潜在水平 $\overline{Y}_i$ 时，整个经济的产量当然也就高于潜在总产量了。

整个经济的总供给曲线是通过对所有企业的供给曲线加总而得到的，实际 GDP 是所有单个企业产量水平 Y_i 之和。实际价格水平 P 是单个企业价格之和除以企业个数 n。按代表性企业的总供给曲线方程式对所有企业进行加总，就得到整个经济的总供给曲线：

$$Y=n\gamma(P-P^e)+\overline{Y} \tag{7-13}$$

其中，$Y=nY_i;\overline{Y}=n\overline{Y};P=\dfrac{\sum P_i}{n}$。

从式（7-13）中可以看到，只有当预期价格等于实际价格时，经济的实际产出才会正好等于潜在产出量。一般情况下，由于信息是不完全的，预期价格 P^e 与实际价格 P 之间总会有一些差距。只要存在这种差距，实际产出就可能大于潜在产出水平，经济就处于过热状态；实际产出也可能小于其潜在生产能力水平，经济处于衰退期。这种以信息为基础的对总供给模型的最初研究，是由美国芝加哥大学的卢卡斯教授进行的，所得

到的价格和产量之间正相关的关系式通常被称为卢卡斯总供给曲线（Lucas aggregate supply equation）。

对式（7-13）进行简单的变换，令 $n\gamma=\alpha$，得到我们熟悉的总供给模型：

$$Y=\overline{Y}+\alpha\left(P-P^{e}\right) \tag{7-14}$$

四、价格黏性模型

（一）模型的基本假设

价格黏性模型假设相对于需求的变化，企业并不立即调整其产品的价格。这是因为产品价格一般是由企业与其客户之间的长期合同确定的，即使企业与客户之间没有签订正式的协议，企业为了避免其客户因价格频繁变动而带来的麻烦，也尽量使其产品的价格稳定。有的经济学家还提出了菜单成本概念，菜单成本这一概念旨在说明一个既定价格的改变肯定需要付出高昂的代价。这些成本包括印制新价格目录、将新价格通知销售商等方面的费用。更形象也更现实的是，这些菜单成本包括通知客户的时间、客户对于价格变化产生的不悦情绪以及企业为决定是否应该改变价格所做的努力等。

（二）模型的推导

考察一个具有某种垄断势力从而拥有其产品定价权的厂商的情况。该厂商对其产品价格的决策取决于两个宏观经济变量：一是经济的价格总水平 P。P 越高，意味着厂商的成本也就越高，因此价格总水平越高，厂商对其产品的定价也越高。二是经济的总收入水平。较高的收入水平提高了对企业产品的需求，由于厂商的边际成本在更高的生产水平上是增加的，因此需求越高，厂商对其产品的定价变得越高。

厂商对其产品的定价模式可表示为

$$p=P+\beta\left(Y-\overline{Y}\right) \tag{7-15}$$

其中，p 为厂商产品的价格；β 为大于零的参数。这一方程表示，厂商的产品价格依赖于经济中的整体价格水平 P 和相对于潜在产出水平或潜在收入水平的总产出水平。

现在假定经济中有两类厂商：一类厂商总是根据上述方程来制定其产品的价格；另一类厂商则按他们对经济条件的预期来制定价格，这类厂商的定价模式为

$$p=P^{e}+\beta\left(Y^{e}-\overline{Y}^{e}\right) \tag{7-16}$$

其中，右上方带有 e 的字母表示该变量的预期值。为简便起见，假定这类厂商预期的经济产出已经处于潜在产出水平，从而有

$$\beta\left(Y^{e}-\overline{Y}^{e}\right)=0$$

则这类厂商的定价模式就简化为

$$p=P^{e} \tag{7-17}$$

现在就用这两类厂商的定价规则来导出总供给函数。为此，需要确定经济中的价格

总水平，它可以表示为两类厂商各自价格的加权平均。若用 s 表示第二类厂商在所有厂商中所占的比例，则总体价格水平为

$$P = sP^{e} + (1-s)\left[P + \beta\left(Y - \bar{Y}\right)\right] \tag{7-18}$$

式（7-18）经整理得

$$P = P^{e} + \frac{(1-s)\beta}{s}\left(Y - \bar{Y}\right) \tag{7-19}$$

式（7-19）右边的两项解释如下：首先，在厂商预期到更高的价格水平时，也预期到更高的成本。于是第二类厂商先将其产品的价格提高，继而又引起经济中的其他厂商亦将其产品的价格提高。因此，较高的价格预期导致更高的实际价格水平。其次，当产出水平提高时，对产品的需求也将提高，于是经济中的第一类厂商将提高其产品价格，这又导致了更高的价格水平。总之，产出对价格水平的影响取决于第一类厂商在经济中所占的比例。

于是，总体价格水平取决于预期价格水平和产出水平。将式（7-19）改写，令

$$\frac{(1-s)\beta}{s} = \frac{1}{\alpha}$$

我们再次得到总供给模型：

$$Y = \bar{Y} + \alpha\left(P - P^{e}\right) \tag{7-20}$$

五、微观基础模型

微观基础模型是建立在微观经济学的厂商供给行为基础上的，这一总供给理论没有将总量生产函数和劳动力市场作为其要素。

按照宏观经济学的有关理论，短期总供给曲线可以如图 7-4 所示，横轴为产出 Y，纵轴为价格 P。

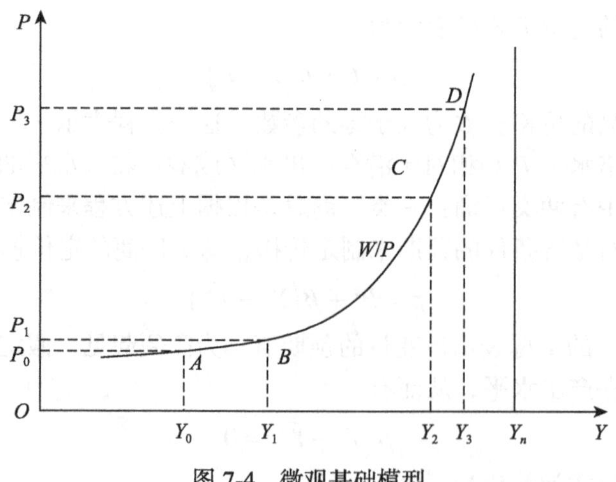

图 7-4　微观基础模型

这条正斜率的总供给曲线揭示了价格水平的上升将导致更多的产量。换句话说，为

了得到更多的供给，就必须提高价格水平。在低产量水平处，总供给曲线相对平坦（或有弹性），而在高产量水平处，它相对陡峭（或弹性较小）。其原因是在低产量水平处，如在图 7-4 中的 A 点，经济中存在着过剩的生产能力，工人与机器的利用率不足。因此当价格水平略微上升时，如从 P_0 上升到 P_1 时，就会引起非常大的产量增加，即产量从 Y_0 增加到 Y_1。

在很高的产量水平处，如在 C 点，机器与工人都以接近于各自最大的生产能力工作，便很难再生产出更多的产品。多生产一单位产品的边际成本可能非常之大。相应地，这就需要价格水平上升幅度很大，比如说从 P_2 上升到 P_3，才能获得产量的少量增加，即产量从 Y_2 增加到 Y_3。

在 Y_n 处，经济已达到最大的生产能力。为了使可供使用的机器生产出这个产量水平，需要每个劳动力都从事工作。Y_n 就是经济的充分就业产量或潜在产量。在潜在产量水平处，所有愿意在现行工资下工作的人都被雇佣。总供给曲线中的垂直部分，反映了经济社会在一定时期中的生产能力。

下面给出完全竞争条件下，这种形状的供给曲线的一种推导。如图 7-5 所示，横轴为产出 Y，纵轴为价格 P。

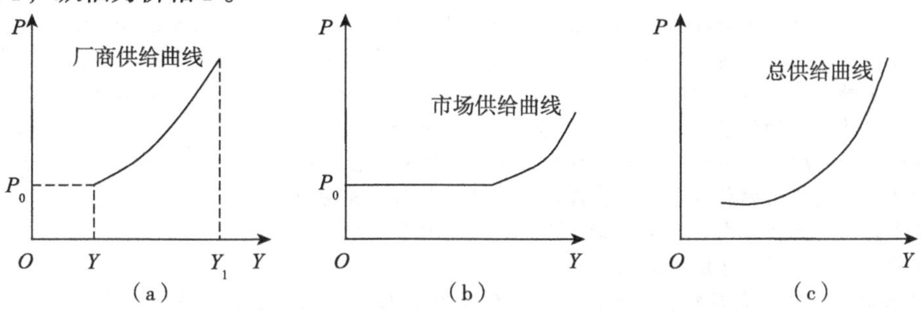

图 7-5　微观基础模型总供给曲线的推导

按照微观经济理论，在完全竞争的条件下，市场供给曲线被解释为一个行业中所有单个厂商供给曲线的水平相加。一个典型厂商的供给曲线包括两部分：如果价格太低，生产就不合算，退出该行业会更好，图 7-5（a）以 P_0 代表这一价格；当价格超过 P_0 时，价格越高，厂商就会生产得越多，直到达到某个生产能力水平［图 7-5（a）中的 Y_1］。这时，不论价格是多少，厂商都不能生产出超过该生产能力的产量。由于大多数厂商都是按一个特定的生产能力设计的，当厂商的产出接近于 Y_1 时，厂商的供给曲线将变得垂直。

市场供给曲线是通过将每一个价格水平上每个厂商愿意供给的数量加总后形成的，如图 7-5（b）所示。当价格为 P_0 时，市场供给曲线较平坦，产量的增加只能通过增加厂商的数量来达到。当所有厂商都处在开工状态时，进一步的产出增加就要求价格的上升，价格越高，供给越多，直到达到行业的总生产能力。

总供给曲线可以用同样的方法导出，如图 7-5（c）所示。由于经济中的总产出是所有不同行业产出的总和，因此总供给曲线的形状也反映出市场供给曲线的形状，即在有超额生产能力时，曲线较平坦；而当经济接近全部生产能力时，曲线则变得较为陡峭。

第二节 外部冲击与总供给曲线的移动

一、供给冲击的含义

20 世纪 30~60 年代末期，人们普遍认为经济中产出和价格变动是由总需求曲线的移动（货币和财政政策的变动以及投资需求的变动）引起的。可是，整个 70 年代的宏观经济，很大程度上是供给冲击的历史。

供给冲击是对经济的一种扰动，其首要影响是总供给曲线发生移动。20 世纪 70 年代，总供给曲线被两次重大的石油价格冲击移动。这两次石油价格冲击提高了生产成本，因而也提高了企业愿意供给产品的价格。换句话说，石油价格的冲击移动了总供给曲线。

●专栏 7-1 潜在总供给的计算

潜在总供给是指在一定时期内，在正常生产强度和现有经济资源得到充分有效利用的情况下，国民经济各部门最大限度可能提供的用于最终消费的物质产品和服务产品价值的总和。潜在总供给包括以下几个部分：①为消费者提供的用以消费的物质、服务和精神产品；②为企业提供的用于投资的物质、服务和精神产品；③为政府和国外单位提供的用于投资和消费的物质、服务和精神产品；④存货增量，包括实物形态的消费品和投资品。其中，第四部分一般不在本期转化为实际的总供给。在西方宏观经济理论和实践中，一般都用劳动力就业量来估算潜在总供给，如确定一个 4%或 6%的失业率指标作为估算潜在总供给的标准。因此，潜在总供给常被称作充分就业之下的产出。在这种基准下，当实际失业率接近正常指标或在正常指标以下时，实际总供给就被认为达到了潜在总供给；当实际失业率超过正常指标时，实际总供给就被认为低于潜在总供给。

资料来源：刘瑞、袁富华：《我国潜在总供给测算与社会生产能力利用状况评估》，《宏观经济研究》，2003 年第 9 期。

1971~1974 年的第一次石油危机，将世界经济推入 1973~1975 年的衰退时期，这次衰退是第二次世界大战结束以后到当时为止最严重的一次。1979~1980 年，欧佩克第二次将石油价格提高 1 倍，急剧恶化了通货膨胀。高通货膨胀导致 1980~1982 年主要工业化国家采取紧缩的货币政策来抑制通货膨胀，其结果是经济陷入比 1973~1975 年更深的衰退之中。整个 20 世纪 80 年代，石油的相对价格一路下跌，1985~1986 年油价下跌尤其剧烈。1990 年下半年，由于伊拉克入侵科威特，石油价格出现过一次短暂的冲击。这次短暂的石油价格冲击对加深 1990~1991 年的世界经济衰退起了一定的作用，尽管那次经济衰退是在早于 1990 年 7 月开始的。

20 世纪 70 年代这两次与石油价格冲击有关系的经济衰退，毫无疑问与供给冲击密切相关。

二、供给冲击的作用机制

1. 不利的供给冲击

设想一个处于长期均衡状态的经济，突然遇到一些意外事件，如旱涝灾害导致农作物大幅度减产造成食品生产厂商的成本提高，或者石油涨价使得使用石油的所有产品成本提高等。厂商生产成本的提高对宏观经济运转会产生不利的影响。这时在任一既定物价水平上，厂商供给的产品和劳务减少了。如图 7-6 所示，横轴为产出 Y，纵轴为价格 P。短期总供给曲线向左从 SAS 移向 SAS′，均衡点由 E 移向 E'，价格由 P_0^* 提高到 P_0，均衡的产出由 Y^* 降低到 Y_0（当然，这种供给方面的冲击也会使长期供给曲线左移，为简化分析，我们假定长期总供给曲线不动）。

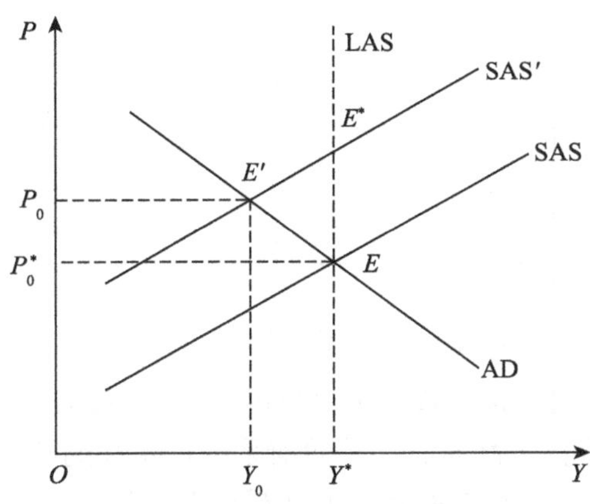

图 7-6　不利的供给冲击（石油价格上涨）

关于供给冲击的影响有两点需要注意：第一，由于每单位产出现在要耗费企业更多的生产成本，供给冲击将使短期总供给曲线上移；第二，我们假定，供给冲击不会影响到潜在产出水平，它仍是 Y^*。

在短期中，经济将沿着目前的总需求曲线 AD 移动，从 E 点到 E' 点。相应地，经济的产量从 Y^*减少到 Y_0，物价水平从 P_0^* 提高到 P_0。由于供给冲击，经济在经历产量下降的同时还伴随着物价水平的上升，这种情况称为滞胀。

2. 有利的供给冲击

诸如技术进步引发的有利的供给冲击会使短期总供给曲线向外移动，它也会增加潜在的 GDP，并向右移动长期总供给曲线。面对这些技术进步，中央银行必须保证总需求曲线迅速向右移动，以跟上总供给潜在增长的步伐，同时要更加谨慎地对待任何暂时性的调节过度。如果中央银行能够正确把握，经济就会在出现低通货膨胀条件下顺利增长。

三、供给冲击的调整

供给冲击发生之后的结果如何？在图 7-7 中，横轴为产出 Y，纵轴为价格 P，经济从

E' 点回复到 E 点。在 E' 点的失业迫使工资连同价格水平一同下降。因为工资调整缓慢，整个经济的调整也是缓慢的。向 E 点调整的速度取决于预期调整的速度。如果预期调整是缓慢的，整个经济的调整也将是缓慢的；如果预期调整较快，整个经济的调整也将较快。调整沿着 AD 曲线进行，工资持续下降直到 E 点为止。此时人们的预期和现实达到一致。在 E 点，经济回复到充分就业，价格水平也与冲击发生之前一样，但名义工资要低于冲击发生之前，因为失业也同时迫使工资下降。于是，实际工资也比冲击发生之前低，因为不利的供给冲击降低了实际工资。

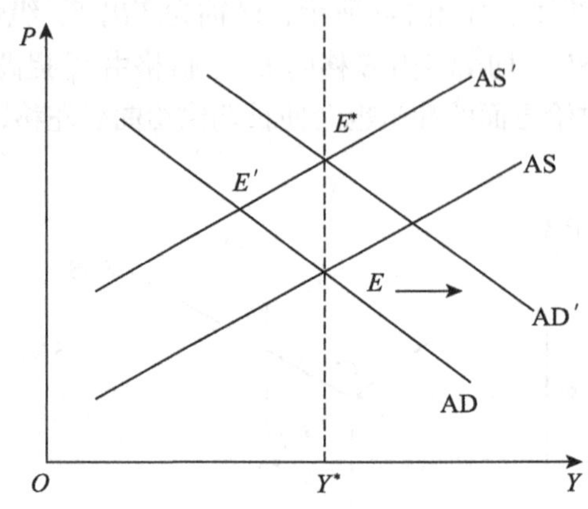

图 7-7　不利的供给冲击的政府调节

当然，政府也可以运用扩张性政策来对付供给冲击，促使经济迅速从衰退走向繁荣。如图 7-7 所示，在石油价格上涨时，如果政府采取扩张性的政策刺激总需求，使总需求曲线 AD 迅速移动到 AD′，经济就会移动到 E^*点而不是 E 点。在 E^*点，实际价格和预期价格重新达到一致，经济处于充分就业状态，但价格水平比冲击前上升了。

从以上的分析中可以发现，总供给冲击的通货膨胀效应中存在着一种替代关系。当采用积极的财政、货币政策扩大总需求时，失业率降低，但通货膨胀率提高，价格会大幅度上升；反之，通货膨胀率较低而失业率比较严重。通货膨胀率与失业率之间这种此消彼长的关系，可以用所谓的菲利普斯曲线来描述。

第三节　菲利普斯曲线与总供给

菲利普斯曲线提供了把失业与通货膨胀关联起来的方程式，填补了凯恩斯理论中的通货膨胀缺口，成为凯恩斯宏观经济模型的重要组成部分。在预期方式、价格调整方法、货币经济等约束条件不同的情况下，菲利普斯曲线产生了不同的模型形式。

一、传统的菲利普斯曲线

1958 年，伦敦经济学院的经济学家菲利普斯(A. W. Philips)通过研究英国 1861~1913

年的经验数据，发现了货币工资变化率与失业率之间的负向关系，这一关系也就是我们常说的原始的菲利普斯曲线。原始的菲利普斯曲线可以近似表示为

$$W = f\left(u, \frac{\mathrm{d}u}{\mathrm{d}t}\right), \quad f'_u < 0 \tag{7-21}$$

其中，W 为货币工资变化率；u 为失业率。原始菲利普斯曲线只是一个经验曲线，缺乏理论基础。Lipsey 从单一劳动市场的供求出发，通过工资调整函数以及 X-U 关系函数（即劳动超额需求和失业率之间的负向关系）对菲利普斯曲线做出了理论解释。后来，萨缪尔森和索洛通过假设产品价格是由平均劳动成本上加上一个固定比例的其他成本的权重，将菲利普斯曲线中的货币工资率用通货膨胀率替换，将原始的菲利普斯曲线转化为下面的形式：

$$\pi = f(u), f' < 0 \tag{7-22}$$

传统的菲利普斯曲线如图 7-8 所示，横轴为就业量 u，纵轴为通货膨胀率 π。萨缪尔森与索洛将这条菲利普斯曲线作为制定宏观经济政策的基石，提出了决策者可以在失业率与价格稳定程度中进行适当选择的经济主张。

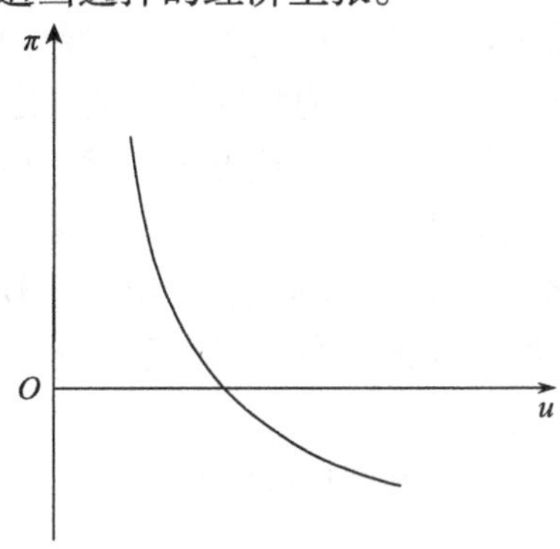

图 7-8　传统的菲利普斯曲线

二、附加预期的菲利普斯曲线及其推导

随着 20 世纪 70 年代石油危机的爆发，通货膨胀在全球范围内蔓延。高失业与高通胀并存的现象出现了，这种现象后被人们称为滞胀现象。现实状况不再支持菲利普斯的论断，作为经验规律的菲利普斯曲线崩溃了，并几乎否定了整个凯恩斯主义宏观经济学的理论体系。

1. 附加预期的菲利普斯曲线

为了解释新的宏观经济现象，现代的菲利普斯曲线对原始的形式做了重要的修正。弗里德曼（Friedman）认为，劳动的供求应该是实际工资的函数而不是名义工资的函数，加入了预期的因素，从而提出了附加预期的菲利普斯曲线。在弗里德曼的模型中，采用的预期方式是适应性预期。所谓适应性预期是指人们会根据最近观察到的通货膨胀来形成他们的通货膨胀预期。例如，假设人们预期到当年物价按与上一年相同的比率上升，

那么，预期通货膨胀率就等于上一年的通货膨胀率。因此，弗里德曼的附加预期菲利普斯曲线可以写为

$$\pi=\pi^{e}-\beta(u-u^{n})+v \tag{7-23}$$

其中，π^{e}为预期通货膨胀率；u^{n}为自然失业率；v为外部冲击。

对传统的菲利普斯曲线的另一个重要的修正实际上来自于石油危机。石油危机引起的油价高涨促使经济学家开始对总供给冲击给予足够的重视，并将之加入现代的菲利普斯曲线中。因此，修正后的菲利普斯曲线说明了通货膨胀率取决于三个因素——预期的通货膨胀率、实际失业率与自然失业率的背离、总供给冲击。附加预期的菲利普斯曲线可由短期总供给曲线推导出来。

2. 短期总供给模型与附加预期的菲利普斯曲线

菲利普斯曲线由三个因素决定——预期的通货膨胀率、实际失业率与自然失业率的背离、总供给冲击，这三个因素可以用如下式子加以表示：

$$\pi=\pi^{e}-\beta(u-u^{n})+v$$

其中，β为通货膨胀对周期性失业反应程度的参数。参数前面的符号是负的，这表明高失业会降低通货膨胀率。这个式子总结了通货膨胀与失业之间的关系。

菲利普斯曲线是总供给曲线的另一种表达方式，我们可以从短期总供给曲线中推导出菲利普斯曲线。因为短期总供给曲线指出了产出和价格水平是正向变动的，由于通货膨胀本身就是价格水平的变化率，而失业率随着产出的上升而反向变动。所以，总供给曲线隐含着通货膨胀和失业之间的反向变化关系。整个推导过程如下：

短期总供给曲线

$$Y=\bar{Y}+\alpha(P-P^{e}) \tag{7-24}$$

将其变形为

$$P=P^{e}+\frac{1}{\alpha(Y-\bar{Y})}$$

在式（7-24）的两边同时减去上一期的价格P_{-1}，得到式（7-25）：

$$P-P_{-1}=(P^{e}-P_{-1})+\frac{1}{\alpha(Y-\bar{Y})} \tag{7-25}$$

而式（7-25）左边的（$P-P_{-1}$）是当期价格与上期价格的差额，用通货膨胀率π代替。等式右边（$P^{e}-P_{-1}$）是预期价格水平和上期价格的差额，表示预期的通货膨胀率π^{e}，因此式（7-25）可以表示为

$$\pi=\pi^{e}+\frac{1}{\alpha(Y-\bar{Y})}$$

根据奥肯定律可知，失业率与总产出水平呈反向变动关系，当产出水平偏离潜在产出水平时，失业率就反向地偏离自然失业率水平。因此，根据奥肯定律，可以用$-\beta(u-u^{n})$来代替$\frac{1}{\alpha(Y-\bar{Y})}$，于是得到

$$\pi=\pi^{e}-\beta(u-u^{n}) \tag{7-26}$$

最后，加上外部冲击（供给冲击）v 来表示外界对价格的影响，如石油价格的波动、最低工资的变化，或者是政府对价格进行管制，等等。由此最终得到菲利普斯曲线的现代形式：

$$\pi = \pi^{e} - \beta(u - u^{n}) + v \tag{7-27}$$

由此，我们就从总供给方程推导出了附加预期的菲利普斯曲线。与总供给曲线一样，附加预期的菲利普斯曲线表明了实际经济波动与未被预期到的价格波动之间的关系。

三、理性预期的菲利普斯曲线

按照一些西方学者的说法，在长期，工人将根据实际发生的情况不断调整自己的预期，工人预期的通货膨胀率与实际的通货膨胀率迟早会一致。这时工人会要求改变名义工资，以使实际工资不变，从而较高的通货膨胀就不会起到减少失业的作用。西方学者认为，在以失业率为横坐标、通货膨胀率为纵坐标的坐标系中，长期菲利普斯曲线，即理性预期的菲利普斯曲线是一条垂直线，表明失业率与通货膨胀率之间不存在替换关系。而且，在长期经济社会能够实现充分就业，经济社会的失业率将处在自然失业率的水平。可以用图 7-9 说明短期菲利普斯曲线不断移动，进而形成理性预期的菲利普斯曲线的过程。

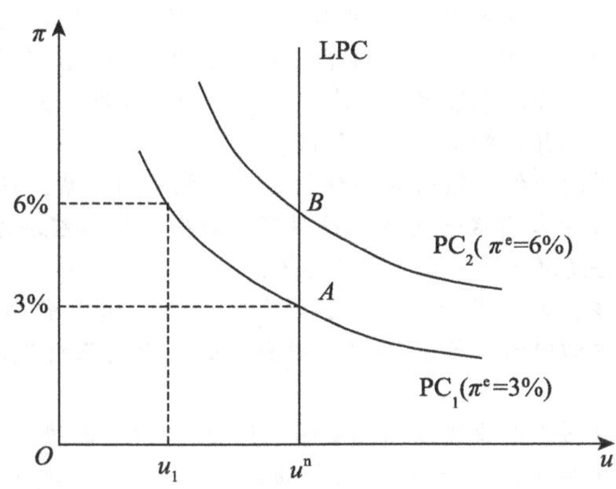

图 7-9 短期和理性预期的菲利普斯曲线

图 7-9 中，横轴为就业 u，纵轴为通货膨胀率 π 。假定某一经济处于自然失业率为 u^{n}，通货膨胀率为 3%的 A 点。若这时政府采取扩张性政策，以使失业率降低到 u_1。由于扩张性政策的实施，总需求增加，导致价格水平上升，通货膨胀率上升为 6%。由于在 A 点处，工人预期的通货膨胀率为 3%，而现在实际的通货膨胀率为 6%，高于预期的通货膨胀率，使实际工资下降，从而会增加生产、增加就业，于是失业率减少为 u_1。于是就会发生图 7-9 中短期菲利普斯曲线 PC_1（π^{e}=3%）所示的情况，失业率由 u^{n} 下降为 u_1，而通货膨胀率则从 3%上升到6%。

但这种情况只能是短期的。经过一段时间，工人会发现价格水平的上升和实际工资的下降，他们会相应地调整其预期，即从原来的 3%调整到现在的 6%，并要求提高货币工资。伴随着这种调整，实际工资又回到了原有的水平。相应地，企业生产和就业也都回到了原有的水平，失业率又回到原来的 u^n。但此时经济已处于具有较高通货膨胀率预期（即 6%）的 *B* 点。将以上过程重复下去，可以想象在短期，由于工人不能及时改变预期，便存在着失业与通货膨胀之间的替换关系。表现在图形上，便有多条短期菲利普斯曲线。随着工人预期通货膨胀率的上升，短期菲利普斯曲线不断上升。

从长期来看，工人预期的通货膨胀是理性的，与实际通货膨胀一致。因此，企业不会增加生产和就业，失业率也就不会下降，从而形成了一条与自然失业率重合的长期菲利普斯曲线 LPC。从图 7-9 中可知，垂直于自然失业率水平的长期菲利普斯曲线表明，在长期，不存在失业与通货膨胀的替换关系。理性预期的菲利普斯曲线的政策含义是，在长期，政府运用扩张性政策不但不能降低失业率，还会使通货膨胀率不断上升。

●专栏 7-2 中国的菲利普斯曲线

菲利普斯曲线有三种表达方式，表明三对经济变量的关系。第一种菲利普斯曲线表明的是失业率与货币工资变化率之间的关系，可称之为“失业-工资”菲利普斯曲线。这是由当时在英国从事研究的新西兰经济学家 A. 菲利普斯于 1958 年最早提出的。其表现形式是：在以失业率为横轴、货币工资变化率为纵轴的坐标图上，由右下方向左上方倾斜的、具有负斜率的一条曲线。它表明：失业率与货币工资变化率二者呈反向的对应变动关系，即负相关关系。

第二种菲利普斯曲线表明的是失业率与物价上涨率之间的关系，可称之为“失业-物价”菲利普斯曲线。这是由美国经济学家萨缪尔森和索洛于 1960 年提出来的。萨缪尔森和索洛以物价上涨率代替了原菲利普斯曲线中的货币工资变化率。这条曲线表明：失业率与物价上涨率二者亦呈反向的对应变动关系。在一轮短期的、典型的经济周期波动中，在经济波动的上升期，失业率下降，物价上涨率上升；在经济波动的回落期，失业率上升，物价上涨率下降。

第三种菲利普斯曲线表明的是经济增长率与物价上涨率之间的关系，可称之为“产出-物价”菲利普斯曲线。这是后来许多经济学家惯常使用的。这种菲利普斯曲线以经济增长率代替了第二种菲利普斯曲线中的失业率。这一代替是通过“奥肯定律”实现的。

关于我国的菲利普斯曲线，刘树成着重探讨了“产出-物价”菲利普斯曲线和“失业-物价”菲利普斯曲线。就我国经济周期波动中的“产出-物价”曲线来说，有过五种代表性的形状：改革前的两种和改革后的三种。

改革前第一种形状：与菲利普斯曲线方向相反的“产出-物价”曲线。

在我国原有的计划经济体制下，“产出-物价”曲线曾出现过一种具有代表性的形状，即从 1957 年经济增长率的波谷出发，1958~1962 年这一轮经济周期中的曲线（图 7-10）。

图 7-10 中（以下图 7-11 亦同），横轴为现实经济增长率对潜在经济增长率的偏离。现实经济增长率以不变价国民收入增长率表示。整个计划经济体制下的潜在经济增长率，我们取 1953~1977 年不变价国民收入年平均递增率 5.7%。纵轴为物价上涨率，以商品零售价格表示。图 7-10 的曲线从 1957 年出发，到 1958 年先向右下方移动；然后，在 1959 年、1960 年、1961 年，向左上方远远飞出；到 1962 年又折向右下方。这条曲线与基本的“产出-物价”菲利普斯曲线的方向完全相反。它表明：现实经济增长率对潜在经济增长率的偏离与物价上涨率二者呈现反向变动关系。当现实经济增长率对潜在经济增长率的偏离上升时（1957~1958 年线段和 1961~1962 年线段），物价上涨率却下降；当现实经济增长率对潜在经济增长率的偏离下降时（1958~1961 年线段），物价上涨率却上升。

改革前第二种形状：水平的“产出-物价”曲线。

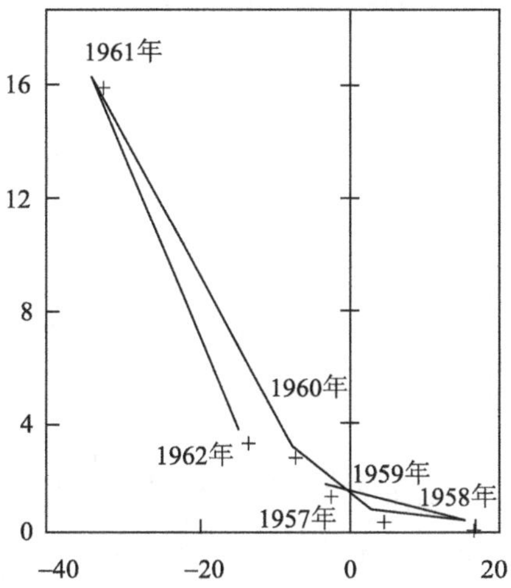

图 7-10　1957~1962 年“产出–物价”曲线

在我国原有的计划经济体制下，“产出–物价”曲线还曾出现过另一种具有代表性的形状，那就是从 1968 年经济增长率的波谷出发，1969~1972 年和 1973~1976 年这两轮经济周期中的曲线（图 7-11）。这一期间，尽管现实经济增长率对潜在经济增长率的偏离在剧烈地左右移动，物价上涨率却变动极小，只是围绕水平横轴（物价上涨率的零度线）上下各 1 百分点微弱地变动。

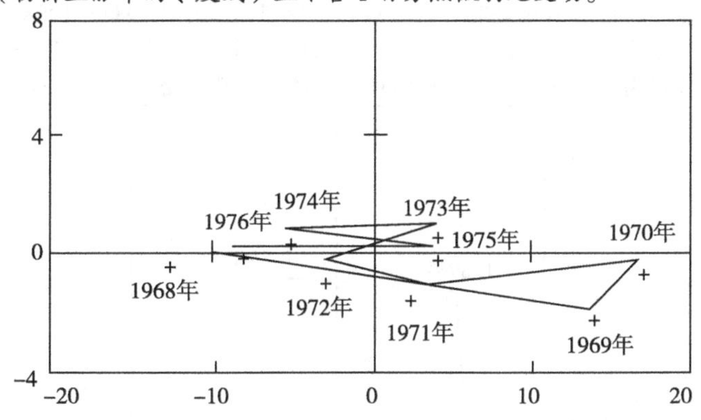

图 7-11　1968~1976 年“产出–物价”曲线

改革后第一种形状：基本的菲利普斯曲线。

改革开放以后，随着我国计划经济体制向社会主义市场经济体制的过渡，经济增长率与物价上涨率之间的关系呈现出基本的菲利普斯曲线那种同向变动的特征。图 7-12 是从 1981 年经济增长率的波谷出发 1982~1986 年这一轮经济周期中的曲线。图 7-12 中横轴仍为现实经济增长率对潜在经济增长率的偏离（以下图 7-13、图 7-14 亦同）。

现实经济增长率以不变价 GDP 增长率表示。潜在经济增长率的取值，1981~1990 年，这一期间不变价 GDP 年平均递增率 9.1%；1991~1996 年，为 1981~1996 年不变价 GDP 年平均递增率 10%。纵轴仍为商品零售价格上涨率。图 7-12 的曲线从 1981 年出发到 1984 年，现实经济增长率对潜在经济增长率的偏离由左至右逐步上升，物价上涨率先有微弱的下降后亦随之上升；1984~1986 年，现实经济增长率对潜在经济增长率的偏离由右往左逐步下降，物价上涨率先有一个滞后的上升（1984~1985 年线段），而后亦下降。整体来看，这一曲线环略向右下方倾斜、位势较低且较为扁平，大体表现为基本菲利普斯曲线的形状。

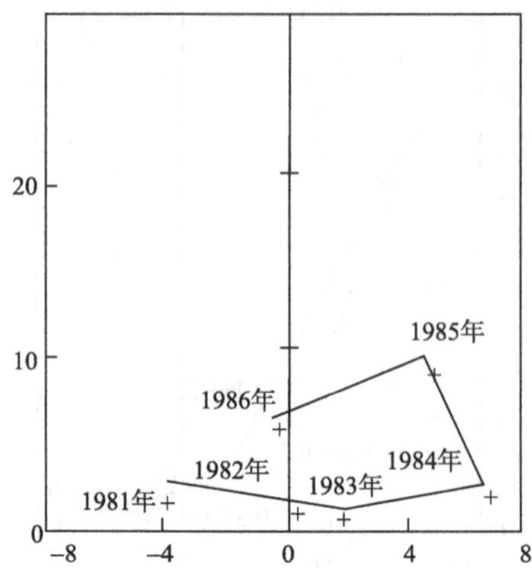

图 7-12　1981~1986 年“产出-物价”曲线

改革后第二种形状：左上位陡峭型菲利普斯曲线。

图 7-13 是从 1986 年经济增长率的波谷出发，1987~1990 年这一轮经济周期中的曲线。与上一轮周期相比，这一曲线环发生了向左上方的位移，且十分陡峭。从 1986 年出发到 1987 年，现实经济增长率对潜在经济增长率的偏离上升，物价上涨率亦上升；1987~1990 年，现实经济增长率对潜在经济增长率的偏离由右往左下降，物价上涨率先有一个滞后的、陡峭的上升（1987～1988 年线段），随后先是缓慢下降（1988~1989 年线段），再是陡峭地下降（1989～1990 年线段）。这一曲线环的向上移动，说明物价上涨率的位势提高了；向左移动，说明现实经济增长率对潜在经济增长率的偏离下降得较大。

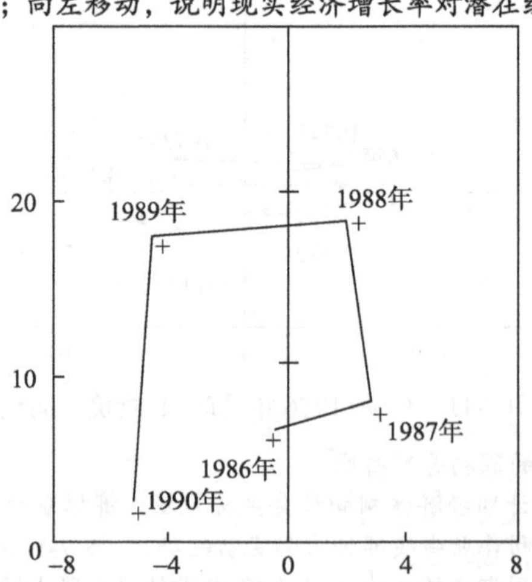

图 7-13　1986~1990 年“产出-物价”曲线

改革后第三种形状：右上位陡峭型菲利普斯曲线。

图 7-14 是从 1990 年经济增长率的波谷出发，1991~1996 年这一轮经济周期中的曲线。与上一轮周期相比，这一曲线环又向右上方移动了，且较为陡峭。从 1990 年出发到 1992 年，现实经济增长率对潜在经济增长率的偏离由左至右逐步上升，物价上涨率随之缓慢上升；1992~1996 年，现实经济增长率对潜在经济增长率的偏离由右往左逐步下降，物价上涨率先有一个滞后的、陡峭的上升（1992～1994 年线段），而后陡峭下降（1994～1996 年线段）。这一曲线环的向上移动，说明物价上涨率的位势又提高了；向右移动，说明这一轮周期处于较高的经济增长状态。

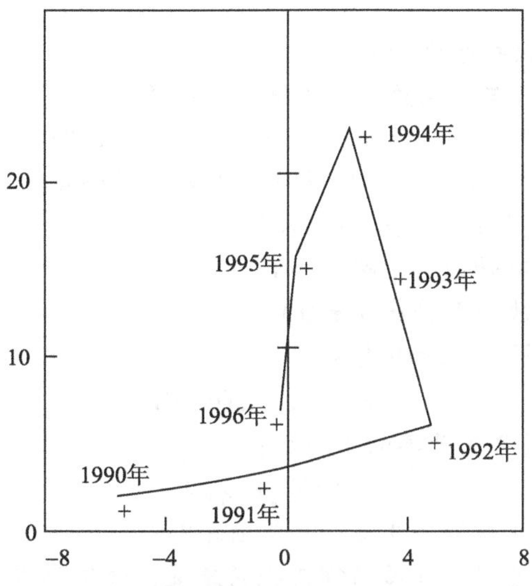

图 7-14　1990~1996 年“产出–物价”曲线

资料来源：刘树成：《论中国的菲利普斯曲线》，《管理世界》，1997 年第 6 期。

➤本章提要

总供给曲线描述了在一定的价格水平上企业愿意提供的产品和劳务总量，并且长期总供给曲线与短期总供给曲线存在着区别。长期总供给曲线是垂直的，表明无论价格水平如何变化，产量总保持在与劳动力充分就业相对应的潜在水平上；而短期总供给曲线在一般情况下是向上倾斜的，表明随着价格水平的提高，企业愿意提供的产品总量随之增加，因此总产量会偏离充分就业的潜在水平。

在短期总供给分析中，工资行为的决定具有十分重要的作用，但各个经济学流派对工资行为的决定有着不同的解释。这样，各学派就以不同的工资假说为基础建立了不同的总供给模型来解释总供给。在介绍完短期总供给模型之后，本章介绍了总供给冲击的来源，对产出的影响及其调整。最后，给出了菲利普斯曲线的多种形式，并且从短期总供给模型中推导出了附加预期的菲利普斯曲线。

➤关键概念

总供给曲线（aggregate supply curve）
工资黏性（stick wage）
价格黏性（stick price）
供给冲击（supply shock）
菲利普斯曲线（Phillips curve）

➤复习思考题

1. 比较五种短期总供给模型的异同。

2. 简述菲利普斯曲线与短期总供给曲线之间的关系。

3. 什么是滞胀？请描述一种能够产生滞胀的情况并说明如何对其进行治理。

4. 在黏性价格模型中，描述下列特殊情况下的总供给曲线。如何将这些情况与我们在第七章中讨论的短期总供给曲线进行比较？

（1）没有一个企业有伸缩性价格（s=0）；

（2）合意价格不取决于总产出（a=0）。

5. 假设某经济体的菲利普斯曲线是

$$\pi = \pi_{-1} - 0.5(u - u^{n})$$

而且自然失业率是过去两年失业率的平均数：

$$u^{n} = (u_{-1} + u_{-2})/2$$

（1）为什么自然失业率取决于最近的失业率？

（2）假设宏观调控遵循持续低通货膨胀的政策，通货膨胀率为 1%，这种政策对一段时期内的失业率有什么影响？

（3）这些方程式对通货膨胀与失业之间短期和长期的交替关系意味着什么？

➤扩展性阅读资料

多恩布什 R，费希尔 S，斯塔兹 R. 2000. 宏观经济学. 第 7 版. 范家骧等译. 北京：中国人民大学出版社

黄亚钧. 2005. 宏观经济学. 第 2 版. 北京：高等教育出版社

罗默 D. 1999. 高级宏观经济学. 苏剑译. 北京：商务印书馆

曼昆 G N. 2011. 宏观经济学. 第 7 版. 卢远瞩译. 北京：中国人民大学出版社

宋承先，许强. 2005. 现代西方经济学：宏观经济学. 第 3 版. 上海：复旦大学出版社

第四篇

宏观经济学模型的扩展

第八章

消费理论

微观经济学中的消费理论是研究单个家庭的消费决策，而宏观经济学中的消费是总需求的一部分，宏观经济学的消费理论是研究如何将收入在消费和储蓄之间进行分配，选择将多少比例的收入用于当前消费、多少比例的收入用于未来消费（即储蓄）的理论。家庭的消费选择不仅对家庭目标的实现具有重要意义，而且对宏观经济运行具有重要影响，是宏观经济模型的重要扩展之一。这种影响主要体现在两个方面：其一，消费是社会总需求的一部分，且是最主要的部分，通常占一国 GDP 的 2/3 左右，因此消费的波动会经由总需求传导引发整个国民经济的波动。其二，消费决策对经济增长具有重要意义。家庭消费选择所决定的储蓄率是影响一国经济增长的重要因素。可见，微观领域的家庭消费决策会影响宏观经济的运行状况，对家庭消费决策的分析构成了宏观经济学的微观基础。本章介绍了凯恩斯的消费函数及消费之谜、弗里德曼的持久性收入假说、莫迪利亚尼的生命周期假说、杜森贝的消费理论。

第一节　凯恩斯的消费函数及消费之谜

消费函数在凯恩斯宏观经济理论中占有十分重要的地位。受到凯恩斯所处时代经济数据和数据分析技术缺乏的局限，凯恩斯消费函数的提出主要基于直接的经验观察和逻辑推理。凯恩斯的消费理论主要有以下核心观点。

一、有关边际消费倾向的理论

边际消费倾向是凯恩斯宏观经济学的核心概念之一。所谓边际消费倾向是指消费增量在收入增量中所占的比例，即当可支配收入增加 1 元时，消费支出增加的数量。可用公式表示为

$$\text{MPC}=\Delta C/\Delta Y \tag{8-1}$$

其中，MPC 为边际消费倾向；ΔC 为消费增量；ΔY 为收入增量。凯恩斯基于对人的基本心理规律的把握，认为随着收入的增加，人们的消费也会增加，但消费增量一定小于收入增量。也就是说，通常人们不会把增加的收入全部用来消费，而是将一部分储存起来，而且收入增加得越多，用于消费的部分会越少，因此边际消费倾向介于 0~1。

凯恩斯的这一观点对其政府干预经济的政策主张极为关键。因为政府利用财政政策对经济进行干预正是基于消费和收入之间的这种正相关关系，且这种干预的效果在财政乘数的作用下会被放大。显然，凯恩斯所提出的边际消费倾向理论是认识消费与收入之间相互关系的基础。

二、有关平均消费倾向的理论

平均消费倾向是指消费在收入中所占比例，它反映了消费在家庭总收入中所占份额大小。可用公式表示为

$$\mathrm{APC}=C/Y \tag{8-2}$$

其中，APC 为平均消费倾向；C 为消费；Y 为收入。凯恩斯认为平均消费倾向存在递减趋势，即平均消费倾向随收入的增加而下降。也就是说，随着收入的增加，消费在其中所占的比例越来越小。同时，凯恩斯认为储蓄是一种“奢侈品”，富人收入中用于储蓄的比例会高于穷人，即与穷人相比，富人具有更高的储蓄倾向。

三、有关消费决定因素的理论

凯恩斯认为收入是消费的主要决定因素，而利率并没有重要作用，这一论断与他之前的古典经济学家的观点相左。按照古典经济学的观点，储蓄与利率正相关，较高的利率会鼓励家庭增加储蓄、减少消费，因此，消费与利率负相关。虽然凯恩斯也承认，在理论上利率会影响消费，但他认为从经验出发所得出的结论是，在既定的收入水平下，利率对个人支出（即消费）的影响是短期的、第二位的或相对不重要的，真正对消费起决定作用的是收入。

依据上述理论，凯恩斯的消费函数可以概括为以下形式：

$$C_t=a+bY_t \tag{8-3}$$

其中，C_t 为消费；Y_t 为 t 时期居民家庭可支配收入；a 为自主性消费，其数值为大于 0 的常数，是不依存于收入的消费，而取决于生存的基本需要；bY_t 为 t 时期引致消费，是随收入的变动而变化的消费，b 为边际消费倾向，其数值介于 0~1。这一函数关系可用图 8-1 表示。

在图 8-1 中，横轴代表收入，用 Y 表示，纵轴代表消费，用 C 表示，图中有一条 45° 线，该线上每一点的横坐标和纵坐标相等，表示所有的收入都被用于消费支出，因此，其斜率等于 1。当收入为 Y_1 时，消费线与 45° 线相交，此时收入等于支出。当收入由 Y_1 增加到 Y_2 时，消费从 C_1 增加到 C_2，消费增加量小于收入增加量。消费函数直观地反映了凯恩斯消费理论的三个核心内容：首先，消费线的斜率小于 45° 线，说明边际消费倾

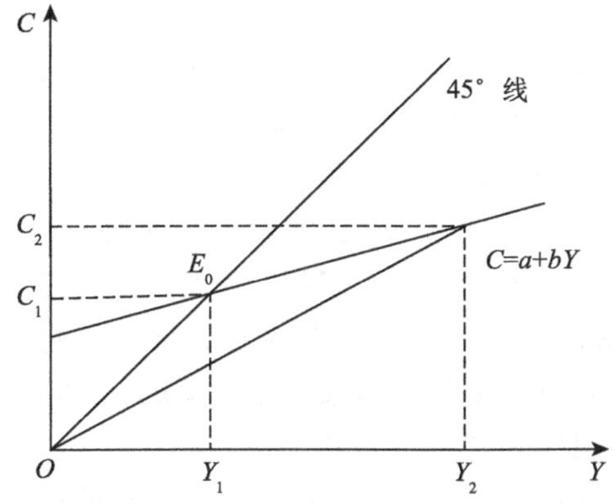

图 8-1 凯恩斯的消费函数

向 b 的数值介于 0~1，表明消费随收入的增加而增加，但其增加幅度小于收入增幅，这与凯恩斯对边际消费倾向的推断一致。其次，与凯恩斯提出的平均消费倾向递减规律相吻合，由于平均消费倾向即为消费线上对应各收入水平的点与原点连线的斜率，随着收入的增加，上述连线的斜率不断变小。这说明随着收入的增加，消费在收入中所占比重是逐渐下降的，即平均消费倾向是递减的。最后，由于上述消费函数反映的是收入对消费的影响，并未包含利率变量，表明消费变动与利率无关，与凯恩斯提出的收入是消费决定因素的观点一致。

凯恩斯的消费函数被早期的实证研究证明与人们的消费行为基本符合。在凯恩斯提出其消费函数后，一些经济学家开始搜集数据进行研究，以检验凯恩斯消费函数的正确性。例如，美国经济学家斯密西斯（Smithies）根据美国 1923~1940 年家庭收入和消费的统计资料，通过对短时间内家庭收入和消费的数据进行统计分析，研究者发现收入高的家庭消费较多，从而证实了凯恩斯边际消费倾向大于 0 的推断。同时，他们还发现，收入高的家庭储蓄也较多，这就证明了凯恩斯所提出的边际消费倾向小于 1 的观点。进一步分析表明，高收入家庭消费在收入中所占比重要低于低收入家庭，即高收入家庭的平均消费倾向低于低收入家庭，这说明家庭的平均消费倾向是随着收入的增加而不断下降的，从而印证了凯恩斯的消费理论。

但是，后续的研究很快使人们发现凯恩斯所提出的平均消费倾向递减规律存在问题。根据凯恩斯的平均消费倾向递减规律，很容易推论出平均储蓄倾向递增这一结论。也就是说，随着经济中收入的持续增加，用于消费的比例会越来越低；相反，储蓄则会越来越多。这会从两方面导致总需求不足：一方面，越来越多的储蓄没有足够的有利项目加以吸收，而导致投资需求不足；另一方面，平均消费倾向随收入增加持续下降所引发的低消费，必将引起消费需求不足。两方面综合作用的结果就是有效需求不足，进而引发经济衰退，除非政府采取扩大总需求的财政政策，否则经济将面临长期停滞，然而这种结果并未出现。虽然第二次世界大战以后人们的收入水平较战前提高很多，但并未出现凯恩斯所断言的平均消费倾向不断下降、储蓄率不断上升，进而经济陷入长期停滞的情形。这种理论和现实的反差使凯恩斯有关平均消费倾向递减的判断遭到严重质疑。

使凯恩斯消费函数再次面临挑战的是美国哈佛大学的库兹涅茨（Kuznets）教授。库兹涅茨在20世纪40年代对美国1869~1938年的消费与收入比率的实际数据进行了分析和研究。他发现在此期间收入增加了 7 倍，但平均消费倾向却相当稳定，始终保持在0.81~0.89，并未随收入的变化而递减。其后的一些研究也证明了库兹涅茨教授的结论：长期中平均消费倾向不随收入变动而变动，基本为一常数。

这些新的研究成果使人们产生了一个疑问：为什么对家庭数据的短期时间序列研究与凯恩斯的消费理论相吻合，而对家庭数据的长期时间序列考察却否定了凯恩斯的观点？也就是为什么在短期家庭的平均消费倾向是递减的，而在长期平均消费倾向却是稳定不变的？这就是所谓的凯恩斯“消费之谜”。

图8-2可以清楚地显示出“消费之谜”。经济学家们的实证研究表明，存在两种不同的消费函数。家庭短期时间序列数据与凯恩斯消费函数的吻合，说明存在一种“短期消费函数”，这一消费函数所反映的消费与收入之间的关系与凯恩斯的结论一致，即平均消费倾向递减。此外，对长期时间序列数据的研究表明还存在另一种“长期消费函数”，在这一消费函数中，平均消费倾向保持不变，凯恩斯所预言的消费与收入之间的关系不复存在。

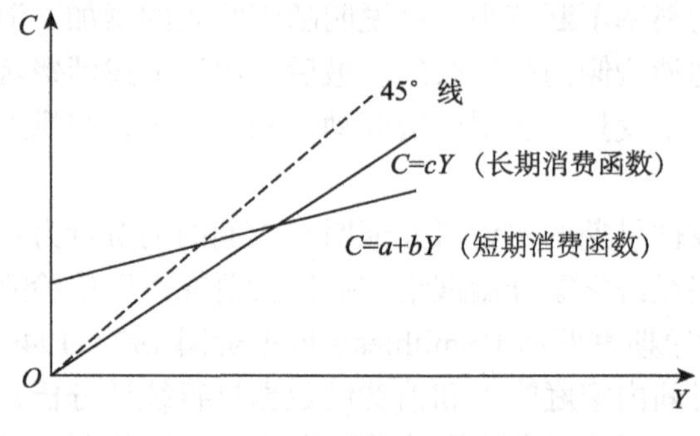

图8-2 凯恩斯消费之谜

短期和长期两种不同的平均消费倾向是凯恩斯“消费之谜”产生的根源，因此，找到两种消费函数存在的原因，也就解开了“消费之谜”。20世纪50年代弗里德曼和莫迪利亚尼分别提出了“持久性收入假说”和“生命周期假说”，从不同的角度对“消费之谜”进行了分析和研究，并取得了进一步的研究成果。

相关链接8-1 关于中国消费函数的研究

消费问题一直是经济学界研究的重点和热点，国内许多专家学者从收入、消费支出、物价、贫富差异、地区和行业等因素入手，以上述四个理论为依托，对影响居民消费支出的因素进行了大量的实证研究。例如，王军（2001）对我国的消费函数进行了实证分析和探讨，但是没有找到一个适合我国经济实际状况的消费函数；陈学彬等（2005）从货币政策效应的微观基础方面对居民的消费进行了研究，研究结果认为影响居民消费的主要因素是持久收入；刘颐权（2005）从消费主体结构和消费客体结构探讨影响居民消费支出的因素；冯鑫明和田剑（2000）从改革预期角度提出了预期因素对居民消费支出的作用；等等。众多理论虽然研究方式大相径庭，却得出了难得一致的检验结论：1978年后的中国消费数据更符合生命周期理论。

资料来源：张浩楠：《消费函数在我国的适用性》，中国经济学教育科研网，2008 年 5 月。

第二节 弗里德曼的持久性收入假说

米尔顿·弗里德曼（Milton Friedman）在其 1957 年出版的《消费函数理论》一书中提出了“持久性收入假说”，对凯恩斯理论的“消费之谜”给出了自己的解释。

弗里德曼将人们的收入分为持久性收入 Y^{P} 和暂时性收入 Y^{T}。持久性收入是指人们预期在长期中能持续获得的稳定收入，可将其视为长期平均收入；暂时性收入是指未预期到的、偶然获得、不可持续的收入，可将其理解为实际收入与持久性收入的暂时背离，如一个人因职务晋升而增加的工资是持久性收入，而因加班增加的收入则为暂时性收入。人们的实际收入是持久性收入与暂时性收入之和，即

$$Y_t = Y_t^{\mathrm{P}} + Y_t^{\mathrm{T}} \tag{8-4}$$

弗里德曼认为消费是持久性收入的函数，人们在安排自己的消费支出时不是根据短期的、暂时的收入，而是依据长期的、持久的收入。理性的消费者为了实现效用最大化的目标，会依据长期稳定的收入来进行消费决策，即依据持久性收入来安排其消费支出。暂时的收入变动只有在能够影响持久收入时，才会对消费产生影响。据此，他提出了持久性收入假说的消费函数：

$$C_t = c \cdot Y_t^{\mathrm{P}} \tag{8-5}$$

其中，c 为长期边际消费倾向（等于长期平均消费倾向），它衡量持久性收入中用于消费的部分，根据弗里德曼的估算，在美国该数值约为 0.88；Y_t^{P} 为持久性收入。这一函数关系表明消费与持久性收入正相关，且与持久性收入成比例变化。

为了使持久性收入概念具有可操作性，弗里德曼还进一步论证了持久性收入的估算。由于持久性收入是人们对未来收入的预期，通常情况下，这种预期的形成是基于过去所获得的持久性收入和现期收入水平，持久性收入的估算公式可表示为

$$\begin{aligned} Y_t^{\mathrm{P}} &= Y_{t-1} + \theta\left(Y_t - Y_{t-1}\right) \\ &= \theta Y_t + (1-\theta)\ Y_{t-1}, \quad 0<\theta<1 \end{aligned} \tag{8-6}$$

其中，Y_t 为现期收入；Y_{t-1} 为前期收入；θ 为加权数，表示两个时期收入变动对持久性收入的影响程度。θ 越大，持久性收入越接近现期收入；θ 越小，则持久性收入越接近前期收入。将式（8-6）代入式（8-5），可将消费函数进一步表示为

$$C_t = c \cdot Y_t^{\mathrm{P}} = c\theta Y_t + c(1-\theta)\ Y_{t-1} \tag{8-7}$$

其中，$c\theta$ 为现期收入的平均消费倾向；$c(1-\theta)$ 则为前期收入的平均消费倾向。不难理解，$c\theta<c$，这说明短期消费倾向小于长期消费倾向，可见存在两种不同的消费函数。弗里德曼认为短期消费倾向小于长期消费倾向的原因在于：当现期收入增加时，人们并不能确认其属于持久性收入还是暂时性收入。因此，消费的变动不大。这样，随着收入

的增加，消费占比会越来越低，平均消费倾向呈递减变化。一旦人们能够确认收入的增加是持久性的，就会依照新的收入水平调整其消费支出。因此，从长期来看，消费者具有更高的消费倾向，并且由于持久性收入是持续、稳定的，所以长期平均消费倾向也是稳定的，基本上是一个常数。持久性收入假说的消费函数可用图 8-3 表示。

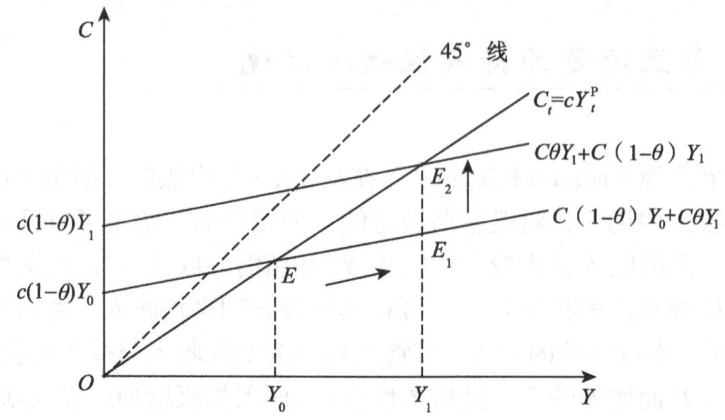

图 8-3 持久性收入假说与消费之谜

在图 8-3 中，横轴代表收入，纵轴代表消费。$C_t=cY_t^P$ 为长期消费函数，其平均消费倾向与边际消费倾向相等为 c，是一常数。$C=c\theta Y_t+c(1-\theta)Y_{t-1}$ 为短期消费函数，其平均消费倾向为 $c\theta$，$c(1-\theta)Y_{t-1}$ 为由前期收入所决定的消费，它不随现期收入的变动而变动。在短期，当收入由 Y_0 增加至 Y_1 时，均衡点由 E 点移动至 E_1 点，平均消费倾向下降；在长期，人们会依据新的持久性收入对消费进行调整，推动均衡点由 E_1 点移至 E_2 点。此时，平均消费倾向恢复到长期水平。

由此，弗里德曼揭示了凯恩斯消费之谜的根源：凯恩斯将消费视为现期收入的函数，仅考察了现期收入对消费的影响，并据此得出平均消费倾向递减的结论。持久性收入假说的主要贡献在于强调了收入持久性变动与暂时性变动之间的区别，指出消费是持久性收入的函数，持久性收入的稳定性质决定了长期平均消费倾向的稳定，从而揭示了凯恩斯的消费之谜。但是，持久性收入假说碰到的难题是：家庭如何把握其将来的收入是暂时的还是持久的，这就涉及了预期，但是持久性收入假说的预期仅仅是一种适应性预期。

●专栏 8-1 中国的假日经济与消费

假日经济是指人们利用节假日集中购物、集中消费的行为及其经济影响，其主要特征是集中消费，其实质是通过休闲时间的延长来提高居民的消费倾向、增加居民的消费支出，以拉动国内总需求增长。中国的假日经济是伴随着第一个“黄金周”的出现而出现的，它有明确的目标指向：针对 20 世纪 80 年代末期我国出现的通货膨胀，政府采取了紧缩性财政和货币政策，使我国经济于 1996 年实现“软着陆”。然而 1997 年亚洲金融危机的爆发，严重影响了中国的产品出口和企业投资，造成国内有效需求不足，经济增长乏力。为此，政府出台了一系列刺激需求的措施，如增发国债扩大基础设施投资、降低利息率以刺激消费需求等，但这些政策的效果却不令人满意。因此，从 1999 年开始，我国将春节、“五一”、

"十一"三个节日的假期延长为 7 天，以鼓励居民进行旅游、购物等消费活动，拉动国内消费需求。从"黄金周"实施以来所引发的旅游业、住宿餐饮业、交通运输业、百货零售业的"井喷行情"来看，假日经济对于拉动国内消费需求发挥了巨大推动作用。但是，与假日经济的火爆并存的是平日市场的冷清和萎缩，由此不难看出，假日经济所增加的消费不过是人们平时日常消费的一种转移和集中释放。当我们在评价假日经济的积极影响时，还必须看到它对日常经济活动所产生的冲击。其实，中国假日经济所呈现出的特点，恰好反映出西方经济学的消费函数理论：消费是收入的函数，在收入水平没有显著变化的情况下，人们的消费支出也不会大量增加，消费支出在一个时间的激增，意味着它在另一些时间的萎缩。从长期来看，基于稳定收入所形成的消费倾向也是相对稳定的。因此，通过增加消费而扩大内需的根本途径在于增加居民的收入。

资料来源：中国经济学教育科研网。

第三节 莫迪利亚尼的生命周期假说

弗朗克·莫迪利亚尼（Franco Modigliani）利用费雪的跨期消费选择模型对消费函数进行了研究，提出了"生命周期假说"，试图解开凯恩斯的消费之谜。

根据费雪的模型，人们的消费取决于其一生的收入，即消费是一生收入的函数。莫迪利亚尼在此基础上进一步研究了人们在一生中不同时期的收入变动规律，指出人们会利用储蓄等手段来平衡一生的收入和消费，以在其整个生命周期内实现消费满足的最大化。与持久性收入假说一样，生命周期假说认为家庭消费取决于生命周期中家庭的收入，而不仅仅是当前的收入。

莫迪利亚尼认为理性的消费者要根据一生的全部预期收入来安排自己的消费和储蓄，使一生的收入与消费相等。其理论贡献在于：这一理论发现家庭的收入变化在一个人的生命周期内是有规律可循的，一个人的储蓄与消费状况取决于他所处的生命周期的具体阶段。也就是说，各个家庭在每一时点的消费和储蓄决策都反映了该家庭希望在其生命周期各个阶段达到消费的理想分布，以实现一生效用最大化的目标。因此，消费取决于家庭在整个生命周期内所能获得的全部收入，既包括劳动收入，也包括财产收入。据此，莫迪利亚尼构造了家庭的消费函数：

$$C = a \cdot W + c \cdot Y \tag{8-8}$$

其中，W 为财产收入；Y 为劳动收入；a 为财产收入的边际消费倾向；c 为劳动收入的边际消费倾向。

莫迪利亚尼生命周期理论的基本假设有以下几点：第一，收入变动取决于个人所处的生命周期阶段，工作时可获取年收入 Y，退休后将不再有任何收入；第二，个人进行储蓄的目的是维持退休后的日常消费开支；第三，利息率为 0，储蓄不能带来利息收入；第四，个人偏好稳定、均匀的消费水平。基于以上假设，人们在整个生命周期中的消费、收入及财富的跨期选择可以用图 8-4 表示。

在图 8-4 中横轴代表生命周期 T 年，纵轴代表收入 Y 和消费 C，从图中可以看出，由于人们希望一生具有稳定、均匀的消费水平，在整个生命周期内，消费水平始终保持不变，消费曲线 C 为一条与横轴平行的水平线。为保障退休之后的生活，人们在工作时

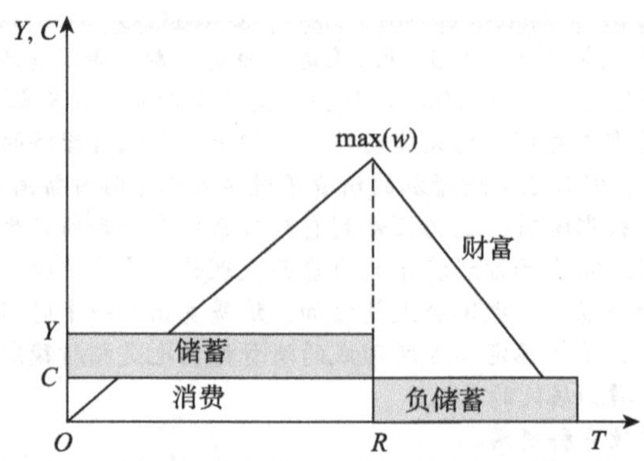

图 8-4 生命周期中的消费、收入及财富的跨期选择

会进行储蓄。这样，收入便分为两部分——消费和储蓄。储蓄积累起来形成财富，在达到退休年龄时，其财富积累达到最大值。退休之后没有收入来源，其消费只能靠以前的储蓄支撑，因而是负储蓄，表现为财富的净减少，至生命结束时，其财富归 0。根据该理论的假定，退休前的储蓄额应该等于退休后的负储蓄额，也就是两个阴影部分的矩形面积应该相等。

莫迪利亚尼在跨期选择的基础上首先考察了人们的消费与劳动收入之间的函数关系。他以一个预期寿命还有 T 年的人为例。假设从现在起至退休，他还可以工作 R 年，每年可得收入为 Y，这样，T 年中他可获得的总劳动收入为 $R \cdot Y$，他将收入均匀地分配到每一年的消费中，因此，其消费函数为

$$\begin{aligned} C &= R \cdot Y / T \\ &= (R / T) \cdot Y \end{aligned} \tag{8-9}$$

其中，R/T 为工作时间占个人生命时间的比重。在此，该指标反映了劳动收入中用于消费的比例，即反映了消费倾向。

莫迪利亚尼在此基础上又引入财富因素，认为财富在某一时期的家庭消费行为中也起着重要作用。他进一步构造了包含收入和财富在内的消费函数。假设此人在 T 年中还拥有财富 W，则其在 T 年中的总收入为 $RY+W$，同劳动收入一样，他的财富也会被均匀地分配到其生命周期的每一年。这样，该消费者的消费函数可进一步表示为

$$\begin{aligned} C &= W / T + R \cdot Y / T \\ &= (1 / T) \cdot W + (R / T) \cdot Y \end{aligned} \tag{8-10}$$

令 $a=1/T$, $c=R/T$, 则 $C = a \cdot W + c \cdot Y$，根据这一公式可以计算出消费者的平均消费倾向：

$$APC=C/Y=a(W/Y)+c \tag{8-11}$$

生命周期理论的消费函数可用图 8-5 表示。

如图 8-5 所示，纵轴代表消费 C，横轴代表收入 Y。消费是财富和收入的函数。在短期，由于财富变动不明显，将其视为常数，表现为不随收入变动而变动的消费。在图 8-5 中就是消费曲线在纵轴上的截距 $a \cdot W$。消费曲线向右上方倾斜，表明消费与收入正相关，消费随收入增加的多少取决于边际消费倾向 c 的大小。由于财富 W 为常数，收入 Y 的增加使 W/Y 下降，进而导致平均消费倾向随 Y 的增加而减少，即平均消费倾向递减。

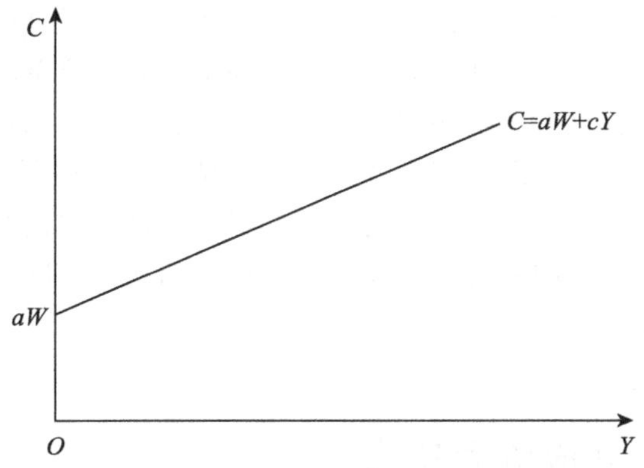

图 8-5　生命周期理论的消费函数

虽然在短期收入增长所造成的财富变动可以忽略不计，但在长期中，人们的财富 W 会与收入 Y 同时增长，从而使 W/Y 的比率维持不变。这样，长期平均消费倾向就成为常数。至此，生命周期理论就对凯恩斯的"消费之谜"给出了完整的解释。

可以用图 8-6 来直观地说明生命周期理论对消费之谜的解释。

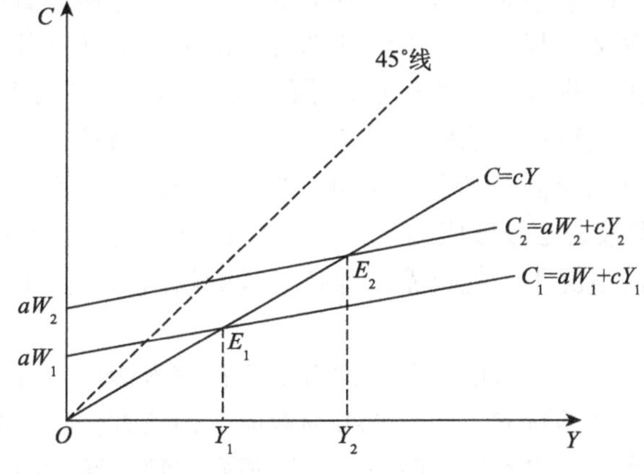

图 8-6　生命周期理论与消费之谜

图 8-6 反映了长期消费函数和短期消费函数的存在及二者之间的差别。在收入为 Y_1 时，财富为 W_1，相应的短期消费曲线为 C_1，其上与 Y_1 相对应的点为 E_1。当收入由 Y_1 增加到 Y_2 时，人们的财富 W 与收入 Y 一同增长，由 W_1 上升到 W_2，并导致短期消费函数由 C_1 平行上移至 C_2，此时，其上与 Y_2 相对应的点为 E_2。把 E_1 和 E_2 两点用一条从原点出发的直线连接起来，就形成了一条长期消费曲线。该曲线的斜率，即平均消费倾向，始终为一常数。

综上所述，从短期来看，收入的增加不会带来财富的变化，人们拥有的财富是相对稳定的，因此随着收入的增加，消费占比下降，平均消费倾向呈现出递减的规律。但从长期来看，人们的财富会随着收入的增加而同比例增加，因此随着收入的增加，消费占比保持不变，平均消费倾向为常数。这种长短期消费函数之间的差异，正是产生消费之谜的原因。

莫迪利亚尼的生命周期假说的主要贡献在于，它强调了消费与个人生命周期阶段以及相应收入和财产之间的关系，论证了家庭消费支出是一生预期收入的函数，即家庭在每一时点的消费决策取决于家庭在整个生命周期所能获取的全部收入和财产，因此，消费不仅是收入的函数，也是财产的函数。通过对人们在整个生命周期中消费、收入和财富的跨期选择分析，构造了短期消费函数和长期消费函数，从而较好地解释了短期平均消费倾向与长期平均消费倾向不一致的现象，并最终对消费之谜给出了解释。其宏观经济学的意义在于揭示了一个国家的国民储蓄与该国人口年龄之间的关系，提出了建立养老保险制度的重要意义。

第四节　杜森贝的消费理论

美国经济学家杜森贝（Duesenberry）也对消费与收入之间的关系进行了研究，并在其《收入、储蓄和消费者行为理论》一书中提出了“相对收入假说”，对凯恩斯的“消费之谜”进行了解答。

杜森贝认为消费取决于相对收入，故其消费函数被称为相对消费函数。杜森贝的相对收入概念包含两层含义：其一是消费者的消费支出不仅受其自身收入的影响，而且也受周围其他人消费支出及收入与消费相互关系的影响，即不同消费者之间的消费具有“示范性”或“攀附性”，这被称为消费的示范效应；其二是消费者的消费支出不仅受自己目前收入的影响，而且也受自己过去收入和消费水平的影响，特别是受到过去“高收入水平”的影响。消费者过去已经形成的某种消费水平，会对他目前的消费行为产生影响，即使在收入水平下降的情况下，他仍希望保持过去的较高的消费水平，这被称为消费的习惯效应。

由于存在示范效应，当收入增加时，消费增量在收入增量中所占比例不一定下降，即平均消费倾向不一定是递减的。又由于习惯效应，消费者在收入减少时宁肯动用储蓄来维持已形成的消费水平，也不愿意改变自己的消费习惯，减少消费。因此，在收入减少时，由于消费习惯的作用，消费者的消费支出可能不变或只有轻微下降，而不至于影响整个社会的消费需求量，这称为消费的制轮效应或棘轮效应。

杜森贝通过对时间序列的观察，指出存在长期和短期两种不同的消费函数。在长期，消费者的消费与收入基本维持一个固定比率。因此，长期平均消费倾向为一常数，长期消费函数可用公式表示为$C=cY$，长期消费曲线是一条从原点出发、具有正斜率的直线。在短期，依照人们的习惯，消费增加容易而减少困难。也就是说，消费通常会随收入的增加而增加，但不易随收入的减少而减少，短期消费呈现出一定的“刚性”。因此，短期消费函数可用公式表示为$C=C_0+\alpha Y$。其中，C_0为短期消费曲线在纵轴上的截距，其高度由习惯的消费水平决定；α为短期消费倾向。

杜森贝的相对收入消费函数可用图 8-7 表示。

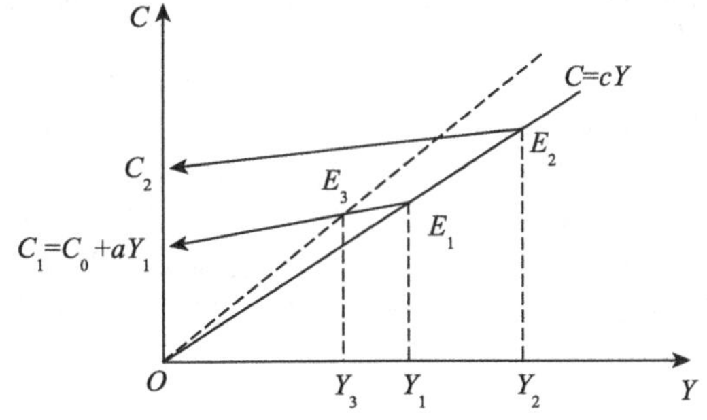

图 8-7 相对收入假说与消费之谜

图 8-7 反映了杜森贝的相对收入消费函数理论，在图中，横轴代表收入 Y，纵轴代表消费 C。当收入为 Y_1 时，长期消费和短期消费相等，均为 E_1，当收入由 Y_1 减少至 Y_3 时，消费在习惯效应的作用下不会同幅度减少，相反其降低水平极其有限。因此，对应于收入 Y_3，消费在短期降至 E_3，将 E_1、E_3 两点连接起来，就得到了相应的短期消费函数曲线 $C_1=C_0+\alpha Y_1$。不难看出，$E_3/Y_3>E_1/Y_1$，短期消费函数的平均消费倾向是递减的。相反，当收入由 Y_3 逐渐恢复时，消费又会循着 C_1 的路径反向变动，直至到达原先的最高收入水平 Y_1 为止。当收入由 Y_1 稳定增长至 Y_2 时，消费由 E_1 增加至 E_2，由于在长期消费会与收入同比例增长，E_1 和 E_2 具有相同的斜率。这说明长期消费函数具有不变的平均消费倾向，长期平均消费倾向为常数。当收入由 Y_2 开始减少时，其变化与收入由 Y_1 减少至 Y_3 时相同，区别在于当收入为 Y_2 时，所对应的短期消费函数为 C_2。通过相对消费函数模型，杜森贝分析了短期消费函数与长期消费函数的形成和区别，从而对消费之谜给出了自己的解释。

杜森贝对于短期消费曲线的移动给出了两种解释：其一是消费的棘轮效应的结果；其二则是因为消费的示范效应。就低收入家庭而言，其收入虽低，但因顾及在社会上的相对地位，不得不打肿脸充胖子，竭力提高自己的消费水平。这种心理会使短期消费曲线随社会平均收入的提高而向上移动。

杜森贝的相对消费函数理论具有丰富的内容。他不仅考察了现期收入对消费的影响，还通过相对收入理论将人们过去的收入及其相应的消费习惯、社会经济地位以及其他人的消费行为纳入分析框架中，构造了短期消费函数和长期消费函数，并对二者的差异进行了解析，从而揭示出消费之谜的秘密所在，并给出了相应答案。

●专栏 8-2 中国目前的消费态势及其解释

消费、投资和出口通常被视为拉动经济增长的“三驾马车”。在西方国家消费需求通常占 GDP 的 2/3 左右，是经济增长的第一推动力量。我国消费需求占 GDP 的比重经历了一个从比较平稳到逐渐下降的过程。20 世纪 90 年代初期，消费需求在 GDP 中所占的比重最大，基本保持在 60%左右，90 年代中期略有下降，1994 年一度降至接近 58%以下。随后我国开始实行旨在“扩大内需”的各种经济政策，在降息、增发国债、实行“黄金周”等措施的刺激下，90 年代末消费需求又回升到 60%以上，并于 2001 年达到 61.4%。然而，自 2003 年以来，消费需求却呈现持续下降趋势，至 2005 年降至 51.9%。与此相应，投资需求却由 1990~2002 年的平均 37.1%增长到 2003~2005 年的平均 42.3%的水平，同时净出口也在 2005 年达到了 5.5%。由于居民消费需求不足，我国经济增长严重依赖投资和出口，为保证投资收益及提高我国产品在国际市场上的竞争力，劳动力价格被人为压低，较低的收入水平又进一步制约了居民消费需求的增长，使经济陷入“低收入、消费需求不足—扩大投资、出口—压低劳动收入—消费需求不足”的恶性循环。导致这一局面的原因主要有以下几点：①收入初次分配不合理，劳动收入在 GDP 中所占比例呈下降态势，制约了居民消费能力的增长；②社会保障制度不健全，居民在住房、养老、医疗、教育等方面的开支庞大，因此储蓄意愿强烈，形成储蓄对消费的替代，导致消费减少；③经济处于转型期，未来充满不确定性，居民对未来缺乏良好预期，预防性需求增加，使储蓄增加消费减少。

资料来源：中宏网。

➤本章提要

凯恩斯消费函数考察了消费与现期收入之间的关系，并得出以下结论：①边际消费倾向介于 0 和 1 之间；②平均消费倾向随收入的增加而递减；③现期收入是消费的决定性因素。然而实证的分析并未完全印证凯恩斯的消费理论。家庭短期收入和消费数据的变动支持了凯恩斯的消费函数，但长期的数据资料却显示平均消费倾向相当稳定，并未出现凯恩斯所断言的平均消费倾向递减这一情形。这种理论与实践短期相符、长期不符的矛盾引发了“消费之谜”。

弗里德曼提出了“持久性收入假说”，对凯恩斯理论的消费之谜给出了自己的解释。弗里德曼将人们的收入分为持久性收入和暂时性收入，认为消费是持久性收入的函数。他指出理性的消费者为了实现效用最大化的目标，会依据长期稳定的收入来进行消费决策，即依据持久收入进行决策。由于持久性收入的稳定性，从长期来看，平均消费倾向基本保持不变。

莫迪利亚尼提出了“生命周期假说”，从另一个角度对凯恩斯的消费之谜给出了解释。莫迪利亚尼认为理性的消费者要根据一生的全部预期收入来安排自己的消费和储蓄，以实现一生消费效用最大化的目标。因此，消费取决于家庭在整个生命周期内所能获得的全部收入，既包括劳动收入，也包括财产收入。

杜森贝提出了“相对收入假说”，对凯恩斯的消费之谜给出了自己的答案。杜森贝认为消费取决于相对收入，即一个人的消费不仅取决于他现在的收入，还取决于他过去的收入和消费；不仅取决于他本人的收入，还取决于社会其他人的收入和消费。因此，消费具有示范效应和习惯效应。

➤关键概念

消费函数（consumption function）
可支配收入（disposable income）
消费倾向（propensity to consume）
边际消费倾向（marginal propensity to consume）
平均消费倾向（average propensity to consume）
长期平均消费倾向（long-run marginal propensity to consume）
短期平均消费倾向（short-run marginal propensity to consume）

自发性消费（automatous consumption）
引致消费（induced consumption）
持久性收入（permanent income）
暂时性收入（temporary income）

➢复习思考题

1. 试述凯恩斯的消费函数理论。

2. 什么是消费之谜？其产生的根源是什么？各种消费理论是如何对其进行解释的？

3. 持久性收入假说的基本思路是什么？它是怎样解答消费之谜的？

4. 根据持久性收入假说，请分析在以下情况下你是否会把春节奖金更多地用于消费？

（1）你知道每年都会有这么多的奖金；

（2）这样的奖金只发放1年。

5. 假设持久性收入的估算值为过去5年收入的平均数，即

$Y^{P}=1/5(Y_t+Y_{t-1}+Y_{t-2}+Y_{t-3}+Y_{t-4})$，且假设消费函数为 $C=0.9Y^{P}$。

（1）如果你在过去10年中每年赚取20 000元，你的持久性收入是多少？

（2）假设下1年（即 t+1年）你的收入为30 000元，你新的持久性收入是多少？

（3）你在 t 时期和 t–1时期的消费分别是多少？

（4）你的短期边际消费倾向（MPC）是多少？长期边际消费倾向（MPC）是多少？

（5）假设从 t+1年开始你将一直赚取30 000元，利用持久性收入计算公式，用图表示你每一年的持久收入值。

6. 试述生命周期理论的主要内容。

7. 相对收入假说是如何解释消费之谜的？

8. 凯恩斯的绝对收入假说与杜森贝的相对收入假说有什么不同？

9. 中国计划经济时期的消费与转型时期的消费相比，发生了哪些变化？这些变化对中国宏观经济运行产生了哪些影响？

➢扩展性阅读资料

陈学彬，杨凌，方松. 2005.货币政策效应的微观基础研究——我国居民消费储蓄行为的实证分析. 复旦学报（社会科学版），（1）：42-54
范金，朱强，王艳. 2004. 中级宏观经济学. 北京：经济管理出版社
冯鑫明，田剑. 2000. 心理预期对消费市场的影响. 商业研究，（11）：71-73
梁小民. 1996. 高级宏观经济学. 北京：北京大学出版社
刘颐权. 2005.中国城镇居民消费结构演进. 北京工商大学学报：社会科学版，（3）：15-20
曼昆 G N. 2011. 宏观经济学. 第7版. 卢远瞩译. 北京：中国人民大学出版社
莫迪利亚尼 F. 1991. 关于稳定政策的争论. 冼国明，陈平译. 北京：北京经济学院出版社
欧阳明. 2001. 宏观经济学. 上海：上海人民出版社
司春林，王安宇. 2002. 宏观经济学——中国的分析. 上海：上海财经大学出版社
王军. 2001. 中国消费函数的实证分析及其思考. 财经研究，（7）：3-8

伊志宏. 2000. 消费经济学. 北京：中国人民大学出版社
臧旭恒. 2003. 中国消费函数. 上海：上海三联书店
赵彦云. 1997. 宏观经济统计分析. 北京：中国人民大学出版社
庄子银. 2005. 高级宏观经济学. 武汉：武汉大学出版社

第九章

投资理论

投资是总需求中容易变动的部分，也是 GDP 构成中变动最大的部分。投资是短期内变化很大的变量，投资波动引起总产量波动，因而成为决定经济周期波动的一个重要因素。从长期看，投资是决定经济增长的关键因素之一，因此，投资理论是宏观经济学的一个重要课题，投资分析是宏观经济模型的一个重要扩展。

第一节　投资决策

一、投资行为的决定

《新帕尔格雷夫经济辞典》关于投资的界定是：投资是一种资本积累，是为取得用于生产的资源、物力而进行的购买及创造过程。爱德华·夏皮罗（Edward Shapiro）在《宏观经济分析》一书中认为：投资在国民经济分析中只有一个意义——该经济在任何时期以新的建筑物、新的生产者、耐用设备和存货变动等形式表现的那一部分产量的价值。保罗·萨缪尔森（Paul Samuelson）在《经济学》中认为：投资的意义总是实际的资本形成——增加存货的生产，或新工厂、房屋和工具的生产……只有当物质资本形成生产时，才有投资。

决定投资行为的因素可分为内在因素和外在因素。外在因素包括技术、政治、心理、政府政策、资源、人口等；内在因素主要指企业家预期从事投资所能得到的利润率与利息率之间的关系。新古典经济学的投资模型主要针对内在因素分析投资与利率的负相关关系。

在微观经济学中，居民的储蓄构成资本的供给，厂商的投资构成资本的需求，利息率由资本的供给和需求决定。其中，厂商对于投资资金的需求取决于资本的边际生产力，后者随着投资的增加而递减。可以假定厂商面临的利息率是给定的，他们按照与一定投资量相对应的资本的边际生产力等于给定的利息率的原则决策。在宏观经济学中，投资、消费、出口构成了拉动经济增长的“三驾马车”，宏观上的投资包括企业投资、存货投资和住房投资三个方面。

相关链接 9-1 投资对经济增长影响的分析方法

投资需求从核算角度讲，分为固定资产形成总额和存货增加两部分。投资需求特别是固定资产投资需求是经济增长的原动力和调节器。投资对经济增长的影响可通过投资率、投资需求弹性系数进行分析。

（1）投资率分析。投资率又称资本形成率，是按当年价格计算的资本形成额（固定资本投资额与存货之和）与按当年价格计算的 GDP 比值，是用来反映积累与消费之间比例关系的主要指标。固定资产投资从需求和供给两方面对经济增长发生作用。一方面，形成当期的需求总量推动总需求的增长；另一方面，增加当期及以后各期的供给能力推动经济增长。固定资产投资率的大小，直接影响国民经济总量的平衡。投资率过高，会使当期的投资需求过度膨胀，导致总需求过多地超过总供给，形成通货膨胀；投资率过低，经济的积累能力和经济发展的后劲就会缺乏物质基础。因此，要根据所要达到的经济增长率来确定合理的投资率水平。据有关资料推算，投资率一般保持在 35%～40%，对经济发展较为有利。

（2）投资需求弹性系数分析。投资需求弹性系数，是指 GDP 增长速度与投资需求增长速度之比，反映投资增长对经济增长的拉动作用，说明投资增长 1 百分点带动经济增长多少百分点。

二、资金的时间价值、预期利润与投资

作为企业在新机器和厂房上的支出，投资主要依赖于销售水平和利率两个因素。销售水平的影响在于：面临销售增加的企业可能会扩大生产，需要另外购买机器或建造厂房。利率的影响在于：为了购买机器，企业必须借款，通过银行贷款或者发行债券；利率越高，企业借款购买机器的可能性越小，因为利率太高使额外利润不足以支付利息，新机器不值得购买。因此，投资关系为

$$I=I(Y,i) \tag{9-1}$$

即投资取决于产出 Y 和利率 i，一般假设企业没有库存投资时，用产出代替销售。

式（9-1）中的利率 i 是名义利率还是实际利率呢？按照布兰查德的分析，在决定投资时，企业关心的是实际利率，更关心预期的实际价值而不是名义价值。所以，

$$I=I(Y,r) \tag{9-2}$$

具体而言，假设企业需要决定是否购买一台机器，考虑预期可以从这台机器中获得利润的现值，并且与购买成本加以比较。如果现值超过成本，就应该投资；否则，就不进行投资。

首先，企业必须估计机器能够使用的年限。尽管许多机器可以使用很长时间，但随着时间的推移，维护费用会越来越高，可靠性则越来越差。有研究表明，机器的折旧率

为每年 4%~15%，建筑物与工厂的折旧率为 2%~4%。其次，必须计算预期利润的现值。一台新机器安装到位需要一定时间，假设企业在 T 年年初买进机器，机器在 T+1 年产生第一笔预期利润，用实际利率贴现，然后企业考虑是否应该购买这台机器。这依赖于预期利润的现值与机器的价格之间的关系。

当把整个经济中的投资作为一个整体来考虑时，则投资与预期利润的现值正向变动。当前或者预期利润越高，则投资水平越高；当前或者预期实际利率越高，预期现值就越低，从而投资水平越低。

如果假设企业预期的未来利润和利率与现在相同，则有

$$V\left(\Pi_t^e\right)=\frac{\Pi_t}{r_t+\delta} \tag{9-3}$$

预期利润的现值等于利润除以实际利率与折旧率之和[①]。

进一步，投资等于

$$I_t=I\left(\frac{\Pi_t}{r_t+\delta}\right) \tag{9-4}$$

其中，分母为实际利率与折旧率之和，称为使用者成本（user cost）或者资本的租用价格（rental cost of capital）。如果企业不购买机器，而是从一家租赁机构按年租入，则租赁机构的收费为：假设机器不折旧，则为利率乘以机器价格的费用，因为购买并租出机器的收益至少要等于投资债券等金融资产的收益。如果租赁机构收取折旧费，即 δ 乘以机器的价格，因此，租赁价格等于 $r+\delta$。进一步，即使企业不租用机器，但是 $r+\delta$ 是企业使用一年机器的暗含价格（或者叫作影子价格）。因此，投资依赖于利润与使用者成本的比率。利润相对于使用者成本越高，投资水平就越高；实际利率越高，使用者成本就越高，投资水平就越低。

什么决定利润呢？主要是销售水平与现有资本存量。显然，如果销售相对于资本存量过低，则单位资本的利润降低。如果忽略销售与产出之间的区别，即 Y 为产出且等价于销售额，K_T 为时间 T 的资本存量，则

$$\Pi_T=\Pi\left(Y_T/K_T\right) \tag{9-5}$$

单位资本的利润是销售与资本存量的递增函数，给定资本存量，销售额越高，利润就越高；给定销售水平，资本存量越高，利润就越低。这是一个经验关系式，在发达国家有经验证据可以支持。

三、新古典投资模型

新古典的投资模型将一个企业的投资决策分解为两个过程：一是意愿资本存量（desired capital stock）的确定问题，即企业的决策者决定他们需要多少机器设备；二是怎样才能达到意愿的资本存量，即资本租用价格的确定。

---

① 具体推导过程参考布兰查德的《宏观经济学》。

1. 意愿资本存量

对厂商而言，投资的收益是资本要素的数量会带来产量的增加，产量的增加可以用资本边际生产力来表示。在其他条件不变的情况下，资本边际生产力变化表现为产量变化。但是，产量是实物形态的收益，需要转换成货币形态的收益，需要将产量再乘以价格。根据微观经济学，资本的边际产量是每增加一个单位资本投入带来的产量增加，即MPK，因此，资本的边际收益等于边际产量乘以价格，也就是 $P \cdot \text{MPK}$。根据边际收益递减规律，MPK 曲线向下倾斜。

资本的边际成本等于资本的租用价格，记为 R。它是企业在生产过程中多使用一单位资本增加的成本。按照利润最大化原则，企业会自愿调整资本存量，使资本的边际收益等于边际成本。因此，对于追求利润最大化的企业，必然会把资本存量调整到

$$P \cdot \text{MPK}=R \tag{9-6}$$

或者

$$\text{MPK}=R/P \tag{9-7}$$

即资本的边际产量等于资本的实际租用价格。在图 9-1 中，横轴为意愿资本存量，纵轴为资本的边际成本 MPK 或资本的实际租用价格 R/P。

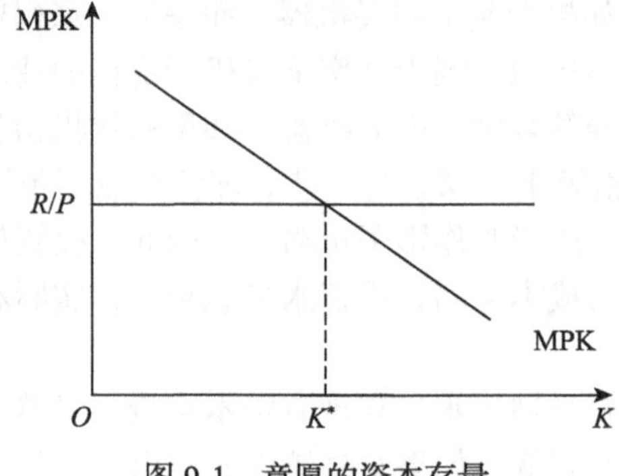

图 9-1 意愿的资本存量

总之，意愿资本存量是在一定的技术水平之下，在资本的收益与成本既定的条件下，企业为生产一定量产品所需要的理想的长期企业固定资本存量。

进一步而言，假设企业计划增加产量，由于资本和劳动是两种基本的生产要素，在长期内可以互相替代，以相同的资本生产更多的产量必须相应增加劳动，从而提高资本的边际产量。因此，投资关系为

$$K^{*}=g(Y,R/P) \tag{9-8}$$

2. 资本的租用价格

资本的实际租用价格是如何决定的呢？假设租赁市场没有形成垄断，市场租用价格等于资本成本。假设企业不购买机器，而是从一家租赁机构按年租入，则租赁机构的收费为：即使机器不折旧，为利率乘以机器价格的费用，因为购买并租出机器的收益至少要等于投资债券的收益。进一步，租赁机构必须收取折旧的费用，即 δ 乘以机器的价格，因此，租用价格等于 $r+\delta$。即使企业不租用机器，$r+\delta$ 也是企业使用一年机器的暗含价

格（或者叫作影子价格）。此外，资本品价格 P_k 的变化也会影响资本使用者成本。总之，所有影响资本使用者成本的因素，包括银行利率的变动、折旧率的变动以及资本价格的变动。

在租赁市场没有形成垄断时，市场的资本租用价格必须等于资本使用者成本，用公式表示为

$$R=P_k(i+\delta-\Delta p_k/p_k) \tag{9-9}$$

进一步，假设资本品价格与一般物价水平的变动是一致的，即等于通货膨胀率，由于实际利率等于名义利率减去通货膨胀率，实际租用价格用公式表示为

$$R/p=(P_k/p)(r+\delta) \tag{9-10}$$

则考虑通货膨胀的资本实际租用价格取决于（考虑通货膨胀的）资本品的相对价格、实际利率和折旧率三个因素。

3. 利率水平与意愿的资本存量

由于追求利润最大化的企业会把资本存量调整到资本的边际产量等于实际使用者成本的水平，所以，任何影响资本实际使用者成本的因素，如资本品的相对价格、利率、折旧等，都会最终影响企业意愿的资本存量选择。

在图 9-2 中，横轴为意愿资本存量 K，纵轴为资本的边际产量 MPK 或资本的实际租用价格 R/P。资本的实际租用价格 R_1/P 与资本边际产出线相交于 E_1，E_1 点决定的意愿资本存量为 K_1，当资本实际租用价格调整到 R_2/P 时，资本边际产出与实际资本租用价格线相交于 E_2。此时，意愿的资本存量降低到 K_2 水平。

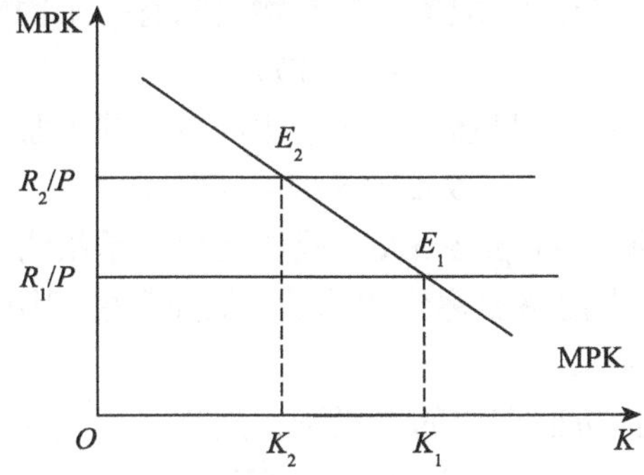

图 9-2 利率变化与意愿的资本存量

观察利率变化对意愿资本存量的影响，假设资本品的相对价格、产量水平和折旧率都一定，可以得到简单的投资函数 $I(r)$。实际利率水平的上升导致意愿资本存量的下降，也就是说，利率水平与意愿资本存量呈相反方向变化。

四、新古典投资模型的应用：税收与投资

公司所得税和投资税收政策是影响投资的重要因素。假设企业要缴纳的所得税税率为 T，投资税收政策是企业在投资中可以得到的某些税收优惠，企业能从应纳税额中扣

除每年税收投资支出的一部分（如 U）。例如，加速折旧可以把折旧率提高到快于实际折旧水平，减少了税收的支付。

在租赁市场没有形成垄断时，加入税收因素后，应使税后租用价格和税后出租成本相等，所以可得

$$R=\left[\left(1-U/\left(1-T\right)\right)\right]\left(r+\delta\right)P_K \tag{9-11}$$

如果 $U=T$，公司所得税恰好与企业获得的税收优惠相互抵消，资本租用价格保持在以前水平。一般而言，政府较高的所得税会提高资本的租用价格并减少投资，或者通过税收优惠，降低资本的租用价格，从而刺激投资。

第二节　投资模型

一、加速数模型

当产品需求增加需要企业扩大生产时，为了增加产量，要求增加资本存量，进行新的投资，以扩大生产能力。如果按照生产技术要求，生产出一定量产品 Y 必须使用一定量资本物 K，如生产某种产品 Y=100 美元，必须配备资本 K=300 美元，则资本–产出比率等于 3。一个厂商可以有自认为最适宜的资本–产出比率，且这个比率在不同行业之间差异很大。对整个经济而言，可以得到一个加权平均的最优资本产出比率。

假定在任何时期，产量与所需配备的资本物之间有一个固定不变的比率，即

$$K_T=\beta Y_T \tag{9-12}$$

于是，有 $K_T-K_{T-1}=\beta(Y_T-Y_{T-1})$。显然，为了使本时期产量增加，要求进行的投资

$$I=\beta\Delta Y_T=\beta(Y_T-Y_{T-1}) \tag{9-13}$$

所谓加速原理（acceleration principle）或加速数，是指为了使产量增加所要求资本存量的增量，其中资本–产出比率被称为加速数。加速数模型用于说明收入变化（或者产出变化）与投资变化之间关系。

如果需要表示计算包括折旧在内的总投资，则有

$$I_t=\beta\Delta Y_t+SK_{t-1} \tag{9-14}$$

其中，S 为折旧。

在以上分析中，加速数是表示收入增加对投资增加影响程度的一个系数。在使用固定资本生产条件下，加速数一般大于 1。显然，收入增加会引起消费增加，而消费增加会引起消费品生产的增加，进而引起资本品生产的增加。可见，收入变化（或者产出变化）对投资变化具有加速影响，投资增量是收入增量的倍数。需要说明的是，从加速原理中可以发现，收入增加可以使投资加速度增加，但是收入减少又使投资加速度减少。

此外，由于加速作用的存在，产品需求的变动会引致投资的巨大波动，进而导致产出的巨大波动，所以加速原理还可以用来说明经济周期现象。

二、投资过程滞后模型

假定企业是逐步调整其资本存量的，投资过程因而存在滞后性。用每期企业意愿资本存量和期初资本存量之差的一个比例 λ 来表示投资调整速度，当 $\lambda=1$ 时，实际资本调整与意愿资本调整一致。如图 9-3 所示，当 $0<\lambda<1$ 时，实际资本调整速度较为缓慢，滞后于意愿资本调整速度。λ 越小，实际资本调整速度就越慢，投资需求对其决定因素的反应就越慢。

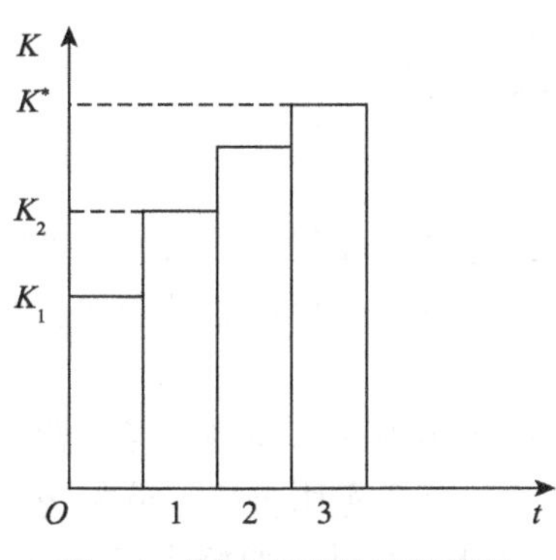

图 9-3 资本存量的逐渐调整

三、托宾的 Q 理论

许多经济学家发现，投资与股票市场的价格波动相关。当企业有赢利机会时，股票持有者对剩余索取权未来收益的预期提高，股票价格上升，而企业对股票价格上升的反应是扩大投资。诺贝尔经济学奖得主詹姆斯·托宾（James Tobin）指出，在决定是否投资的过程中，企业并不进行复杂的计算，而是根据股票的市场价值与资本的重置成本的比率来决定投资。这一比率为"Tobin' s Q"。这是一种新的考虑投资函数的方法：

$$Q=\text{股票市场价值/资本的重置成本}$$

其中，股票市场价值是指由股票市场决定的资本价值；资本的重置成本是指企业在市场上重新购置资本支付的价格。

当 $Q<1$ 时，即企业市价小于企业重置成本，经营者将倾向于通过收购来建立企业，实现企业扩张。厂商不会购买新的投资品，因此投资支出便降低；当 $Q>1$ 时，企业市价高于企业的重置成本，企业发行较少的股票而买到较多的投资品，投资支出便会增加；当 $Q=1$ 时，企业投资和资本成本达到动态（边际）均衡。例如，一家企业有 100 台机器和 100 只股票，假定每台机器的购买价格是 1 元，每只股票的价格是 2 元。显然，企业应该通过发行股票来融资，并购买机器。

托宾的 Q 理论与前述新古典投资模型实际上是相通的。假设投资过程存在滞后，企业只能逐步调整资本存量。企业在进行资本存量调整时，实际资本存量往往小于意愿资本存量，因此，新增资本的边际收益高于租用价格。只有调整过程全部完成，实际资本存量等于意愿资本存量，资本的边际收益才会等于租用价格。因此，投资可以看作资本的边际收益与租用价格之比，这一比率可以用托宾的 Q 值来替代。因为，当企业所发行股票的市场价值大于资产的重置成本时，意味着资本的边际收益大于资产的重置成本，即 $Q>1$；反之则 $Q<1$。总之，企业并非盲目追随股票市场的信号，投资决策与股票价格依赖于同样的因素——预期利润（以及预期利率）。

这说明资本的预期收益与实际收益一样可以刺激投资。另外，托宾 Q 理论还提供了一种分析股票市场对实际经济活动影响的方法，从而把股票市场的波动与产出波动相联系。

第三节 总投资需求函数

首先分析净投资。净投资又称诱发投资，是指为增加资本存量而进行的投资支出，即实际资本的净增加，包括建筑、设备与存货的净增加。净投资的多少取决于国民收入水平及利率等的变化。

假设企业的全部资本都是自己购买的，如果已经经营一段时间，期初就有一定的资本存量，企业根据计划产量水平和资本租用价格，分析边际收益和边际成本，建立自己的意愿资本存量 K^*。企业的投资就是弥补意愿资本存量与实际资本存量之间的差额。可以得到

$$\Delta k = K^* - K_{t-1} = g(R/P, Y) - K_{t-1} \tag{9-15}$$

因此，投资与资本租用价格呈反向关系，与产量呈正向关系。

其次分析总投资。总投资是增加或更换资本资产（如厂房、机械设备）的支出，是一定时期内增加到资本存量中的资本流量，包括固定资产投资与流动资产投资之和。固定资产投资是指国民经济各部门对固定资产的全部投资，包括基本建设投资、更新改造投资和其他固定资产投资以及与工程项目有关的地质勘探和勘察设计的支出等。流动资产投资是指各部门占用的原材料、在产品、产成品和商品库存，以及战略物资储备等的增加额。由于资本在使用过程中的折旧，总投资中有一部分是为了补偿旧资本的消耗，总投资等于净投资加上折旧。这样，总投资取决于资本品的相对价格、实际利率和折旧率，特别是计划产量。总投资是资本品相对价格和实际利率的减函数，是计划产量水平的增函数。由此可以得到简单的投资函数，表示投资和实际利率之间的反向关系。

相关链接 9-2 1978 年以来中国固定资产投资与经济增长

中国固定资产投资是拉动经济增长的一个主要引擎，计量经济学的研究表明，如果当年固定资产投资增加 1 百分点，GDP 将增加 0.89 百分点。在拉动经济增长的消费、投资和净出口“三驾马车”中，投资的增长是近年来我国经济增长的主动力。另外，经济增长反过来又影响固定资产投资，中国目前的固定资产投资变动与 GDP 变动之间存在双向因果关系，GDP 变动也是影响固定资产投资变动的原因，生产发展和经济增长是增加投资的前提和基础，是投资增长的推动力，即“加速原理”。总之，中国固定资产投资

与经济增长之间存在长期的稳定关系和动态均衡机制。

资料来源：雷辉：《我国固定资产投资与经济增长关系的实证分析》，《国际商务》，2006年第2期。

第四节 投资的形式

投资支出主要包括三大类型：第一类是企业对新资本品的购买，或者叫厂房和设备投资（plant and equipment investment）；第二类是企业根据销售预期储存产成品或者生产产品所需要的原材料，称为存货投资（inventory investment）；第三类是家庭对新住房的购买，称为住宅投资（residential investment）。

一、企业投资

企业投资取决于利率和资金的可获得性。当经济处于衰退时，许多企业难以借到想借的资金，当它们不能借款时，投资必须使用留存收益（retained earnings）。

企业投资决策必须以对未来收益的预期为基础，但预期未来总是困难的，如存在技术风险、企业使用了不可靠的新技术等。特别是在大多数情况下，存在市场风险。新产品会有市场吗？能以什么价格卖出呢？未来的劳动力成本是多少？能源和其他投入品的价格会是多少呢？这些问题都是市场风险的具体表现。由于存在着大量的不确定性，企业投资决策必须建立在有依据的预测上。

由于投资支出存在风险而使投资多变，特别是当前经济状况的波动可能导致投资支出大幅度波动，因此对未来预期的变动也可能很剧烈。当现在的销售增加时，企业会预期未来的销售很多，甚至增加。当销售旺盛而且增加时，企业就希望有更多资本，以及更多的投资；反之，如果销售下降，企业可能缩减甚至取消增加新资本的计划，使投资下降。总之，如图 9-4 所示，如果当期产出的变动使投资曲线左移，由于未来利润预期降低，风险增大，承担风险的能力和愿望降低。同时，没有能力借款的企业必须使用未分配利润作为投资筹款，经济衰退降低了现期销售时，投资可以使用的资金减少，银行缺乏贷款意愿，这时，大幅度降低利率也不能创造更多的投资。

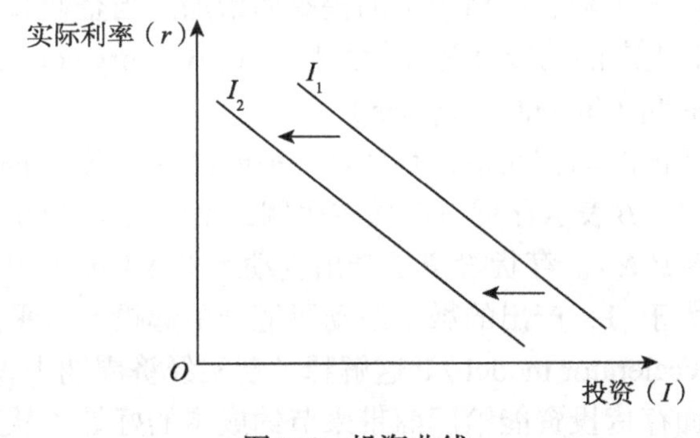

图 9-4 投资曲线

二、存货投资

存货在投资支出中占有重要地位。存货一般由三部分组成，即生产过程中的原材料积累、半成品积累和生产过程结束后的产成品积累。存货一般量非常大。例如，每年存货与最终产品产量之间的比值在美国为23%~35%，也就是说，企业拥有的存货实际上相当于3~4个月最终产品的价值。1998年美国零售业存货的价值是3 350亿美元，而企业每月的销售额只有2 290亿美元。存货具有易变性。例如，在美国经济中，有20%~40%的国民生产总值减少是由于存货投资的减少引起的。又如，1998年，中国的存货投资从上年的3 303.4亿元下降到2 215.1亿元，下降幅度占当年GDP的1.5%。

存货投资是存货中物品存量的变动，存货净值的变化就是存货投资。在经济衰退时，企业减少产量，使存货减少，存货投资为负。但在总投资中，存货投资的比例并不大。

企业持有存货的第一个动机是平滑生产。生产过程中的原材料积累、半成品积累称为中间产品存货，主要作为生产的投入，保证企业一旦需要就可以得到零部件而便利生产；即使销售降低，但如果企业关闭生产设备的成本高昂，继续从事生产还是有益的。总之，销售疲软时存货增加，销售强劲时存货减少。第二个动机是降低风险。在经济衰退时，企业往往发现其净资产值减少，缺乏进行投资包括存货投资的意愿，甚至进行“负投资”，即把存货形式的资产转变为现金，如卖掉存货。或者由于金融市场信贷可获得性的影响而改变存货投资。当一个企业面临信贷配给时，可能被迫出售存货，以筹集所需资本。或者由于担心未来的信贷配给，根据预期减少自己的存货。第三个动机是防止脱销。企业持有存货，是为了避免过于频繁地订货的交易成本。一次较大量的订货通常比连续若干次小批量的订货成本更低。

企业的存货投资可以分为计划存货投资和非计划存货投资。当总需求发生未预料到的变化时，会发生非计划存货投资；当企业预期总需求发生变化时，就会有意识地调整存货水平。其一，如果销售量出乎意料的低，则企业会发现货架上堆满了存货，这是非自愿的存货投资；其二，如果企业要恢复已经耗尽的存货，其存货投资也会很高。这两种情形对于总需求状况显然具有不同的影响。非自愿存货投资的增加是出乎意料的总需求低迷的结果，而自愿的存货投资的增加则是对高涨的总需求的反映。可见，存货积累加快既可能与总需求不足相关，也可能与总需求过剩相关。

一般而言，存货倾向于随着产出水平的提高而增加。当企业试图把存货恢复到相对于销售的正常水平时，生产的缩减称为存货的修正（inventory corrections），存货引起的周期性变动称为存货周期（inventory cycles）。

假定存货投资与产出波动相联系，而且是一种成比例关系。库存量N与产量Y之间存在以下关系：$N=\beta Y$，β表示存货占产量的比例，是固定不变的。存货投资I是存货的变化量ΔN，$I=\Delta N=\beta\Delta Y$。存货投资是产出变动水平ΔY的固定比例，存货投资由产出变动决定。β一般大于1，产出的微小波动可能会引起投资水平的较大变化，被称为存货的加速数模型（accelerator model），这解释了现实经济周期中投资过度波动的现象。

一般而言，一方面存货投资能给厂商带来节约成本的好处（从某种角度讲能给厂商带来收益）；但另一方面存货投资本身也需要成本，而且超过一定程度，成本还相当高。

例如，企业持有已经完成的产品存货是需要花费成本的，因为产品存货占用资金，需要为占用的资金付利息，储放产品还需要仓库以及储藏设备，这些产品在仓库中也需要折旧，等等。因此，合理的存货投资规模取决于厂商对存货投资收益和存货投资成本之间的比较，如果存货投资收益大于其成本，厂商就会扩大其存货投资；相反，如果存货投资的收益小于其成本，厂商就会缩小其存货投资规模。利率也会对存货投资成本产生影响。例如，当实际利率上升时，持有存货变得更昂贵（实际利率衡量企业持有存货的机会成本），企业就会减少存货拥有量。

三、住房投资

由于住房作为资产具有寿命长的特点，任何一年的住房投资流量都只占存量的一小部分。一般从考察住房投资存量入手分析住房投资。

●专栏 9-1 住房投资的定义

根据《房屋百科全书》（*The Encyclopedia of Housing*），住宅投资包括新住宅的建设、存量住宅的维护和存量住宅的改建三大类活动。在我国固定资产投资统计中，住宅投资分为国有、城乡集体和城乡个人三类。其中，国有住宅投资分基本建设、更新改造、其他固定资产投资和房地产开发投资；城乡集体住宅投资包括城镇集体所有制单位和农村集体所有制单位两部分；城乡居民个人住宅投资分城镇、县城、镇和工矿区的个人建房投资与农村个人建房。我国与各国常用的住宅投资概念基本一致。

资料来源：*The Encyclopedia of Housing*（1988 年）。

首先是住房存量市场决定住房的价格，其次是住房价格决定住房投资量。在一个时点上，住房存量供给是固定的，住房需求取决于住房的相对价格水平。住房的需求和供给曲线的交点决定了住房资产均衡的相对价格水平。住房资产的相对价格水平影响新住房的供给量。与一般的供给曲线类似，住房的供给曲线是向右上方倾斜的。

住房投资中的住房相对价格与企业投资中托宾的 Q 类似，较高时会吸引较多的住房投资，较低时则相反。

住房的需求曲线取决于许多经济变量，如国民收入的增加和人口增加。对住房投资的需求还取决于拥有住房的净收益。拥有住房的总收益由两部分组成：一是租金收入，即使房子没有用于出租，房子所有者通过居住获得的隐性报酬也等于租金收入。二是由于住房价格上涨而产生的资本收益。因为住房是一种特殊资产，有保值和增值功能。拥有住房的成本包括利息成本、不动产税（物业税）和租金损失。总收益扣除成本并经税收调整就是住房的净收益。在决定住房需求的因素中，实际利率起着很重要的作用，假设利率上升，拥有住房的成本上升，对住房的需求将下降。

建筑业生产成本的降低和技术水平的提高会使新增住房的供给增加。短期而言，可以忽略新增住房供给对住房价格的影响。长期而言，住房存量会因新增住房供给和现有住房的折旧而变动。

货币政策对住房投资有很大影响，因为住房需求对利率变动非常敏感，由于住房折旧较慢，实际利息是构成住房成本的主要部分。同时，住房还受名义利率的影响。因为许多住房是按照分期付款方式购买的，每月支付一固定数额，假如实际利率不变，预期通货膨胀率上升也会使名义利率上升，借款人的当期支付增加。如果实际月支付因为名义利率上升而增加时，可以说名义利率同样会影响住房需求。

个人收入税（所得税）可能会刺激住房资产的投资。因为住房拥有者实际上是在把住房出租给自己，租金就是其隐性收益，而这部分是无须交税的。这样，个人收入税使住房的相对净收益提高，增加对于住房资产的需求。或者说，个人所得税相当于降低了贷款利息。当出现通货膨胀时，房屋所有者需要支付的名义利息上升，税收使其减免的利息成本同样上升。

●专栏 9-2　中国的房地产投资

有研究发现，住宅业（包括房屋建筑及装修、物业管理以及相关的电子、信息和新材料）对国民经济增长的直接贡献率为 0.043 6（1997 年）；住宅业对经济增长的直接贡献率为 0.055 7（1995 年），建筑业的直接贡献率为 0.085 6，间接贡献率为 7.33%，其中住宅业的间接贡献率为 4.77%。总体而言，建筑业对于经济增长的间接贡献率为 7.33%，其中住宅业的间接贡献率为 4.77%，对于经济增长总的贡献率为 10.34%，对于 GDP 的贡献率为 8.09%。

资料来源：国家统计局综合司课题组：《关于房地产对国民经济影响的初步分析》，《管理世界》，2005 年第 1 期。

➤本章提要

投资是构成总需求的一个重要部分，投资分析是宏观经济模型的一个重要扩展。投资由企业投资、住房投资和存货投资三个部分组成。企业在具体投资决策时往往运用投资未来收益的现值分析法。新古典投资理论认为，企业的投资取决于意愿的资本存量和现有资本存量之间的差额。企业按照资本的边际收益等于资本租用价格的原则选择意愿资本存量。

投资和利率之间存在着反方向变化关系。托宾的 Q 理论认为，投资取决于托宾的 Q，即资本的市场价值与资本的重置成本的比率。它反映了资本预期收益对投资的作用，把股票市场的作用与实际经济联系起来。资本存量的调整需要时间，因此投资具有滞后性，企业的投资并不完全取决于当期的情况。存货投资与住房投资是投资的重要形式。

企业投资取决于利率和资金的可获得性，企业投资决策必须以对未来收益的预期为基础。存货一般由三部分组成，即生产过程中的原材料积累、半成品积累和生产过程结束后的产成品积累。存货一般量非常大。在一个时点上，住房存量供给是固定的，住房需求取决于住房的相对价格水平。住房的需求和供给曲线的交点决定了住房资产均衡的相对价格水平。住房资产的相对价格水平影响新住房的供给量。与一般的供给曲线类似，住房的供给曲线是向右上方倾斜的。

➢关键概念

意愿资本存量（desired capital stock）
投资（investment）
存货投资（inventory investment）
住房投资（residential investment）
加速数模型（accelerator model）
托宾 Q 比率（Tobin's Q ratio）

➢复习思考题

1. 试解释产出水平变化对投资的影响。
2. 什么是托宾的 Q 理论？它与企业投资决策有什么关系？
3. 试解释利率变动对住房投资的影响。
4. 企业持有存货的原因是什么？存货投资量由哪些因素决定？
5. 新古典理论是如何建立起意愿资本存量与投资之间关系的？
6. 什么是企业固定投资？应怎样分析企业的固定投资决策过程？
7. 简述投资税收减免政策对调控经济的作用。

➢扩展性阅读资料

布兰查德 O. 2003. 宏观经济学. 钟笑寒等译. 北京：清华大学出版社
黄亚钧. 2005. 宏观经济学. 第 2 版. 北京：高等教育出版社
欧阳明. 2001. 宏观经济学. 上海：上海人民出版社
司春林，王安宇. 2002. 宏观经济学——中国的分析. 上海：上海财经大学出版社
斯蒂格利茨 J E，沃尔什 K E. 2010. 经济学. 第 4 版. 黄险峰，张帆译. 北京：中国人民大学出版社
宋承先，许强. 2005. 现代西方经济学：宏观经济学. 第 3 版. 上海：复旦大学出版社
赵彦云. 1997. 宏观经济统计分析. 北京：中国人民大学出版社

第十章

预期理论

把预期作为影响经济的一个因素引入经济分析之中，是当代西方经济学宏观经济模型的一个重要扩展。在预期理论的演进过程中，先后出现了静态预期、外推预期、适应性预期和理性预期等预期形成假设。本章从理解预期的一般性概念入手，回顾了预期理论的发展，重点考察了理性预期和理性预期的宏观经济模型。把理性预期引入对社会总需求和总供给的分析后，形成了卢卡斯总供给曲线（附加预期的总供给曲线）以及理性预期的宏观经济模型，并依据此模型分析了价格水平和国民收入的决定，得到了不同的政策含义。

第一节　预期理论的演进

在西方经济学的发展历史中，凯恩斯于1936年出版的《就业、利息和货币通论》使预期与不确定性问题逐步进入经济研究的视野，而理性预期学派则使预期成为经济理论中重要的研究范畴。早期西方经济学文献中谈到的预期更多地相当于预测等概念，但早期经济学家已经看到了对未来判断的重要性以及预期对现实经济运行的影响。其中，瑞典学派的事前与事后分析对预期理论做出了很大的贡献。凯恩斯在西方经济学的发展中确立了预期在经济分析中的地位，他集中了相当大的注意力来研究一般预期状态对经济活动水平的影响，分析了不确定环境中的长期预期，指出长期预期的形成涉及未来的不确定性，并认为预期本身是不确定的，是一种难以把握的心理现象，这种心理活动与经济变量之间的关系也是不明确的。凯恩斯理论的深刻之处不仅在于提出了预期的概念，而且还指出了预期的不确定性，并认为长期预期常常处于无理性的波动中。

理性预期学派把预期作为内生变量来处理。他们认为，理性预期是经济学基本假设的自然推广，因而与最大化假设相关；同时，强调了理性预期在分析宏观经济学的微观基础时的重要性。

在经济学上，预期有狭义和广义之分。一般来说，狭义的预期是指人们对未来商品市场价格波动的预测；广义的预期是指包括投资者、消费者等经济行为主体在做出行动决策之前对未来经济形势或某一经济变量所作的预测。作为一种心理现象和心理范畴，预期影响着经济主体的现实行为。

预期直接来源于对未来的不确定，正是由于未来的不确定性，人们才有必要对未来进行预期，以确定其经济决策。在市场价格变动的动态市场环境中，作为一个在市场经济中活动的经济行为者会对市场价格的变动趋势形成不同的预期，根据这种预期做出适当的经济决策，以实现其经济效益或效用的最大化。“在一个不确定的世界和历史的时间中，决策是事先做出的，结果是事后得到的。”①

预期是指经济行为人对于经济变量（如价格、利率、利润以及收入等）在未来的变动方向和变动幅度做出的一种事前估计或主观判断。它是由低级向高级、由简单向复杂、由不科学向科学一步一步地向前发展推进的。在预期理论的演进过程中，先后出现了静态预期、外推预期、适应性预期和理性预期等预期形成假设。

一、静态预期

静态预期是在蛛网理论基础上发展而来，蛛网理论是一种关于动态均衡分析方法的微观经济理论，其研究的是价格波动对下一周期产量的影响以及由此产生的均衡变化。静态预期借用蛛网模型建立了静态预期模型：

如果在 t–1 期预期 t 期的价格，认为

$$P_t^e = P_{t-1} \tag{10-1}$$

其中，P_{t-1} 为 t–1 期的实际价格；P_t^e 为 t–1 期预期的 t 期的价格。这种预期称为静态预期，我们在微观经济学中学习的蛛网模型中的价格预期就是静态预期。生产者认为，本期的实际成交价格就是下一期的预期价格，并据此进行生产决策。

静态预期最为简单，假定经济主体完全按照过去已经发生过的情况来估计或判断未来的经济形势，进行预期所获取的信息是关于过去的特定时期 t–1 期的，行为主体仅仅考虑了经济变量前期特定方面的信息，其处理信息的方式也是建立在所有行为主体采用同样方式预期和忽略学习效应的基础之上的。因而，预期经济变量水平等于经济变量前期水平，在预期中没有随机变量的扰动。

二、外推预期

1951 年美国经济学家梅茨勒（L.Metzler）发展了静态预期，建立了外推预期。外推预期是指对未来的预期不仅依据经济变量的过去水平，而且还应建立在经济变量未来变化趋势的基础上。这种预期不仅要依赖于经济变量过去已经达到的水平，而且还依赖于该经济变量所显示出来的变化方向或变动趋势。

以价格预期为例，如果预期 t 期的价格水平为

$$P_t^e = P_{t-1} + \alpha (P_{t-1} - P_{t-2}) \tag{10-2}$$

---

① 罗西斯 S. 1991. 后凯恩斯主义货币经济学. 余永定，吴国宝，宋湘燕译. 北京：中国社会科学出版社.

其中，α为预期系数，这种预期就是外推预期。它表明t时期的预期价格P_t^e等于前一时期的实际成交价格P_{t-1}加上（或减去）前两个时期的实际成交价格之差（$P_{t-1}-P_{t-2}$）。即生产者对未来的价格预期不仅应以价格的过去水平P_{t-1}为基础，而且还要考虑已经显示出来的价格变化的方向或趋势，即$t-1$期的价格P_{t-1}与$t-2$期的价格P_{t-2}的变动（$P_{t-1}-P_{t-2}$）。如果$\alpha>0$，则预期t时期的价格将大于$t-1$时期的实际成交价格，以往的这种价格变化的趋势会继续下去；如果$\alpha<0$，则未来时期的价格将下降，价格变动的趋势发生逆转；如果$\alpha=0$，则意味着$P_t^e=P_{t-1}$，这就是静态预期。α的值取决于人们的情绪，乐观的人预期价格上涨的趋势将继续下去，从而$\alpha>0$；悲观的人则认为价格上涨只是暂时的，从而$\alpha<0$。

在外推预期模型中，行为主体的价格预期是建立在$t-1$期和$t-2$期的价格水平基础之上的。因而，在外推预期模型中，t期做出的供给决策是以$t-1$期和$t-2$期的实际价格水平作为依据的。t期产品的供给量Q_t^s是被假设为前两期的价格P_{t-1}和P_{t-2}的函数。

在外推预期模型中，行为主体进行预期所获取的信息来源于经济变量过去的特定时期$t-1$期和$t-2$期特定方面的信息，即仅仅考虑了过去的价格变动方向，通过引进预期系数α，根据经济变量的变化方向，预测经济变量将要达到的水平。由于行为主体的乐观与悲观程度不同，从而会得到极不相同的预期价格值。

三、适应性预期

适应性预期（adaptive expectation）概念是由美国经济学家卡甘（Phillip Cagan）在1956年提出来的，后来弗里德曼（Friedman）1968年又对这个概念加以推广，成为货币主义的货币理论和通货膨胀理论的一个重要组成部分。

适应性预期是说经济主体会根据自己过去在做出预期决策时所犯错误的程度来修正其在以后每一时期的预期。

同样地，如果预期t期的价格水平为

$$P_t^e=P_{t-1}^e+\beta\left(P_{t-1}-P_{t-1}^e\right),\quad 0\leqslant\beta\leqslant 1 \qquad (10\text{-}3)$$

其中，P_t^e、P_{t-1}^e分别为生产者对t期、$t-1$期的产品价格的预期；P_{t-1}为$t-1$期产品的实际成交价格；而β往往被称为适应系数或修正因子，它决定了预期对过去的误差进行修正的速度，这种预期就是适应性预期。

在适应性预期下，对t时期产品的价格预期等于对$t-1$期产品的预期价格加上（或减去）$t-1$期所揭示的预期误差（$P_{t-1}-P_{t-1}^e$）的一定比例(β)。如果$t-1$期的实际价格水平高于预期，则对本期的预期价格将基于对$t-1$期的预期价格向上调整；如果实际$t-1$期的实际价格水平低于预期，则对本期的预期价格水平将向下修正。在适应性预期条件下，对t期的价格预期P_t^e是对过去一系列价格的加权平均数[①]，距离现在越远，权数呈几何递减，因而对当前预期价格形成的作用越来越小。

① 数学证明如下：$P_t^e=P_{t-1}^e+\beta$（$P_{t-1}-P_{t-1}^e$），类此展开P_{t-1}^e并代入上式得到：$P_t^e=\beta P_{t-1}+\beta$（$1-\beta$）$P_{t-2}+$（$1-\beta$）$^2P_{t-2}^e$。以此类推，则有$P_t^e=\beta\sum(1-\beta)^{k-1}P_{t-k}$。

适应系数 β 反映了预期的修正速度。当 β 的值较低时，对 t 期的价格预期修正缓慢，$t-1$ 期的实际价格水平对它几乎没有影响；当 β 接近于 1，对 t 期的价格预期对 $t-1$ 期的实际价格反应就很迅速；当 $\beta=1$ 时，$P_t^e=P_{t-1}$。可以看出，静态预期是适应性预期的一个特例。很显然，相对于前两种预期的形成机制而言，适应性预期更加复杂，更为接近现实。

适应性预期的优点在于理论上的简洁且易于运用，预期系数 β 的统计估计值也很容易得到。然而，适应性预期也存在着严重缺陷。这种预期机制完全是向后看的，它只是汇集了被预期变量的过去值，仅仅根据过去的经验来预测未来，完全忽略了当前存在的对未来预期可能产生影响的各种可得信息，如政府的经济政策，因而当前可得的新信息无法在预期形成过程中发挥任何作用。这一点，在理论逻辑上违背了经济分析的一个基本前提，即经济主体的行为是理性的。而且，预期形成机制中的权数是通过引进适应系数 β，呈现几何递减的滞后分布。越是过去的实际水平，所获分配的权数越小。尽管几何权数的优点在于能使预测变得容易，但不足以证实这种处理信息的方式有效地反映了客观实际。

不管是静态预期、外推预期还是适应性预期，都有一个共同的缺点，即人们只是凭借过去的经验对未来做出判断，没有充分利用与预期相关的其他变量所提供的有用信息，因此又被统称为非理性预期。约翰·穆斯认为，这些预期是不合乎理性的，所以缺乏说服力。因为在任何经济社会里，人们的经济行为都会是合乎理性的，即他们会利用一切可以利用的资源来寻求最大的利益，包括可以利用的信息资源。上述预期都只是利用了过去的信息，而把当前的一切可供利用的信息和他们对政府政策作用的知识排除在预期形成机制之外，没有达到理性人的行事准则。这也导致了微观分析和宏观分析在内在逻辑上的不一致。也就是说，在微观经济分析中假定经济主体的行为是理性的，会利用一切信息追求利益最大化，如生产者会在充分信息条件下追求利润最大化，消费者会在充分信息条件下追求效用最大化。而在宏观经济分析中考察通货膨胀、失业等问题时，却假定由各微观主体加总形成的宏观总体的行为是非理性的。

第二节 理性预期的宏观经济模型

一、理性预期

（一）理性预期的定义

理性预期是指经济当事人面对不确定的未来为避免风险或获得最大收益而运用过去和现在一切可获得的信息，对所关心的经济变量在未来的变动状况做出尽可能准确的预测。

理性预期这一概念最初是由约翰·穆斯在 1961 年发表的《理性预期与价格变动理论》一文中提出的。穆斯指出，“为了完成动态经济模型，人们利用了各种预期公式。但是，没有什么证据可以表明，各种假设关系与经济运动的方式有相似之处”。穆斯认为，由于预期是对未来事件有依据的预测，所以它们在本质上与相关的经济理论的预测是一致的。……我们把这种预期称为“理性的”。在进一步解释预期概念时，穆斯指出，该假定认识：①信息是稀缺的，而且经济系统一般是不会浪费信息的；②预期的形成方式具体依赖于经济的有关体系的结构；③一种公开的预测对于经济体系的运转将不会产生实质性的影响，公开的预测仅仅反映经济体系的运转趋势。

仍以价格预期为例，根据理性预期，在 $t-1$ 期预期的 t 期的价格水平为

$$P_t^e=E(P_t|I_{t-1})=E(P_t) \tag{10-4}$$

其中，P_t^e 为在 $t-1$ 期预期的 t 期的价格水平；I_{t-1} 为在 $t-1$ 期所获得的所有信息集合；$E(P_t|I_{t-1})$为 t 期的价格水平在 t 期的信息集合条件下的数学期望。理性预期下的预期价格水平取决于 $t-1$ 期所得到的信息集合 I_{t-1}。

定义预期误差为：$\varepsilon_t=P_t-P_t^e=P_t-E(P_t|I_{t-1})$，则式（10-4）又可写为

$$P_t^e=P_t+\varepsilon_t \tag{10-5}$$

根据理性预期的假设，$E(\varepsilon_t)=0$，即理性预期 P_t^e 是实际价格 P_t 的无偏误估计；同时，预期 P_t^e 已充分利用了信息集 I_{t-1} 所提供的信息，过去的预期误差对 P_t^e 将不能提供任何有用的信息。

这表明，理性预期假说认为，经济主体会充分有效地利用所有可得的信息来形成一个无系统性偏误的预期。当然，理性预期并不意味着经济主体的主观预测必定与客观实际完全一致。所谓理性预期只是假定，经济主体根据一定时期获得的所有相关信息取得的数学期望值将是最好的预测，经济主体在一定时期形成其预期时已经没有任何可得信息可以系统地改善预期错误。如果理性预期之值与实际发生的数值不一致的话，那么这种预期误差只能来自于 $t-1$ 期无法预知的在一定时期发生的随机干扰，所以预期误差只能是随机的且不可改善的。

●专栏 10-1　理性预期下的蛛网模型

在理性预期下，蛛网模型的公式表述如下：

$$Q_t^d=\alpha+\beta P_t$$
$$Q_t^s=\chi+\delta P_t^e+\mu_t$$
$$Q_t^s=Q_t^d$$

其中，μ_t 为随机扰动项，表示经济中无法预期的随机干扰对经济的影响，其期望值为零，并且与模型中的所有其他变量是相互独立的。根据均衡条件有

$$\alpha+\beta P_t=\gamma+\delta P_t^e+\mu_t$$
$$P_t=\frac{-\alpha+\gamma}{\beta}+\frac{\delta}{\beta}P_t^e+\frac{\mu_t}{\beta}$$

假定市场上的各个经济主体都了解以上所示的模型结构，并应用这些信息来形成他们的预期，则可表示为：任何时期的预期价格都等于该价格的以前期所得到的信息为条件的数学期望。即在理性预期条件下，$P_t^e=E_{t-1}(P_t)$，从而有

$$P_t^e = E_{t-1}(P_t) = E\left(\frac{-\alpha+\gamma}{\beta} + \frac{\delta}{\beta}P_t^e + \frac{\mu_t}{\beta}\right)$$
$$= \frac{-\alpha+\gamma}{\beta} + \frac{\delta}{\beta}E_{t-1}(P_t^e) + \frac{1}{\beta}E_{t-1}(\mu_t)$$
$$= \frac{-\alpha+\gamma}{\beta} + \frac{\delta}{\beta}P_t^e + \frac{1}{\beta}E_{t-1}(\mu_t)$$

所以，

$$P_t^e = \frac{-\alpha+\gamma}{\beta} + \frac{\delta+1}{\beta}E_{t-1}(\mu_t)$$

从而有：$P^* = \frac{-\alpha+\gamma}{\beta}$ 为市场均衡价格。

当$\{\mu_t\}$序列不相关时，$E_{t-1}(\mu_t)=0$，则 $P_t^e=P^*$，意味着：在任何时期，均衡价格水平就是对实际价格的理性预期。在该模型中，实际价格将等于均衡价格加上随机但独立的干扰变量。

当$\{\mu_t\}$序列相关时，只需随机过程$\{\mu_t\}$是线性的，则可描述为一个均值为零的独立的随机变量的加权总和，则

$$P_t^e = P^* + \sum_{k=1}^{\infty} \nu'_k \left(P_{t-k} - P^*\right)$$

在式中，权数 ν'_k 取决于原模型需求函数和供给函数的参数。这就是说，预期形成机制直接取决于模型的结构。

资料来源：李拉亚：《预期与不确定性的关系分析》，《经济研究》，1994 年第 4 期。

（二）理性预期学派的三大假说

在理性预期的基础上，理性预期学派提出了理性预期假说、货币中性假说和“自然率”假说。

第一，理性预期假说。理性预期假说认为经济主体都是理性人（rational man），而理性人在经济活动中必然会尽力去获得最充分的信息并有效地加以利用。他们在进行理性预期时总是主动的，所做出的决策也是明智的；他们总是寻求最优化目标，即在一定的技术水平和资源条件下，总是力求获得最大收益。这一假设认为人们在做出经济决策之前，由于有以往的经验和知识作为参照，并能充分地掌握相关信息，他们会经过周密的思考和判断，形成符合实际的理性预期。

相关链接 10-1　信息与预期

理性预期（rational expectations），又称合理预期。与适应性预期不同，在理性预期中人们对未来的预期不仅仅基于过去（历史）。理性预期是指针对某个经济现象（如市场价格）进行预期时人们是理性的，他们会最大限度地充分利用所得到的信息来采取行动而不会犯系统性的错误。因此，平均来说，人们的预期应该是准确的。这样，政府的经济政策趋于无效，虽然政策在实行初期可能有效，但是当人们理性预期到政策目标的时候，就会采取相应的行为，对政策作用起到抵消的作用。

约翰·穆斯在《理性预期与价格变动理论》一文中，给“理性预期”下了这样的定义：经济活动当事者的预期由于相同的信息背景，趋向于理论预测的结果。换言之，经济活动当事者和理论分析，由于根据同样的信息背景，将得出一致的预期的结果。在进一步解释理性预期概念时，穆斯指出，信息是稀少的，而且，一般来说经济制度没有浪费信息；预期的方式特殊地依赖有关的经济制度；公众的预测对经济制度的运行无重大的影响，公众的预测仅仅反映经济制度的运行趋势。因此，对于私人经济活动当事者具有重要关系的信息，包括对经济结构本身特征的了解，对已被该结构证明为合理的过去和现在的一系列数据的了解。理性预期的一个主要成分是私人经济活动当事者有效地收集和应用信息。这是理性预期模型基本的突出的特征，也是其一般性原理（或称理性预期要求）。人们收集和应用信息的活动与理性经济人的其他活动同等看待。就此而言，效率意味着私人活动当事者把一定数量的资源用于收集和应用信息，按照资源的边际选择成本等于从信息中所获之边际收益的原则进行决策。

信息的有效性和有用性同财政政策、货币政策和商业周期性质问题有重要关系，在这方面，理性预期的研究结果，是形成一系列关于信息的假定。例如，私人经济活动当事者，若实际观察和预测货币政策和财政政策，将充分了解经济结构，以正确地预测这些政策的平均影响；同时，私人经济活动当事者已经按照其设想和预期调整了自己的行为。此外，若货币政策和财政政策包括系统地对商业周期的反映，即使政府不宣布其行为类型，私人经济活动当事者也将把这种类型推断出来。也就是说，政府的系统的货币活动和财政活动是可以预测的。理性预期学派的理性预期理论，实际上是对新古典经济学关于理性经济人行为分析的扩展与补充。新古典经济学还假定，人们进行经济活动时已掌握完全的、充分的信息，因而他们会随着市场环境的变化随时对自己的行为进行调整，以在新的市场环境中实现新的均衡。但是传统的新古典经济学不重视预期的作用。而理性预期学派认为，人们以充分的信息为根据对未来的经济形势进行理性预期，从而决定经济当事人的经济决策，这是理性预期学派对于新古典经济学的新的理论贡献。

理性预期的思想最初是由美国经济学家约翰·穆斯在《理性预期与价格变动理论》一文中针对适应性预期中的非最优特性而提出的，20 世纪 70 年代芝加哥大学的 R. E. 卢卡斯和明尼苏达大学的 T. J. 萨金特和 N. 华莱士等做出了进一步发展，并逐渐形成了理性预期学派。

资料来源：徐佳宾、徐佳蓉：《预期性质的信息基础分析》，《经济理论与经济管理》，1998 年第 4 期；李拉亚：《通货膨胀机理与预期》，中国人民大学出版社，1991 年。

理性预期假设包含两方面的内容：一是假定消费者花钱的行为准则是从消费中换得的产品的效用最大化，而生产者以利润最大化为其行为准则。这一假说在理性预期学派看来，也就是一种经济政策是否成功，必须从微观经济学的角度考察该政策是否能增加社会成员的福利。二是所谓“完全预期”假设，也就是假定任何人在进行当前决策时对未来的预测，总是完全符合于即将发生的实际情况。这是因为它假定单个经济人在形成预期时使用了一切有关的、可获得的信息，并且对这些信息进行了恰当的处理。信息应被视为一种可以用来参与配置获取最大收益的资源，因而预期需要以信息为依据。“理性预期假设”假定人们在预期形成过程中不仅能够充分掌握一切有用的和可以获得的信息，而且还善于按照理性的原则处理这些信息。除非发生非正常的扰动，否则人们可以对未来将要发生的事情做出正确的预测。

理性预期假说有强、弱两种形式。理性预期的强假说形式已由穆斯在其论文中提出。依据穆斯的强假说，人们对经济变量的主观预期将同这些变量的真正或客观数学条件期望相一致。人们实际上了解现实世界的模型结构，并利用这一结构形成他们的预期。穆斯指出，这一假说明确了三个问题：①信息是稀缺的，一般来说，经济制度没有浪费信息；②预期的方式特殊地依赖于有关的经济制度；③公众的预期对于经济制度的运行无重大的影响，公众的预期仅仅反映经济制度的运行趋势。理性预期的弱假说的主要含义是，在形成关于某一变量未来值的预期时，理性的人们在心目中会找到该变量的一些决定因素，会最有效地利用关于这些决定因素的所有可公开获得的信息。

理性预期理论中的预期是建立在行为主体的理性基础之上的，作为追求自身利益最大化的行为主体，不仅要有追求利益的理性的欲望，而且要有追求可能的最大利益的理性能力。因此，预期是理性的经济主体在追求利益过程中欲望和能力的统一。理性预期理论中形成预期的信息来源于行为主体一切可能获得的信息，这些信息来源包括模型结构的知识、政策规则操作方面的行为信息和经济变量的过去实际水平，这些信息包含了被测变量自身和相关的方方面面的信息，而不仅仅是经济变量有关过去的特定方面的信息。在信息处理方面，经济变量的预期是内生的，预期的形成利用了经济系统运行相关的信息，这样避免了预期形成机制的随意性。理性预期理论对信息获取和处理的方式是基于其理论假设，即信息是稀缺的、信息不会被浪费、预期的形成方式依赖于模型的结构。

第二，货币中性假说。所谓货币中性，是指随着货币供给量的一定增加，相对应的均衡货币价格也将有同等比例的增加。在理性预期学派看来，只要存在理性预期，货币就是中性的。货币中性假说表明，总产量和就业的实际水平与其自然率水平间差别的时间类型，同包含对经济周期发展的系统反应的货币行动无关。如果货币数量的变化是规则的、可预期的，那么它就只会影响名义产出和名义就业量，而对实际量不起作用。因此，规则的货币政策仅仅影响经济的名义变量，而不会或极少会对实际变量产生影响。这就否定了规则的货币政策对经济周期的调节作用。

第三，自然率假说。自然率假说是卢卡斯在承认“自然失业率”概念的基础上引入理性预期假说后提出来的。卢卡斯认为，自然率范畴是与自然（产量、就业量等）水平相对应的概念。所谓自然水平是指在既定的微观经济结构中，私人经济单位根据对通货膨胀率的正确预期而产生的相应行为所形成的特定的总产量、总就业量或总失业水平。一个理性的经济主体会运用所有可支配的信息形成预期，除非在偶然的情况下，否则是不会发生失误的。这时，即使在短期内，菲利普斯曲线也不存在通货膨胀和失业之间的替代关系。卢卡斯进一步指出，菲利普斯曲线实际上隐含着这样一个意思，即实际产量对于其自然率水平的偏离，是与实际价格和预期价格成正比的。但对于具有理性预期能力的经济主体来说，他们凭借当时所得到的信息就可以预见一切与经济状况有系统关联的政策规则所产生的影响。从而，实际产量和就业量也就不可能偏离其自然率水平。根据“自然率”假说，理性预期学派指出，即使在短期内，政府的宏观经济政策也无法改变自然失业率，菲利普斯曲线始终是一条垂直线，无论在长期内或短期内该曲线上所谓的替换关系都不存在，任何旨在使产量、就业和物价水平超出自然率的企图都是徒劳的。

理性预期理论的出现引发了“理性预期革命”，使其在现代经济学中发挥着极其重要的作用。然而，这一理论要求经济主体在形成预期时，不仅要了解所有相关变量过去的情况[①]，还要了解“真实”的经济模型的结构参数，并处理大量信息。这些都是很不现实的，同时，理性预期理论并没有得到有力的经验数据的支持。对此，理性预期理论认为理性预期并不要求经济主体必须获得所有相关的信息。理性预期假说只是假定，作为追求效用最大化的理性人，经济主体将考虑收集和处理信息的成本，并与为此可获得的效益相比较，从而进行决策。换句话说，理性预期只是假定经济主体将最好地、最有效地利用其可获得的信息，因而可把理性预期看作成本收益问题的最优解。或者说，理性预期是使利润极大化的预期。理性预期假说较优于适应性预期假说之处正是在于，前者考虑到形成预期时所有可获得的有用信息，并且把宏观经济问题的分析建立在微观分析的基本前提上，从而克服了适应性预期假说中宏观经济分析与微观经济分析内在的逻辑不一致或互相矛盾的缺点。同时，理性预期论者认为，经济分析的理论分析所设定的前提从来不现实，因此经济主体具有完全的信息并且是精明的理性人这一假定并不能成为判断理性预期理论是否有效的标准，衡量一个理论是否有效，应该看该理论做出的预测能否为实践所证明。

二、理性预期的宏观经济模型

（一）理性预期的宏观经济模型

理性预期学派认为在没有政府干预和对外经济联系的情况下，社会总需求仍然由消费需求和投资需求构成，但理性预期学派将理性预期引入需求决定的分析，提出了前瞻性消费理论和投资理论，更加突出了对社会总需求微观基础的分析。其社会总需求曲线仍然是一条向右下方倾斜的曲线。同样，将理性预期引入对社会总供给的分析之后，理性预期学派修正了传统的社会总供给曲线，形成了附加预期变量的总供给曲线，即卢卡斯曲线。在此基础上，理性预期学派建立了理性预期的宏观经济模型，分析了价格水平和国民收入的决定和变动问题。

假定经济最初处于自然率的均衡状态 A，该点是垂直线 Y_N、卢卡斯总供给曲线 ES_1 和总需求曲线 AD_1 的交点，此时理性预期下的价格水平 P^e 等于实际价格水平 P_1，即价格水平被完全预期到。

在图 10-1 中，横轴是产出 Y，纵轴是价格 P，假定某种意料中因素（如政府实行了扩张性的货币政策）导致总需求曲线发生移动，由 AD_1 增加到 AD_2，与 ES_1 相交于 B 点，对应的价格水平为 P' ，国民收入水平为 Y' 。然而根据理性预期，B 点是不存在的。因为理性经济主体的预期是理性的，经济主体在形成预期时会考虑到这个信息，并完全预

① 宋承先，许强. 现代西方经济学：宏观经济学. 第 3 版. 上海：复旦大学出版社，2005.

期到货币供给量的提高对一般价格水平以及对总需求曲线的影响，他们对价格的预期会相应地调整到 $P^e=P_2$，会预期到总需求曲线的移动。同时，货币工资在一个向上的价格预期下提高，使总供给曲线从 ES_1 移动到 ES_2，AD_2 与 ES_2 的交点 C 才是新的均衡点。此时，总产量仍为 Y_N，价格水平为 P_2，均衡点由 A 点沿垂直的长期总供给曲线移动到 C 点。也就是说，意料中的因素造成的总需求的移动只能导致价格水平的上升或下降，并不能导致整个经济的产出和就业量的变化。

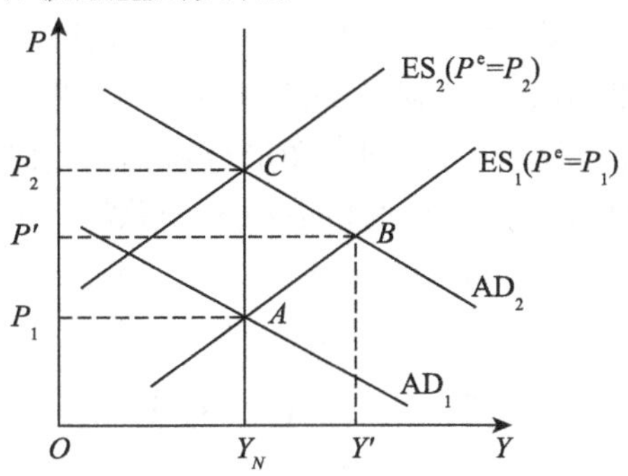

图 10-1　理性预期的宏观经济模型

如果这种货币供给量的增加是未预期到的变动（如政府在没有公布其货币政策情况下，悄然增发了货币），这时拥有不完全信息的厂商和工人把一般价格水平上升的结果错误地当作相对价格的上升，他们做出的反应是增加产量和劳动供给。换句话说，厂商和工人把价格水平的上升错误地看作对他们产品和劳务需求的实际增长，从而增加产品和劳务的供给。在图 10-1 中，这种未预期到的变动使总需求曲线从 AD_1 移动到 AD_2。由于这种变动是随机性的，经济主体并没有意识到总需求曲线已经移动到 AD_2，仍然以总需求曲线为 AD_1 这一基础来做出预期，即预期价格水平仍为 P_1，这样，总供给曲线仍然是 ES_1，从而 AD_2 与 ES_1 相交于 B 点，就决定了产量为 Y'，价格水平为 P'。此时的产量水平偏离了自然率水平 Y_N，这被认为是经济主体预期误差的结果。然而这种产量和就业偏离自然率水平的变化都只是暂时的，一旦经济主体意识到相对价格并没有变化，产量和就业就又会回到自然率水平上去，即一旦经济主体充分调整了他们的预期，总供给曲线就从 ES_1 移动到 ES_2，与 AD_2 相交于 C 点。

总之，能预期到的因素引起的总需求的移动只能改变价格水平，而对实际产量和就业没有影响，只有未预期到的因素的变化所引起的总需求的移动才影响实际产量，当然也影响价格水平。

理性预期的宏观经济模型也可表示如下：

$$Y_t^d = \alpha - \gamma P_t \tag{10-6}$$

$$Y_t^s = Y_N + \beta\left(P_t - P_t^e\right) \tag{10-7}$$

$$P_t^d = Y_t^s \tag{10-8}$$

式（10-6）是 t 期社会的总需求函数。它的含义是，t 期的社会总需求量 Y_t^d 是价格水平 P_t 的函数，价格水平越高，需求量越小。α 是政策或其他外部因素可以改变的参数，γ 是总需求量对价格水平的反应程度。在这一模型中，假定 α 与 γ 都是既定的外生变量。

式（10-7）被称为理性预期学派的总供给函数（卢卡斯总供给方程）。它的含义是，t期的总供给量Y_t^{s}是价格水平P_t和对t期的价格预期P_t^{e}的函数，而Y_N为充分就业时的产量，β是供给量对价格的反应程度。在其他条件相同的情况下，P_t与P_t^{e}的差距越大，即实际价格越是高于预期价格，产量增加就越多；P_t与P_t^{e}的差距越小，即实际价格越是接近于预期价格，产量增加就越小。当实际价格与预期价格一致时，产量就是充分就业水平的产量。而当实际价格小于预期价格时，产量就小于充分就业的产量水平。

式（10-8）是均衡条件，在均衡时总供给和总需求相等。

结合图 10-1，根据理性预期的宏观经济模型的三个方程式，分析理性预期条件下价格水平和国民收入的决定，同样可以得到与图形分析相同的结论。

当总需求曲线位于AD_1时，定义此时的$a=a_0$；当总需求曲线变动到AD_2时，设此时的$\alpha=\alpha_1$，则在初始状态A点（时期 1，t=1）：

$$Y_1^{\mathrm{d}}=\alpha_0-\gamma P_1 \tag{10-9}$$

$$Y_1^{\mathrm{s}}=Y_N+\beta\left(P_1-P_1^{\mathrm{e}}\right) \tag{10-10}$$

$$Y_1^{\mathrm{d}}=Y_1^{\mathrm{s}} \tag{10-11}$$

$P_1^{\mathrm{e}}=P_1$，因此，此时的价格水平$P_1=\dfrac{\alpha_0-Y_N}{\gamma}$，产量为$Y_N$。

如果由于某种意料之中的冲击使总需求曲线从AD_1移动到AD_2（时期 2，t=2），在理性预期条件下，经济主体正确地预期到$P_2^{\mathrm{e}}=P_2$，所以

$$Y_2^{\mathrm{s}}=Y_N+\beta\left(P_2-P_2^{\mathrm{e}}\right)=Y_N$$

根据均衡条件式（10-11），有$Y_2^{\mathrm{d}}=\alpha_0-\gamma P_2=Y_N$。

因此，

$$P_2=\frac{\alpha_1-Y_N}{\gamma} \tag{10-12}$$

而产量仍为Y_N。

式（10-12）表明，当γ与Y_N既定时，α的变动只影响P。

如果这种变动是由于意料之外的冲击造成的而经济主体并没有预期到，则此时的预期价格仍然为$P_2^{\mathrm{e}}=P_1=\dfrac{\alpha_0-Y_N}{\gamma}$，则此时的理性预期的宏观经济模型为

$$Y_2^{\mathrm{d}}=\alpha_1-\gamma P_2$$

$$Y_2^{\mathrm{s}}=Y_N+\beta\left(P_2-P_2^{\mathrm{e}}\right)$$

$$Y_2^{\mathrm{d}}=Y_2^{\mathrm{s}}$$

从而得出均衡价格P'为

$$P'=\frac{\alpha_1-Y_N}{\gamma+\beta}+\frac{\beta(\alpha_0-Y_N)}{\gamma(\gamma+\beta)}$$

均衡产量Y'为

$$Y'=Y_N+\beta\frac{\alpha_1-\alpha_0}{\gamma+\beta}$$

可以看出，价格和产量的波动都是没有预期到的外生变量的变动($\alpha_1 - \alpha_0$)所导致的。

（二）理性预期的政策主张

基于以上分析，理性预期学派认为如果经济主体的预期是理性预期，政府的宏观经济决策将失去作用，所以凯恩斯主义需求管理的宏观经济政策是无用的，这种政策干预的结果并不是改变了就业量和产量，而是引起了通货膨胀。

其原因在于，市场经济中的实际变量产量、就业量是由其自然率水平决定的，它对自己自然率的偏离则是由于预期价格与实际价格之间所出现的偏差引起的。换言之，人们之所以要增加或减少自己的产量或就业量，是因为他们把一般价格水平的变化当成了相对价格的变化。宏观经济政策要发生作用是以无法让人们预期到政策的变动为前提的，正是通过混淆人们的预期，造成公众判断失误，从而调整自己的实际变量而实现政府的政策目标，即政策必须是随机的。也就是说，宏观经济政策在本质上是靠突然袭击或欺骗公众才能产生效果，而在公众已经形成理性预期的情况下，他们会据此对政府政策和物价水平的变化做出正确的判断，并对未来可能发生的变化事先采取预防性措施，从而使政府的宏观经济政策失去作用。正如在分析菲利普斯曲线时所指出的，当失业增加时，工人们根据以往的经验和有关知识，可以判断出政府将要使用扩张性的经济政策来扩大就业，而这将会导致实际工资下降，于是他们会在物价上涨之前就要求增加工资。雇主则不仅不会在物价上涨后增雇工人，他们甚至会在物价上涨之前就减少工人。这样，通货膨胀率与失业率的交替关系即使在短期内也不存在，宏观经济政策即使在短期内也无法奏效。卢卡斯指出，任何在公众预料之中的政策都很难对实际经济变量产生真正的影响。那些随机的、无规则的政策虽然有可能改变实际的产出或就业，但其实施的后果却会加剧整个经济系统的不稳定性，有违政府一贯坚持的“反周期”宗旨，因而也无法成为宏观经济政策的现实选择。

总之，从根本上讲，无论是长期的还是短期的、既定的还是随机的，宏观政策效应都是不存在的。不仅如此，这些政策实施的结果还增加了经济系统的“噪声”，干扰了市场机制的正常运转，降低了价格信号的自动调节功能。

在此基础上，政府能做的应该是制定长期不变的政策规则，为公众确立稳定的行为规则，而不是采取某种相机抉择的政策。在简单、稳定的规则下，市场能够自行地解决它所遇到的问题，自动调节经济活动使其达到均衡，而这也是最有效率的，即成本最低的。它不仅能够从宏观上增加社会生产总量，而且能够从微观上增加社会成员的福利。政府唯一的政策目标应该是确立最理想的一般物价水平，防止和减少通货膨胀，而不是同时解决失业和通货膨胀，更不应当是失业。通货膨胀和失业之间即使在短期也不存在此消彼长的替代关系，由于理性预期的作用，提高货币供应量只能加剧通货膨胀，产出和就业并不会因此而增长；降低货币供应量能缓解通货膨胀，却不一定会减少产出和就业。因此，政府应当公开明确地规定一种固定的货币供应量的年增长率，并应当实现财政预算平衡。这样，物价就会稳定，失业也不会增加，产量也不会下降。

当然，必须指出，理性预期学派关于政策的无效性命题，是以市场出清、货币中性等假设为前提的。在理性预期的经济模型中，物价和工资是完全可变的，而且是迅速地发生变化的；总供给曲线除了暂时的误差表现为自左向右上升以外，总体上是对应自然率水平的一条垂直线。此外，理性预期学派的政策变量仅限于货币政策，并不包括财政政策。因此，当在模型中引入刚性价格、资本市场以及税收这些复杂情况后，就会得出不同的结果。

三、卢卡斯曲线

理性预期学派在理性预期的基础上修正了传统的总供给曲线。他们同意劳动的供给和需求取决于实际工资（W/P）的观点，但强调，在考虑到人们的预期时，在决定实际工资时，劳动供给方所依据的价格和劳动需求方所依据的价格并不一定相等。

劳动者所得到的工资只是货币工资（W）。要得到货币工资所代表的实际工资就要用价格去除货币工资。厂商在决定他所支付的实际工资时，也是用其产品的价格去除货币工资，只要劳动的边际产品大于他为获得这一劳动量所支付的成本（实际工资），他就要增加雇佣的劳动量，直到劳动的边际产品与实际工资相等为止。相对于劳动者而言，厂商熟悉自己产品的价格和本行业产品的价格，全体厂商就相当于用实际存在的价格水平去计算实际工资，因此在决定劳动需求时，计算实际工资的价格就是实际价格（P_t）。由于劳动者不清楚各行业的现行价格，劳动者整体只能用预期价格（P_t^e）来计算实际工资。如果预期的价格与实际价格一致，产量就会达到实现充分就业的水平；否则，就会与充分就业的产量水平相背离。

如果把影响厂商的实际价格水平和影响劳动者的预期价格水平的差别考虑在内，就可以推导出卢卡斯曲线，又称为附加预期的总供给曲线（expectation augment aggregate supply curve，ES）。对卢卡斯曲线的推导如下：

图 10-2（a）是劳动市场均衡图，横轴为劳动力 N，纵轴为实际工资 W/P。图 10-2 反映了当预期价格不变时，因实际价格变动而引起的劳动需求变动，以及劳动市场均衡的不同情况。图 10-2（b）是总供给曲线图，横轴是产出 Y，纵轴是价格 P。

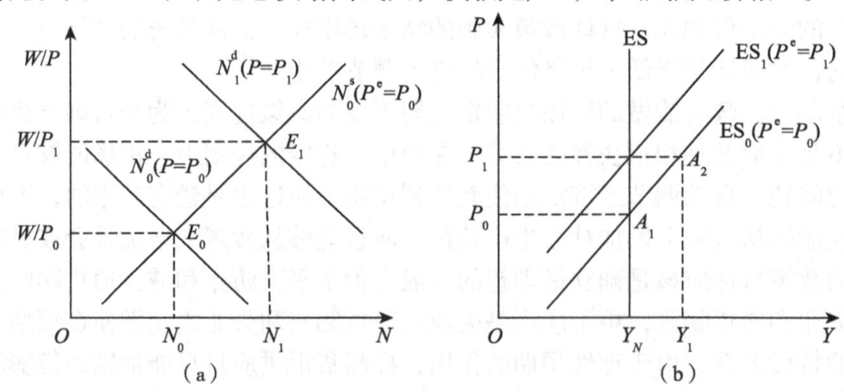

图 10-2 附加预期的总供给曲线

在图 10-2（a）中，劳动者根据对由预期价格决定的实际工资决定提供多少劳动力，其劳动供给曲线用 N^s 来表示；而生产者根据由实际价格决定的实际工资决定雇用多少劳动力，其劳动需求曲线用N^d来表示。

假设劳动市场的初始均衡状态在E_0点，此时，实际价格水平为P_0且劳动者的预期价格 $P^e=P_0$，相应的劳动需求曲线、劳动供给曲线分别为N_0^s、N_0^d。这时N_0^d与N_0^s的交点E_0，决定了就业量为N_0，代入总量生产函数后，相应的国民收入（总产出）为Y_N。如果实际价格由P_0上升到P_1，而预期价格不变，则劳动的供给曲线仍为N_0^s，劳动的需求增加，劳动的需求曲线上移到N_1^d，这时$P_1>P^e$，N_1^d与N_0^s相交于E_1，决定了就业量为N_1，相应地决定了国民收入（总产出）为Y_1。以此类推，当劳动者的预期价格不变而实际价格发生不同的变化时，劳动的供给曲线不变，需求曲线移动，从而决定了不同的就业量和国民收入（总产出），将这些不同价格水平国民收入的组合点连接起来，就得到了预期价格为P_0时的卢卡斯总供给曲线ES_0。它表示当预期的价格水平为一定数值时，在不同的实际价格下所能提供的产量。当预期的价格与实际价格相等时，所决定的产量为Y_N，这时的产量就是充分就业的产量，即自然产量。通过E_0点的垂线ES就为合乎理性的预期，从而得到预期价格与实际价格一致时的总供给曲线，这时处于充分就业状态。

可以看出，如果有不同的价格预期，则可以有不同的附加预期的总供给曲线。例如，在图10-2（b）中的ES_1就是预期价格水平为P_1时的附加预期的总供给曲线；同样地，当预期价格与实际价格一致时，产量就达到了自然率水平。因此，无论有多少预期价格，只要预期价格与实际价格相等，总供给曲线就是垂直的ES。

卢卡斯曲线的方程为

$$Y_t^s = Y_N + \beta\left(P_t - P_t^e\right)$$

其中，Y_t^s为当期的产量；P_t为实际价格水平；P_t^e为劳动者在$t-1$期对t期的价格预期；而Y_N为充分就业时的产量，β为供给量对价格的反应程度。

●专栏10-2　卢卡斯总供给方程的数学推导

对卢卡斯总供给方程的数学推导如下：按照卢卡斯的观点，整个经济的总供给曲线是通过对所有典型企业的供给曲线加总而成，企业i的供给函数由下式给出：

$$y_i=h(P_i-P)+y_i^*$$

其中，y_i为企业的产量；P_i为其产品的价格；P为价格总水平；y_i^*为企业的潜在产量；h表示企业对其产品价格与价格总水平偏离的一种反应，$h>0$。

用P^e表示企业对价格总水平P的估计，从而有

$$y_i=h(P_i-P^e)+y_i^* \tag{10-13}$$

进一步地，企业对价格总水平的估计按式（10-14）进行：

$$P^e=\hat{P}+b(P_i-\hat{P}) \tag{10-14}$$

式（10-14）表示，企业对价格总水平的估计由两部分组成：一部分是该社会的有关机构预测并公布的价格预测值$\hat{P}$；另一部分是企业根据其经验对预测值$\hat{P}$的调整，参数b为调整系数。

将式（10-14）代入式（10-13）并整理，得

$$y_i=h(1-b)(P_i-\hat{P})+y_i^*$$

从整体上看，整个经济的总供给曲线是通过对所有企业的供给曲线加总而得到的。设整个经济的生产由 n 个像企业 i 的企业组成，则经济的总供给函数便为

$$Y = n\,h(1-b)\left(P_i - \hat{P}\right) + Y^{*} \tag{10-15}$$

式（10-15）即为卢卡斯总供给函数。其中，Y 为总产出，P 为整个经济的价格水平，Y^{*}为经济的潜在产量（有时记为 Y_N）。卢卡斯总供给函数表示，经济的总产出与未被预期到的价格上升之间具有正相关关系。经过系数的合并，卢卡斯总供给函数通常写为

$$Y = Y^{*} + \beta(P - P^{e})$$

其中，参数 $\beta>0$；P^{e}为公众对价格的理性预期。

资料来源：宋承先、许强：《现代西方经济学：宏观经济学》（第 3 版），复旦大学出版社，2005 年。

➢本章提要

预期是指经济行为人对于经济变量（如价格、利率、利润以及收入等）在未来的变动方向和变动幅度做出的一种事前估计或主观判断。它是由低级向高级、由简单向复杂、由不科学向科学一步一步地向前发展推进的。在预期理论的演进过程中，先后出现了静态预期、外推性预期、适应性预期和理性预期等预期形成假设。

所谓理性预期就是指经济当事人面对不确定的未来为避免风险或获得最大收益而运用过去和现在一切可获得的信息，对所关心的经济变量在未来的变动状况做出尽可能准确的预测。

理性预期学派通过引入理性预期对传统的总供给曲线进行了修正，提出了卢卡斯曲线，并结合总需求曲线，利用理性预期的宏观经济模型分析了价格水平和国民收入的决定。得出的结论是：能预期到的因素引起的总需求的移动只能改变价格水平，而对实际产量和就业没有影响，只有未预期到的因素的变化所引起的总需求的移动才影响实际产量和价格水平。理性预期学派得出了政策无效性命题：凯恩斯主义需求管理的宏观经济政策是无用的，这种政策干预的结果并不是改变了就业量和产量，而是引起了通货膨胀。

➢关键概念

静态预期（static expected）
外推预期（extrapolation expected）
适应性预期（adaptability expected）
理性预期（rational expectations）
货币中性（currency neutral）
卢卡斯曲线（Lucas curve）

➢复习思考题

1. 凯恩斯主义、货币主义和理性预期学派是如何解释失业与通货膨胀之间关系的？围绕菲利普斯曲线的争论，它们对宏观经济政策效用的分歧何在？

2. 设卢卡斯曲线为 $Y=Y_N+\beta(P-P_t^e)$，其中，$\beta=20\ 000$，$Y_N=4\ 000$。例如，当价格水平 $P_t=1.01$，预期价格 P_t^e 为 1.00，产量 Y 就为 4 200，即高于潜在水平 $Y_N=4\ 000$。假设，总需求曲线为

$$Y=1\ 101+1.288G+3.221\frac{M}{P}$$

（1）假设某一时期经济已处于产量为潜在水平状况，并在近期内预期政策不会变化。货币供给为 600，政府支出为 750，价格水平为多少？（提示：如果不发生突然变动，实际价格和预期价格水平相同。）

（2）现假设，央行宣布，把货币供给量增加到 620，新的产量水平和价格水平将为多少？

（3）现假设，央行宣布，把货币供给量增加到 620，但实际上却增加到了 670，新的产量水平和价格水平将为多少？

3. 理性预期学派认为，无论是货币政策还是财政政策都不能在长期内影响均衡收入水平，因此也是不必要的；如果经济主体犯了预测错误，政府只需要宣布一下新的统计数据，市场就会立即回复到充分就业状态。支持这一结论的核心前提是什么？你对此有何评论？

4. 理性预期与适应性预期有何区别？试评论理性预期学说在宏观经济理论发展中的意义。

5. 比较下列概念：静态预期、外推预期、适应性预期、理性预期。

➤扩展性阅读资料

布兰查德 O. 2003. 宏观经济学. 钟笑寒等译. 北京：清华大学出版社

范金，朱强，王艳. 2004. 中级宏观经济学. 北京：经济管理出版社

弗里德曼 M. 2001. 弗里德曼文萃. 高榕，范恒山译. 北京：首都经济贸易大学出版社

霍尔 R，泰勒 J. 1989. 宏观经济学——理性预期与价格调整. 冯立新，李颖译. 北京：中国展望出版社

江世银. 2008. 预期理论史考察. 北京：经济科学出版社

卡特 M，麦道克 R. 1988. 理性预期——八十年代的宏观经济学. 上海：上海译文出版社

梁小民. 1996. 高级宏观经济学. 北京：北京大学出版社

曼昆 G N. 2011. 宏观经济学. 第 7 版. 卢远瞩译. 北京：中国人民大学出版社

欧阳明. 2002. 宏观经济学. 上海：上海人民出版社

谢弗林 S M. 1990. 理性预期. 李振宁译. 北京：商务印书馆

Cagan P. 1956. Monetary dynamics of hyperinflation//Friedman M. Studies in the Quantity Theory of Money. Chicago：University of Chicago Press

Lucas Jr R E. 1972. Expectations and the neutrality of money. Journal of Economic Theory，4（2）：103-124.

Lucas Jr R E. 1976. Econometric policy evaluation：a critique. Carnegie-Rochester Conference Series on Public Policy，1：19-46

Muth J. 1961. Rational expectations and the theory of price movements. Econometrica，29 （3）：315-325

Phelps E S. 1967. Phillips curves，expectations of inflation and optimal unemployment over time. Economica，34：254-281

Sargent T J，Wallace N. 1976. Rational expectations and the theory of economic policy. Journal of Monetary Economics，2：169-183

第十一章

开放经济的宏观均衡模型

在封闭经济条件下，宏观经济的总需求由消费、投资、政府支出三部分构成，总供给由消费、储蓄、政府收入三部分构成。在开放经济中，一国总需求由消费、投资、政府支出和净出口四部分构成，总供给由消费、储蓄、政府收入、净进口四部分构成。本章主要介绍和说明开放经济条件下的宏观经济均衡模型。

第一节　开放经济概述

开放经济是家庭和厂商与其他国家进行贸易，向其他国家借入和借出资金的经济。目前，许多工业化国家都是高度开放的经济体，商品与资本的流动是其中的主要内容。其中，进出口对一国经济的影响是直接的，因为进出口代表对经济所生产的产品的一种需求，同时，开放经济可以筹集国际资金。在一个贸易和资本流动开放的经济中，国际因素对宏观经济可能起关键作用。

一、国际收支平衡

国际收支差额可以用国际收支平衡表或者国际账户来表示。国际收支平衡表是对一国与其他国家交易进行概括的一组账户，其中国际收支差额被分成两个部分，即经常账户和资本账户。经常账户中包括产品和劳务的出口和进口、投资收入以及净转移支付。资本账户包括净资本流动等，还包括统计误差或者错误与遗漏项目。

相关链接 11-1　1978~2007 年中国进出口情况

从表 11-1 中可以看出，1978 年以来，我国的进出口贸易额逐年大幅增长，贸易规模不断扩大，2003～2006 年我国货物进出口快速增长，年均增长 29.8%。贸易总量在世界贸易中所占比重逐年提高，在世界各国的位次不断提升。2002 年，我国货物进出口贸易总额为 6 207.7 亿美元，占世界贸易总额的 4.7%。到 2007 年已达 21 738 亿美元，增加了 2 倍多，占世界贸易总额的比重提高到 7.2%，在世界的位次从 2002 年的第 6 位提升到 2006 年的第 3 位。进出口贸易总额占 GDP 的比重也不断上升，对外开放程度不断加深。

表 11-1　1978~2007 年中国的进出口状况

年份	进出口总额/美元	出口总额/美元	进口总额/美元	进出口总额占GDP 的比重/%	外商投资/美元
1978	206.4	97.5	108.9	9.7	102.7
1980	381.4	181.2	200.2	12.5	114.8
1985	696.0	273.5	422.5	22.9	120.9
1990	1 154.4	620.9	533.5	29.8	816.1
1995	2 808.6	1 487.8	1 320.8	38.7	719.8
2000	4 742.9	2 492.0	2 250.9	39.6	102.7
2001	5 096.5	2 661.0	2 435.5	38.5	114.8
2002	6 207.7	3 256.0	2 951.7	42.7	120.9
2003	8 509.9	4 382.3	4 127.6	51.9	1 032.1
2004	11 545.5	5 933.2	5 612.3	59.8	816.1
2005	14 219.0	7 619.5	6 599.5	63.9	610.6
2006	17 607.0	9 691.0	7 916.0	65.8	630.2
2007	21 738.0	12 180.0	9 558.0		

资料来源：《中国统计年鉴 2007》；2007 年数据来自《国民经济和社会发展统计公报》

就经常账户与资本账户的关系而言，国际贸易是一个经济体与其他经济体联系的基本纽带。国际贸易对总支出的影响由净出口（即出口减去进口）来衡量，出口减去进口称为贸易余额（balance of trade）。国际收支差额是外汇市场上对一国货币的总需求与总供给之间的差额。如果供给的货币总额等于需求总额，国际收支差额为零。当外汇市场对货币的需求超过供给时，出现国际收支盈余。

相关链接 11-2　中国国际收支的变化

中国自 1982 年开始公布国际收支统计数据，国际收支平衡表不仅反映了我国对外经济发展的状况，也是长期持续的经济增长积累结果的体现。有研究将 1982～2003 年的 22 年分为三个阶段：前 8 年（1982～1989 年）为第一阶段；中间 7 年（1990～1996 年）为第二阶段；在经常项目下可自由兑换后的（1997～2003 年）7 年为第三阶段。在第一阶段的 8 年中，我国国际收支流量主要来源于货物与其他投资账户，这两个账户的年均贷方和借方流量超过了 100 亿美元。可见这一阶段我国国际经济活动主要是国际贸易和为国际贸易服务的国际银行业务，其中国际贸易构成了其他投资账户流量的主要来源。第二阶段的国际收支流量发生了很大变化，除货物与其他投资账户流量依旧较大外，服务账户、收益账户、直接投资、储备资产、净误差与遗漏流量年平均超过了 100 亿美元的规模。我国对外开放上升到一个新的阶段，服务业产品的进出口从第一阶段不到 50 亿美元上升到近 140 亿美元，但由顺差变为逆差，且逆差额高于第一阶段的顺差额；金融领域的开放表现为吸引和利用外资达到很高的水平。此外，储备资产水平在这一阶段也有了质的提高。在第三阶段，随着人民币在 1996 年年底实现经常账户下的可自由兑换，以及金融开放水平的提高，资本流动的监控更为困难，如国际收支平衡表中误差和遗漏年均达到 150 亿美元，其中大部分属于不受监控、未经登记的资本流出，属于资本外逃性质。同时，储备资产年均增量超过 400 亿美元，其他投资账户年均借方流量达到 700 亿美元，国家外汇银行在使用外汇方面有了更大的自由。

20 世纪 90 年代以来，国际收支总差额持续顺差。在 1990～2003 年，除了 1992 年有少量逆差外，其余年份均为顺差，且数额较大，导致储备资产大幅度累积。2003 年年底，外汇储备资产已经达到 4 032.51 亿美元。经常账户及其次级账户流量增幅巨大，服务和收益账户逆差。1997～2003 年，年均经常账户差额是前几年平均差额的 5.6 倍，货物与服务、收益和经常转移的贷方和借方均出现了大规模的增长，尤其是收益账户和服务账户的差额增长较快，分别增加了 3.19 倍和 7.16 倍。金融账户及其次级账户流量稳定增长大大增强了对外经济金融化的趋势。不仅贸易额大幅度增长，各类投资流量增幅更大。对外经济的金融化趋势不仅表现在吸收和利用外商直接投资中，而且出现在证券投资和其他投资账户中；不仅表现在外资的流入方，而且还表现在外资的流出方，出现资本双向流动的格局，我国对外投资规模迅速扩大，出现“双顺差”结构特征。经常账户与资本和金融账户“双顺差”的格局在 20 世纪 90 年代得以形成。从平衡表看，这主要是由误差和遗漏的借方额以及储备资产的净借方额来平衡的。金融账户中直接投资出现持续大额顺差，说明我国是发展中国家最大的外商直接投资利用国，同时对外投资较为薄弱。

资料来源：徐映梅、曾莹：《中国国际收支结构变迁的阶段性及其特征》，《中南财经政法大学研究生学报》，2006 年第 2 期。

二、汇率及其决定

开放经济可以筹集国际资金，因此其金融市场本质上也是开放的，这就形成了把全球经济联系在一起的国际金融体系。理解国际金融体系的起点是外汇市场（foreign exchange market）。外汇市场是买卖不同国家货币的市场，它没有单一的有形的地理位置，但主要集中于伦敦、纽约和东京三大中心。

汇率是本国货币相对于外国货币的价格，是把国家间资本流动和商品流动联系起来的机制。汇率分为名义汇率和实际汇率。名义汇率是两国货币的相对比价。实际汇率是两国商品的相对比价，也叫贸易条件（terms of trade），表示在两国进行贸易时，商品是按什么比例交换的。例如，假设中国生产的运动鞋每双售价 100 元人民币，美国生产的运动鞋每双售价 50 美元，如果人民币与美元之间的名义汇率是 1 元人民币兑 0.12 美元，则中国生产的运动鞋每双售价 12 美元。于是，计算实际汇率的公式是

实际汇率=名义汇率×本国商品价格/外国商品价格

这是以外币来衡量本币的表示方法（间接标价法），反之为直接标价法。现实中实际汇率一般按照两国间一般价格水平来决定，如果用 e 表示名义汇率，P 表示本国的物价水平，P^*表示外国的物价水平（以外币计），则实际汇率 $\varepsilon=eP/P^*$。因此，实际汇率相当于以外国商品表示的本国商品的相对价格。如果实际汇率较高，说明外国商品相对较便宜；如果实际汇率较低，说明外国商品相对较贵。

由于$e=\varepsilon P^*/P$，名义汇率取决于实际汇率与两国的价格水平，如果外国的价格水平上升，意味着外币的购买力下降，则本币可以换取更多外币，因而名义汇率上升。可以进一步写为

$$\Delta e/e=\Delta\varepsilon/\varepsilon+\Delta P^*/P^*-\Delta P/P \tag{11-1}$$

用π^*和π 分别表示外国和本国的通货膨胀率，则

$$\Delta e/e=\Delta\varepsilon/\varepsilon+(\pi^*-\pi) \tag{11-2}$$

因此，名义汇率的变化率取决于实际汇率的变化率加上两国通货膨胀率之差。在其他条件不变时，如果外国的通货膨胀率高于本国的通货膨胀率，那么本国货币的汇率水平将上升。

三、对外净投资与净出口

进入一国进行投资的货币叫作资本流入（capital inflows），进入其他国家的货币叫作资本流出（capital outflows）。资本流入减去资本流出叫资本净流入，也就是对外净投资（net foreign investment，NFI）。

我们可以根据宏观经济模型得到开放条件下的总支出方程。在已知封闭经济条件下，一国的总支出由以下部分组成：

$$Y=C+I+G \tag{11-3}$$

在开放经济条件下，用X表示本国的出口，用C_f表示私人消费中用于购买外国产品和劳务的支出，用I_f表示私人投资中用于购买外国产品和劳务的支出，用G_f表示政府部门用于购买外国产品和劳务的支出，那么，

$$Y=(C-C_f)+(I-I_f)+(G-G_f)+X \tag{11-4}$$

需要说明的是，私人投资 I 是实际支出，不一定等于厂商的意愿投资。因为厂商生产的一部分产品没有卖掉，就只能存放在仓库里而增加存货。这显然是企业非意愿的（非计划的存货投资），而且会计入国民收入账户。

经过整理可得

$$Y=C+I+G+X-(C_f+I_f+G_f) \tag{11-5}$$

其中，$NX=X-(C_f+I_f+G_f)$，叫作净出口。

所以，

$$Y=C+I+G+NX \tag{11-6}$$

可见，净出口等于本国总产出减去本国总支出。如果总产出大于总支出，净出口为正；反之，净出口为负。

其中，出口取决于外国人的收入，也取决于其他因素，而与出口国的收入状况无直接关系。收入增加使进口增加，而出口保持不变，净出口随收入上升而下降。例如，美国净出口在 20 世纪 90 年代后半期的下降，是由于美国经济繁荣，其他国家处于衰退之中，其进口上升而出口下降。另外，主要是汇率变动也影响出口。例如，20 世纪 80 年代中期美国净出口大幅度下降的一个原因是美元大幅度升值。进口与不同的收入水平相联系，随着收入的增加而增加；进口也取决于国内与国外生产产品的相对成本，后者又受到汇率的影响。

在公式 $Y-C-G=I+\mathrm{NX}$ 中，等式左边为国民储蓄，如果用 T 表示税收，国民储蓄相当于私人部门储蓄（$Y-T-C$）与公共部门储蓄（$T-G$）之和，用 S 来表示，则

$$S=I+\mathrm{NX} \tag{11-7}$$

从另一个角度看，一国国际收支账户的经常项目余额可以用来衡量对外投资的净流量，记为 CA，所以 $S=I+\mathrm{CA}$。因此，在开放经济条件下，一国储蓄有两个用途：一是用于国内投资；二是用于对外投资。在不考虑单方面转移支付的情况下，经常项目余额由净出口 NX 和净要素支出 NFP（净利息收入）构成，所以 $S=I+(\mathrm{NX}+\mathrm{NFP})$，由于净要素支出 NFP 是过去投资的结果，不受当前宏观经济活动的影响，可以忽略。

可以得到，$S-I=\mathrm{NX}$，所以用于资本积累的资金在国际的流动与产品和劳务在国际的流动相等。等式左边是本国的对外净投资，是私人储蓄超过国内私人部门投资的部分，相当于本国出借给外国的资金数量减去外国出借给本国的资金数量，等式右边是净出口也被称为贸易余额，等于本国的出口总额减去进口总额后的余额。这是一个会计恒等式，表示一国的对外净投资等于净出口，是国际资金流动和产品流动的自然反映。

一般而言，一国的进口不会恰好等于出口，因为本国与外国居民的偏好在不断变化，技术水平也在不断变化。当净出口为正时，外国从本国得到了产品或劳务，却没有拿出相应的货物来交换，这样，对外净投资意味着外国做出某种承诺，在将来某个时期向本国提供等量的产品和劳务来弥补差额。因此，对外净投资实际上是未来的净进口。总之，长期来看，贸易应该是平衡的，现在的净出口等于将来的净进口，否则国际贸易就变成了一种单方面的掠夺或者不对等交换。

第二节　长期开放模型

一、小国经济的长期开放模型

在开放经济条件下，一国的可贷资金市场与国际金融市场是相联系的，该国投资者可以到世界资金市场贷出和借入资金。这样，一国的宏观经济均衡不仅要求储蓄与投资相等，还要求储蓄等于本国私人部门的意愿投资加上本国对外净投资。同时，实际利率不再由本国可贷资金市场决定，而是由国际金融市场决定的外生变量。因为一个小国的可贷资金数量与整个世界的资金总量相比微不足道，因而只能是国际市场既

定利率水平的被动接受者。例如，如果瑞士的借款人比其他国家支付稍高的利率，那么出借金融资产的人就会把资金转向瑞士；如果瑞士支付比其他国家低的利率，将得不到金融资产，在瑞士将会有金融投资者转移资金，到国外投资以获取较高的收益。因此，小国面临的是水平的资金供给曲线。本国的意愿投资和其他经济变量也会受到世界市场的影响。

如图 11-1 所示，横轴代表投资（I）或储蓄（S），纵轴代表利率 r。用 r 表示小国的利率水平，用 r^*表示国际市场的利率水平，于是 $r=r^*$。

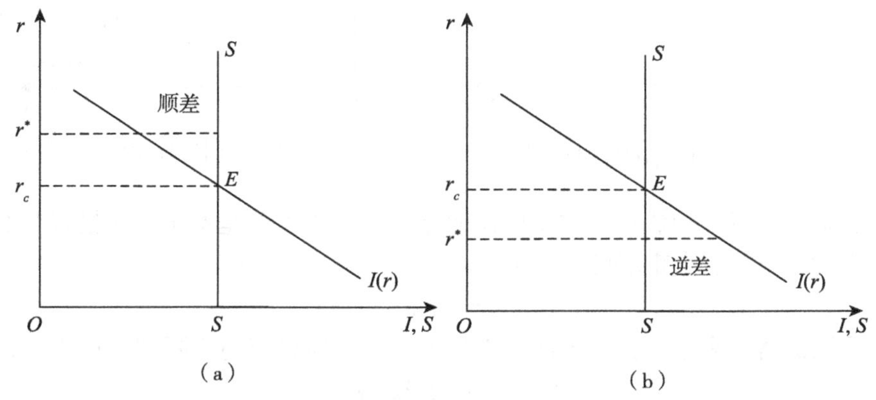

图 11-1　小国开放经济的储蓄与投资

在开放经济条件下，NX=［$Y-C(Y-T)-G$］$-I(r^*)=S-I(r^*)$。这说明了投资和储蓄是如何被决定的。

世界市场的均衡利率的影响是：$r^*>r_c$，小国会出现贸易顺差［图 11-1（a）］；$r^*<r_c$，小国会出现贸易逆差［图 11-1（b）］。

下面分析宏观经济政策的影响。

首先，考虑本国的财政政策。假定实行扩张性财政政策，政府支出增加，或者税收减少，导致净出口下降，使一国贸易出现赤字。例如，20 世纪 80 年代以来，里根政府实行扩张性财政政策，使美国陷入财政和贸易双赤字的境地。

考虑外国的财政政策，假定外国实行扩张性财政政策，则各国的储蓄普遍下降，世界市场的资金供给减少，导致均衡利率 r^*上升。因此，本国投资下降，净出口上升，最终带来贸易顺差。

二、大国经济的长期开放模型

大国与小国的一个关键区别是对外净投资（NFI）和利率的关系。如图 11-2 所示，横轴为对外净投资，纵轴为利率 r。小国是利率的被动接受者，无法改变利率，其 NFI 曲线为平行线。而大国的资金流入和流出会影响世界市场可贷资金的数量。例如，美国经济约代表世界产出的 1/4 和世界储蓄的 1/5，美国储蓄的变化必然会影响全世界。由于投资者既可投资于本国，也可投资于外国，一个关键因素就是利率。如果本国利率较高，流入本国的资金就会较多，对外净投资就会下降。因此，如图 11-3 所示，对外净投资与本国实际利率水平负相关，NFI 曲线向右下方倾斜。

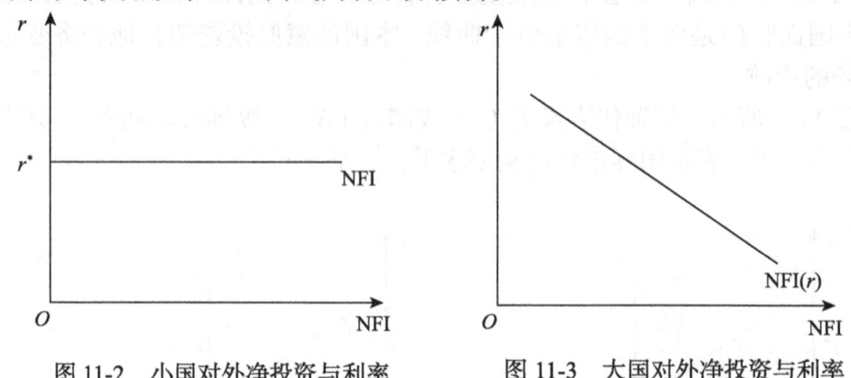

图 11-2　小国对外净投资与利率　　　图 11-3　大国对外净投资与利率

在可贷资金市场，构成供给的是国民储蓄，构成需求的是本国私人投资与对外净投资之和。因此，可贷资金市场的均衡为

$$S=I+\text{NFI} \tag{11-8}$$

由于国民储蓄与利率无关，本国私人投资与对外净投资与实际利率负相关，所以，

$$S=I(r)+\text{NFI}(r) \tag{11-9}$$

国内投资与对外净投资与实际利率负相关，如图 11-4 所示，可用一条向下倾斜的曲线表示这种负相关关系。

在净出口商品市场，大国开放模型与小国模型是一样的，如图 11-5 所示，横轴为对外净支出，纵轴为汇率 ε，NX=$S-I$，由于 NX 是实际汇率的函数，NX(ε)=NFI，假设 NFI 与 ε 无关，由此，向下倾斜的净出口曲线与垂直的 NFI 曲线决定了均衡的实际汇率水平 ε^*。

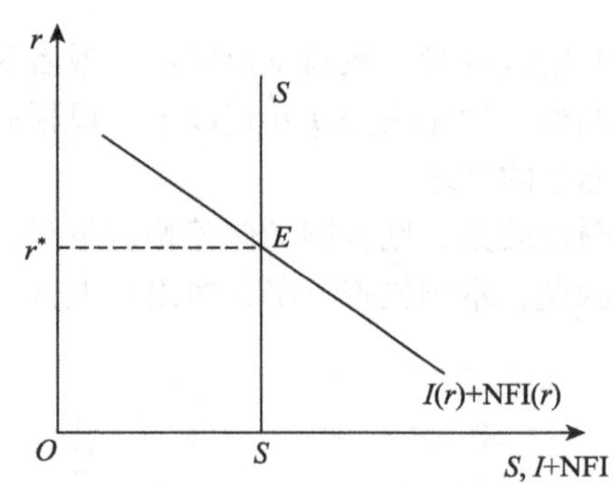

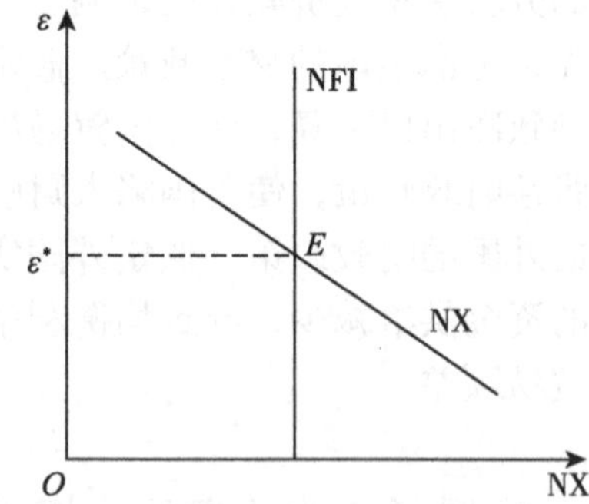

图 11-4　大国可贷资金市场均衡　　　图 11-5　大国净出口产品市场均衡

由于名义汇率决定于实际汇率和相对价格水平，而价格水平由各自国家的货币政策决定，名义汇率随这些因素的变化而变化。

第三节　短期开放模型

一、蒙代尔–弗莱明模型

蒙代尔–弗莱明模型建立于 20 世纪 60 年代，是 IS-LM 模型在开放经济中的变形。既是一种短期分析，因为假定价格在短期内是不变的，又是一种需求分析。这一模型首先假定经济中的产出完全由总需求决定，一个经济的总供给可以随总需求的变化迅速做出调整，因而经济中的总产出完全由需求方面决定。其次还假定货币是非中性的，货币的需求不仅与收入相关，而且与实际利率负相关。最后假定商品和资本可以在国际完全自由流动，资本的自由流动可以消除任何国内外市场的利率差别。因此，

$$Y=C(Y-T)+I(r)+G+\mathrm{NX}(e) \tag{11-10}$$

$$M/P=L(r,\ Y) \tag{11-11}$$

$$r=r^{*} \tag{11-12}$$

这就是蒙代尔–弗莱明模型的一般形式。其中，产出等于各项需求之和，这说明产品市场是均衡的，但并非产品价格调整的结果。因为在短期中，价格是不变的，厂商不是根据价格信号调整行为，而是根据数量信号，如销售、存货来调整其供给行为。需要注意的是，这里影响投资的是实际利率，而影响净出口的是名义汇率。因为分析短期时，价格被假定为固定的，因此，P^{*}/P 是一个常数，净出口是名义汇率的函数。

由于价格水平是固定的，实际货币余额仅同货币存量有关，货币需求与利率负相关，与收入正相关。

求解均衡的收入水平、实际利率和名义汇率，得到如下 IS 和 LM 曲线方程：

$$\text{IS：}Y=C(Y-T)+I(r^{*})+G+\mathrm{NX}(e) \tag{11-13}$$

$$\text{LM：}M/P=L(r^{*},\ Y) \tag{11-14}$$

可以画出以 e、Y 为坐标的开放经济中的 IS 曲线和 LM 曲线[①]。如图 11-6 所示，横轴为产出 Y，纵轴为汇率 e。IS 与 LM 曲线交点，E 点决定的汇率 e^{*}为产品市场和金融市场均衡时的利率。

蒙代尔–弗莱明模型提供了分析开放经济的一个基本工具，能够考察产品市场和金融市场（包括外汇市场）的同时均衡。

① 在萨克斯和拉雷恩（2012）的分析中，根据 $r=r^{*}$（他们称之为资本流动线，capital mobility，CM），可以得到 IS-LM-CM 框架中的均衡。在以 Y、I 为坐标的图形中，IS 曲线的斜率为负，LM 曲线的斜率为正（与封闭经济情形类似），而 CM 线为一条平行于横轴 Y 的水平线，IS-LM-CM 的交点为均衡点。这实际上是蒙代尔–弗莱明模型更一般形式的几何描述，可以在这一框架中既对大国经济进行分析也对小国开放经济进行分析。

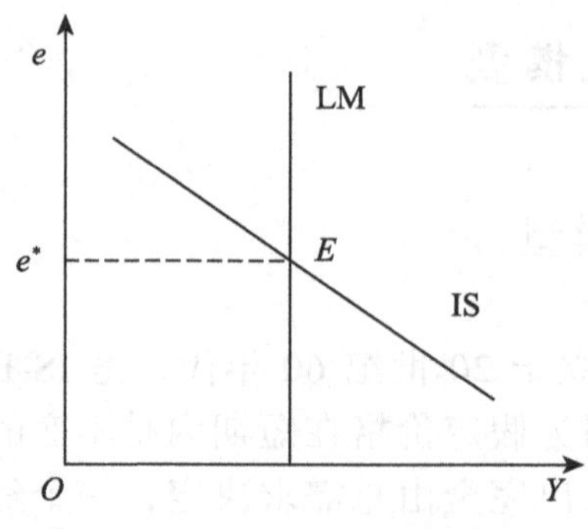

图 11-6 蒙代尔–弗莱明模型

●专栏 11-1 人民币升值有什么不利和有利的影响

1. 有利影响

对偿还外债有利。人民币升值意味着对外债务负担减轻。例如，20 世纪末期中国有 1 000 多亿美元外债，其中 80%是长期外债。例如，一些航空公司有巨额美元负债，在人民币升值时可以带来汇兑损益。

对中国的海外投资有利。中国企业对外投资成本下降，海外并购能力增大，有利于开拓国际市场，为中国跨国公司的形成提供利益驱动力，加大中国资本的外流规模。

有利于限制中国低附加值产品的出口，节约资源，促进产业升级，减少其他国家针对中国的反倾销诉讼。激励企业提升技术，加强管理和不断创新来提高竞争力。在适当控制升值幅度的前提下，为企业提高技术和管理水平，提高产品附加价值，形成品牌，提供缓冲时间。

对进口贸易有利，利用外部资源的成本下降。我国工业化正进入重化工业发展阶段，对资源消耗量大，有利于降低国外资源的采购成本。

提高人民生活水平，缓解通胀压力。由于外国产品相对便宜，可以购买更多数量的进口，出国旅游、留学价格相对降低；以本币表示的进口商品价格下降，利用外部资源的成本降低，有利于缓解国内通胀压力。

2. 不利影响

人民币升值会使中国的出口成本增加，会在一定程度上打击中国的民族产业。

就业压力增大。出口减少导致已经就业的人员失业。由于出口产品大多数是技术含量较低的劳动密集型产品，如纺织和服装行业从业人员高达 1 500 万人，还有 1 亿农业从业人员从事种植业和畜牧业为其提供原材料，在出口成本增加的情况下，必然降低农业产品需求，进而对农户产生不利影响。外商直接投资减少导致新增就业机会减少。目前，我国新增就业机会主要是出口和外资企业，人民币升值导致外商直接投资成本（如投资建厂、购置设备、劳动力成本）加大，进而减少其投资。

人民币升值会使进口农产品的价格进一步下降，同时，提高我国农产品的出口成本。以纺织业为例，人民币升值使得依赖低价竞争模式的纺织品出口利润空间减小，给中小型纺织企业带来更大的压力和挑战。

此外，人民币升值会使外汇储备缩水；人民币升值预期会使国际热钱大量流入国内，影响中国的金融安全。

资料来源：刘立枫：《人民币升值对我国经济的影响》，《经济管理》，2007 年第 5 期；龚梦轶：《人民币升值的利弊分析及其建议》，《经济研究参考》，2005 年第 23 期；赵彤：《人民币升值的利弊》，《中国统计》， 2007 年第 9 期；等等。

二、小国经济的短期开放

开放经济中经济政策的作用与汇率制度密切相关，汇率制度一般可分为固定汇率制度（fixed exchange rate system）和浮动汇率制度（flexible exchange rate system）。固定汇率制度下，名义汇率被固定在一个政府或者中央银行选择的水平上。如果汇率不受政府干预，而是由供求关系确定，则称为弹性或者浮动汇率制度。浮动汇率制下的政策效果如下。

（一）浮动汇率制度下的政策效果

1. 财政政策

在浮动汇率制度下，政府实行扩张性财政政策，增加支出和减税，导致 IS 曲线右移，但汇率上升而产出不变。在图 11-7 中，横轴为产出 Y，纵轴为汇率 e，政府扩张性的财政政策，使 IS 曲线由 IS_1 右移到 IS_2，汇率由 e_1 提高到 e_2。因此，在浮动汇率制下，旨在刺激需求的财政扩张政策并不能导致产出或收入的增加。这与封闭经济条件下不同，因为财政扩张政策导致的储蓄减少不会带来利率上升，而是引起本国货币汇率上升，导致净出口下降，恰好抵消了财政扩张政策所创造的需求（一般称为“国际挤出效应”）。

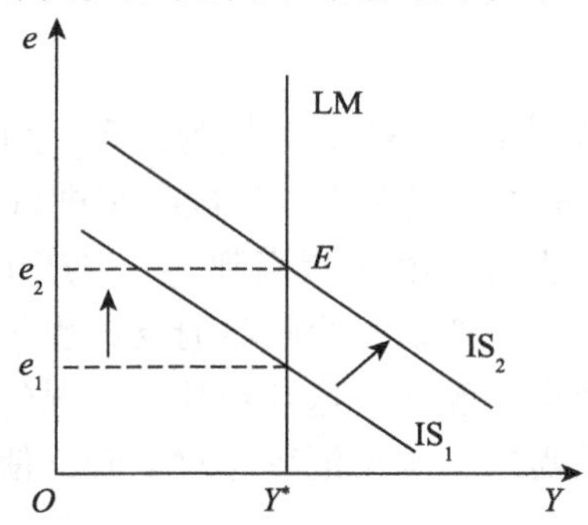

图 11-7　浮动汇率制下的财政扩张

在货币市场中，封闭经济条件下的财政扩张政策导致实际利率上升，由于实际货币余额没有发生变化（短期），所以收入必须上升，以使货币需求保持不变。但在开放经济中，实际利率由世界市场决定，并不会随着财政扩张政策而上升，因此，收入必然保持不变，以维持货币市场均衡。这要求通过汇率上升引起净出口下降而实现。

2. 货币政策

扩张性货币政策意味着中央银行增加货币供给，如图 11-8 所示，横轴为产出 Y，纵轴为汇率 e，货币供给增加，导致 LM 曲线右移，这会使名义汇率由 e_1 下降到 e_2，收入由 Y_1 增加到 Y_2。这与封闭经济条件下的结论是一致的。但是，二者的传导机制不同。在封闭经济条件下，货币资金供给影响国内可贷资金市场，特别是影响投资，导致实际利率下降，进而刺激对投资的需求增加，导致产出增加。在小国开放经济中，当货币资金增加使本国利率面临下降压力时，本国资金将流向国外资金市场，进而阻止本国利率下降。同时，资金流向国外将增加外汇市场对本币的供给和对外币的需求，使得名义汇率下降，本币贬值，从而使进口商品相对价格上升，出口商品价格相对下降，净出口增加，并导致产出增加。

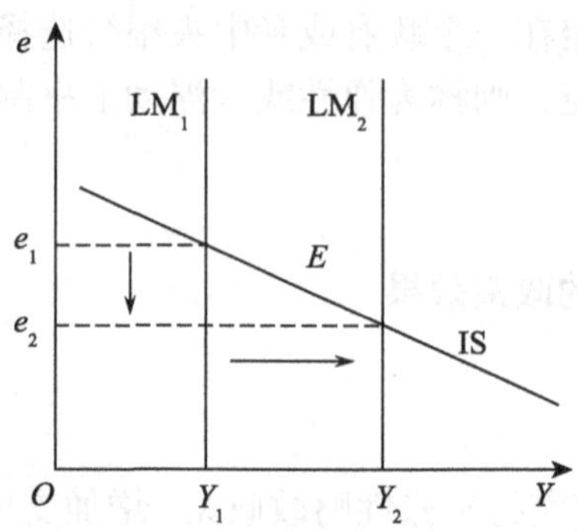

图 11-8 浮动汇率制下的货币扩张

美国经济在 20 世纪 80 年代的经验支持了蒙代尔-弗莱明模型的结论。当时，美国实行宽松的财政政策和紧缩的货币政策，导致美元大幅度上涨，而贸易赤字迅速上升。这与蒙代尔-弗莱明模型的结论是一致的。

3. 贸易政策

在图 11-9（a）中，横轴为净出口 NX，纵轴为汇率 e。图 11-9（b）中，横轴为产出 Y，纵轴为汇率 e。如果政府采取关税或者进口配额限制进口，会使净出口曲线向右移动，由 NX_1 右移到 NX_2，导致汇率上升，由 e_1 提高到 e_2。但产出不会增加。因为限制进口不会使 Y 变化，也与财政政策无关，所以税收与政府支出也不变。同时，由于利率不变，投资也不变，因而并不会使净出口改变。这与对长期情况的分析是一致的。因为限制进口同时限制外汇市场对外币的需求，本币汇率相对上升，使净出口下降，抵消了限制进口政策的作用。

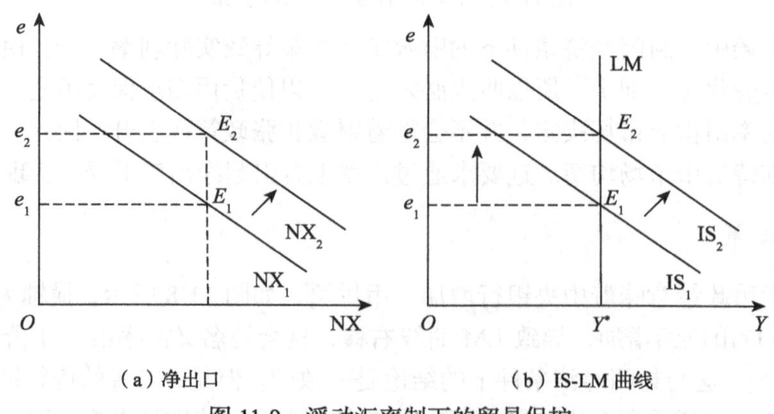

图 11-9 浮动汇率制下的贸易保护

（二）固定汇率制下的政策效果

1. 财政政策

在固定汇率制下，政府支出和税收的变化，会引起 IS 曲线的移动。如图 11-10 所示，横轴为产出 Y，纵轴为汇率 e。当政府增加支出和减税时，导致 IS 曲线右移，这会使名义汇率面临上升压力，于是中央银行在外汇市场抛出本币，购入外币，由此导致货币供给增加，LM 曲线向右移动，由 LM_1 右移到 LM_2，使均衡的汇率水平稳定下来，产出也由 Y_1 增加到 Y_2。由于中央银行的货币供给完全服从于稳定汇率的目标，财政政策引起的本币升值或贬值的压力使货币供给自动发生变化。

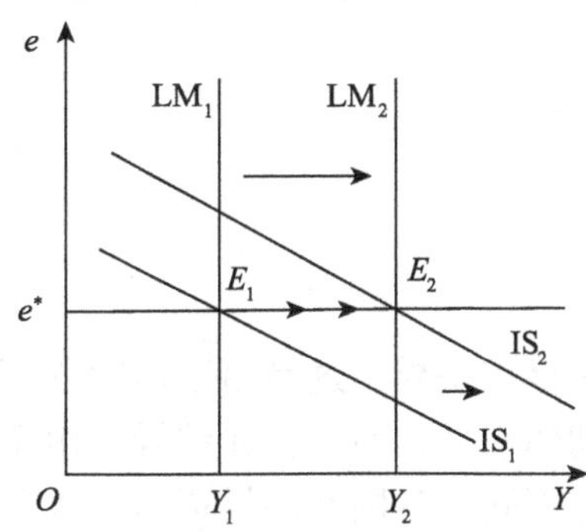

图 11-10　固定汇率制下的财政扩张

2. 货币政策

如果政府采取紧缩性货币政策以控制通货膨胀，就意味着中央银行要抛出债券，回收货币，从而导致 LM 曲线左移，这会使名义汇率面临上升压力。因此，必须在外汇市场抛售本币，购入外币，使 LM 曲线向右移动，回到原来的起点。可见，货币政策无效。因此，中央银行实际上放弃调控货币供给的目标。

3. 贸易政策

政府采取关税或者进口配额限制进口，会使任一汇率水平下的净出口有所增加，如图 11-11（a）所示，横轴为净出口，纵轴为汇率。政府采取关税或进口配额限制，会使净出口曲线向右移动，由 NX_1 移到 NX_2。在图 11-11（b）中，横轴为产出 Y，纵轴为汇率 e，净出口的增加，使 IS 曲线向右平移，名义汇率面临上升压力。因此，中央银行必须在外汇市场上抛出本币，导致 LM 曲线向右移动，由 LM_1 右移到 LM_2，使均衡汇率固定不变，产出水平由于净出口增加而增加，由 Y_1 增加到 Y_2。这是因为在固定汇率下，限制进口不会同时导致汇率上升，因此净出口增加而且产出增加。

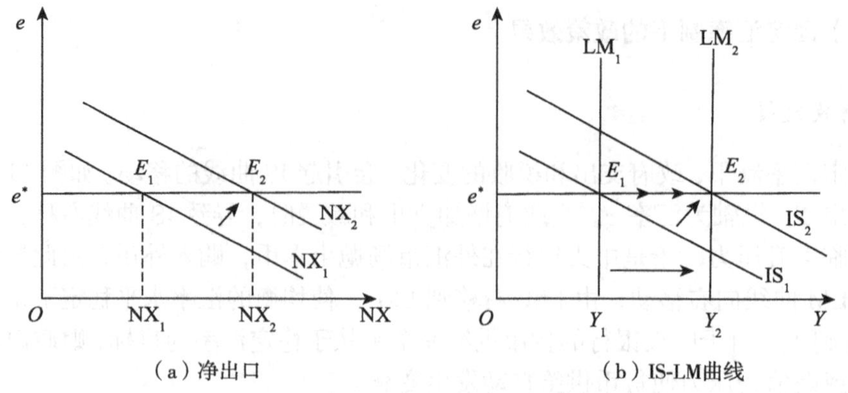

（a）净出口 （b）IS-LM曲线

图 11-11 固定汇率制下的贸易保护

三、大国经济的短期开放

（一）利率差异

在现实中，国际利率水平存在差异，这是由于风险程度不同等因素造成的。例如，国家风险和汇率风险会影响利率水平，使之存在差异。由于各国的政治、经济、文化环境不同，投资者所获得的信息不同，各国间的投资风险也不同。在这种情况下，投资者要投资于一个政治经济环境不稳定的国家，所要求的收益率就要高于政治经济环境相对稳定的国家。此外，汇率差异也会导致国际的利率差异。

我们在蒙代尔–弗莱明模型中考虑风险因素，可以得到

$$r=r^{*}+\theta \tag{11-15}$$

其中，θ为风险贴水系数，它取决于世界市场上的投资风险和汇率风险，当世界市场的风险较大，则θ为负，本国利率小于世界市场的利率；反之，本国利率大于世界市场的利率。θ可以看作本国市场风险的一个度量。r 和 r^{*}分别为本国利率和世界资金市场利率。

求解带有风险系数的均衡收入水平、实际利率和名义汇率，得到如下 IS 和 LM 曲线方程：

$$\text{IS：}Y=C(Y-T)+I(r^{*}+\theta)+G+NX(e) \tag{11-16}$$

$$\text{LM：}M/P=L(r^{*}+\theta，Y) \tag{11-17}$$

这时，一个重要问题是，如果其他外生变量不变，一国风险增加，对产出和名义汇率有何影响呢？如图 11-12 所示，横轴为产出 Y，纵轴为汇率 e。由于一国风险增加，利率将上升，使投资下降，产品市场均衡的产出 Y 将下降。IS 曲线左移，由 IS_1 左移到 IS_2。同时，利率上升使得维持货币市场均衡的产出水平增加，LM 曲线右移，由 LM_1 右移到 LM_2。因此，导致产出增加和名义汇率下降，产出由 Y_1 增加到 Y_2，名义汇率由 e_1 下降到 e_2。因为尽管利率上升使投资下降，但名义汇率大幅度贬值使得出口大大增加，不仅抵消了投资下降的负效应，而且使得实际产出增加。

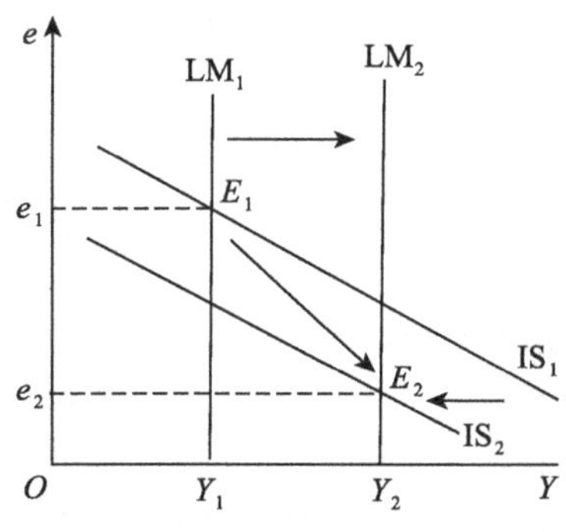

图 11-12　一国风险增加

实际上，由于风险程度的变化，汇率往往具有自我预期的特征。如果人们预期一种货币贬值，该货币的汇率风险增加，该国的风险贴水将上升，利率也上升，这时，该国货币将贬值。

（二）大国开放经济

小国开放经济中的利率是一个外生变量，而大国的资金借贷规模影响世界市场利率的情况，因此利率成了内生变量，与该国的对外净投资数量负相关。

这时，根据对外净投资等于净出口，则 NX(e)=NFI(r)，可以将利率表示成名义汇率的函数，然后带入 IS 和 LM 模型，则

$$\text{IS:}Y=C(Y-T)+I(r)+G+\text{NFI}(r) \tag{11-18}$$

$$\text{LM:}M/P=L(r,\ Y) \tag{11-19}$$

其中，NX(e)=NFI(r)是根据长期开放经济模型所得到的结果，说明也要求外汇市场同时达到均衡。

如果要保持对外平衡就必须使国际收支账户平衡，因为国际收支表示一国经济总体的对外平衡状况。用 BP 表示一国的国际收支余额，按照定义，国际收支余额应该恒等于净出口减去对外净投资。则

$$\text{BP}=\text{NX}(e)-\text{NFI}(r) \tag{11-20}$$

如图 11-13 所示，我们可以推导出一条向右上方倾斜的 BP 曲线，其中每一点都代表使一国国际收支均衡的利率和收入的组合。如果是小国开放经济，BP 曲线就是一条水平线。在图 11-13（a）中，横轴为净出口 NX，纵轴为汇率 e。汇率由 e_1 下降到 e_2，外汇市场上对外净投资 NFI_1 右移到 NFI_2，净出口增加，由 NX_1 提高到 NX_2。在图 11-13（b）中，横轴为产出，纵轴为计划支出。计划支出由 E_1 提高到 E_2，产出由 Y_1 提高到 Y_2。图 11-13（c）中，横轴为净投资 NFI，纵轴为利率 r，对外净投资由 NFI_1 提高到 NFI_2，利率由 r_1 降到 r_2。在图 11-13（d）中，利率由 r_1 降到 r_2，产出由 Y_2 降低到 Y_1，由此得出一条向右上方倾斜的 BP 曲线。

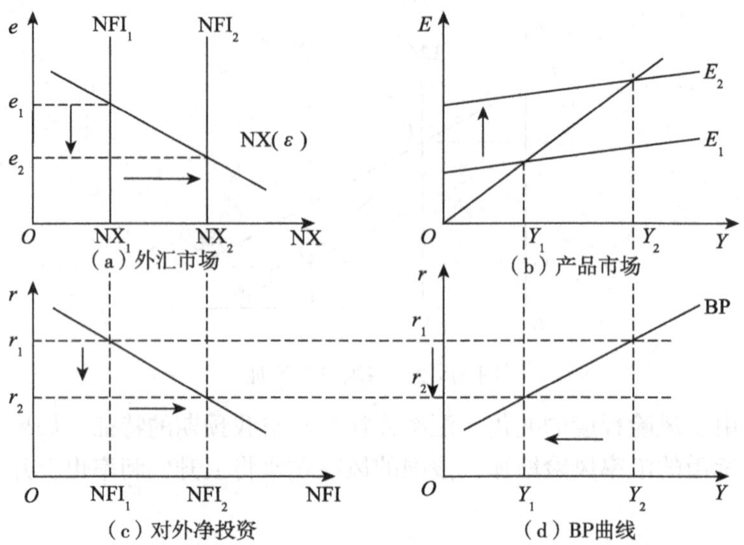

图 11-13　BP 曲线的推导

把 IS-LM 曲线和 BP 曲线放在一起就可以考察大国开放经济的宏观短期均衡，在 IS 曲线、LM 曲线和 BP 曲线同时相交时，货币市场、产品市场和外汇市场才能实现均衡。如图 11-14 所示，横轴为产出 Y，纵轴为利率 r。LM 曲线、IS 曲线、BP 曲线相交于 E 点。E 点所决定的产出为均衡产出 Y^*，利率为均衡利率 r^*。

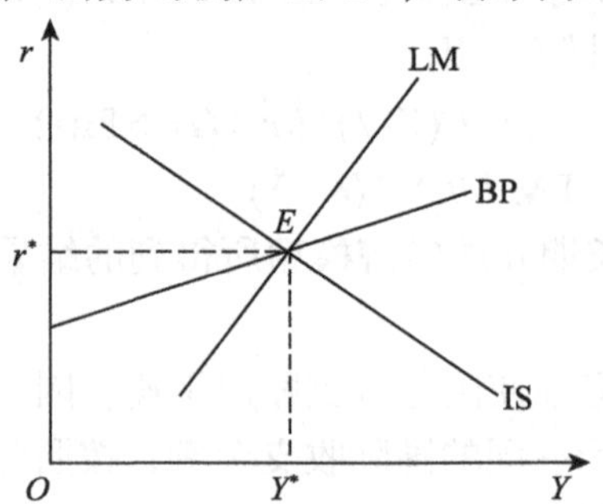

图 11-14　大国开放经济的短期均衡

（三）政策效果

首先考虑财政政策。扩张性财政政策导致 IS 曲线向右移动，但不同的汇率制度会有不同的结果。在固定汇率下，如图 11-15（a）所示，横轴为产出 Y，纵轴为利率 r，LM_1 曲线右移，LM_2、IS_2 与 BP 曲线相交于 C 点，在 C 点达到内部均衡与外部均衡。产出增加而利率上升产出由 Y_1 增加到 Y_2，利率由 r_1 增加到 r_2。而小国利率不变，这时同样会有挤出效应。财政扩张政策导致的产出增加幅度要小于小国开放经济。如图 11-15（b）所示，如果是浮动汇率，扩张性财政政策导致 IS 曲线向右移动，在 B 点达到内部均衡，导致国际收支顺差，使名义汇率上升导致净出口减少，IS 曲线逐步向左移动，回到原来，

经济重新回到内外均衡点 A 点。财政政策在浮动汇率下是无效的①。

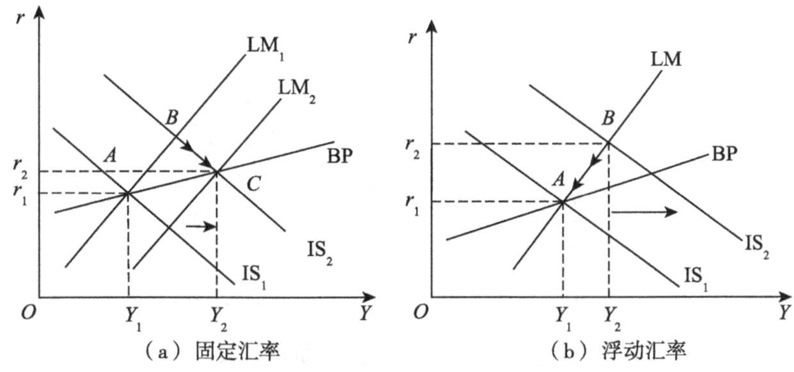

（a）固定汇率　　（b）浮动汇率

图 11-15　大国开放经济的财政扩张

其次考察货币政策。如图 11-16 所示，扩张性货币政策导致 LM 曲线向右移动，但不同的汇率制度会有不同的结果。在固定汇率下，如图 11-16（a）所示，横轴为产出 Y，纵轴为利率 r，扩张性货币政策使 LM_1 曲线移到 LM_2，在 B 点实现内部均衡。国际收支出现逆差，名义汇率面临下降压力。央行需要抛售外币，购入本币，于是货币供应量减少，LM 曲线逐步向上移动，回到原来的位置 A 点，经济重新达到内外均衡。货币政策在固定汇率下是无效的。

如果是浮动汇率，如图 11-16 所示，横轴为产出 Y，纵轴为利率 r，扩张性货币政策导致 LM 曲线向右移动，由 LM_1 右移到 LM_2。出现国际收支逆差，外汇市场对外币需求增加，导致本币汇率下降，净出口增加。于是，IS 向右移动，由 IS_1 右移到 IS_2，在 C 点达到内外均衡，但是利率由 r_1 上升到 r_2。扩张性货币政策可以扩大总需求，而且与小国比较，作用更大。但是，这时由于利率水平上升②，产生了挤出效应，可见浮动汇率对于净出口的刺激作用大大超过小国，名义汇率要有更大的贬值才能抵消挤出效应，并且超过小国净出口增加的幅度。

总体而言，从大国开放经济与小国开放经济的关系看，一国对世界金融市场是否有影响和政策有效与否并无绝对实质性关联，关键在于汇率制度和相应的政策选择。一般而言，发展中国家采取固定汇率制度可以发挥财政政策的作用，而发达国家采取浮动汇率制度和货币政策不失为一种明智的选择。

四、长期模型和短期模型的联系与区别

在开放经济条件下，财政政策与货币政策在短期和长期的效果是不同的，因此，需要进一步说明长期模型和短期模型的联系与区别。

---

① 但是，萨克斯和拉雷恩（2012）认为，IS 曲线并不会完全回到其初始位置，在新的均衡点，总需求会提高，利率上升且汇率上升。

② 但是，萨克斯和拉雷恩（2012）认为，国内货币扩张使国内利率降低，因此，在大国模型中，国内货币扩张会使世界利率有所降低。

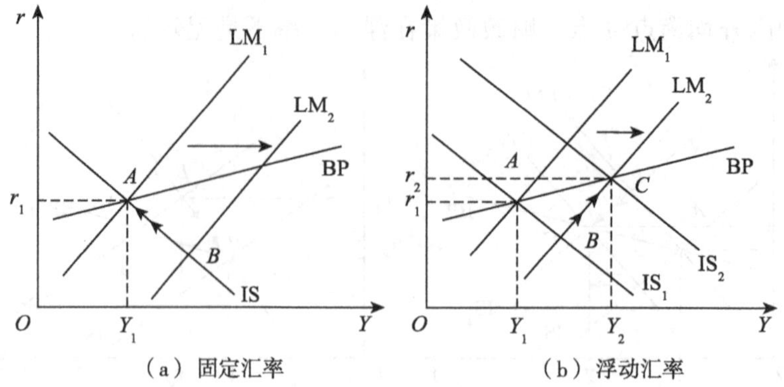

（a）固定汇率 （b）浮动汇率

图 11-16 大国开放经济的货币扩张

当价格可变时，实际汇率不再是名义汇率的一个固定比例，于是有

$$\text{IS}:Y=C(Y-T)+I(r^*)+G+\text{NFI}(\varepsilon) \tag{11-21}$$

$$\text{LM}:M/P=L(r^*, Y) \tag{11-22}$$

当价格下降时，实际货币余额将增加，而利率由世界市场决定，因此实现货币市场均衡的产出水平必须增加，LM 曲线向右移动，这样可以得到向右下方倾斜的总需求曲线。但是，在开放经济条件下，需要增加价格变化带来的开放效应。因为，价格水平下降时，实际汇率下降，净出口增加，这里增加了外汇市场均衡的影响。

通过总需求曲线，可以将蒙代尔–弗莱明模型与开放经济的长期模型联系起来，如图11-17 所示，图中横轴为产出 Y，纵轴为价格 P。A 点是短期均衡点，E 点是长期均衡点。长期中经济中的产出由要素数量和生产函数所反映的技术关系决定，即长期产出等于充分就业时的产出或潜在产出，是一个常数，因此长期的总供给曲线是位于潜在产出水平上的一条垂线，长期均衡点就是这条垂线和总需求曲线 AD 的交点 E。为了分析方便，假定短期中价格是固定不变的，所以短期的总供给曲线 SAS 是一条水平线。短期均衡点就是这条水平线和总需求曲线的交点。短期均衡点在长期均衡点 E 的左边，说明这时产出没有达到经济的潜在水平，存在着投入要素劳动的失业以及投入要素资本的闲置。需求不足使得价格水平难以在长期中保持不变，于是价格水平下降，LM 曲线右移，实际汇率下降，净出口增加，产出增加。短期均衡点将沿着总需求曲线 AD 向右下方不断移动，直到达到长期均衡点 E 为止。因此，这意味着经济政策在短期和长期有不同含义，货币政策和财政政策长期都无效。

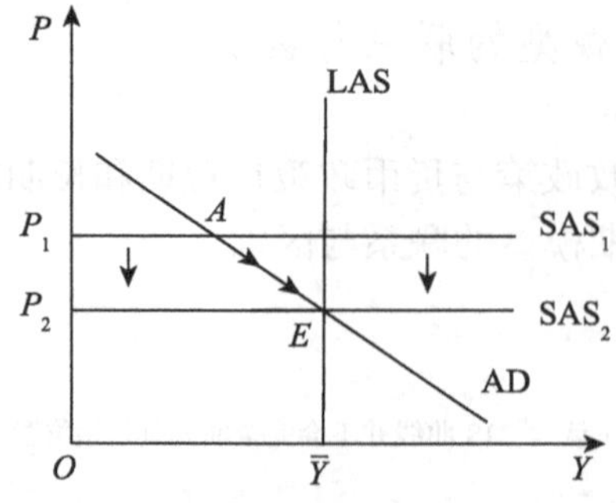

图 11-17 小国开放经济的短期和长期均衡

五、基于利息平价条件的蒙代尔–弗莱明模型

如果不区分长期与短期开放经济，根据资本流动速度要大大高于贸易流动速度，国际投资者有能力利用国家间利差套利的事实，也可以通过外汇市场得到蒙代尔–弗莱明模型的表达式。考虑投资者在本国和外国付息资产之间的选择，假定持有本国债券，利率为 i。E_t 为本国货币和外国货币之间的名义汇率，外国债券的名义利率为 i^*，预期 t+1 期的汇率为 E_{t+1}^e，假定投资者愿意持有最高收益率的资产。在市场均衡状态下，存在以下套利关系：

$$1+i_t=(1+i_t^*)(E_{t+1}^e/E_t) \tag{11-23}$$

这就是著名的利率平价条件。

更进一步，可以得到

$$i_t \approx i_t^* + \frac{E_{t+1}^e - E_t}{E_t} \tag{11-24}$$

因此，套利意味着本国利率近似等于国外利率加本国货币的预期贬值率。

假设预期未来汇率是给定的，记为 $\overline{E}^e$，则

$$i_t \approx i_t^* + \frac{\overline{E}^e - E_t}{E_t} \tag{11-25}$$

由此可以得到利率和汇率之间的关系，即利率与汇率之间反方向变动，更低的国内利率导致更高的汇率，使国内货币贬值，而更高的国内利率导致更低的汇率，使国内货币升值。

根据以前的分析，可以得到，产品市场的均衡为

$$Y=C(Y-T)+I(Y,i)+G+\mathrm{NX}(Y,Y^*,E) \tag{11-26}$$

其中，Y^*为国外产出；E 为名义汇率。

货币市场的均衡为

$$\mathrm{LM}:M/P=YL(i) \tag{11-27}$$

然后，再根据利率平价条件，可以得到

$$Y=C(Y-T)+I(Y,i)+G+\mathrm{NX}\left(Y,Y^*,\frac{\overline{E}^e}{1+i-i^*}\right) \tag{11-28}$$

$$M/P=YL(i)$$

如图 11-18（a）所示，横轴为产出 Y，纵轴为利率 i，IS 曲线向下倾斜，LM 曲线向右上倾斜，在 A 点产品市场与货币市场实现均衡。产出为 Y^*，利率为 i^*。在图 11-18（b）中，横轴为汇率 E，纵轴为利率 i，依据利率平价，我们得到利率为 i^*时的汇率 E^*。可见，利率不仅直接影响产出，而且通过汇率产生间接影响，而 LM 曲线与封闭经济中完全一样，由此能够对财政政策和货币政策的作用进行分析。实际上，可以发现，与前文的分析类似，在浮动汇率下，扩张性财政政策会使产出增加、利率提高，同时带来货币升值；紧缩性货币政策会使得产出减少、利率提高和货币升值［详见布兰查德（2003）］。在固定汇率下，也可以发现财政政策更有力，因为财政政策触发了货币政策的响应。

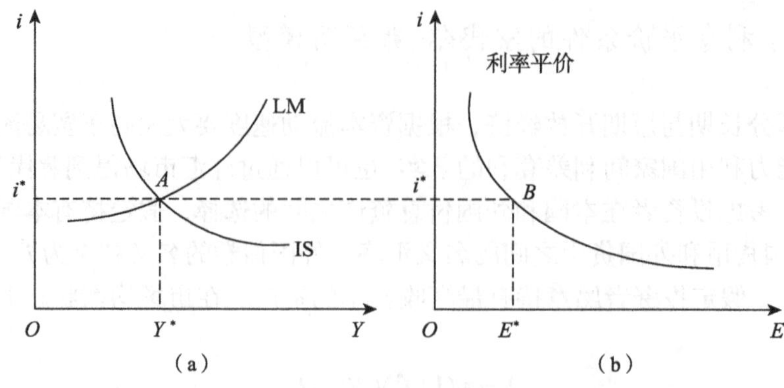

图 11-18 开放经济中的 IS-LM 模型

➢本章提要

在开放经济中一国总支出由消费、投资、政府支出和净出口构成，本国储蓄扣除本国投资后的节余部分构成对外净投资，对外净投资等于净出口。

小国开放经济是世界市场利率的接受者，在一国的可贷资金市场上储蓄不一定等于投资，国际的资金流动会填补储蓄与投资的缺口。储蓄与投资的缺口是一国的贸易余额。大国开放经济影响世界市场的利率水平，因此国内投资和对外净投资都与利率负相关，储蓄与投资的均衡决定了均衡利率水平，对外净投资与净出口的均衡决定了实际汇率水平。

蒙代尔–弗莱明模型把 IS-LM 分析推广到开放经济之中，说明小国开放经济的汇率和收入是如何决定的。同时，经济政策的效果与汇率制度密切相关。在浮动汇率制下，财政政策只会引起汇率的变动，而与产出无关；货币政策会对产出产生影响；在固定汇率制度下，货币政策是无效的，财政政策会对产出产生影响。把利率作为内生变量引入蒙代尔–弗莱明模型，可以得到大国开放经济模型。财政政策和货币政策的有效性没有本质的变化，虽然效果大小不同。这些结论在引入利息平价条件后同样可以得到。

➢关键概念

蒙代尔–弗莱明模型（Mundell-Fleming model）
净出口（net export）
对外净投资（net foreign investment）
浮动汇率制（flexible exchange rate system）
固定汇率制（fixed exchange rate system）

➢复习思考题

1. 试说明对外净投资与贸易余额的关系。
2. 名义汇率和实际汇率的关系是怎样的？
3. 在浮动汇率制下的蒙代尔–弗莱明模型中，税收上升和货币供给减少分别会对国民收入、汇率和贸易余额有何影响？如果是在固定汇率制下，情况又如何？

4. 对于一个小型开放经济，实行固定汇率制度，产出处于自然水平，但是存在贸易赤字，运用 IS-LM 模型说明恰当的财政货币政策组合是怎样的？

5. 考虑一个实行浮动汇率制度的经济中的货币扩张，讨论其对消费、投资和净出口的影响。

6. 什么是汇率？汇率如何决定？为使资本流入等于贸易赤字，汇率的调节作用是什么？

➤扩展性阅读资料

布兰查德 O. 2003. 宏观经济学. 钟笑寒等译. 北京：清华大学出版社

黄亚钧. 2005. 宏观经济学. 第 2 版. 北京：高等教育出版社

肯尼迪 P. 2005. 新闻中的经济学：宏观经济学精要. 高传胜，陈祖华，周晓艳译. 北京：中信出版社

萨克斯 J，拉雷恩 F. 2012. 全球视角的宏观经济学. 费方域等译. 上海：上海三联书店

斯蒂格利茨 J E，沃尔什 K E. 2010. 经济学. 第 4 版. 黄险峰，张帆译. 北京：中国人民大学出版社

第五篇

宏观经济问题与政策

第十二章

失业理论

失业与大多数人的利益休戚相关，是宏观经济运行中资源不能被有效利用的情形之一。它不仅是一个重要的宏观经济问题，也是一个重要的社会问题。世界上无论是发达国家还是发展中国家，都在不同程度上受到失业问题的困扰，降低失业率成为各国政府及其政策制定者追求的宏观经济目标之一。经济学家研究失业问题的目的就是要找到造成失业的原因，分析失业对经济、社会及个人造成的影响，并找到治理失业问题的有效措施。

第一节　失业及其成本

一、失业及其类型

按照《现代经济学词典》的解释，失业是指："所有那些未曾受雇，以及正在调往新工作岗位或未能按当时通行的实际工资率找到工作的人。"我们把失业定义为在一定年龄范围内具有工作能力的人，愿意工作而没有找到工作，并且正在寻找工作的状态。各国对工作年龄的范围有不同的规定。在美国，工作年龄是16~65岁，属于失业范围的人包括：①新加入劳动力队伍第一次寻找工作，或重新加入劳动队伍正在寻找工作已达4周以上的人；②为了寻找其他工作而离职，在找工作期间作为失业登记注册的人；③被暂时辞退并等待重返工作岗位而连续7天未得到工资的人；④被企业解雇而且无法回到原工作岗位的人，即非自愿离职者。而在我国，法律规定的工作年龄，男性为16~60岁，女性为16~55岁。一般意义上，将在15~65岁年龄范围的人口统称为"劳动适龄人口"。凡在规定年龄范围之外、已退休、丧失工作能力、在校学习或由于某种原因不愿意工作或不积极寻找工作的人均不得计入失业人数，也不得计入劳动力人数。

宏观经济学通常把失业分成以下几种类型。

（一）自然失业

自然失业（natural unemployment）是指由于经济中某些难以避免的原因所引发的失业，它是在排除了经济周期的影响之后，经济正常时期存在的失业，又称为长期均衡失业。失业是一个动态概念，经济中总有一部分劳动力处于不断退出和进入失业队伍的状态，当一部分人正在进入工作岗位而另一部分人从岗位被辞退而没有找到相应的工作时，他们就处于失业状态，即使在经济繁荣时期，这种状态也不会改变。弗里德曼在《货币政策的作用》一文中把这种失业称为自然失业，现代经济学家根据引起失业的具体原因把自然失业分为以下几种类型：

（1）摩擦性失业（frictional unemployment），是指由于信息的不通畅或者劳动者与岗位的匹配需要时间等诸多因素的作用，造成社会总是有一部分人处于失业状态。产生摩擦性失业的原因是寻找工作需要成本。在一个动态的经济中，各行业、各地区的劳动需求是经常变动的，这种变动必然导致劳动力的流动，而在劳动力的流动过程中总有部分人处于失业状态，这就形成了摩擦性失业。如果劳动者一失业就能发现和找到适合自己偏好和能力的工作岗位，摩擦性失业的成本就为零。但是在现实中，劳动力市场的信息流动是不充分的，劳动者不可能了解到所有空缺的工作岗位的信息，劳动者在搜寻工作的过程中需要时间和成本，包括买报纸了解招聘信息、打电话咨询、应聘的交通费用等。即使在网络经济高度发达的今天，搜寻工作岗位信息的成本虽然可以降低到很低的程度，但是上网仍然需要时间和费用。并且现实中，雇主一般不可能把工作交给第一个求职的人，而求职的人也不可能寻找一次工作，需要经过双方反复的考察和搜索，这个双方互相匹配的过程也需要时间和成本。

（2）结构性失业（structural unemployment），是指在经济的发展过程中，随着需求结构的变动和技术进步，产业结构会处于不断变动的过程之中，各产业部门的分化组合、此消彼长所造成的失业。结构性失业产生的主要原因是劳动力在各个部门之间的转移和流动需要成本。当产业结构发生变动时，要求就业结构也随之相应地发生变动，劳动力从“夕阳”产业转移到新兴产业部门。但是，由于新兴产业部门对劳动力的技能、素质等都提出了更高的要求，这样就出现了传统产业部门劳动力供过于求，而新兴产业部门劳动力供不应求的就业结构性矛盾。随着科学技术的突飞猛进和产业结构的变动，结构性失业已经成为世界各国经济发展中的一个普遍现象，大批劳动力从传统产业中被转移下来成为失业者。解决结构性失业最有效的途径就是对结构性失业者进行职业再教育和培训，使他们达到新兴部门需要的人力资本要求。

结构性失业规模的大小取决于转移成本的高低，如重新接受职业培训、再教育等的成本。劳动力在各个部门之间的转移和流动的成本越高，花费的时间越长，失业问题就越严重。转移成本的高低取决于两方面的因素：①不同产业部门之间的差异程度。部门之间的差异程度越大，劳动力转移的成本就越高，向新兴产业部门转移的难度也就越大。②劳动力初始人力资本及培训机制。劳动力初始人力资本越高，就越容易接受新技能的培训，培训机制越完善；转移成本越低，越有利于克服人力资本的结构性差异，从而实现劳动力在新旧产业部门间的转移。

（二）周期性失业

周期性失业（cyclical unemployment）是由于整个社会对产品和劳务的有效需求不足，从而引起对劳动力的需求不足，而一个社会劳动力的供给在短期内是不变的，这样就会出现劳动力供过于求的失业。这种由于有效需求不足而产生的失业也被称为凯恩斯失业。凯恩斯失业理论的产生与1929~1933年的经济大萧条密切相关。在经济全面萧条期，社会总需求急剧萎缩，失业人数高度膨胀，虽然工资水平一降再降，但对缓解失业问题无济于事，劳动力市场的价格机制就可能失灵。而要恢复到充分就业，必须提高总的有效需求。只有当产品市场供大于求状态消失后，劳动力市场的供求关系才可能趋于平衡，从而实现充分就业。

周期性失业产生的原因可以用紧缩性缺口来解释。紧缩性缺口是指当实际总需求小于充分就业的总需求时，两者之间的差距。如图12-1所示，横轴代表国民收入，纵轴代表总需求，Y_f为充分就业时的国民收入，AD_f为充分就业时的总需求。目前的实际总需求为AD_0，相应的国民收入为Y_0，$Y_0<Y_f$，必然引起失业。$Y_0<Y_f$是由于$AD_0<AD_f$造成的。因此，实际总需求与充分就业总需求之间的差额（图12-1中的E_f点与K点之间的虚线部分）就是造成周期性失业的根源。

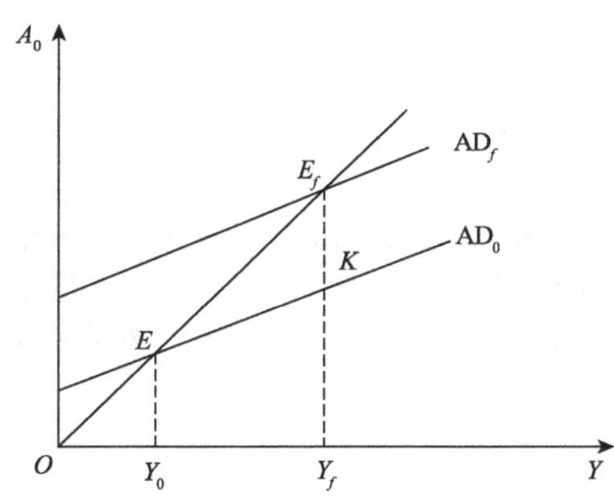

图12-1 紧缩性缺口与周期性失业

（三）自愿性失业

在弹性工资和完全竞争条件下，当劳动者在现有的工作条件下能够就业，但因为工资低或其他原因不愿意接受工作条件时就出现了自愿性失业（voluntary unemployment），如图12-2所示。

图12-2中，横轴为劳动数量L，纵轴为工资W，S为劳动力供给曲线，D为劳动力需求曲线。横轴上的L_1代表劳动者总人数，在此点时的劳动者供给曲线变得完全无弹性。E点为均衡点，劳动力市场出清时工资为W_1，相应的就业人数为L_2。在均衡情况下，按现行的工资水平，企业愿意雇用的劳动者人数恰好等于愿意工作的劳动者人数，即AE的数量。劳动者总量中对应于ES段的那部分人则只有在工资更高些

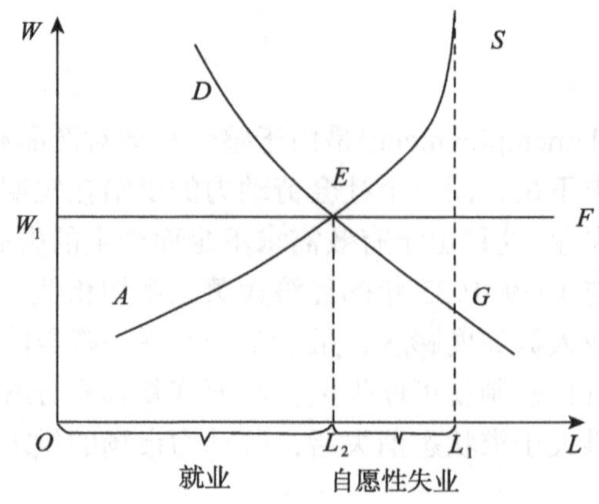

图 12-2　自愿性失业模型

时，才愿意工作，因此在现行的工资条件下属于“自愿”失业者。

自愿性失业常使人产生误解，人们在寻找工作和尝试不同的工作时，失业在此情况下可能是一种有效率的结果。在现行的工资率下，自愿失业者更加偏好闲暇或其他活动而不是工作。但是，当一个人的生活难以为继的时候，为了寻找一个养家糊口的工作而奔波，他肯定不是那种在工作价值和闲暇之间权衡和挑选的人，也不会为了寻找一份更好的工作而选择失业。

（四）隐蔽性失业

隐蔽性失业（disguised unemployment）是指表面上有工作，实际上对生产并没有做出贡献的人，其边际生产力为零。当经济中减少就业人员而产量仍没有下降时，就存在着隐蔽性失业。著名的美国发展经济学家阿瑟·刘易斯（W. A. Lewis）曾指出，发展中国家的农业部门存在着严重的隐蔽性失业。

二、失业率及其计量

衡量一个经济社会中失业状况的最基本指标就是失业率。失业率是失业人数占劳动力总数的百分比，用公式表示为

$$失业率=\frac{失业人数}{劳动力总数}\times 100\%$$

这里，失业人数指属于上述失业范围，并在有关部门登记注册的失业人数；劳动力总数是指适龄范围内就业者和失业者数量之和。年龄在规定范围之外、已退休、丧失工作能力、在学校学习或由于某种原因不愿意工作或不积极寻找工作的人都不计入失业人数，也不计入劳动力总数。

●专栏 12-1 中国失业率计算

对于失业率的衡量方法，目前绝大多数发达国家采用两种方法，即行政计算法和抽样调查法，衡量方法的不同，也会使失业率被高估或低估。

行政计算法，是指一些国家根据失业登记和失业保险金发放情况来统计失业率。由于很多国家规定就业者失业后，可领取失业金，有关机构就有了登记记录。加之这些国家的失业保险与就业服务登记比较完善，所以基本上反映的是真实的情况。许多国家采用这种方法是因为成本较低。但这个方法受统计范围、统计地区管理制度的限制，无法进行国家间的比较。抽样调查法，是指通过同一次劳动力调查或住户调查得到失业人员人数和从业人员人数，计算得出失业率。抽样调查法是按照统一的标准、统一的方法，对某个地区、某个范围以内的劳动力失业情况进行样本调查。这种调查中所用的定义是国际上较通用的一种统计方法，可以进行国家间的比较，但成本较高。目前，世界上多数国家都通过抽样调查取得失业率资料。世界各国通常既有抽样调查失业率，也有登记失业率，两个失业率指标都有失真之处，但仍然在一定程度上反映了失业状况。一般来说，登记失业率几乎都高于抽样调查失业率。

2005 年 11 月前，中国官方公布的失业率数字为城镇登记失业率，这一数字由国家统计局与原劳动和社会保障部共同收集与发布。在城镇登记失业率中，登记失业人员必须符合以下条件：有非农业户口，在一定年龄内（男 16～50 岁，女 16～45 岁），有劳动能力，无业而要求就业，并在当地就业服务机构进行求职登记的人员。我国失业率一般都被低估。根据 2000 年全国人口普查资料，中国 15 岁以上人口失业率为 3.58%，城镇失业率为 8.27%，而我国 2000 年统计年鉴上公布的失业率为 3.1%。而且，在 1998～2005 年，失业率没有超过 4.3%。这些统计数字与实际情况显然是不符的。原因主要是我国失业人员的定义以是否在当地就业机构登记为标准，只有在服务机构登记的劳动力才被统计在失业人员范围内，而那些失业后有劳动能力和愿望而未找到工作又没有登记的人员就没有包括在失业人员之中，这就造成了遗漏。另外，由农村转移的“民工潮”的涌现，每年进城镇打工的劳动力在 5 000 万人左右，而国家公布的失业率不包括这一部分。可见，我国的失业统计不够完整。由于上述原因，虽然我国公布的城镇失业率比人口普查的数字要低得多，但考虑到统计口径等因素，我国实际失业率水平还是比较高的。

国家统计局从 2005 年 11 月开始进行“调查失业率”的抽样统计，农民首次被纳入调查范围。与过去相比，主要有以下几方面的优点：第一，尝试了城乡统筹失业率统计办法。以前没有把农村的剩余劳动力看作失业人口的原因，是把土地作为承载农民就业和生计的基本保障。而事实上不是所有的农民都有足够的土地来供养自己和家人，而且全国约有 4 000 万失地农民。而由于农村过剩人口涌入城市使一部分城市劳动力被替代，也影响了城镇登记失业率的准确性，所以实行城乡统筹的失业率统计办法势在必行。第二，扩大了调查失业率的范围。在现行的体制下，出于各方面的考虑，一些地方政府不会夸大本地的登记失业率，只会千方百计地缩小本地的登记失业率。另外，由于我国就业服务体系和社会保障体系还不完善，到劳动保障部门就业服务机构登记求职的失业人员数量不够全面，登记失业率也就是一个数据而已。失业率的调查对象包括城镇、农村人口。而对于城镇人口的确定并不以户籍为依据，这无疑打破了以往登记失业率中的户籍限制，以及没有涵盖农村失业者的弊端，这也是当今最接近真实数字的失业率统计方法。第三，与国际接轨。鉴于失业率正在成为衡量宏观经济运行状况的重要指标，中国迫切需要一个与国际接轨的调查失业率的方法。城乡调查失业率的统计将全部通过抽样调查的方式完成，这与国际上失业率统计的常规方法相一致。另外，城乡劳动力调查每年两次，分别于 5 月和 11 月进行。这项统计与国际通行的调查失业率统计标准和方法完全一样。新调查的失业率目前还不是国家统计局公布的失业率统计数字，这就是在 2005 年 11 月以后采用调查失业率后，截至 2006 年 6 月底，全国城镇登记失业率为 4.2%的原因。鉴于中国处于转轨时期，存在各种特殊情况，统计还需要进一步完善，调查失业率的具体数据需待调查制度完善后才会发布。

资料来源：王亮：《我国失业率统计指标变化对测度失业的影响分析》，《内蒙古民族大学学报》，2007 年第 3 期。

三、失业的成本

1. 失业的经济成本

失业会造成资源的严重浪费，使得一个经济体产品和劳务的产生无法达到其潜在产出水平。首先，失业所造成的资源浪费表现在劳动力资源上，劳动力资源与其他资源很大的一个不同是它具有时效性，即本期可利用的劳动力资源不能延续到下期使用，所以本期可利用的劳动力资源的闲置是永久性的浪费。其次，失业会造成生产设备及其他生产设备的闲置，生产性资源的闲置使生产能力发挥不足，直接减少了社会产品，降低了GDP。

当经济处于非充分就业状况，即存在周期性失业时，运用奥肯定律可以估计损失的产量。根据奥肯定律，失业率每超过自然失业率 1%，该经济大约损失 2%的产量。以美国为例，根据数据资源公司（Data Resources Inc.，DRI）的估算，1991 年美国的自然失业率是 5.5%，而实际失业率是 6.6%，经济衰退导致美国 1991 年的 GDP 损失 2.2%，数额大约为 1 300 亿美元。随着 1992 年经济衰退的加剧，年均失业率为 7.4%，DRI 估计的年失业率是 5.4%，丧失的产量约为 4%，约为 2 500 亿美元。

2. 失业的社会成本

首先，失业对社会带来的影响是巨大的，失业给失业者及其家庭造成了很大的经济损失，直接减少了失业者及其家庭的收入，而收入的减少又会造成家庭消费水平的下降。在一个缺乏健全失业保障制度的国家里，如果失业工人长期找不到工作，其面临的悲惨境地可想而知。

其次，失业给失业者带来了极其严重的心理负担，这种负担是无法用金钱来衡量的。美国公共健康机构的研究表明，失业率会导致身体和心理健康的退化，引发较多的心脏病、酗酒和自杀等。

最后，失业给失业者及其家庭带来的经济和精神损失，还会引发严重的社会问题。失业会造成失业者对社会的失望和不满情绪，提高社会的犯罪率、离婚率，并有可能引发社会骚乱。因此，任何政府都必须关注失业问题，应考虑制定的宏观经济政策对失业的影响。

3. 失业对分配的影响

失业会导致收入分配不公平。有些经济学家根据失业持续时间将失业划分为短期失业和长期失业。短期失业和长期失业对收入分配造成的影响完全不同。

短期失业一般属于摩擦性失业，由于有许多人不断流出和流入失业队伍，这种失业的成本就由许多人来承担，因而每个人承担的损失就比较小；而长期失业可能是由于劳动力市场的结构性因素或由于工资刚性而形成的，这种失业的成本主要由少数人来承担，因而每个人承担的损失也就比较大，社会成本比较高。

还有经济学家认为，一般而言，失业对穷人的打击比对富人的打击要大。根据美国

1947~1996 年按种族划分的失业率，总失业率每增加 1%，黑人的失业率就增加 2%。

还有的观点认为，经济衰退的损失主要是由那些失去工作的人来承担。例如，大学生如果在经济衰退期毕业，将面临极大的困难；如果恰好在经济繁荣期毕业，就会很快开始其职业生涯。刚进入劳动力大军的工人、青少年以及城市贫民区的居民往往由于技能低下、素质不高、经验不足以及面临法律规定的最低工资法等因素而成为容易失业的群体，因此他们是失业率上升时最容易受到伤害的群体。

由于失业者可能停止纳税，他们可能得到失业保险的好处或其他的政府转移支付，而这种失业的产量损失也会由就业者，即纳税人来承担。尤其是当失业者领取的失业救济金总额接近于他们就业时所得到的收入时，失业者不会因为失业而遭受明显的损失，社会的总产量损失主要由就业者来承担，因为失业救济金是通过向在职工人征税来提供的。

相关链接 12-1 奥肯定律

奥肯定律（Okun’s law）描述的是失业变动和 GDP 之间的经验关系，用奥肯命名是用以纪念这一关系的发现人美国经济学家阿瑟·奥肯（Arthur Okun）。阿瑟·奥肯曾在 1968～1969 年担任美国总统经济顾问委员会主席，他根据美国的经验数据发现，失业率与经济增长率之间存在如下的关系：

实际 GDP 变化的百分比=3%−2×失业率变化率

如果失业率保持不变，则实际 GDP 增长 3%，这种增长是由于人口增长、资本积累和技术进步引起的。失业率每增加 1%，实际 GDP 下降 2%。例如，如果要使失业率由 8%下降到 6%，那么实际 GDP 增长率必须要达到

实际 GDP 变化的百分比=3%−2×（6%−8%）=7%

也就是说，实际 GDP 必须提高 4%，也就是以 7%增长的时候，才能使失业率下降 2 百分点。

同样的道理，如果失业率从 5%提高到 7%，则实际 GDP 会出现 1%的负增长。

奥肯定律为产出增长率和失业率变化率之间的相互转换提供了一个粗略的估算法则，是宏观经济中可靠的经验规律之一。

资料来源：黄亚钧：《宏观经济学》，高等教育出版社，2000 年，第 39 页。

第二节 失业与职业搜寻理论

一、职业搜寻理论

职业搜寻理论最早由斯蒂格勒（J. Stigler）提出，他从信息成本角度分析了职位的搜寻和匹配问题。职业搜寻理论模型以劳动力市场信息不完全为出发点分析摩擦性失业问题，它有以下几个基本假设条件：

（1）劳动力市场信息是不完全的，劳动者来到劳动力市场时，他并不知道自己适合什么工作，也不知道有哪些职位是空缺的。为了获得满意的工作，他必须不断地在劳动力市场上寻找。

（2）在劳动力市场上，每个企业对劳动者的报酬是不同的，劳动者搜寻的时间越长，信息也就越充分，找到报酬更高工作的可能性也就越大。

（3）劳动者离开原来的工作岗位去寻找新的工作比保留原来工作同时寻找另外一份工作更有效率，因此失业是寻找高报酬工作的一种投资。

（4）获取有关报酬的信息和职业岗位的信息是要花费成本的。虽然劳动者寻找时间越长，他可能获得的工作报酬也就越高，但是报酬提高的幅度随着搜寻时间的延长是递减的。因为，劳动者寻找时间越长，未发现工作的报酬高于他已经找到的最高工作报酬的可能性也就越低。如果用 $W(t)$表示劳动者的工资水平，$W(t)$是职业搜寻时间 t 的增函数，但是其增长幅度是递减的，在数学上表示为一阶导数是大于零，二阶导数小于零，即

$$\partial W(t)/\partial t>0,\quad \partial^2 W(t)/\partial t^2<0$$

同时，搜寻职业是要花费成本的，这些成本包括获取关于工作岗位及报酬的信息支付的成本、应聘花费的时间、失业时间损失的机会成本等。我们假定搜寻工作的成本随着时间的延长而提高，且增加的成本是递增的。这是因为，求职者如果只能进行粗略的市场搜寻，只要抽出一部分正常时间即可，时间的机会成本很低。但随着搜寻的继续，求职者不得不挤占本来可能有重要安排的时间，单位搜寻的机会成本是递增的。另外，求职者搜寻的范围通常从附近的企业和自己较为熟悉的部门开始，随着搜寻范围的扩大，求职者不得不转向那些较远的企业和自己不太熟悉的部门。此时增加的交通费用和获得有关信息的费用等搜寻成本也是递增的，也就是一阶导数大于零，二阶导数也大于零：

$$\partial C(t)/\partial t>0,\quad \partial^2 C(t)/\partial t^2>0$$

根据这些假定，理性的劳动者选择搜寻工作时间时，应当使自己的边际收益等于边际成本，即

$$\partial W(t)/\partial t=\partial C(t)/\partial t$$

这时劳动者的净收益最大。我们可以从几何图形上更直观地表示这一关系，在平面直角坐标系里分别绘出工资曲线 $W(t)$和搜寻成本曲线 $C(t)$。$W(t)$曲线向上倾斜但凹向横轴，表示随着搜寻时间的增加，总收益增加但边际收益递减；而 $C(t)$向上倾斜且凸向横轴，表示随着搜寻时间的延长，总成本增加且边际收益递增。

从图 12-3 中可以看到，横轴是时间 t，纵轴为工资 W 或搜寻成本 C。求职者可能得到的工资和搜寻成本都是搜寻时间的增函数，但是随着时间的延长，可能得到的工资上升的幅度（工资曲线的斜率）越来越小，而搜寻成本上升的幅度（搜寻成本曲线的斜率）越来越大。当工资的增长幅度高于搜寻成本的增长幅度时，也就是搜寻的边际收益大于边际成本时，每增加一个岗位的搜寻带来的增加的工资便大于增加的成本，求职者就会继续增加搜寻时间；而当搜寻的边际收益小于边际成本时，搜寻得不偿失，求职者就会继续增加搜寻时间。只有当搜寻的边际收益恰好等于边际成本时，求职者的净收益达到最大，这时的搜寻时间才是最优的。在图 12-3 中，最优搜寻时间为 t^*，因为对应于 t^*可

以在 $W(t)$和 $C(t)$两条曲线上分别找到 A、B 两点，A、B 两点的切线斜率相等，也就说明在时间 t^*上，劳动者搜寻的边际收益正好等于边际成本。

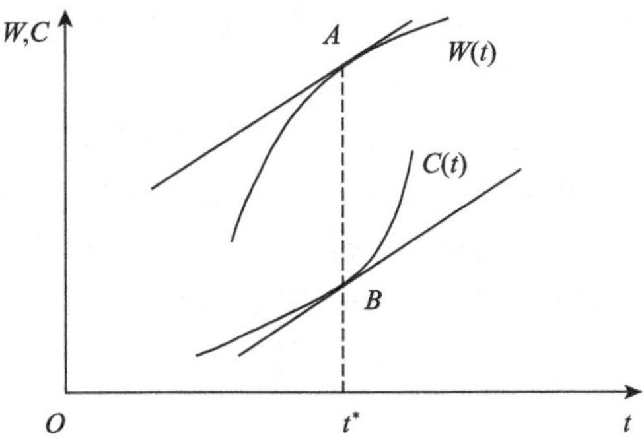

图 12-3 最优搜寻时间的确定

上述劳动者的最优决策行为决定了劳动者为寻找满意的工作，其搜寻的最优时间长度，也就是他自愿的失业时间，劳动者在搜寻工作所处的失业状态也称为自愿性失业。影响最优搜寻时间的因素很多，我们都可以将其归结为 $W(t)$和 $C(t)$曲线的移动。例如，失业保险和失业救济就会改变 $C(t)$的位置。发放失业保险和救济金是减轻失业者的痛苦、维护社会公平的一种方式，但它又会对劳动者搜寻工作造成影响。一个明显的作用是失业保险和救济金降低了求职者的搜寻成本。例如，在没有领到失业救济金时，求职者可能是乘公共汽车参加应聘；而有了失业救济金后，收入提高了，他就有可能是乘出租车参加面试，从而节约了搜寻时间。从图 12-4 中可以看到，由于失业期间增加了失业救济和保险这项收入，劳动者搜寻成本降低，搜寻成本曲线从 $C(t)$变动为 $C'(t)$，表示每一次求职活动的单位成本降低。相应地，最优搜寻时间就由 t^*移动到 t_1^*，也就是说，劳动者自愿失业的时间延长。可见，失业救济金或保险金虽然提高了失业者的收入，但同时也增加了失业。

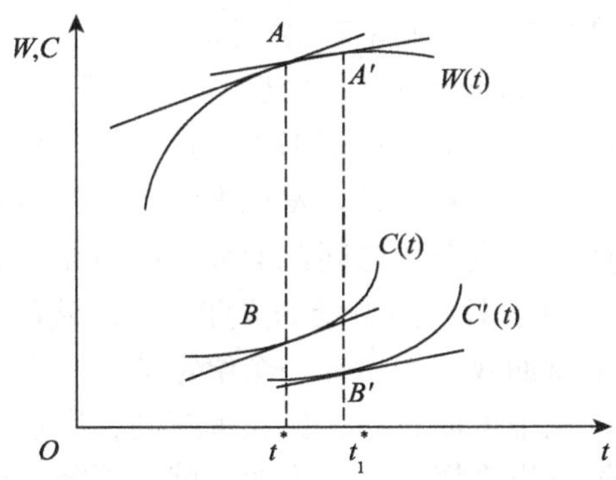

图 12-4 失业补助金的影响

失业保险制度对失业率的影响还可以从另外一个角度来分析。对于现实经济中的求职者来说，一般而言，他并不预期工资水平随着时间的延长而不断上升，而是根据自身能力水平和观察到的劳动力市场上的工资分布，对自己未来职业的工资有一个预期。当雇主开出的工资水平高于他预期的心理价位时，他就会接受这份工作，否则就会拒绝这份工作。这份工资水平被称为“保留工资”（reserved wage）。从理论上来说，在保留工资水平上，劳动者接受工作的满意度和其在失业状态中的满意度是等价的。因此，当雇主开出的工资水平低于保留工资时，求职者宁愿失业，继续寻找工作；而当雇主向求职者开出的工资水平高于保留工资时，他就会接受工作，退出失业队伍。在失业保险制度比较健全的经济中，失业保险增加了劳动者在失业状态时的满意程度，从而提高了保留工资水平，这样，他对未来工作的工资水平预期的心理价位也会提高。也就是说，失业者一旦能够领取失业救济金或保险金，搜寻工作的热情和动力就会大大减弱，找到满意工作的概率就会降低。这时，如果雇主提出的工资水平高于没有失业保险制度下的保留工资，劳动者仍然有可能选择失业而不愿工作，从而使摩擦性失业增加。

二、贝弗里奇曲线

职业搜寻理论从劳动力市场信息不充分入手，分析了劳动者的最优决策如何使部分劳动者自愿选择失业问题。劳动者离职的原因很多，如在摩擦性失业和结构性失业中，工作机会和失业人数是相当的，仅仅是由于双方没有及时找到对方，也就是说，劳动市场中存在着劳动供给与需求结构的不相称。由于这种结构的不对称，在一个经济中一方面是大量的劳动者找不到工作，另一方面又有许多工作岗位人手缺乏，特别是在一个经济高速增长的时期，这一现象会更加明显。因此，可以把劳动力市场分为两大类市场：一类是存在空缺的市场。在这一类市场上，劳动的需求大于劳动的供给，工作岗位大量闲置。另一类是存在失业的市场。在这个市场上，劳动的供给大于劳动的需求，许多人处于失业状态。劳动者由于信息、技能、性别、年龄、教育程度等很难在这两类市场中转移，因此，这两类市场上岗位空缺和失业并存的现象将持续存在下去。但是，它们之间毕竟存在着某种联系。例如，当失业率很高时，就很少有人辞职再去寻找更加满意工作，岗位空缺率就可能下降；同样的，岗位空缺的大量存在，会使劳动者再就业更加方便一些，再就业的概率就会提高，失业率就会下降。

英国经济学家贝弗里奇（Beveridge）曾经利用英国失业者为申请失业所填写的报告，撰写了《失业：一个产业问题》一书，在该书中他详尽地考察了失业与劳动力市场中的结构、地理和信息等因素之间的关系，并且发现失业与岗位空缺之间存在着显著的负相关性。后来，这种刻画失业与岗位空缺之间此消彼长的负相关关系的曲线被称为贝弗里奇曲线。在图 12-5 中，横轴表示劳动力市场的失业率 U，纵轴表示劳动力市场的岗位空缺率 V，曲线 AA 为贝弗里奇曲线，表示在一个给定的劳动力市场结构中岗位空缺率与失业率之间的负相关关系。从中可以看出，失业率越高，岗位空缺率越低；岗位空缺率越高，失业率就越低。当经济出现繁荣时，失业率就会下降，岗位空缺率就会上升，使得曲线上的点向左移动；当经济出现衰退时，失业率就会上升，岗位空缺率就会下降，使得曲线上的点向右移动。

我们还可以利用贝弗里奇曲线来区分不同类型的失业。从原点出发作一条 45° 的斜线，在这条线上的点都表示岗位空缺率恰好等于失业率的情况。这条曲线是区分不同类型失业的基础。在 45° 线右侧的失业表示其他类型的失业，如周期性失业等，在 45° 线

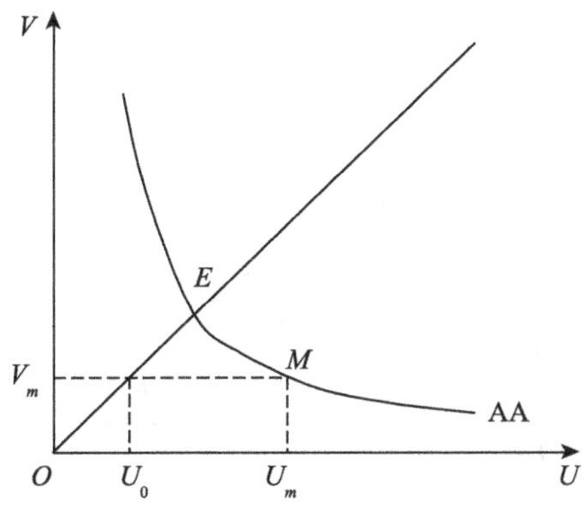

图 12-5 贝弗里奇曲线

上的点对应的失业属于摩擦性或结构性的失业。假如劳动力市场当前处于曲线 AA 上的 M 点，那么失业率为 U_m，岗位空缺率为 V_m。其中，OU_0 等于 OV_m，表示摩擦性或结构性的失业，而 U_0U_m 则表示其他类型的失业。

我们知道摩擦性和结构性原因导致的失业与岗位空缺是相等的，我们在现实世界里只要能够找到岗位空缺率的相关数据，那么余下的失业者就是由于其他因素引起的失业者。在一个市场连续出清的古典经济中，不存在其他类型的失业，因此，劳动市场的均衡应该始终处在贝弗里奇曲线和 45° 线的交点，也就是图中的 E 点。

第三节 工资刚性模型

在近 20 年来的宏观经济学发展中，经济学家们对自然失业率的形成做出了许多新的解释，除摩擦性因素和结构性因素之外，失业产生的另外一个原因来自于实际工资的刚性。实际工资的刚性是指实际工资无法充分调整到使劳动力供需平衡的水平。现实经济中，劳动工资并非完全可以自由变动，许多时候实际工资会高于市场出清的水平。在图 12-6 中，横轴为劳动力 L，纵轴为实际工资 W/P，D 是劳动需求曲线。随着劳动工资的上升，企业对劳动要素的需求下降；劳动供给曲线 S 是一条垂直的曲线，表示社会的劳动总供给量不变。如果劳动的实际工资等于$(W/P)_0$，劳动力市场的供给恰好等于需求，劳动者能够充分就业，均衡点为 E，就业量为固定不变的劳动供给量，这也就是以前分析的劳动市场均衡的情况。当实际工资出现刚性时，就会在高于均衡价格$(W/P)_0$ 的某一价格水平保持不变，在图 12-6 中就表示为$(W/P)_1$。在这一工资水平下，劳动力需求为 L_1，供给量仍为 $\bar{L}$，供求缺口 $L_1\bar{L}$ 就是失业人口数。这时企业必须在大量求职者中分配有限的工作岗位，因此实际工资刚性降低了重新就业率并提高了失业率。

由于实际工资刚性而引起的失业完全不同于上面提到的摩擦性失业和结构性失业。摩擦性失业是信息非充分条件下劳动者为获得满意工作而做出的一种最优选择，而结构性失业是由于劳动力市场供求双方结构不相称导致岗位空缺和失业并存。在实际工资刚性条件下，失业产生的原因是劳动供给大于劳动需求，这时劳动力市场的自动调节机制

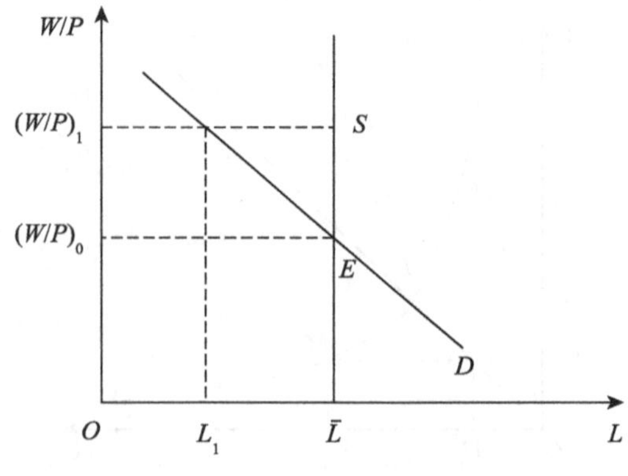

图 12-6 实际工资刚性和失业

必定发生了某种障碍，否则当工资水平高于均衡工资、供给大于劳动需求时，企业应该降低工资。

一、最低工资法

许多国家出于保障劳动者基本生活的考虑制定了最低工资法，然而实际效果却并不明显，反而容易提高失业率，加剧社会的贫富差距。最低工资法的实施，使得工资无法下降到均衡水平，阻碍了劳动力市场的出清。对大多数技能劳动者来说，最低工资法对他们不起任何作用，因为他们的工资水平远远高于这一水平，但是对于某些非技能劳动者来说，最低工资法提高了他们的实际工资水平，却造成了企业对他们的需求量下降。

经济学家一般认为最低工资法增加了青年劳动力的失业率，降低了他们获得职业培训和工作经验的机会。青年人的均衡工资比较低，一方面是由于青年人往往是劳动力中技能和经验都比较低的群体，他们的边际劳动的生产率也比较低，同时企业对青年在职业培训方面的投资是对其最低工资的一种补偿。国外的实证研究表明，最低工资水平每提高 10%，青年人的就业数量就降低 1%~3%。因此许多经济学家主张在贫困人口中实施减免收入税政策，来取代最低工资。对于一些低收入家庭来说，减免的收入税额甚至高于需支付的税收，也就是政府还会给家庭支付补贴。与最低工资相比，这一政策不会提高劳动力成本，不会降低企业对劳动力的需求，但是它会减少政府的收入。

二、工资合同

产生实际工资刚性的原因之一就是工资合同。大多数合同理论认为，制定合同的根本原因在于不确定性的存在，同样道理，工资合同的存在也是基于工资市场不确定性的存在。劳动者属于风险的规避者，在工资存在不确定性的情况下，如果给予工资某种程度的保险，劳动者的福利可以得到改善。而厂商是一个风险的中性者，愿意为属于规避风险的劳动力承担风险。工资的确定不仅是对劳动贡献的合理回报，还应允许雇员收入变动风险的职能。这样，即使没有正式谈判的工资协议，由雇主承担来自需求或供给的冲击的“社会共识”会自动隐含在工资制定行为中。这样，工资的固定就不再是出于外在的制度因素或工会力量，而是由于雇主、雇员对风险的态度不同，由各自的最优行为决策导致的工资刚性化，造成工资刚性和劳动力市场难以出清。这是传统的合同理论对失业成因做出的解释。

但是传统的工资合同理论存在着明显的缺陷，因为它显然不是帕累托最优。如果合同工资可以进行即时的修改，通过合同工资的自由调节来实现劳动力市场的出清，这对于厂商和劳动力来说就有可能成为一个帕累托改进。阿扎里亚蒂斯（Azariadis，1975）在其经典论文——《隐性合同和就业不足均衡》中提出了一种所谓“隐性合同”。在另一篇评论性文章中，罗森（Rosen）把隐性合同理解为“一种事先制定的旨在解决双方在分配有关价值和共享投资的利用方面的不确定性的自愿协议。这种合同（即指隐性合同——作者注）精确地规定了在每个状态下需要使用的劳动力数量和相应的工资水平，这里的状态依赖于双方可以观察到的信息”。隐性合同详细规定了不同生产率水平下的劳动投入数量和工资水平，而在传统的工资合同理论中，劳动力投入数量没有被假设为合同变量。由于现实世界中的合同不可能明确规定不同状态下的劳动力投入数量和工资水平，这种特别的工资合同被称为隐性合同。虽然各种状态下的劳动收入不变，但由于劳动力投入数量会随着生产率的上升而上升，衡量单位收入的工资水平将呈现出逆周期性。由此得出一个重要推论，即虽然合同规定的劳动力投入数量事先是最优的，但在事后的生产率比较低的情况下，由于工资水平比较高，意愿劳动力供给应当大于隐性合同规定的劳动力投入数量，因而也就产生了非自愿失业。不过，即便隐性合同可以产生非自愿失业，隐性合同规定的劳动力投入数量虽然可以增进劳动力的福利，却必然损害厂商的利益。

三、内部人-外部人模型

工会力量的存在是工资刚性的另一原因。工会代表劳动者集体与雇主就工资水平进行谈判时，讨价还价的能力大大加强。这时工会的工资水平就不是由劳动力市场的供求均衡决定的，而是由集体谈判的结果决定，工资水平往往高于市场出清时的工资水平，迫使企业减少对劳动者的雇佣量。工会的存在不仅影响自己所在企业的工资水平，同时也会对那些没有成立工会的企业的工资产生间接影响。企业工会的成立不仅会提高工资，而且也提高了劳动者在其他方面的谈判能力，如要求缩短工作时间、改善工作环境等，从而提高了企业的成本。没有工会的企业为避免成立工会的威胁，也会主动提高工资以防止工人不满而成立工会。

工会对劳动力市场就业的影响可以用“内部人-外部人”模型来描述。这一模型由林德贝克（Lindbeck）和斯诺尔（Sonwer）提出，被认为是20世纪80年代后期失业理论方面的重要研究成果。所谓内部人，是指已就业的劳动者；外部人是指劳动力市场上的失业者。在企业内部，一方面，企业受工资谈判和劳动合同的限制，不能随意降低工资；另一方面，内部人出于对自己利益的维护，会抵制乃至威胁企业解雇内部人引进外部人的决策。更为重要的是，企业解雇内部人需要支付一个额外的补偿费用，而雇佣外部人又需要花费一笔搜寻合适人选并加以培训的费用。结果，企业不得不放弃雇佣更多“低价”外部人来替代“高价”内部人的决策。并且这一过程会自我强化，内部人在岗位上通过“干中学”，不断积累职业技能和经验，而外部人因长期失业会逐渐丧失劳动能力。

总而言之，一方面工会保护已经就业的内部人，代表内部人与雇主签订合同，他们要求较高的工资而不管失业的存在；另一方面企业解雇内部人需要支付一定的成本，而用外部人替代内部人进入生产过程同样要花费成本。在这两方面因素的作用下，劳动工资就可能维持在高于劳动力市场出清的水平，内部人享受高工资的好处，而失业者尽管愿意接受比现行工资实际工资水平低的工资却仍然失业。这样就可以从内部人、外部人处于不同竞争地位出发，解释了虽然劳动力市场供过于求，企业并不降低工资来雇佣更多的工人。

四、效率工资

最低工资法和合约理论从制度方面阐述了劳动力市场形成工资刚性的原因,而在“内部人–外部人”模型中，已经就业的内部人通过工会等组织可以对工资水平产生一定的影响，从而影响劳动力市场工资的自由调节。而效率工资模型则是企业主主动把工资调节到高于市场出清的水平上。效率工资理论认为高工资使工人生产效率更高，尽管劳动力市场存在超额劳动供给，企业也不能削减工资。因为如果工资在较低的水平上，尽管企业的工资成本降低了，企业内的工人可能不提供最佳效率，企业的利润水平下降。在效率工资模型的均衡中，愿意工作的人比被雇佣的人多，但对企业而言多雇佣人是无效率的，因此会出现失业。

经济学家们提出各种理论来解释工资如何影响工人的生产率。一种适用于穷国的效率工资理论认为，工资影响工人的健康水平。给工人多些工资，使得工人能够吃得起营养更加丰富的食品，可以保证有健康的劳动力。这种考虑对美国或者欧洲这些发达国家可能并不重要，因为他们的均衡工资远远高于维持营养所需要的水平，但对亚非拉地区某些国家可能具有一定的适用性和有效性。

对效率工资的第二种解释认为，工资水平的提高，可以使劳动者更加安心地在本企业工作，降低企业职工的离职比率，从而降低企业为替代离职工人而招募新人必须支付的搜寻成本以及培训成本。

对效率工资的第三种解释认为，企业劳动力的平均素质取决于它向雇员所支付的工资。如果企业降低工资，最好的雇员就会到其他企业工作，而留在企业内的是那些没有什么其他机会的低素质雇员。企业通过支付高于均衡工资水平的工资可以减少逆向选择，提高劳动者的素质，从而提高生产率。

对效率工资的第四种解释认为，高工资提高了工人的努力程度。这种理论主要基于以下假定：工人在生产过程中会尽可能少出力，劳动生产率的提高必须有人来监督。但是，在信息不完全的条件下，企业不能完全监督雇员的努力水平，工人可以选择努力工作，也可以选择偷懒并有被抓住解雇的风险，这种可能性被称为“道德风险”。企业可以提高工资减少道德风险问题。工资越高，工人被解雇的代价越高。通过支付高工资，企业使更多的雇员选择不偷懒，从而提高了劳动生产率。

第四节 失业的治理

关于失业的治理政策，大致上可以分为两类——主动的失业治理政策和被动的失业治理政策。下面我们分别对它们作简要的评述。

一、主动的失业治理政策

主动的失业治理政策是建立在前面对失业成因的理论分析基础上的。它可以从三个方面展开：一是从劳动力的供给角度，讨论如何使劳动力的供给在总量上、结构上、质量上符合劳动力的需求；二是如何修复劳动力市场的调节功能，对劳动供求进行调节；三是如何改善宏观经济运行，增加某一经济的活动水平，从而增加对劳动的总需求。

1. 主动调节和控制劳动力供给，使之与劳动力的需求相适应

当一个经济体面临失业率不断上升时，控制和减少劳动力供给总量，改善和优化劳动力供给素质是一个有效的措施。常用的方法有：①延长人们的受教育年限以推迟劳动年龄人口的工作时间。例如，我国从 1999 年开始的高校扩招，2002 年开始大力倡导发展职业教育，并在劳动力市场上推行职业资格和准入制度以及劳动预备制度。②大力实施劳动力输出，以减少国内劳动力市场的压力。③缩短法定工作时间。单个劳动者工作时间的减少有助于增设工作岗位，同时延长了休闲和受教育的时间，有助于提高劳动力的素质。④加强职业培训，提高劳动者的就业适应能力。目前，世界各国都有各具特色的职业培训和继续教育体系，有企业主导型的，也有政府主导型的。职业培训的目的，一是提高劳动者的素质和劳动生产率；二是失业者转岗的需要，通过与时俱进的实用技能培训，使劳动力快速适应就业市场的变化。

2. 修复劳动力市场的功能，提高劳动力市场的灵活性

有一些失业（如欧洲国家）往往是劳动力市场缺乏灵活性引起的，从而导致古典型失业和失业回滞。因此，在劳动力价格——工资的确定上应保持一定的伸缩性，使之能随劳动力的供求关系而作适应性调整；同时，企业有权根据劳动力市场的工资波动、生产经营状况和不同劳动力的工作效率做出即时调整。

3. 提高宏观经济的活动水平

通过提高经济活动水平和经济增长的就业弹性来解决失业，是最有效也是最积极的方法，这就要求一国的中央政府具有高超的宏观经济调控能力。

此外，主动的失业治理政策还包括增强就业的信息发布和反馈机制、消除劳动力自由流动的种种障碍和提倡工资非指数化等。

二、被动的失业治理政策

被动的失业治理政策是基于这样一个信念：在市场经济条件下，要彻底消除失业是不可能的，所有试图改变失业水平的措施都将影响市场本身的运作机制，到头来还将受到市场机制本身的报复，失业率还会回复到治理以前的水平。但是，失业问题确实能给社会经济带来某种非均衡的影响，社会成员之间的巨大差距将引起社会不稳定，如犯罪等。另外，失业还涉及一个社会公平的问题，即为什么在一个经济高速发展的时代，一部分人能够就业，而另一部分人却饱受失业的痛苦？

因此，政府对失业问题能够做的是事后的失业保障和失业救济工作。通过发放失业救济金，使失业者能维持基本的生活水准，达到社会公平的目的。当然，失业保险和失业救济也可能产生负面效应，如欧洲各国，就是因为失业保险和救济金额逐年上升，使得劳动力成本不断上升，加剧了失业问题。

●专栏 12-2　奥肯定律与中国的失业

关于经济增长与就业或失业的关系，在经济学界和政策制定者中有着不同的看法。美国经济学家阿瑟·奥肯观察到，在经济增长率与失业率两者的变化之间存在着一种稳定的关系（Okun，1962），并被许多经验研究所证实在美国曾经长期存在这种关系（如 Altig et al.，1997），因此，这种关系被称作“奥肯定律”。这种经验关系经常在中国经济学文献中被涉及或引用，一方面，人们经常会运用该结论来论证经济增长与就业之间的相互促进关系；另一方面，当使用中国的数据进行检验时，却得出该定律在中国不适用的结论（如姜巍和刘石成，2005）。中国大规模的失业现象开始发生于 20 世纪 90 年代后期，并且从那以后，失业率出现了实质性的升高且表现出随时间的波动性，从而成为反映宏观经济状况的一个变量。与此同时，经济学家着手进行了一些关于“奥肯定律”是否在中国存在的研究。然而，这些研究存在着某些理论解释的不足，或者数据使用上的缺陷，从而没有得出令人信服的结论，以致在很多场合，无论是明确地引证“奥肯定律”还是将其作为潜台词，人们往往没有考虑到该定律的适用性，因而可能造成某种程度的误导。

首先，中国失业率升高的最初起因，虽然有宏观经济周期和产业结构调整的因素作用，但是，在这些因素之外还有一个与美国这样的市场经济国家截然不同的因素，即由于旨在“减员增效”为目的的企业劳动制度改革。20 世纪 90 年代后期以来职工大规模下岗和失业之前，国有企业普遍存在着严重的冗员问题。据当时的调查，冗员率一般在 1/3～2/5。而这种情况在市场经济国家，在企业完全独立自主地做出雇用和解雇决定的条件下，是不可能长期存在的。

其次，在面临宏观经济低迷以及严重的失业困境的情况下，20 世纪 90 年代后期国家采取了扩张性的财政政策，并将其作为政府积极的就业促进政策的一项措施。但是，在这个时期有三个因素不利于经济增长率带动就业的扩大。

最后，由于国家统计局公布的失业率数字只是登记失业率，而这个指标与市场经济国家使用的失业率反映了不尽相同的内容，因而许多经验研究的结论并不可靠。在中国，登记失业率这个指标常常不能确切地反映就业形势的好坏。例如，国有企业下岗和失业最严重的 1998～2000 年，这个登记失业率一直保持在 3.1%。而当就业形势开始好转时，这个指标却大幅度提高了，从 2001 年的 3.6%、2002 年的 4.0%，到 2003 年的 4.3%和 2004 年的 4.2%。原因是，凡是具有下岗身份即领取下岗基本生活费的，不管是否有工作，都不再进行失业登记。这样，一是这个指标没有包括那些下岗后没有工作的人，因而低估了失业率；二是随着从下岗向公开失业的并轨，下岗人数减少而登记失业增加，而这个增加可能并不意味着劳动力市场状况变得更糟。

在中国，公开引用“奥肯定律”或将其作为潜台词，通常用于两种目的。在第一种情形下，引用降低失业率可以提高经济增长率这种关系，着眼点是强调治理失业的重要性。其实，这种用意是良好的。毕竟，劳动力更加充分地使用无异于提高资源的利用率，自然应该具有提高经济增长率的效果。但是，失业率与经济增长率二者之间关系的不显著，一方面说明中国目前的失业率构成中，最主要的成分是由于摩擦性和结构性因素造成的自然失业率；另一方面说明影响经济增长率的因素是多方面的，微小的周期性失业因素所能反映出的促进经济增长效果，在统计上并不能充分显示出来。在诸如美国这样的市场经济国家，联邦储备委员会通过观察失业率的变化来做出货币政策方向的决策，是因为“奥肯定律”有效。但是，在这一经验关系不存在的条件下，仅仅通过货币政策和财政政策调节经济增长速度，并不能取得治理失业的效果。因此，我们经验结论的政策含义就是：治理失业的更重要领域在于发展劳动力市场，完善其功能，提高劳动力供给与需求之间的匹配程度，缩短劳动者陷入结构性和摩擦性失业状态的时间。

在第二种情形下，引用加快经济增长可以降低失业率这种关系，作为经济增长可以自动降低失业率、扩大就业的学理依据。的确，经济增长是就业的必要条件。也就是说，没有经济增长，就业的扩大就成为无源之水、无米之炊。然而，经济增长却不是就业扩大的充分条件，即失业的治理和就业的扩大，并不能仅仅依靠经济增长得到解决，也并非什么样的经济增长都具有同等的效果。即使利用反周期的宏观经济政策［扩张性的财政和（或）货币政策］治理周期性失业，如果推动经济增长的是资本密集型产业，也不能达到扩大就业的效果。在现行投融资体制下，扩张性的财政政策和货币政策的作用过于依赖大企业和大项目，而这并不能带来等比例的就业增长。同样的道理，当实施宏观经济软着陆时，如果采取“一刀切”措施，往往又会使中小企业和能够带动就业的项目首当其冲。

经济增长率与失业率变化之间没有显著关系的经验结果表明：第一，在经济增长率之外，还有至少同等重要的因素影响失业率的变化或就业效果。例如，在自然失业率构成了整个失业率 2/3 以上的情况下，与造成结构性和摩擦性失业有关的劳动力市场功能，以及政府和社会提供就业信息、就业培训等服务的能力，对于治理失业具有更加直接的作用。第二，由于“奥肯定律”所反映的经验关系只存在于经济增长率与周期性失业率之间，在自然失业率构成失业率主要部分的情况下，我们并不能预见到刺激经济增长的政策能够直接表现出治理失业的效果。第三，经济增长本身既可以是就业友好型的，也可能是排斥就业型的，因而对于失业的治理，经济增长速度并不是万应灵药。20 世纪 90 年代末以来，高速经济增长的重要组成部分是资本密集型重工业的增长，而这种类型的增长并不能同步地带动就业的扩大。

可见，治理失业和扩大就业，首先必须成为政府经济政策的一个独立目标，而不能被淹没在经济增长目标之中。进而，它又应该成为政府制定经济政策的一个优先目标，排在政策优先序列的首位。相应地，对各级政府业绩的考核和政策效果的评价，都应该把就业问题的解决放在优先位置。这也有利于克服过度追求 GDP 目标的政府动机。这方面的政策手段包括：实行有利于扩大就业的经济发展战略，即国家制定的经济增长和产业调整的战略性决策，应以创造就业岗位和扩大就业机会为中心；实施积极的就业促进政策。通过劳动和社会保障部门的跨部门协调，为就业提供良好的服务，以实现最大化就业的目标。我们高度强调就业的重要性，并倡导树立就业优先原则，并不意味着把就业置于经济增长目标之上。实际上，树立就业优先原则，本身就包含着把经济增长置于政策优先序列的重要位置，以及作为扩大就业的前提和必要条件的意思。无论就中国目前所处的历史时期，还是从其所要达到的发展目标来说，经济增长目标绝不可以放弃。但是，理论和发展经验都表明，把就业放在第一位，反而可以保证增长目标，相反则不然。

资料来源：蔡昉：《为什么“奥肯定律”在中国失灵——再论经济增长与失业的关系》，《宏观经济研究》，2007 年第 1 期。

➤本章提要

失业是在一定年龄范围内并且具有工作能力的人，愿意工作而没有找到工作，并且正在寻找工作的状态。根据失业表现出来的外在特征和引起失业的不同原因，将失业分为自然失业、周期性失业、自愿性失业和隐蔽性失业四种类型。

职业搜寻理论从劳动力市场信息非充分入手，分析了劳动者的最优决策如何使部分劳动者自愿选择失业问题。只有当搜寻的边际收益恰好等于边际成本时，此时求职者净收益达到最大，这时的搜寻时间是最优的。贝弗里奇曲线表示在一个给定的劳动力市场结构中岗位空缺率与失业率之间的负相关关系。

自然失业率的产生除了摩擦性因素和结构性因素之外，主要是由于实际工资刚性造成的。实际工资刚性指工资无法自由调整到市场出清水平，从而造成了劳动力的供给大于需求。造成实际工资刚性产生的原因很多，如最低工资法、工资合同、工会的集体谈判等。经济学家还用效率工资来解释实际工资刚性。

失业治理政策可以分为主动的和被动的两大类。主动的失业治理政策是建立在对失业成因的理论分析基础上的，主要从提高劳动力供给质量、修复劳动力市场功能等几个方面着手。被动的失业治理政策主要是政府对失业问题能够做的事后的失业保障和失业救济工作。

➤关键概念

失业人口（the unemployed population）
失业率（the unemployment rate）
自然失业率（the natural rate of unemployment）
结构性失业（structural unemployment）
摩擦性失业（frictional unemployment）
奥肯定律（Okun's law）
工资刚性（wage rigidity）
效率工资（efficiency wages）

➤复习思考题

1. 哪些失业是可以消除的？哪些失业是无法消除的？为什么？

2. 摩擦性失业是不是一种自愿性失业？

3. 假定全要素生产率提高，这意味着所有企业会开出较高的工资。在失业的搜寻模型中，确定这对最低工资和长期失业率的影响。解释你的结论。

4. 失业会造成什么样的影响？治理失业的措施有哪些？

5. 假设某国某年的自然失业率为 5%，实际失业率为 7%，试计算：

（1）若该国潜在 GDP 每年以 2%的速度增长，根据奥肯定律，要想使该国在两年内实现充分就业，该国经济每年应以多快的速度增长？

（2）若该国实际 GDP 每年以 4%的速度增长，则要多少年才能实现充分就业？

➢扩展性阅读资料

蔡继明. 2002. 宏观经济学. 北京：人民出版社

多恩布什 R,费希尔 S,斯塔兹 R. 2000. 宏观经济学. 第7版. 范家骧等译. 北京:中国人民大学出版社

黄亚钧. 2000. 宏观经济学. 北京：高等教育出版社

姜巍，刘石成. 2005.奥肯模型与中国实证（1978—2004）. 统计与决策，（24）：7-9

曼昆 G N. 2011. 宏观经济学. 第7版. 卢远瞩译. 北京：中国人民大学出版社

孙宇晖. 2008. 西方经济学基础. 北京：中国经济出版社

威廉森 S D. 2007. 宏观经济学. 郭庆旺译. 北京：中国人民大学出版社

吴文盛. 2007. 宏观经济学. 北京：清华大学出版社

袁乐平. 2003. 失业经济学. 北京：经济科学出版社

袁志刚. 2001. 高级宏观经济学. 上海：复旦大学出版社

Azariadis C.1975.Implicit contracts and underemployment equilibria'.Journal of Political Economy，83（6）：1183-1202

Altig D，Fitzgerald T，Rupert P.1997.Okun's law revisited:should we worry about low unemployment? Economic Commentary，（5）

Okun A M.1962.Potential GNP：its measurement and significance.Proceedings of the business and Economic Statistics Section, American Statistical Association

第十三章

通货理论

通货问题也是宏观经济运行中资源不能被有效利用的一个重要情形。通货理论主要包括通货膨胀和通货紧缩两部分。通货膨胀一般表现为一般价格水平的持续上涨；相反，通货紧缩是一般价格水平普遍下降，通货膨胀和通货紧缩是各国宏观经济运行中的普遍现象，特别是通货膨胀更被视为一个重要的社会问题。本章首先对通货膨胀的定义、类型、成本进行分析，其次对通货膨胀的成因或形成机理加以较详细的论述，并提出相应的治理措施，最后结合近年来中国宏观经济运行的实际分析通货紧缩问题。

第一节　通货膨胀及其类型

一、通货膨胀的定义

关于通货膨胀的定义，理论界一直存在争议。较有代表性的界定有：

J. 托宾曾经指出："通货膨胀是指产品价格与劳务货币价格的普遍上升。"在这个定义中，我们要注意三点：一是托宾所说的"产品与劳务"指的是直接用于生产或消费的产品和劳务；二是"货币价格"是指用货币数量表示的产品与劳务的价格；三是"普遍上升"是指价格的物价总水平的持续性上涨，而不是部分地区或部分物价的暂时性上涨。美国经济学家 D. 莱德勒认为"通货膨胀是一个价格持续上涨的过程，即是一个货币持续贬值的过程"。货币主义的代表人物弗里德曼说："通货膨胀就是物价的普遍上涨。"新自由主义者哈耶克指出："通货膨胀是指货币数量的增加而导致的物价上涨。"萨缪尔森说："通货膨胀是指物价水平的普遍上升，用以衡量平均物价水平的发展趋势。"可见，一般被接受的通货膨胀是指货币数量的增加或其他原因所导致的物价水平的持续上涨。综上所述，通货膨胀是由于流通中的货币量过多而导致的货币贬值以及物价总水平的持续上升过程。在理解通货膨胀时要注意：首先，物价上升是物价总水平的上升，不是一种或几种商品由于供求关系变动等造成的价格上涨；其次，不是指价格水平的暂时上涨，而是持续上涨。

二、通货膨胀的分类

按照以下不同的标准，可将通货膨胀进行分类。

1. 按照通货膨胀的程度进行划分

按照通货膨胀的程度进行划分，即按通货膨胀率的高低及其影响程度，可将通货膨胀划分为以下四类：

（1）爬行的通货膨胀。爬行的通货膨胀亦称潜行的通货膨胀，是指当通货膨胀率为1%~3%（也有人认为是 1%~5%）时的通货膨胀。由于爬行的通货膨胀的程度很低，因而不会引起通货膨胀预期和负面的经济后果。

（2）温和的通货膨胀。当通货膨胀率在 3%~6%（或 3%~10%）时，即为温和的通货膨胀。因为温和的通货膨胀和爬行的通货膨胀的通货膨胀率都比较低，对社会经济的负面影响甚微，所以，许多经济学家把它们归为一类。许多国家都曾经具有爬行的或温和的通货膨胀。但是，实践证明，如果一个国家长期存在这种通货膨胀，也会对其经济产生不良影响。因此，对于爬行的通货膨胀和温和的通货膨胀，也不容忽视。

（3）飞奔的通货膨胀。飞奔的通货膨胀是指当物价水平上涨的幅度较大时的通货膨胀，又称奔驰的通货膨胀。其通货膨胀率在两位数以上，有时甚至高达百分之几十，如 20 世纪 70 年代的意大利和巴西。在这种情况下，人们对通货膨胀有明显感觉，不愿以货币形式储藏财富，而代之以商品、证券或住房等形式。同时，会引起较高的通货膨胀预期，并通过生产和流通领域，破坏一个国家的经济。

（4）恶性通货膨胀。恶性通货膨胀又称超速的通货膨胀，是指流通中的货币量的增长速度远远超过了货币流通速度的增长幅度，此时，货币的购买力急剧下降，物价总水平加倍上升。一般而言是指年上升速度超过 100%的通货膨胀。

在这四种类型中，恶性通货膨胀对于经济的破坏性最强。不仅会给证券市场和房地产市场带来大量的泡沫，而且会严重破坏一个国家的货币体制，甚至导致经济的崩溃。

2. 按照通货膨胀发生的原因划分

（1）需求拉上型通货膨胀。其是指由于有效需求过多，即过多的需求追逐过少的货币而引起的物价水平的持续上涨。

（2）成本推进型通货膨胀。其又称供给型通货膨胀，是指由于工会要求提高工资或垄断企业为追求高额垄断利润而提高产品价格，使工资、原材料等生产成本上升而引起的通货膨胀。

（3）结构性通货膨胀。其是指社会公众对某些部门产品的需求过度而使本部门产品的价格水平、人员的工资水平等上涨，并带动其他部门的产品价格和人员工资相继上涨，从而出现物价总水平的持续上涨。

（4）混合型通货膨胀。其是指由于有效需求过多、生产成本的上涨和社会经济结构共同作用而引发的通货膨胀。

（5）财政赤字型通货膨胀。其是指国家政府由于入不敷出，为了弥补巨额财政赤字而发行大量的货币，从而引起的通货膨胀。

（6）信用膨胀型通货膨胀。其是指商业银行过多地发放贷款，出现信用过度而导致的通货膨胀，是一种信用经济现象。

（7）国际传播型通货膨胀。其是指由于进口商品的物价上涨而引发的物价总水平的持续上涨，如从 2001 年以来，国际原油价格的上涨而给原油进口国造成的通货膨胀。

3. 按照表现状态划分

（1）公开的通货膨胀。其是指在政府不干预物价的前提条件下，随着货币供给量的增加，物价总水平也自由上涨所导致的通货膨胀。在这种类型下，通货膨胀率和公开的物价上涨率完全相等。

（2）隐蔽的通货膨胀。其是指物价水平的上升没有在官方零售物价指数上升中表现出来的通货膨胀。在这种情况下，物价水平已经实际上升，但是在官方公布的物价指数中没有得到反映，通货膨胀的情况被掩盖。

（3）抑制型通货膨胀。其是指经济生活中存在通货膨胀的压力，但是国家采取各种措施控制物价，人为保持物价总水平的稳定，但出现了凭证限量购买商品、黑市活跃、变相涨价等隐蔽性的物价总水平普遍上涨的一种经济现象。

4. 按照对通货膨胀的预期划分

即按照社会公众对未来的通货膨胀是否能够预期来划分，可以分为以下两种。

（1）完全预期的通货膨胀。其是指由于长期以来，通货膨胀一直比较稳定，社会公众可以依据经验基本预期到通货膨胀。例如，一国物价水平一直按照 5%的年率上升，于是人们预料到物价水平将以同一比例继续上升。在这种情况下，人们在进行经济活动时会把物价这一比例的上升考虑在内，从而使通货膨胀具有自我维持的特点。

（2）不完全预期的通货膨胀。是指价格上升的速度超过人们的预料，或者人们根本未预料到价格上涨。例如，国际市场石油或者原料价格突然上涨引起一国国内物价上升，或者长期以来一国价格水平的突然上涨。

除了上面所介绍的类型外，还有一些其他类型的通货膨胀，如工资性通货膨胀、买方通货膨胀、卖方通货膨胀等。

三、通货膨胀的度量

目前，国内外一般运用以下三个指标来衡量通货膨胀率：

（1）居民消费价格指数，是综合反映一定时期内社会居民的生活消费品和服务的价格变动趋势与变动程度的价格指数。目前，许多国家都是用这个指标来度量通货膨胀。这个指标可以及时反映消费品和劳务的价格变化状况，具有其他指标难以比拟的优势。但是，计算时，它只包括零售商品的价格，而没有纳入住房等一些商品的价格，因此具有一定的片面性。

（2）生产价格指数（producer price index，PPI），是衡量工业企业产品出厂价格变动趋势和变动程度的指数，是反映某一时期生产领域价格变动情况的重要指标。生产价格指数测算的价格变化是制造商和批发商在生产不同阶段为商品支付的价格，是消费价格指数的先声。

（3）GDP 平减指数。它是将 GDP 的名义值化为实际值的价格指数，即按当年价格计算的 GDP 与按固定价格计算的 GDP 的比率。GDP 平减指数不仅包括所有部门的消费，还包括生产资料与进出口商品、劳务的价格，因此是一个能综合反映物价水平变动情况的指标。GDP平减指数=（名义GDP增长/实际 GDP 增长）×100%。

●专栏 13-1 价格指数

（1）居民消费价格指数。它是反映一定时期内城乡居民所购买的生活消费品和服务项目价格变动趋势和程度的相对数，是对城市居民消费价格指数和农村居民消费价格指数进行综合汇总计算的结果。通过该指数可以观察和分析消费品的零售价格和服务项目价格变动对城乡居民实际生活费支出的影响程度。

（2）城市居民消费价格指数。它是反映一定时期内城市居民家庭所购买的生活消费品价格和服务项目价格变动趋势和程度的相对数。通过该指数可以观察和分析消费品的零售价格和服务项目价格变动对城镇居民收入和消费支出的影响。

（3）农村居民消费价格指数。它是反映一定时期内农村居民家庭所购买的生活消费品价格和服务项目价格变动趋势及程度的相对数。该指数可以观察农村消费品的零售价格和服务项目价格变动对农村居民收入和生活消费支出的影响。

（4）商品零售价格指数。它是反映一定时期内城乡商品零售价格变动趋势和程度的相对数。商品零售价格的变动与国家的财政收入、市场供需的平衡、消费与积累的比例关系有关。因此，该指数可以从一个侧面对上述经济活动进行观察和分析。

（5）农业生产资料价格指数。它指反映一定时期内农业生产资料价格变动趋势和程度的相对数。其编制目的是了解农业生产中投入物质资料价格的变动状况，服务于国民经济核算。1994 年以前，农业生产资料价格指数仅仅是商品零售价格指数的一个类别，此后，从商品零售价格指数中分离出来，单独编制。

（6）农产品生产价格指数。它是反映一定时期内，农产品生产者出售农产品价格水平变动趋势及幅度的相对数。该指数可以客观反映全国农产品生产价格水平和结构变动情况，满足农业与国民经济核算需要。其中某代表品生产价格指数是通过对全部有出售该产品行为的调查单位的个体指数进行几何平均求得的，类价格指数是通过对其所属的类（或代表品）的价格指数进行加权平均求得的。季度累计价格指数的计算方法与分季指数的计算方法相同。

（7）工业生产者出厂价格指数。它是反映一定时期内全部工业产品出厂价格总水平的变动趋势和程度的相对数，包括工业企业售给本企业以外所有单位的各种产品和直接售给居民用于生活消费的产品。该指数可以观察出厂价格变动对工业总产值及增加值的影响。

（8）工业生产者购进价格指数。它是反映工业企业作为生产投入，而从物资交易市场和能源、原材料生产企业购买原材料、燃料和动力产品时，所支付的价格水平变动趋势和程度的统计指标，是扣除工业企业物质消耗成本中的价格变动影响的重要依据。目前，我国编制的工业生产者购进价格指数所调查的产品包括燃料动力、黑色金属、有色金属、化工、建材等九大类。

（9）固定资产投资价格指数。它是反映一定时期内固定资产投资品及取费项目的价格变动趋势和程度的相对数。固定资产投资额是由建筑安装工程投资完成额、设备工器具购置投资完成额和其他费

用投资完成额三部分组成的。编制固定资产投资价格指数应先分别编制上述三部分投资的价格指数，然后

采用加权算术平均法求出固定资产投资价格总指数。该指数可以准确地反映固定资产投资中涉及的各类投资品和取费项目价格变动趋势和变动幅度，消除按现价计算的固定资产投资指标中的价格变动因素，真实地反映固定资产投资的规模、速度、结构和效益，为国家科学地制定、检查固定资产投资计划并提高宏观调控水平，为完善国民经济核算体系提供科学的、可靠的依据。

资料来源：国家统计局网站。

第二节 通货膨胀的形成机制的理论解释

通货膨胀的形成机制非常复杂。对此，国内外经济学家从不同的角度进行了具体的分析，形成了需求拉上理论、成本推动理论、混合型理论等不同的解释。

一、需求拉上的理论解释

需求拉上理论又称需求拉动型理论，是最早产生的解释通货膨胀成因的理论。这一理论从需求角度分析了通货膨胀的形成机理。提出这个理论的经济学家认为，当社会总需求的增长幅度大于社会总供给的增长幅度时，即“太多的货币追逐太少的商品”时，就会造成物价总水平的持续上涨，从而形成通货膨胀。

假设社会总供给不变，那么需求可以从两方面通过两个途径影响物价水平：一是投资需求的增加，将会增加一国的派生存款[①]，使流通中的货币量倍增，同时，社会消费需求也会随之增加，从而打破商品市场的均衡，出现供不应求的状况，最终导致物价总水平的持续上涨；二是在货币需求量给定、货币供给量增加时，通过乘数作用，将会导致流通中的货币量成倍、大幅度增长，使“太多的货币追逐太少的商品”，从而大幅度提高物价总水平，出现通货膨胀。

需求拉上通货膨胀理论可以用图 13-1 进行解释。

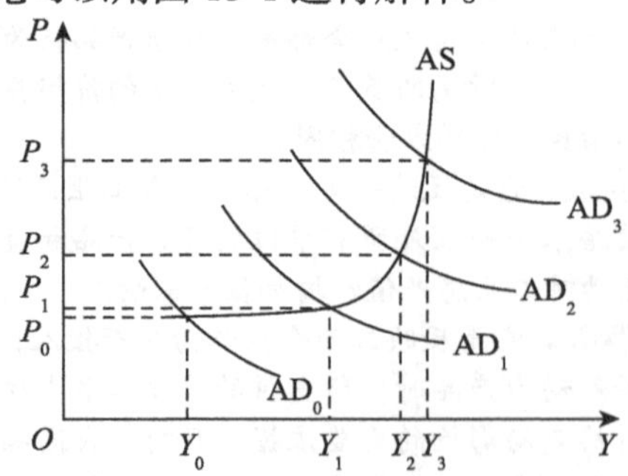

图 13-1 需求拉上型通货膨胀

① 派生存款，是指银行由发放贷款而创造出的存款。派生存款产生的过程就是商业银行吸收存款、发放贷款，最终使用者又将其存入银行，形成新的存款额，最终导致银行体系存款增加的过程。

在图 13-1 中，横轴 Y 代表总产出，纵轴 P 代表物价水平，AS 代表总供给曲线，AD_0 表示最初的总需求曲线。AS 与 AD_0 的交点表示最初的市场达到出清，所对应的价格 P_0 为最初的均衡物价水平，Y_0 为均衡状态下的收入水平。当总需求增加时，需求曲线 AD_0 移动到 AD_1，价格水平从 P_0 上升到 P_1。由于此时社会上的资源（包括机器、劳动力等）没有得到充分利用，依然存在着大量的闲置资源和失业者，这段供给曲线比较平坦，表示供给弹性无限大。此时，收入的大幅度增加只能促使价格水平的小幅度上升。当总需求继续增加，需求曲线继续向上移动至 AD_2 时，收入水平提高到 Y_2，价格水平从 P_1 上升到 P_2。这段供给曲线比较陡峭，斜率较大，表示社会逐步接近充分就业，闲置的社会资源越来越少，总供给的增加潜力也逐步变小。在这一时期，收入增加的幅度越来越小，而即使收入的小幅度增加也会带来价格水平的大幅度上升。可见，此时已经进入凯恩斯所说的"半通货膨胀"状态。当社会需求继续扩张，移动到 AD_3 时，收入水平提高到 Y_3，价格水平从 P_2 上升到 P_3。这段供给曲线变为垂直，意味着社会已经达到充分就业，所有的经济资源也得到充分利用，没有任何闲置资源。产出已经达到最大值，不能再继续增加，收入水平也达到最大，而总需求的变化将会导致价格的大幅度上升。在这一阶段，总需求的变化完全表现为价格的上涨，已经进入凯恩斯所说的"真正的通货膨胀"时期，形成需求拉上的通货膨胀。

按照总需求增加的原因，可将需求拉上的通货膨胀分为三种类型：①自发性需求拉上型通货膨胀，主要是由于自发性总需求的增加而引起的；②诱发性需求拉上型通货膨胀，是指由于诱发性需求增加而使总需求扩张，并导致物价总水平的普遍上涨；③被动性需求拉上型通货膨胀，是指总需求增加的原因是积极的财政政策或扩张性的货币政策的实施。

需求拉上型通货膨胀强调总需求对物价水平的拉动作用，而忽视了总供给的作用，具有一定的片面性。因此，经济学家又从总供给角度研究通货膨胀的形成机制，形成了成本推进理论。

二、成本推进的理论解释

成本推进理论产生于 20 世纪 50 年代后期，不仅从成本角度，而且也从供给的角度解释了通货膨胀的形成，因此又被称为供给性通货膨胀理论。其主要观点是，通货膨胀的根源不是需求的增加，而是生产成本的上升，即使没有总需求的扩张，也会由于生产成本的攀升而引起通货膨胀。这个理论的前提是假设市场上存在垄断。

这个理论认为通货膨胀产生的根源主要有三个：一是工会要求提高工资水平（引起工资成本推进型通货膨胀）；二是垄断企业为了获得高额垄断利润而制定的垄断价格（引起利润推进型通货膨胀）；三是进口原料成本的增加。

在图 13-2 中，横轴 Y 代表总产出，纵轴 P 代表物价水平，AS_0 代表初始的总供给曲线，AD 表示需求曲线，其值固定不变。二者的交点是初始时期的市场均衡点，所对应的价格 P_0 为均衡价格，Y_0 为均衡产出（收入）。当生产成本（包括工资成本和进口原材料成本）提高或利润增加时，总供给曲线将由 AS_0 移动至 AS_1，并形成新的均衡价格 P_1

和均衡产出 Y_1（收入），且 $P_1>P_0$，$Y_1<Y_0$，说明总供给的增加不仅会提高物价总水平，而且会降低居民收入。当生产成本（包括工资成本和进口原材料成本）继续提高或利润继续增加时，总供给曲线将继续向上移动至 AS_2，并与 AD 形成新的均衡点。此时，新的均衡价格和均衡产出分别为 P_2 和 Y_2（收入），且 $P_2>P_1$，$Y_2<Y_1$，成本推进型通货膨胀便产生了。

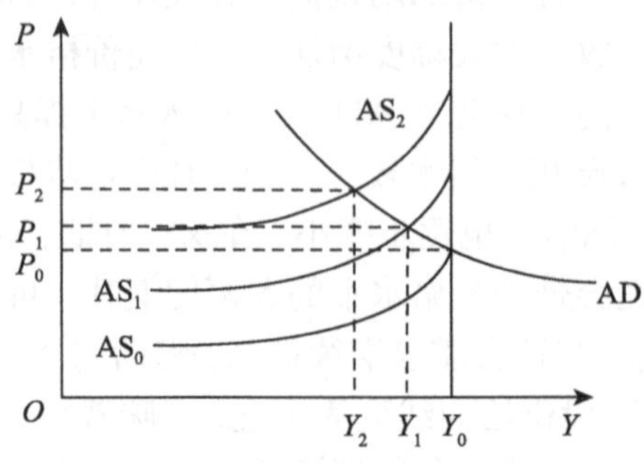

图 13-2 成本推进型通货膨胀

1. 工资成本推进型的通货膨胀理论

该理论的假设条件是劳动市场是不完全竞争市场，工会的力量非常强大。由于劳动力市场是不完全竞争的，工资的增长率不等于劳动生产率的增长率。而工会的力量非常强大，决定了其在工资谈判中的优势地位，从而使工资的增长率大于劳动生产率的增长率。为了维持固定的利润水平，企业会提高产品价格，以抵消由于工资成本的上涨而带来的负面影响。工资推进型的通货膨胀就形成了。在其形成之后，还会引起“工资—物价螺旋式上升”。工资与物价互相推动，形成一种恶性循环，最终会引起较为严重的通货膨胀。奥地利派经济学家 G. 哈伯勒（G. Haberler）就指出：“有组织的劳工要求提高工资（在某些国家，还有有组织的农民要求提高价格）的经常威胁，这就助成了一种趋势，要走向长期的、断续的或不断的、迂回的或急促的通货膨胀。”

虽然货币工资率的提高有可能引起物价水平的上涨，但绝不能一概而论，认为所有货币工资率的提高都会导致工资推进型通货膨胀。在现实生活中，如果货币工资率的增长小于或等于边际劳动生产率的增长，那么工资成本的上升就不会导致通货膨胀。而且，即使货币工资率的增长超过了劳动生产率的增长，如果导致这种现象的原因不是工会，而是劳动力市场对劳动力的过度需求，那么工资成本也不是通货膨胀的产生原因，其原因是需求拉上。

2. 利润推动的通货膨胀理论

该理论的假设前提是商品市场是不完全竞争的，部分行业存在垄断。在这种市场结构中，垄断产品的价格不是由市场供求关系决定，而是由垄断厂商操纵，他们可以自主决定其产品的价格。当生产成本有所上升时，为了维持较高的超额利润，垄断厂商会以此为借口，大幅度提高其产品价格，使产品价格的增长幅度超过劳动生产率的增长速度，并由此引发物价总水平的普遍上涨，形成利润推动的通货膨胀。E. 夏皮罗指出：“寡头企业和垄断企业在追求更大的利润时，经常会提高产品价格，使之超过用以抵消任何成本增加所需……垄断卖主'操纵'价格。在一个大量存在所谓'操纵价格'的经济中，经常会产生利润推进通货膨胀。"

虽然工资推进型通货膨胀和利润推进型通货膨胀分别从不同的角度阐述了成本推进型通货膨胀的形成过程，但概括而言，这两个理论都是探讨了总供给变动对物价水平的影响，并证实了即使不存在需求扩张，也能引起通货膨胀的猜想。

3. 进口性通货膨胀与出口性通货膨胀

工资成本理论与利润推动理论都是从国内供给因素的角度来分析通货膨胀的产生原因的。在现实生活中，尤其是在开放经济条件下，进出口所引起的成本增加也会导致成本推进型通货膨胀。

在开放条件下，一国通常会从国外进口一些国内紧缺的商品或原材料进行加工和生产。当进口商品的价格上涨时，进口企业的生产成本随之增加，为了抵消生产成本对其利润的影响，企业通常会同幅度提高产品价格，形成进口性通货膨胀。例如，2006 年以来粮油价格的持续上涨，使粮油进口国的物价总水平持续上涨，产生进口性通货膨胀。进口性通货膨胀经常会带来滞胀，严重阻碍一国经济的发展。

同样，在开放经济中，如果一国出口迅速扩张，造成国内市场的产品供给不足，会使"太多的货币追逐太少的商品"，并进而导致国内物价水平的持续上升，形成出口性通货膨胀。

三、混合型通货膨胀的理论解释

上面两个理论分别从总需求角度和总供给角度分析了通货膨胀的形成机制，具有一定的片面性和局限性。后来，经济学家意识到这个缺陷，并同时从总需求和总供给的角度，综合分析通货膨胀的产生原因，形成了混合型通货膨胀。

在图 13-3 中，横轴 Y 代表总产出，纵轴 P 代表物价水平，AS_0 代表初始的总供给曲线，AD0 代表初始的需求曲线。AS_0 与 AD_0 的交点决定了最初的均衡产出和均衡价格分别为 Y_0 和 P_0。在收入、积极的财政政策和扩张性的货币政策等因素的综合作用下，社会总需求增加，需求曲线由 AD_0 移动至 AD_1；同时，由于生产成本、垄断利润和进出口成本等诸多因素的影响，社会总供给也增加了，供给曲线由 AS_0 移动至 AS_1。在总需求和总供给的双重作用下，市场均衡价格由 P_0 上升到 P_2。当社会总需求和社会总供给继续扩张时，需求曲线向上移动至 AD_2，供给曲线向上移动至 AS_2，市场均衡价格最终上升到 P_4。在这个过程中，由于社会总需求和总供给的共同作用，物价水平持续上涨，形成了混合型的通货膨胀。

与需求拉上型通货膨胀和成本推进型通货膨胀相比，混合型通货膨胀理论可以较全面地分析通货膨胀的形成。各国实践证明，只有在总需求和总供给的共同作用下，才能形成通货膨胀。因此，对混合型通货膨胀的分析更为全面。

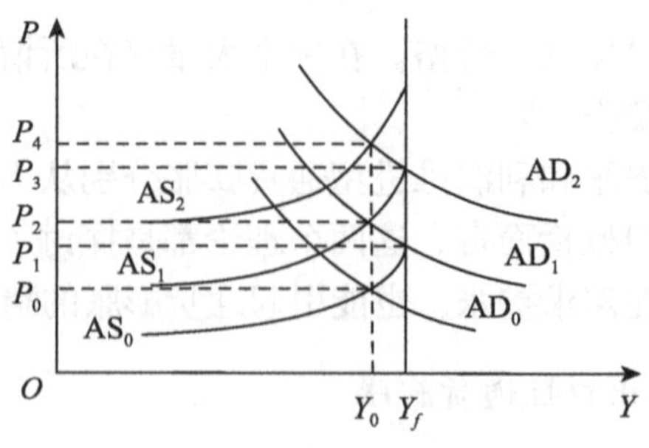

图 13-3 混合型通货膨胀

四、结构型通货膨胀的理论解释

继需求拉上型通货膨胀理论、成本推进型通货膨胀理论和混合型通货膨胀之后，以舒尔茨、斯特里顿和鲍莫尔为代表的经济学家从经济部门的结构方面来分析通货膨胀的成因，形成了结构型通货膨胀理论。他们发现，即使一国经济中的总供给和总需求不变，也会由于经济部门结构方面的因素，使一般物价水平持续上涨，产生“结构型通货膨胀”。这个理论的基本观点是，在一国经济中，当一些产业和部门在需求方面或成本方面发生变动时，往往会通过部门之间的相互比较而传导到其他部门，并导致一般物价水平的普遍上升。

1. 鲍莫尔的不均衡增长模型

该理论的假设为：①经济活动中有两个部门，即先进部门（主要指工业部门）和保守部门（主要是服务部门）；②两个部门的劳动生产率的增长率不同，且先进部门的劳动生产率的增长率大于保守部门；③两个部门的生产函数都是线性的；④两个部门的货币工资增长率是一致的，且货币工资增长率按先进部门的劳动生产率增长。

由于整个经济的货币工资增长率是按先进部门的劳动生产率决定的，对服务部门而言，其货币工资的增长率大于其劳动生产率的增长率。这样，就会给服务部门带来一定的压力，于是，服务部门就采取涨价措施，提高产品的价格。由于整个社会对保守部门的产品（服务）的需求弹性小，而对先进部门的产品（制成品）的需求弹性大，保守部门可以维持其产品的高价格。结果导致整个社会价格总水平的上升，形成结构型通货膨胀。

2. 希克斯–托宾的劳动供给理论

劳动供给理论的主要观点有：①实际工资是由劳资之间的长期契约决定的；②在工资谈判过程中，工人通常以其与某些部门的收入差别为标准，并企图保持这种差距；③短期内由于历史等因素所造成的各部门差别是公平的。

希克斯将整个经济部门分为扩展部门和非扩展部门。在经济繁荣时期，扩展部门对劳动力的需求增加，整个社会的劳动力供给相对不足，并打破了劳动力市场的平衡。在劳动力市场，由于需求曲线的向上移动，扩展部门的工资水平上涨。而扩展部门工资水平的上涨，也使其与非扩展部门的收入差距扩大，引起了非扩展部门工人的不满，要求提高工资水平并得到同意。于是，整个社会的工资水平和工资成本普遍上涨，导致结构型通货膨胀的形成。

与希克斯不同，托宾从劳动力市场结构出发解释了结构型通货膨胀理论的观点。托宾认为，劳动力市场是不完全竞争市场，一旦个别劳动力市场上对劳动力的需求过度，就会导致整个劳动力市场货币工资的普遍上涨，从而产生结构型通货膨胀。

3. 斯堪的纳维亚模型

斯堪的纳维亚模型最初由挪威经济学家 W. 奥克鲁斯特提出，后经瑞典经济学家 G. 埃德格兰、K. 法克森和 C. 奥德纳等修正和补充而成，也被称为北欧模型。该模型在剖析北欧开放型小国通货膨胀的形成原因时，不仅以结构性通货膨胀理论作为理论基础，而且将其与通货膨胀的国际传递机制相结合，因此，又被称为“小国开放通货膨胀模型”。

斯堪的纳维亚模型假设汇率固定不变，国外价格水平为既定。该理论将整个经济部门分为开放部门（用 E 代表）和保守部门（用 S 代表）。两个部门的价格决定方式和生产率的增长速度不同。由于 E 在世界市场上进行交易，其产品价格由世界商品市场的供求关系决定，同时，该部门的生产率的增长速度较高；而 S 部门只能在国内市场进行交易，因此其产品价格由国内商品市场的供求关系决定，且其生产率的增长率较低，低于 E 部门生产率的增长率。

设 E 部门的通货膨胀率为 π_e，世界通货膨胀率为 π_w，S 部门的通货膨胀率为 π_s，国内通货膨胀率为 π_n；E 部门的劳动生产率为 g_e，S 部门的劳动生产率为 g_s，且 $g_e>g_s$；E 部门在整个经济中所占比例为 a_e，S 部门所占比例为 a_s，且 $a_e+a_s=1$。

该国国内通货膨胀率 π 等于两个部门的通货膨胀率的加权平均值，所以有

$$\pi_s = \pi_e a_e + \pi_s a_s \qquad (13\text{-}1)$$

虽然两个部门的货币工资增长率相同，但 S 部门劳动生产率的增长率小于 E 部门，因此，S 部门通货膨胀率大于 E 部门通货膨胀率，其差额等于（g_e-g_s）。所以，S 部门通货膨胀率为

$$\pi = \pi_e + (g_e - g_s) \qquad (13\text{-}2)$$

将式（13-2）代入式（13-1），于是得到

$$\begin{aligned}\pi &= \pi_e a_e + \pi_s a_s \\ &= \pi_e a_e + a_s[\pi_e + (g_e - g_s)]\end{aligned}$$

而在开放经济条件下，

$$\pi_e = \pi_w, \pi_s = \pi_n$$

所以，

$$\begin{aligned}\pi &= \pi_e a_e + a_s[\pi_e + (g_e - g_s)] \\ &= \pi_w a_e + a_s[\pi_w + (g_e - g_s)] \qquad (13\text{-}3) \\ &= \pi_w + a_s(g_e - g_s)\end{aligned}$$

由式（13-3）可以看出，即使社会总需求和总供给是稳定的，也会由于经济结构的

原因，引起通货膨胀。而该国通货膨胀率的高低取决于世界通货膨胀率、各部门在整个经济中所占比例和两部门劳动生产率的差距。

五、货币数量角度的理论解释

早在16世纪中期，法国经济学家波丹就指出，货币数量的增加可以促使物价水平的上涨，并诱发通货膨胀。之后，以弗里德曼为代表的货币主义者也坚持这一观点，并从货币数量的角度解释通货膨胀的形成机制。

货币主义者认为通货膨胀产生的根源是货币数量的增加，因此，通货膨胀是一种货币现象，而货币供给的增长和货币供给的加速可以分别解释通货膨胀率和通货膨胀的加速。

货币数量论解释通货膨胀方面是将货币交易方程作为出发点：

$$MV=Py \tag{13-4}$$

其中，M 为货币供给量；V 为货币流通速度，它被定义为名义收入与货币量之比，即一定时期（如一年）平均一元钱用于购买最终产品与劳务的次数；P 为价格水平；y 为实际收入水平。

方程（13-4）左边 MV 反映是经济中的总支出，而右方的 Py 为名义收入水平，由于经济中对产品与劳务支出的货币额即为产品和劳务的总销售价值，因而方程两边相等。同时对方程（13-4）的变量动态化：

$$\ln P+\ln y=\ln M+\ln V \tag{13-5}$$

对式（13-5）两边求关于时间 t 的微分，并整理可得

$$\frac{\dot{P}}{P}=\frac{\dot{M}}{M}+\frac{\dot{V}}{V}-\frac{\dot{y}}{y} \tag{13-6}$$

若记 $\pi=\frac{\dot{P}}{P},\hat{m}=\frac{\dot{M}}{M},\hat{v}=\frac{\dot{V}}{V},\hat{y}=\frac{\dot{y}}{y}$，则有

$$\pi=\hat{M}+\hat{v}-\hat{y} \tag{13-7}$$

其中，π 为通货膨胀率；$\hat{M}$ 为货币增长率；$\hat{v}$ 为货币流通速度变化率；$\hat{y}$ 为产量增长率。一般来说，货币流通速度不变，则有

$$\pi=\hat{M}-\hat{y} \tag{13-8}$$

式（13-8）表明，通货膨胀等于货币增长减去产量增长率。长期来说，实际产量增长率是个定值，则长期的通货膨胀的变化主要由货币供给的变化来决定。

六、预期理论的解释

该理论主要是从对通货膨胀预期心理作用的角度来分析通货膨胀的形成过程。其基本观点是：在完全竞争的市场条件下，如果社会公众普遍预期一年后的商品价格将高于现在的价格，就会要求提高工资，并竞相购买商品，加快货币的流通速度；同时，为了保证实际利息收入不变，他们就会要求商业银行提高存款利率。这些行动将会引起现期

价格水平的提高，直至其大于等于预期价格，最终形成预期的通货膨胀。西方经济学家对预期如何导致通货膨胀持两种不同的观点：一种观点认为，人们主要根据以往的经验来形成对未来物价水平的预期，这种观点就是“适应性预期假说”；另一种观点则认为，人们主要根据现阶段所提供的各种信息，分析有关变量发展变化的趋势，并形成对未来物价的预期，这种观点就是“理性预期假说”。

适应性预期对通货膨胀的解释认为，人们会根据以往的经验来预期通货膨胀，并根据以往的预期误差来不断修正其预期。

与上述几个通货膨胀理论不同，适应性通货膨胀理论解释了通货膨胀得以持续存在的原因，而不是通货膨胀的产生原因。正是由于预期的存在，即使整个社会中没有诱发通货膨胀的因素，也能使通货膨胀持续存在。但是，适应性预期理论只考虑了过去的实际通货膨胀率这一信息，而忽略了其他信息，这有悖于现实情况。可见，适应性预期理论具有一定的缺陷。

由于适应性预期理论的这些缺陷，一些经济学家对其进行修正，形成了理性预期理论。该理论认为，社会公众在预期通货膨胀时，总是充分利用所有可以获得的信息，包括有关的经济理论和模型、理性的预期通货膨胀率；同时，尽管每期的预期值和实际通货膨胀率之间有一定的误差，但长期内，这些预期值的平均值是稳定的。因此，理性预期学派指出，无论在短期还是长期内，货币供给量的变化只能对通货膨胀率产生影响，而对产量、收入和就业均不会产生任何影响。

对于通货膨胀的形成机制，除了上述五个理论外，一些经济学家还从财政赤字的角度分析了通货膨胀的形成原因，形成了财政赤字理论。该理论认为，当一国政府出现入不敷出的现象时，为了弥补赤字，通常会实施积极的财政政策和扩张性的货币政策。政府常常会采取发行债券的方式实施积极的财政政策，发放对象包括商业银行，而商业银行购买政府债券相当于投放基础货币。同时，扩张性的货币政策也增加了基础货币的发行数量。由货币数量理论可知，这一行为必然引起物价的全面上涨，导致通货膨胀。

相关链接 13-1　中国的双膨胀：通货膨胀与资产价格膨胀

近年来，中国经济增长继续沿着高速平稳的道路前行，但开始出现资产与物价双膨胀的相互演化局面。在物价方面，虽然由于产能过剩，恶性通货膨胀不可能出现，但中国已经进入5%的温和通货膨胀区间。在资产方面，国内投资大幅放缓的可能性不大，股票和房地产等资产价格持续高涨，同时，随着人民币继续升值，以及2008年奥运会的举办，中国的国际化进程将会加速，国际热钱将加速涌入，很可能将进一步高估资产价格。

从国际经验看，伴随着一国本币升值，资产价格从重估到膨胀是非常普遍的现象，但同时伴生通货膨胀的现象却较少，“东亚模式”中更为少见，这主要是由于本币快速升值过程中相应的国际采购成本降低，消费品价格非常平稳。中国则不同，可贸易工业部门的“低加工成本”竞争力在很大程度上是多年来政府干预出来的，如土地、排污、融资、汇率、税收、劳保等低成本，当然还有中国“二元经济结构”决定下的低劳动力成本，这些共同构成了可贸易工业部门低成本的国际竞争优势。中国改革进程实质是一个工业化、城市化与市场化的过程，由于人口红利以及较低的生产成本等因素，加速了中国的工业化和城市化进程，导致价值流很快转到了城市化相关的资产上。在国内财富形成的初级阶段，工业品出口的现金流入支撑着国内资产价格重估。在原有管制条件下，现金流不能参与到资产部门中，而只能积累在银行或海外。当金融管制放松、汇率改革深化，这些“迷失的货币”和国际热钱参与到中国资产重估的过程中，引起资产价格上涨。正是由于汇率升值和城市化的加速发展，资产价格的重估成为一种必然，在中国特有的制度性条件支持下，资产价格开始迅速膨胀，并构成社会成本上升的主要动力。在中国汇率升值和城市化加速发展的过程中，资产重估引致的资产价格膨胀不会局限于资产部门，它正在很快地传导到实体部门，在国际原材料价格上涨的推动下，中国开始直面近十年来罕见的资产和消费物价双膨胀格局。

这主要表现为三个方面的传递效应：首先，汇率升值和城市化进程中资产重估带来的成本传递效应，使可贸易工业部门加工成本的提升速度和潜在上升势头不小。资产重估背景下土地、水、空气、税收、融资成本等不断上升，以及城市生活成本提高、“民工荒”等原因，不断抬高制造业要素投入的成本；近年来全球农产品、原料、石油等基础品价格的快速上涨所带来的负面效应则更明显，它加剧了国内工业部门成本推动型价格上涨。其次，农业部门的成本也不断提高，导致一些农产品价格走高。例如，可贸易工业部门的工资提高对农业部门的工资传递效应，使农民的劳动力投入成本正在逐步向城市打工的基本工资靠拢；生产资料价格和农业生产服务价格的上涨，提高了农产品生产成本；受到国际农产品价格、能源价格的影响，生产成本推动下的农产品价格走高显而易见。最后，受成本推动，第三产业部门的长期“价格压抑”正在逐步释放。服务业潜在的价格上涨不仅仅受到工资成本推动，更重要的是受到土地使用等资产价格上升的成本推动，这一潜在的压力是未来价格上涨的主要推动力。

由于债券市场分割、开放度低，近期资产价格的上升主要表现在股票市场和城市化相关的房地产上，这只是第一次的冲击，即国内制造业所赚取的美元和国际小型流动热钱，国际上大的对冲基金、投行等还没有开始进入。而由于股票和房产等资产部门对货币的吸纳，2005 年以来尽管流动性过剩，通货膨胀当时还不是最大的问题，但到了 2007 年，资产重估对实体经济的影响开始逐步显现，部门间、国家间成本传递的累积效应造成了消费物价的上升。

虽然资产价格的上升理论为生产整合提供了流动性保障，同时也为消费提升做出了贡献，但如果资产价格继续上升，通货膨胀就不会立刻消失。持续的通货膨胀加大了收入分化，影响着消费能力的提升。

资产与物价的双膨胀必然导致实体经济的弱化。在中国汇率升值和城市化加速发展过程中，资产重估引致的资产价格膨胀不会局限于资产部门，它正在很快地传导到实体部门。由于资产重估越来越推高了可贸易工业部门的成本，就会导致国际竞争力下降。近年来，国内经济持续发展积累的财富使得企业有了更多的自由资金。在资产价格高企的背景下，投资结构将会发生变化，实业投资将会下降，虚拟投资将会加大力度。微观主体的行为更多放弃实体走向投机，一些上市公司投资收益占利润总额比重的变化清晰地反映出这一趋势。

资料来源：张平：《“双膨胀”的挑战与宏观经济政策选择》，《新华文摘》，2008年第6期。

相关链接13-2　中国通货膨胀的测度

一般认为，通货膨胀可以从价格和货币数量两个不同的角度进行度量。价格水平在长期中由货币供给量决定，但在短期内货币供给量的变动不能反映价格的实际变动。从货币数量角度看，通货膨胀纯粹是一种货币现象，其测定的通货膨胀率是从实际价格变动中扣除了货币流通速度变动剩余的部分，将货币流通速度变动对价格的影响排除，可以反映出价格管制下隐蔽的通货膨胀，但是货币流通速度的降低在价格由市场决定的情况下显然不是一种隐蔽的通货膨胀。

从价格角度看，中国市场经济已初步形成，商品价格绝大部分由市场决定，市场价格可以充分反映商品供需状况和货币供给状况，也可以反映成本变动状况。因此，目前主要从价格角度测度通货膨胀，主要指标有居民消费价格指数和工业品出厂价格指数。这两种价格指数的调查范围及其“商品篮子”的构成，严格按照国民经济核算体系的分类标准和国际通行规则的要求确定，充分体现了所反映的特定领域价格变动的客观要求。

居民消费价格指数是一个反映居民家庭所购买的消费产品和劳务价格水平变动情况的指标，是通过一组代表性消费品及服务项目随着时间的变动，反映在居民家庭购买消费品及服务价格水平变动情况的相对数（指数的基期数值定为100），在整个国民经济价格体系中具有极为重要的地位。居民消费价格指数度量指定的一篮子消费产品和劳务随着时间的变动，价格发生的变动。调查内容既有城乡居民日常生活需要的各类消费品，也包括与人民生活密切相关的多种服务项目，如水、电、交通、教育、医疗等费用。具体调查内容分为食品、烟酒及用品、衣着、家庭设备用品及服务、医疗保健及个人用品、交通和通信、娱乐教育文化用品及服务、居住八大类。根据按抽样调查原理选中的近12万户城乡居民家庭（其中，城市近5万户，农村近7万户）的消费支出资料，选定了251个基本分类、约700个规格品种的产品和劳务项目，作为我国居民消费价格调查的“商品篮子”，其中不包括投资品和资产项目。在现场采集基础价格资料后，采用国际上通行的方法计算居民消费价格指数。该指数与居民日常生活密切相关，较全面地反映了消费市场价格的变动，具有较强的时效性和国际可比性。因此，在分析和制定货币政策、价格政策、居民消费政策以及进行国民经济核算中发挥着十分重要的作用，国际上通常将其作为反映通货膨胀（或通货紧缩）程度的重要指标。

工业品出厂价格指数是衡量工业企业产品出厂价格变动趋势和变动程度的指数，是反映某一时期生产领域价格变动情况的重要经济指标，也是制定有关经济政策和国民经济核算的重要依据。目前，我国工业品出厂价格指数的调查产品有4 000多种（含规格品9 500多种），覆盖全部工业行业大类，涉及调查种类186个。调查产品是依据工业企业的普查资料和年度统计资料确定的。

资料来源：国家统计局网站。

第三节 通货紧缩及其治理

一、通货紧缩的含义及其度量

通货紧缩是与通货膨胀相对立的一个概念。目前，理论界对于什么是通货紧缩，依然观点不一。西方国家通常认为通货紧缩就是“一段时期内的物价总水平的下降”或“价格总水平的持续下降”。国际清算银行将通货紧缩定义为“一国消费的价格连续两年下降”，即只有当一个国家消费品的价格在最近两年内均连续下降，才表明此时这个国家出现了通货紧缩现象。

虽然对于通货紧缩的定义，目前理论界仍然观点不一，但归纳起来，主要有以下三种观点：一是“单要素”说，认为通货紧缩就是指物价总水平持续下降；二是“两要素说”，认为通货紧缩包括两方面的含义——物价总水平的持续下跌和货币供应量的减少。只有同时满足这两个条件，才可以证明一个国家已经出现了通货紧缩。持这种观点的经济学家和学者认为通货紧缩是一种货币现象。三是“三要素说”。与两要素说不同，三要素说认为，通货紧缩是指物价总水平的下跌、货币供应的减少和经济衰退（或增长放缓）。持“三要素说”观点的经济学家和学者指出，与物价持续下降相伴随的必然是有效需求不足、失业率提高和经济不景气，所以通货紧缩是经济衰退的货币表现。从以上的介绍可以看出，三种观点一致强调物价总水平的持续下降是通货紧缩的一个表现。

在实际生活中，判断一国是否出现通货紧缩，通常主要以通货膨胀率①为主要指标。同时，也可以用货币供应量和经济增长率作为衡量通货紧缩严重程度的辅助指标。在一定时期内，如果通货膨胀率为负值，即物价总水平下降，那么，就可以断定已经出现了通货紧缩。另外，世界各国对于“一定时期”的定义各不相同，我国定义为 1 年。

对于度量通货紧缩的具体统计指标，与通货膨胀一样，世界各国主要采用三个指数——居民消费价格指数、生产价格指数和 GDP 平减指数。

二、通货紧缩的成因

通货紧缩的形成原因很多，归纳起来主要有以下七点：

（1）紧缩性的货币政策和财政政策。一个国家为了抑制通货膨胀，通常会实施紧缩性的货币政策和财政政策，即由该国的中央银行通过在公开市场上发行债券或提高商业银行的法定存款准备金率等货币政策工具，来减少流通中的货币量。同时，财政部门可以通过提高税率、减少政府开支等政策工具来减少流通中的货币量，导致货币供应量不足，加剧商品市场和劳务市场的供求失衡，从而出现物价总水平的普遍下降，即政策紧缩型的通货紧缩。例如，1997 年 10 月，我国商品零售价格指数出现了长期以来的首次

---

① 通货膨胀率，是指一个时期到另一个时期价格水平变动的百分比。用公式表示为 $\pi_t = \frac{P_t - P_{t-1}}{P_{t-1}}$。其中，$\pi_t$ 为 t 时期通货膨胀率；P_t 和 P_{t-1} 分别为 t 期和 t–1 期价格水平。

下跌，一直持续到1999年，中国出现了通货紧缩。

（2）生产力水平的提高和生产成本的降低。技术创新或技术进步使生产效率和生产水平提高，同时，也会降低生产成本，导致成本压低型通货紧缩。

（3）投资和消费的有效需求不足。当经济主体预期实际利率进一步降低或经济走势不佳时，便会减少投资和消费，导致有效需求的不足，使过多的商品追逐过少的货币，导致物价持续下降，从而形成需求拉下型通货紧缩。

（4）信用的紧缩。当商业银行的不良贷款太多时，银行为了控制或减少信贷风险，将会谨慎发放贷款，甚至不愿发放大额贷款，从而出现商业银行“惜贷”或“慎贷”现象，产生信用紧缩，减少社会总需求，引起通货紧缩。

（5）经济周期的变化。当一国经济达到繁荣的高峰阶段时，企业的生产能力大量过剩，商品市场供求失衡，出现供过于求，导致物价普遍下降，产生经济周期型通货紧缩。

（6）本币汇率高估和其他外部因素的冲击。在固定汇率制度下，一国本币汇率高估，一方面会导致出口的减少、进口的增加，恶化了国内企业的处境，导致有效需求的降低，降低物价；另一方面也会造成国际收支逆差，甚至资本的外流，形成外部冲击性的通货紧缩。

（7）体制和制度因素。体制和制度也是形成通货紧缩的主要因素。当一些前社会主义国家实行国有企业改革时，通常会有大量的职工下岗；同时，也使其他在岗职工对未来的收入预期不佳，从而导致社会有效需求的减少，物价下降，形成通货紧缩。

三、通货紧缩的治理

通货紧缩将会抑制或阻碍一国经济的发展，提高失业率，恶化债务人的处境。例如，美国1929~1933年出现了严重的通货紧缩，导致其经济严重衰退，失业率大幅度提高。1997年，当中国首次出现物价的持续、普遍下跌时，中国经济也处于疲软状态。因此，一国当局应该采取以下措施，及时治理通货紧缩。

1. 实施积极的财政政策和扩张性的货币政策，扩大国内投资和消费需求

财政部门可以通过降低税率、增加政府开支等政策工具实施积极的财政政策，一方面可以变相提高社会居民的收入，增加消费的有效需求；另一方面可以增加基础设施的投资和加强技术改造投资，扩大投资需求，促使商品市场的均衡发展，维持物价水平合理、稳定的发展。

同时，中央银行可以通过在公开市场上买回债券或降低商业银行法定存款准备金率等政策工具，实施扩张性的货币政策，向流通领域注入更多的货币，改善和促进货币市场和商品市场的均衡发展，使市场实际物价逐渐靠近均衡物价，并保持物价的稳定，促进经济的良性发展。

由于货币政策的时滞性较强，在治理通货紧缩时，应和财政政策配合使用，其治理效果会更佳。

2. 改进汇率机制，实行真正以市场供求为基础的浮动汇率制度

在浮动汇率制度下，汇率由外汇市场的供求关系决定，而在固定汇率制度下，汇率由一国政府根据其政策目标，综合考虑许多和其发展有关的因素后制定。所以，固定汇率制度下的汇率并不能准确反映外汇市场的供求状况。正如前文所说，当本币汇率高估时，将会阻碍本国经济的发展，并引起通货紧缩。因此，为了治理通货紧缩，一国应该实行以外汇市场供求为基础的浮动汇率制度，由外汇市场的供求关系确定汇率，正确确定本币的汇率，防止本币汇率高估而引起的通货紧缩。

3. 及时和准确地向社会公众披露有关制度和统计信息

由于有关部门不能及时、准确地披露有关制度和统计信息，从而社会公众不能准确地预期未来的收入、物价水平等，增强了其预防动机，并使他们选择持有更多的货币以防不测，从而减少了有效需求，降低了物价水平。因此，应及时、准确地向社会公众披露有关制度和统计信息，使公众做出正确的预期，减少因预防动机而持有的货币量，增加社会的货币供应量和有效需求，有效化解通货紧缩。

➢本章提要

通货膨胀是现代经济生活中的一大经济问题，是指因为总需求、总供给以及社会结构的变动、预期、流通中的货币量过多等因素造成的物价总水平持续上升的过程。通货膨胀的度量有很多，但在现实生活中，通常使用居民消费价格指数、生产价格指数和GDP平减指数三个指数度量通货膨胀程度，即通货膨胀率。通货膨胀的形成原因很多，经济学家分别从总需求、总供给、总需求与总供给混合、社会结构、货币数量和预期等角度分析了通货膨胀的形成机制。

通货紧缩是与通货膨胀相对立的一个概念，是指一般物价水平的持续下跌。与通货膨胀一样，通货紧缩的度量方法也很多，但在实际经济生活中，也主要运用居民消费价格指数、生产价格指数和GDP平减指数三个指数进行度量。通货紧缩的形成原因错综复杂，本章主要从紧缩性的货币政策和财政政策、总需求、经济周期等方面分析了通货紧缩的形成原因，并提出了相应的治理措施。

➢关键概念

通货膨胀（inflation）
需求拉上型通货膨胀（demand-pull inflation）
成本推进型通货膨胀（cost-pull inflation）
结构型通货膨胀（structural inflation）
完全预期的通货膨胀（perfectly anticipated inflation）
不完全预期的通货膨胀（imperfectly anticipated inflation）
公开的通货膨胀（open inflation）
隐蔽的通货膨胀（hidden inflation）
抑制的通货膨胀（repressed inflation）

通货紧缩（deflation）

➤复习思考题

1. 通货膨胀、通货收缩、通货紧缩与滞胀这几个概念有何不同？

2. 简要说明需求拉动的通货膨胀的形成机制。

3. 简要说明成本拉动的通货膨胀的形成机制。

4. 简要说明结构型通货膨胀的形成机制。

5. 若某国价格水平在 2001 年为 107.9，2002 年为 111.5，2003 年为 114.5，则 2002 年和 2003 年的通货膨胀率各是多少？如果以前两年的通货膨胀率平均值作为对第三年通货膨胀率的预期值，则 2004 年的通货膨胀率应该为多少？如果 2004 年的利率为 5%，计算该年的实际利率。

6. 预期的通货膨胀和未预期的通货膨胀有什么联系和区别？它们分别对社会经济产生什么影响？

7. 试评价通货紧缩的社会经济效应，就 1997 年以来中国通货紧缩现象的成因和对策谈谈你的看法。

➤扩展性阅读资料

阿莱 M. 1990. 无通货膨胀的经济增长. 何宝玉，姜忠孝译. 北京：北京经济学院出版社
伯南克 B S，劳巴克 T，米什金 F S 等. 2006. 通货膨胀目标制——国际经验. 孙刚译. 大连：东北财经大学出版社
范从来. 2003. 通货紧缩国际传导机制研究. 北京：人民出版社
弗拉芒 M. 2004. 通货膨胀. 吴知京译. 北京：商务印书馆
弗里德曼 M. 1982. 论通货膨胀. 杨培新译. 北京：中国社会科学出版社
高鸿业. 1990. 现代西方经济学. 北京：经济科学出版社
梁小民. 1993. 西方经济学教程. 北京：中国统计出版社
钱小安. 2000. 通货紧缩论. 北京：商务印书馆
史晋川. 1989. 社会主义经济通货膨胀导论. 上海：上海三联书店
斯蒂格利茨 J E，沃尔什 K E. 2010. 经济学（下）. 第 4 版. 黄险峰，张帆译. 北京：中国人民大学出版社
希林 A G. 2002. 通货紧缩论. 刘锡良译. 成都：西南财经大学出版社
周源. 2007. 通货膨胀背景下的中国供需关系：以 AD-AS 模型为基础. 北京：知识产权出版社

第十四章

经济周期理论

经济发展的历史从来都不是直线式的。一个国家虽然可以享受多年令人兴奋的经济繁荣，但接下来的也许就是一场经济衰退，甚至是一场金融危机。于是，经济的总产出下降，利润和实际收入减少，大批工人失业。当经济衰退逐渐落至谷底，便开始复苏。复苏的步伐可能快也可能慢，有可能恢复不到原先的经济状况，也有可能强劲得足以启动下一轮的经济扩张。简言之，经济在沿着经济发展总体趋势的增长过程中，常常伴随着经济活动的上下波动，且呈现出周期性变动的特征。因此，本章将介绍经济学家对经济周期性波动这一现象的解释。

第一节　经济周期的基本问题

一、经济周期的含义

所谓经济周期，是指经济活动沿着经济发展的总体趋势所经历的有规律的扩展和收缩。关于经济周期（business cycles，又译为商业循环）的含义，有多种不同的说法，其中比较有代表性的解释要数凯恩斯和密切尔。凯恩斯指出，“循环运动是指当经济体系向上前进时，促使其上升的各种力量初则逐渐扩大，相互加强，继而逐渐不支，到某一点时，向下力乃代之而起，向下之力最初也是逐渐扩大，互相加强，发展到极致，又会逐渐衰退，最后也让位于相反的力量”。

美国经济学家密切尔（W. C. Mitchell）认为：经济周期是以商业经济为主的国家总体经济活动的一种波动，一个周期是由很多经济活动的几乎同时扩张，机制已普遍的衰退、收缩与复苏所组成的，而且是重复地出现。

二、经济周期的阶段

一般认为，经济周期是指经济活动沿着经济发展的总体趋势所经历的有规律的扩张和收缩。图 14-1 是一个典型的表示经济周期的曲线图。

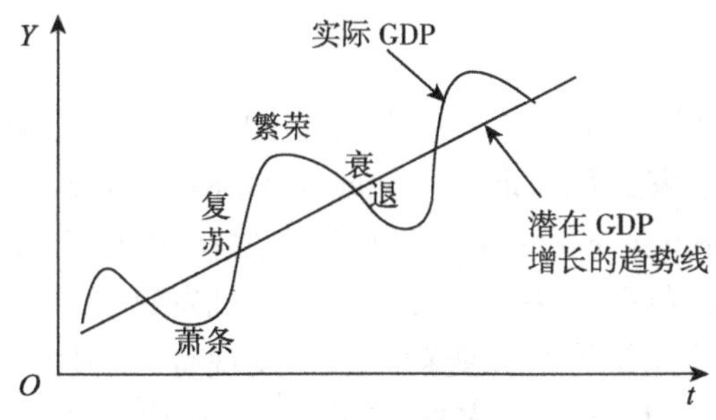

图 14-1　总产出波动的曲线

图 14-1 中，横轴代表经济周期，纵轴代表实际支出，正斜率的直线是经济增长的长期趋势线。由于经济在总体上保持着或多或少的增长，经济增长的长期趋势是正斜率的。实际产出不可能沿着一条直线（即趋势线）增长，而是围绕趋势线上下波动式前进。从实际 GDP 曲线的波谷（或波峰）到紧挨的下一个波谷（或波峰）的区域为一个经济周期。一个经济周期通常分为萧条、复苏、繁荣和衰退四个阶段。在实际 GDP 曲线的波谷部分，实际产出低于潜在产出，意味着经济处于萧条（depression）阶段；在实际 GDP 曲线的波峰部分，实际产出高于潜在产出，意味着经济处于繁荣（prosperity）阶段；从萧条到繁荣的过渡阶段称之为复苏（restoration）；从繁荣到萧条的过渡阶段称之为衰退（regress）。

可以看出经济周期可以分为两个主要阶段，即衰退阶段和扩张阶段。衰退阶段的特征为：

（1）通常消费者购买力急剧下降，同时，汽车和其他耐用品的存货会出人意料地增加。由于厂商会对此做出压缩生产的反应，实际 GDP 会下降。紧随其后，对工厂和设备的企业投资也急剧下降。

（2）对劳动的需求下降。首先是平均每周工作时间减少，其次是被解雇员工的数量和失业率上升。

（3）产出下降，导致通货膨胀步伐放慢。对原材料的需求下降，导致其价格跌落。虽然工资和服务的价格下降的可能性比较小，但在经济衰退期它们的增长趋势会放慢。

（4）企业利润在衰退中急剧下滑。由于预期到这种情况，普通股的价格一般都会下跌。同时，由于对贷款的需求减少，利率在衰退时期一般也会下降。

经济周期扩张阶段的情景是衰退阶段的镜像，上述所有特征正好呈现相反方向的变动。

三、经济周期的类型

西方经济学家根据一个经济周期时间的长短将经济周期分为长周期、中周期和短周期（或称长波、中波和短波）。

1. 长周期

长周期又称长波，是指一个周期长度平均为 50 年左右。最早明确、系统地提出长周期划分的人是苏联经济学家康德拉耶夫（Nikolar D. Kondratiev），因此，长周期又叫作康德拉耶夫周期（Kondratiev cycles）。康德拉耶夫在 1925 年发表的《经济生活中的长波》一文中，根据美国、英国、法国一百多年内的批发物价指数、利息率、工资率、对外贸易量、煤铁产量与消耗量等指标变动特点，发现有一种较长时间的循环，其平均长度大约为 50 年。他认为，从 18 世纪末到 20 世纪 30 年代，出现了三次长期波动。后来，美国经济学家罗斯托(W. W. Rostow)对康德拉耶夫周期又做了进一步的补充和延伸，划分了“大萧条”以后的长周期。

2. 中周期

中周期指一个平均时间长度为 8~10 年的周期。中周期是经济学家很早就注意并提出来的一个问题，具体来说，它是由法国经济学家朱格拉（Clement Juglar）在 1860 年出版的《论法国、英国和美国的商业危机及其发生周期》一书中系统提出来的，故又名朱格拉周期。最初经济学家关注的并不是整个周期，而是衰退阶段所呈现出来的危机（crisis）或恐慌（panic），并且把恐慌当作一个独立的事件来加以研究。朱格拉经过细致的研究后认为：危机或恐慌并不是一种独立现象，而是经济社会不断面临的三个连续阶段之一。这三个阶段是繁荣、危机、清算（liquidation），它们依次反复出现便形成周期现象，其周期平均为 9~10 年。

3. 短周期

短周期指平均时间长度约为 40 个月的周期。它是由美国经济学家基钦（Joseph Kitchin）在 1923 年发表的《经济因素中的周期与倾向》一文中首先提出的，故又称基钦周期。基钦根据美国和英国的详细资料研究发现，经济周期实际上有大周期(major cycle)和小周期（minor cycle）两种。小周期平均时间长度为 40 个月，大周期则是若干小周期的总和，一个大周期可能包括两个或三个小周期。他所说的大周期相当于前面讨论过的中周期。由此看来，一个长周期可能包括若干个中周期，而一个中周期又包括两到三个短周期。

四、经济周期的成因分析

很多经济学家对经济周期做了各种解释，形成了各种经济周期理论。在凯恩斯主义形成以前，具有代表性的主要有以下几种。

1. 消费不足论

消费不足论（under-consumption theory）把萧条产生的原因归结为消费不足。这种理论的早期代表人物是英国经济学家马尔萨斯（Thomas Robert Malthus，1766—1834）和法国经济学家西斯蒙第（J. Simonde de Sismondi，1773—1847），近期代表人物是英国经济学家J. 霍布森。他们认为衰退的原因在于收入中用于储蓄的部分过多，用于消费的部分不足，以致社会对消费品的需求赶不上消费品供给的增长。这种消费不足的根源主要在于收入分配不均所造成的富人储蓄过度，所以，解决经济危机的办法就是实现收入分配的均等化。

从西斯蒙第和马尔萨斯开始，“消费不足论”朝着两个方向发展：一个是从西斯蒙第开始，经洛贝尔图斯、俄国民粹派，最后到激进经济学派，如斯威齐（Paul M. Sweezy），他们共同的特点是从现存的分配关系出发，主张通过“第三者”——国家对收入分配作有利于劳动者的调节，最终解决收入分配不均和消费不足的问题；另一个是从马尔萨斯开始，经凯恩斯和右派的后凯恩斯主义者的继承，发展成现代凯恩斯主义周期理论，他们把提高工资看作对经济稳定的主要威胁。因此，反对调整收入分配结构，建议削减社会福利开支，冻结工资，主张通过政府增加非生产性消费，积极影响投资需求，扩大社会“有效需求”，减轻或消除经济危机。

总之，消费不足论认为消费不足是经济衰退和萧条的根源，主张通过各种手段增加社会有效需求，避免经济周期性波动。

2. 投资过度论

投资过度论可以分为货币投资过度论和非货币投资过度论。二者的主要区别是：货币投资过度论者（如奥地利经济学家F. 哈耶克和L. 米塞斯）认为货币金融当局的信用膨胀政策是引起投资过度扩张和经济繁荣，破坏经济体系均衡，最终导致经济危机或萧条的根本原因；非货币投资过度论者（如瑞典经济学家G. 卡塞尔、威克塞尔，德国经济学家A. 斯皮托夫）着重从生产过程本身解释危机，没有把货币或信用扩张当作引起经济周期波动的最初动因，但是货币信用膨胀是经济扩张的必要条件，货币因素在投资扩张中处于从属的被动地位。

投资过度论认为，新发明、新发现以及新产品市场的开发等因素会引发投资增加。投资的增加首先导致投资品需求增加和投资品价格上升，刺激生产资料和耐用消费品生产部门的扩张，而生产资料生产部门的扩张又进一步刺激投资增加，形成经济繁荣的局面。过度的投资带动资本品（和耐用品）生产部门的快速发展，而消费比较稳定，并没有大幅度增长，生产消费品的产业不可能得到重视，因此，经济扩张时，资本品生产部门的发展超过了消费品生产部门的发展。这种生产结构的失调最终会引起萧条和经济波动。

3. 纯货币危机论

纯货币危机理论（pure money theory）把经济周期看作一种货币现象，认为经济波动是银行货币和信用波动的结果。这一理论由英国经济学家 R. 霍特里提出，主要代表人物是现代货币主义领袖弗里德曼（Milton Friedman）。

弗里德曼认为，货币信用的扩张或收缩起因于国家不正确的货币政策。现代货币主义者认为，私人经济本来具有某种内在的稳定性。当私人经济受到外来冲击时，不免会暂时偏离平衡状态，出现小幅的波动，但它会自我调节，恢复均衡。而凯恩斯主义者主张政府积极地使用财政和货币政策，干预私人经济生活，由于政策干预的时间选择上的错误和货币政策作用的滞后性，政府往往是在经济复苏时实行了扩张的货币政策，在经济衰退时使用了紧缩的货币政策，其结果是“斟酌”使用的货币政策不但没能稳定私人经济，反而推波助澜，使经济波动的幅度更大。

由此看来，纯货币危机理论认为，经济波动纯粹是一种货币现象。货币数量的增减是经济周期性波动的唯一的充分的原因。

4. 创新周期论

1936 年，熊彼特以“创新理论”为基础，对各种周期理论进行了综合分析后提出“创新周期论”。熊彼特认为，经济发展的动力来自于企业家的“创新”。企业家之所以创新，是因为看到了赢利的机会。“创新”的结果又为其他企业开辟了道路，其他企业相继“模仿”，形成“创新浪潮”。创新浪潮的出现造成厂商对银行信用和生产资料的需求膨胀，于是出现经济高涨和繁荣。但是，当“创新”普遍化以后，赢利机会消失，对信用和生产资料的需求减少，经济就不可避免地陷入衰退。如果排除影响经济活动的其他因素，资本主义经济就是由“繁荣”到“衰退”构成的周而复始的过程。

熊彼特认为，每一个长周期包括 6 个中周期，每一个中周期包括 3 个短周期。短周期为 40 个月，中周期为 9~10 年，长周期为 48~60 年。他以重大的创新为标志，划分了 3 个长周期：第一个长周期从 18 世纪 80 年代到 1842 年，是“产业革命时期”；第二个长周期为 1842~1897 年，是“蒸汽和钢铁时期”；第三个长周期从 1897 年开始，是“电气、化学和汽车时期”。在每个长周期中仍有中等创新所引起的波动，这就形成若干个中周期。在每个中周期中还有小创新所引起的波动，形成若干个短周期。总之，无论是长周期的经济波动，还是短周期的经济波动，其根源都在于“创新”活动的周期性。

值得一提的是，熊彼特的技术创新周期论，在沉寂 40 多年后，被普雷斯科特等吸收、发展并模型化，形成了一个新的理论——真实经济周期理论。

5. 心理理论

心理理论认为经济周期波动的原因在于公众心理反应的周期变化，其主要代表人物有英国著名经济学家庇古（Arthur C. Pigou，1877—1959）和凯恩斯（J. M. Keynes，1883—1946）。他们认为，当某种原因刺激了投资活动，引起经济高涨时，资本家对未来的乐观预期一般总会超过理性经济思考下应有的程度，导致过多的投资，形成经济繁荣。当这种过度乐观的情绪所造成的错误被觉察后，又会形成过度悲观的预期，进而导致投资大幅度减少，造成经济萧条。人们心理上的乐观预期和悲观预期的交替出现，导致经济的繁荣和萧条周而复始，形成经济周期性波动。在凯恩斯和庇古看来，人们心理因素的变化是经济周期波动的根源。

相关链接 14-1　凯恩斯的经济周期理论

凯恩斯经济周期理论是从心理因素角度论述经济周期的理论，1936 年由现代英国著名经济学家约翰·梅纳德·凯恩斯在《就业、利息和货币通论》一书中提出。他认为，经济发展必然会出现一种始向上、继向下、再重新向上的周期性运动，并具有明显的规则性，即经济周期。在繁荣、恐慌、萧条、复苏四阶段中，“繁荣”和“恐慌”是经济周期中两个最重要的阶段。在繁荣后期，由于资本家对未来收益作乐观的预期，生产成本逐渐加大或利率上涨，投资增加。但实际上这时已出现了两种情况：一是劳动力和资源渐趋稀缺，价格上涨，使资本品的生产成本不断增大；另一种情况是，随着生产成本增大，资本边际效率下降，利润逐渐降低。但由于资本家过于乐观，仍大量投资，而投机分子也不能对资本的未来收益做出合理的估计，乐观过度，购买过多，使资本边际效率突然崩溃。随即资本家对未来失去信心，造成人们的灵活偏好大增，利率上涨，结果使投资大幅度下降，于是，经济危机就来临了。经济危机后，紧随着经济萧条阶段，此阶段资本家对未来信心不足，资本边际效率难以恢复，银行家和工商界也无力控制市场，因而投资不振，生产萎缩，就业不足，商品存货积压，经济处于不景气状态。随着资本边际效率的逐渐恢复，存货逐渐被吸收，利率降低，投资逐渐增加，经济发展就进入复苏阶段。此阶段资本边际效率完全恢复，投资大量增加，经济又进入繁荣阶段。形成周期性波动的原因主要是资本边际效率的循环性变动，这种变动一般呈现 3~5 年的周期性。主要由三个因素决定：①固定资产寿命和人口增长速度；②过剩存货的保存费；③生产资本使用完毕所需要的时间。

资料来源：丁冰：《当代西方经济学流派》，经济科学出版社，1998 年。

6. 太阳黑子论

太阳黑子论（sun-spot theory）是由英国经济学家杰文斯（William Stanley Jovens，1835—1882）在 1875 年发表的一篇论文中首先提出来的。他根据历史统计资料研究发现：社会经济繁荣的时期，大都是农业丰收的年份，而经济危机常出现在农业严重歉收的年份；1836 年、1847 年、1857 年和 1866 年曾出现经济危机，大约十年一次；根据当时自然科学的发现，太阳每十年半出现一次黑子。杰文斯将两种现象结合起来，创立了太阳黑子说。杰文斯认为，太阳黑子周期性地造成恶劣的气候，使农业收成不好，影响了工商业，从而使整个经济周期性地出现衰退。现代经济学家认为，太阳黑子对农业的影响是极其有限的，农业对整个经济的影响也比较有限。

上述关于经济周期的种种解释，除了太阳黑子论有些太牵强外，其他都从不同角度或多或少地揭示了经济周期性波动的原因。

第二节 乘数-加速数模型

乘数-加速数模型就是运用乘数原理和加速原理交互作用的机制，分析经济周期性波动的理论模型，这一理论模型也被称为“汉森-萨缪尔森模型”。在对经济周期的解释中，凯恩斯主义经济学家把加速原理和乘数论结合起来，以说明投资的变动对经济周期的影响。加速原理表明，随着收入的变化，投资将按着一定的加速数发生重大的变化；而乘数论则表明，一项最初的投资增加量将按照一定的投资乘数使国民收入或总产出发生数倍于投资增量的变化。二者结合所发挥的作用，是构成经济发生向下或向上波动的经济周期的根本原因。

一、乘数原理

乘数是自发总需求的增加所引起的国民收入增加的倍数。凯恩斯在消费倾向的基础上，建立了一个乘数原理。乘数原理的经济含义可以归结为，投资变动给国民收入带来的影响，要比投资变动更大，这种变动往往是投资变动的倍数。通过乘数原理，凯恩斯得到了国民收入（Y）与投资量（I）之间的定量关系，将其经济理论导向经济政策，并指导经济实践。

所谓乘数，是指在一定的边际消费倾向条件下，投资的增加（或减少）可导致国民收入和就业量若干倍地增加（或减少）。收入增量与投资增量之比即为投资乘数。以公式表示为

$$k=\Delta Y/\Delta I。$$

其中，k表示乘数；ΔY表示收入增量；ΔI表示投资增量。同时，由于投资增加而引起的总收入增加中还包括由此而间接引起的消费增量（ΔC）在内，即$\Delta Y=\Delta I+\Delta C$，这使投资乘数的大小与消费倾向有着密切的关系，二者之间的关系可用数学公式推导如下：

$$k=\Delta Y/\Delta I=\Delta Y/(\Delta Y-\Delta C)=1/(1-\Delta C/\Delta Y)=1/(1-\text{MPC}) \quad (14\text{-}1)$$

其中，$\Delta C/\Delta Y$为边际消费倾向MPC。由式（14-1）可见，边际消费倾向越高，投资乘数越大，反之则投资乘数越小。

当社会上各种资源没有得到充分利用，国民经济各部门不存在瓶颈时，经济各部门密切相连，一个部门、产业投资的增加，也会在其他部门引起连锁反应；收入的增加会带来需求的持续增加。这时总需求增加，引起国民收入大幅度的增加；总需求减少，引起国民收入大幅度的减少。

乘数效应包括正反两个方面。当政府投资或公共支出扩大、税收减少时，对国民收入有加倍扩大的作用，从而产生宏观经济的扩张效应。当政府投资或公共支出削减、税收增加时，对国民收入有加倍收缩的作用，从而产生宏观经济的紧缩效应。乘数效应包括以下类型：

（1）投资或公共支出乘数效应。它是指投资或政府公共支出变动引起的社会总需求变动对国民收入增加或减少的影响程度。一个部门或企业的投资支出会转化为其他部门

的收入，这个部门把得到的收入再扣除储蓄后用于消费或投资，又会转化为另外一个部门的收入。如此循环下去，就会导致国民收入以投资或支出的倍数递增。以上道理同样适用于投资的减少。投资的减少将导致国民收入以投资的倍数递减。公共支出乘数的作用原理与投资乘数相同。

（2）税收乘数效应。它是指税收的增加或减少对国民收入减少或增加的程度。由于增加了税收，消费需求和投资需求就会下降。一个部门收入的下降又会引起另一个部门收入的下降，如此循环下去，国民收入就会以税收增加的倍数下降，这时税收乘数为负值。相反，由于减少了税收，私人消费和投资增加，从而通过乘数影响使国民收入增加更多，这时税收乘数为正值。一般来说，税收乘数小于投资乘数和政府公共支出乘数。

（3）预算平衡乘数效应。预算平衡乘数效应指的是这样一种情况：当政府支出的扩大与税收的增加相等时，国民收入的扩大正好等于政府支出的扩大量或税收的增加量，当政府支出减少与税收的减少相等时，国民收入的缩小正好等于政府支出的减少量或税收的减少量。

二、加速数原理

乘数（multiplier）原理是用来说明投资变动对国民收入的影响。它表明当投资增加时，国民收入成倍增加；当投资下降时，国民收入则成倍下降。各个宏观经济总量是相互联系、相互制约的，不仅投资变化对收入有影响，而且收入变化也会影响到投资，而加速原理则说明国民收入变动对投资的影响。

由总量生产函数可知，在生产技术一定的条件下，总产出的增长有赖于生产要素（即资本、劳动等）投入的增加。也就是说，国民收入的增加需要相应地增加资本，而资本存量的变动来源于投资。由此可知，国民收入的变动必然带来投资的变动，换句话说，投资（I）是国民收入增量（ΔY）的函数。

我们通常用ΔK_t代表第t期资本增量，它等于第t期的净投资I_t，即

$$I_t=\Delta K_t=K_t-K_{t-1} \tag{14-2}$$

其中，K_t为第t期的资本存量；K_{t-1}为第$t-1$期的资本存量。

第t期的总产出或国民收入的增量（ΔY_t）等于本期的国民收入（Y_t）与上一期国民收入（Y_{t-1}）之差。用公式表示为

$$\Delta Y_t=Y_t-Y_{t-1} \tag{14-3}$$

平均每增加一个单位产量所需增加的资本存量叫作加速数（accelerator）。若用a表示，则加速数a等于资本增量和产出增量的比率。用公式表示如下：

$$a=\frac{\Delta K_t}{\Delta Y_t}=\frac{I_t}{\Delta Y_t} \tag{14-4}$$

根据式（14-3）、式（14-4）可得投资与总产出之间的关系式：

$$I_t=a\Delta Y_t=a(Y_t-Y_{t-1}) \tag{14-5}$$

式（14-4）表明，净投资是国民收入增量的函数。如果加速系数a保持不变，则本

期的净投资与本期国民收入增量成正比。假定 a=4，若要增加 200 元的产量，则需要增加 800 元的资本。在加速系数为 4 的情况下，资本增加量是产出增加量的 4 倍。如果国民收入增量保持不变，则净投资额也不变；如果国民收入增量上升，则投资加速上升；反之，若国民收入增量下降，则投资加速下降①。

总投资（total investment）等于净投资与重置投资（或更新投资）之和，即

$$第\ t\ 期的总投资=a(Y_t-Y_{t-1})+第\ t\ 期的折旧$$

如果加速数 a 为大于 1 的常数，那么资本存量所需要的增加必须超过产量的增加。应当指出，加速原理发生作用的前提条件是：①资本存量得到了充分利用；②生产技术不变；③加速系数 a（即增量的资本产出比）固定不变。

三、乘数与加速数的相互作用

乘数原理和加速数原理告诉我们，国民收入和投资之间是相互影响的。这种联系意味着任何局部的或单方面的外来冲击都有可能传递到整个国民经济体系，造成整个国民经济的波动和周期性的循环。显然，在乘数原理和加速数原理所描述的宏观经济体系中，投资变动处于冲击波传递机制的核心。

假设某种新发现或发明的出现使投资增长，投资增加又会通过乘数作用带动国民收入增加。当收入增加时，人们会购买更多的产品和劳务，从而使整个社会的产品和劳务销售量增加，即国民收入增加。通过上面所说的加速数作用，企业销售额的增加会促进投资额以更快的速度增长，而投资的增长又促使国民收入增长以及销售量再次上升。如此循环往复，国民收入不断增大，投资不断扩大，并且二者相互加强。于是，整个社会进入经济周期的扩张阶段。

然而，在短期内，社会资源是有限的，经济不可能无限扩张，收入的增长迟早会达到资源所能容许的峰顶（peak）。一旦经济达到经济周期的峰顶，收入便不再增大，从而销售量也不再增长。根据加速原理或方程式（14-5）可知，一旦销售量停止增长，投资就会下降为零。由乘数原理可知，当投资下降时，国民收入会成倍减少，销售量也因之而减少。又根据加速数原理，销售量的减少使得投资进一步减少，而投资的下降又使得国民收入进一步下降。如此循环往复，投资和国民收入会持续下降，这样，社会经济便进入经济周期的衰退阶段。收入的持续下降使社会最终达到经济周期的谷底（trough）。在经济运行的低谷时期，由于企业不进行投资或负投资，资本设备逐年减少，资本存量最终会下降到与当时国民收入相适应的水平。此时，虽然新增投资不会很多，甚至没有，但是总有部分企业会进行必要的更新投资。由于边际消费倾向始终大于零，一旦投资有所增加，就会出现乘数效应和加速效应的连锁反应，收入与投资将不断上升，整个经济将随之逐步复苏，便开始一个新的经济周期。

---

① 根据式（14-4），相对于国民收入增量求一阶导数，得 $\frac{dI_t}{d\Delta Y_t}=a$。若 a>1，则 dI_t>$d\Delta Y_t$。也就是说，投资变动的幅度大于国民收入增量的变动幅度。

第三节　经济周期理论的新进展

一、政治经济周期理论

政治经济周期理论的早期倡导者是波兰经济学家卡莱茨基。卡莱茨基指出，在资本主义社会，由于政治的原因，企业主总会反对通过政府干预经济以实现和保持充分就业。因此，政府反经济周期的政策将是这样的：在失业较多的萧条阶段，当政府借助财政赤字来刺激经济，使经济转向复苏以后，就企图把就业推向更高的水平，企业主和食利阶层将以赤字的财政违背“健全的财政”为借口，反对继续刺激生产和就业。这样，尽管经济还没有达到充分就业，政府会转而采取紧缩性的政策，这将导致生产下降失业增多，因而资本主义的经济发展将由于政治的原因而表现为繁荣与萧条交替更迭的经济循环。

卡莱茨基还指出，尽管较多的工人就业和充分利用生产设备，利润也会较多，但大企业也会反对政府旨在实现并保持充分就业的政策措施，其主要原因是：①政府干预经济会使大企业感到它们丧失了一些控制社会经济的权力，它们害怕政府干预经济的扩展会逐渐蚕食自由企业制度；②在大企业看来，“失业后备军”的存在是经理们有效管理工人所必需的。总之，卡莱茨基是从资本主义国家的政策总是代表大企业的利益这一观点出发，预言第二次世界大战后的经济周期并不会因为有了凯恩斯的药方而消除。卡莱茨基指出，在第二次世界大战以后，与西方经济学家们普遍担心的问题（长期萧条和失业）正好相反，由于长期推行凯恩斯需求管理的财政政策和货币政策，经济周期发生了很大的变化。危机频繁，周期很短（平均 4 年左右），并且每一次经济扩张转向紧缩和衰退都是因为政府有计划采取的政策措施而制造出来的。

总之，卡莱茨基的政治周期理论是用政府交替运用紧缩性和扩张性政策调节经济生活，来解释经济周期性的变化。他认为政府企图维持经济的稳定实际上却造成了经济的不稳定。为了实现充分就业，政府实行扩张性的财政政策和金融政策，结果会带来财政赤字和通货膨胀，这样，政府在政治上要受到人们的责问和反对。于是政府不得不转而实行紧缩性政策，人为制造经济衰退与停滞，这样又会引起人民的不满，政府又会重新实行扩张性政策，从而又导致通货膨胀。这就是国家干预经济所造成的政治的经济周期，其根源在于充分就业和物价稳定这两个政策目标之间存在矛盾，而且很难协调。正如萨缪尔森所言，“总之，混合经济制度本身会产生出由于政府主动制止和推进经济而造成的新类型的周期——这并不是由于政府官员和他们的经济顾问愚蠢，而是由于充分就业和价格稳定之间存在着基本的矛盾”。

现代的政治周期理论进一步认为，政府交替实行扩张性政策和紧缩性政策的结果，造成了扩张和衰退的交替出现。例如，一些经济学家用西方国家总统选举和政党轮替来解释政治性经济周期。他们认为，政府为了当选或连任，往往在大选年份到来之前采取扩张的经济政策，刺激经济增长，增加就业机会，人为地制造经济繁荣的局面，以争取更多的选票。可是，大选过后，新当选的总统往往采取紧缩的宏观经济政策，造成经济衰退，并把经济困难的责任推卸给自己的前任，为以后自己竞选连任留下经济空间。总之，与总统选举相联系的扩张性和紧缩性政策的交替使用是经济周期产生的又一个重要根源。

●专栏 14-1　中国的经济周期

现代机器大工业的产生及其所特有的物质技术关系，是产生经济周期波动的最根本的、具有物质性和本源性的条件。我国自 1953 年开始大规模的经济建设，因此自进入工业化进程以来，也就开始了经济的周期波动这一现代工业特有的生活过程。

图 14-2 中的曲线为 1953~1995 年中国经济增长率的波动曲线，横轴为年份，纵轴为经济增长率（%）。这条曲线记录了 43 年中国民经济在增长中的波动轨迹。

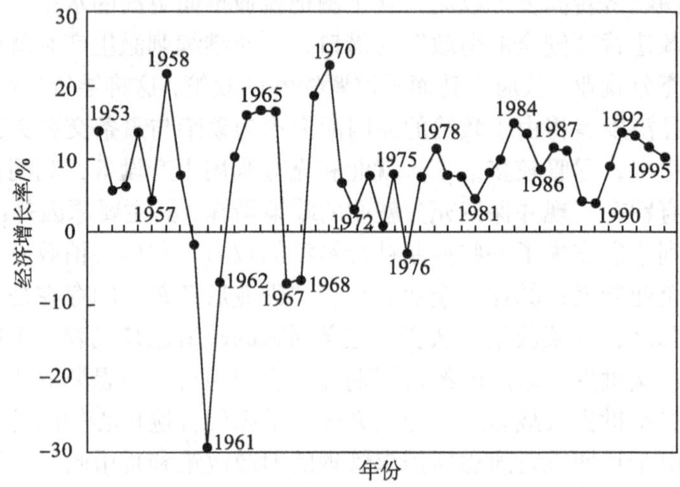

图 14-2　中国经济增长率的波动曲线

对图 14-2 稍作加工，在若干波谷年份处，画出几条虚线，就可以看出每一阶段的扩张与交替、波峰与波谷（图 14-3）。周期有长有短，4~6 年都有，平均 5 年。没有绝对的规律，但显示出相对的规律性。

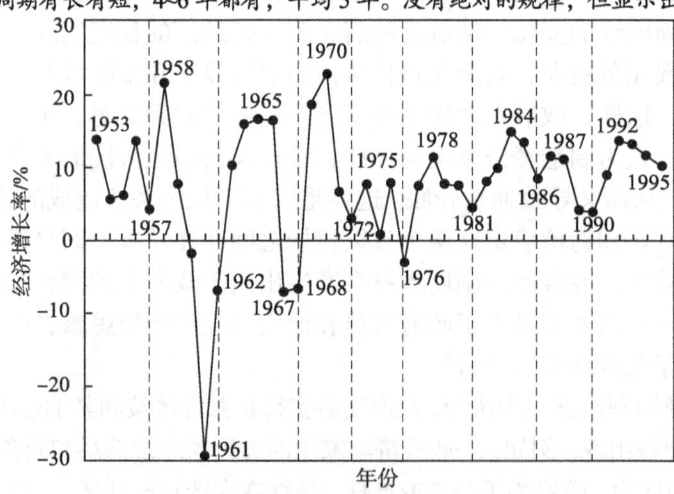

图 14-3　中国经济增长率波动的周期规律性

从图 14-3 中看到，中国经济在 43 年中的波动共呈现出 9 个周期。第 1 个周期：1953~1957 年，历时 5 年；第 2 个周期：1958~1962 年，历时 5 年；第 3 个周期：1963~1968 年，历时 6 年；第 4 个周期：

1969~1972 年，历时 4 年；第 5 个周期：1973~1976 年，历时 4 年；第 6 个周期：1977~1981 年，历时 5 年；第 7 个周期：1982~1986 年，历时 5 年；第 8 个周期：1987~1990 年，历时 4 年；第 9 个周期：1991~1995 年，历时 5 年，尚未结束。

资料来源：刘树成：《中国经济波动的新阶段》，上海远东出版社，1996 年。

●专栏 14-2 痛苦指数

公众对通货膨胀和失业都不喜欢。试图计量失业与通货膨胀的政治效应的一种方式，叫作痛苦指数。它是通货膨胀率与失业率的总和：

$$痛苦指数=u+\pi$$

政治性经济周期理论的一种观点认为，如果痛苦指数水平低或正在下降，则执政党政绩卓著；如果痛苦指数高或正在上升，则执政党的政绩很差。图 14-4 显示了美国的痛苦指数与执政党总统候选人得票的百分比。

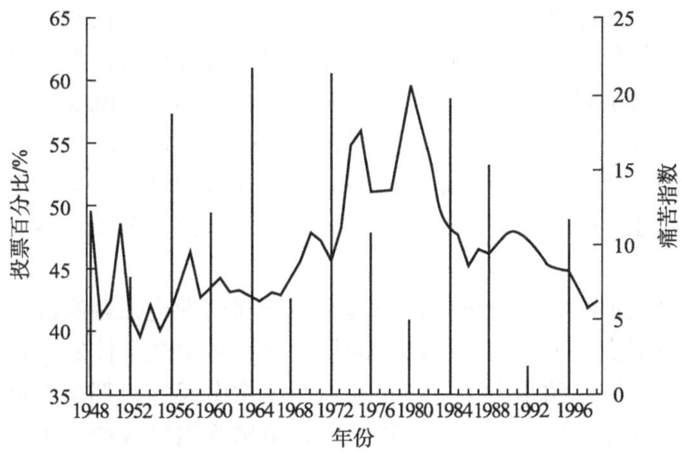

图 14-4 痛苦指数与现任总统得票百分比

图 14-4 代表的数据表示痛苦指数变动与执政党的运气之间有微弱的反向关系，但正如从该图中所得到的那样，这种关系的证据很难说是充分的。部分原因是很多的其他因素也会迫使选民做出决定。此外，选民也许不是同等地衡量通货膨胀与失业——就像痛苦指数的含义不明确一样。

资料来源：转引自多恩布什 R、费希尔 S、斯塔兹 R：《宏观经济学》（第 7 版），范家骧等译，中国人民大学出版社，2000 年。

二、真实经济周期理论

真实经济周期理论（the real-business-cycles theory，通常简称为 RBC 模型）对传统总需求波动理论进行修正，是新古典宏观经济学（new classical macroeconomics）在经济周期理论方面的新发展。它是在卢卡斯等的理性预期理论的基础上，经过普雷斯科特（E. Prescott）、基德兰德（F. Kydland）等经济学家的努力下成为一个系统的理论体系，是目前现代宏观经济学中最具挑战性的一个前沿领域。

（一）意外冲击与鲁滨孙经济

鲁滨孙·克鲁索是一部世界著名的探险小说《鲁滨孙漂流记》（*Robinson Crusoe*）中的主人公。由于鲁滨孙在荒岛上的行为构成了一个最简单的经济模型，他的行为选择也就是一个所谓的鲁滨孙经济。许多经济学家认为，鲁滨孙·克鲁索所处的环境虽然简单而特殊，但本身具有很高的经济学分析价值。荒岛上的鲁滨孙为了生存，就需要食物，假定这些食物便是鱼。为了捕鱼，需要制作捕鱼工具。鲁滨孙制作捕鱼工具可以看作他在进行投资，制作工具和捕鱼过程就是生产过程，如果计算鲁滨孙经济中的 GDP，只需要将捕获的鱼与制作的工具乘以相应的价格（一种虚拟的价格）后加总即可。而吃鱼就是一个消费过程，除此以外，鲁滨孙还可以有闲暇（如在海滩上享受阳光和在海滨游泳）的选择。作为一个理性的经济人，鲁滨孙一定会在自然环境的限制下，选择他自认为最合理的投资、生产、消费和闲暇，这便构成了一个最简单的宏观经济模型。

鲁滨孙经济与现实经济一样，肯定会遇到一些突发事件，这时，鲁滨孙的行为一定会做出相应调整。例如，某一段时间，一群大鱼恰好游过荒岛，那么鲁滨孙一定会减少闲暇时间，连续进行捕鱼活动。这样一来，一方面鲁滨孙的“就业”（劳动时间）增加了，另一方面他的捕鱼产量也提高了。显然，这段时间里，鲁滨孙经济处于繁荣阶段。再假设另一段时间，荒岛遇到连续暴雨袭击，鲁滨孙只能待在自搭的茅屋中休息。这段时间，鲁滨孙的就业、生产和制作工具都将大大下降，鲁滨孙经济由此进入衰退和萧条阶段。

通过上面对鲁滨孙经济的分析，说明真实经济周期理论强调经济行为人的目的是在现行资源约束条件下实现个人效用或利益的最大化，从微观个体的理性行为推导出集体总量的行为方程，经济波动是由实实在在的自然因素引起的，都是由鲁滨孙面对自然环境变化而做出合理选择的结果，与名义货币量、价格等因素统统无关。因此这一理论具有坚实的微观基础。

真实经济周期理论认为，现实社会中的经济波动与鲁滨孙经济的波动并无本质差异，突然发生的外部冲击同样会改变就业、产量和投资水平，使经济出现波动。例如，伊拉克战争和 2004 年的印度洋海啸，都会导致相关国家产生经济波动。

（二）技术冲击

基德兰德和普雷斯科特等经济学家认为，在所有的意外冲击中，技术冲击是造成经济周期的最主要因素。由于技术冲击具有随机性，经济波动也呈现出随机性特征。当生产技术进步时，产量就会增加，经济趋于繁荣；当生产技术退步时，产出就会减少，经济开始进入衰退。

真实经济周期理论在解释意外冲击对经济的影响时，与其他经济周期理论相比较，具有重要区别：真实经济周期理论认为，意外冲击是通过影响供给，从而产生经济波动，并且对经济的影响将是长期的，如技术进步使得投入（劳动和资本）转化为产出的能力提高，即通过对供给的冲击，导致经济波动。并且技术冲击对供给的影响将是长期存在的，这种影响不会随着时间的推移而有所变化，除非发生新的技术冲击。其他经济周期理论，如新古典宏观经济学认为名义变量（如货币等）的异常变化（冲击）导致需求的变化。但是，由名义变量异常变化造成的需求变化是难以持久的，一旦名义变量异常变动停止，经济就会反向变化，从而产生经济周期。

（三）技术冲击的持久影响

技术冲击会产生持久作用，是真实经济周期理论与其他经济周期理论的重要区别之一。因此真实经济周期理论的一个重要内容，就是解释技术冲击为什么会对就业和产出持续多年地影响。真实经济周期理论把资本与劳动力等投入品转化为产品和劳务产出的生产能力称为生产技术水平。显然，当生产技术得以改进，产出就会增加，在劳动力存在跨期替代时，会进一步带来更多的就业。

其中的关键在于劳动供给的跨期替代。所谓劳动供给的跨期替代是指在不同阶段、不同时期劳动供给量的配置。实际上，任何经济周期理论都必须回答人们为什么会在不同时期提供不同的劳动量。真实经济周期理论认为，工资短暂变化的劳动供给具有较大弹性。人们更加关注自己总的劳动报酬，但并不在意什么时候提供劳动，即劳动具有跨期替代的性质。

通过以上分析可以看出，劳动供给的跨期替代从理论上成功地解释了在经济周期波动中，伴随着工资的暂时变动，出现了劳动供给的变化，从而使产量出现了巨大波动。需要注意的是，按照真实经济周期理论，劳动供给的跨期替代并不意味着劳动供给对工资的持续变化也具有较高弹性。在工资持续变动的过程中，劳动供给对工资持续变动的反应就不会像工资短暂变化那样灵敏，即劳动供给对工资的持续变动弹性可能很小。

（四）货币中性和政策无效

货币中性，是指货币供给变化不会对产出、就业等实际变量产生任何影响，只会改变价格水平。通过上面的分析可以看出，正如鲁滨孙经济中，货币未扮演任何角色一样，真实经济周期理论认为货币并不会对产出和就业等实际经济变量产生任何影响，它是完全中性的。在坚持货币中性这一点上，真实经济周期理论与理性预期学派的观点是一致的。许多经济学家，如新凯恩斯主义者等，对于货币中性的观念提出了尖锐批评。他们从经验分析得出的结论恰恰相反。真实经济周期理论对此的回应是，批评者颠倒了货币与产出的因果关系。

真实经济周期理论坚持，既然货币供给量内生于经济系统本身，货币是中性的，那么政府当局刻意运用所谓货币政策干预经济，不但是完全没有必要的，反而可能对实际经济有害。经济波动在很大程度上体现了经济活动基本趋势本身的波动，而不是围绕不变的基本趋势的波动。也就是说，经济周期不是对经济均衡的偏离，而是经济均衡本身发生了暂时波动。因此，政府花费大量成本，采取各种宏观经济政策措施，试图稳定经济，不但是没有必要的，而且可能干扰经济系统对技术冲击应有的合理反应，从而损害经济运行。

（五）对真实经济周期理论的三点评价

第一，综合前面的分析，我们发现真实经济周期理论就是通过个人对工作与消费的最优化决策和厂商的生产最优化决策来模型化宏观经济。该模型实际上是实际周期理论建立的许多非线性动态模型的一个简单形式。

第二，真实经济周期理论不重视名义波动和货币的作用，强调实际冲击（如技术冲击、政府购买冲击）等实际因素变动对经济波动的决定作用。

第三，真实经济周期理论总是尽力识别可在微观经济研究中测度的参数，闲暇的跨期替代就是一个典型的例子。不过，测度这些参数得到的结论并非总是有利于真实经济周期理论的。

三、新凯恩斯的经济周期理论

总体来看，有不少经济学家对实际经济周期理论持怀疑态度，他们倾向于认为短期的经济波动反映了经济活动对自然变动比率的偏离。这些偏离的产生是因为工资与价格的调整十分缓慢，从而无法迅速地对经济活动施加影响。新凯恩斯理论认为，总需求的波动才是短期经济波动的诱因。那么，价格刚性究竟是怎么一回事呢？为了回答这样的问题，新凯恩斯主义者试图对短期价格调整背后的微观原理进行审视，从而将传统的波动理论建立在更为严格的理论基础上。

（一）价格调整的成本和总需求外部性

导致短期内价格无法立即做出调整的一个原因是价格调整需要一定的成本。例如，为了改变报价，一个公司可能需要向它的客户送出新的价目表，并让它的销售人员熟悉新价格。对于一家餐厅来说，可能还需印新菜单。经济学家将这些价格调整的成本称为菜单成本，它的存在决定了公司不会不断地进行价格调整，而只会间断性地这样做。

对于菜单成本能否解释短期价格刚性，经济学家的意见并不一致。持怀疑态度的人认为菜单成本通常很小，怎么能用如此之小的成本来解释给社会造成巨大损失的衰退呢？支持者则认为，小并不意味着不重要，尽管菜单成本对单个公司来说很小，却可以对整个经济造成很大影响。他们认为，要理解价格的调整为什么缓慢，必须认识到价格调整的外部性：一个公司降价可以使其他公司受益。一个公司的降价将轻微地降低整体的价格水平，进而提高实际货币的供给水平。这意味着总收入的增加，相当于 LM 曲线的外移。于是，对所有公司产品的需求增加。这种单个公司价格调整影响对所有公司产品需求的宏观经济冲击被称为总需求外部性。

由于这种总需求外部性，小小的菜单成本将导致价格刚性，而价格刚性可以给整个社会造成巨大的损失。例如，对于一个原先定价过高的公司而言，决定是否降价需要对降价带来的收益和成本进行比较。通过降价，可以提高销量和利润，当然也需承担菜单成本。在存在菜单成本时，只要销量和利润的提高不足以弥补菜单成本，这家公司就会维持价格不变，而不会考虑其降价行为给整个社会带来的益处。因此，刚性的价格常常是单个价格制定者的最优选择，尽管它对整个经济来说并非可取。

（二）工资和价格的交错设定

经济活动中的主体并不是在同一时间进行价格调整的，整个经济中的全部工资和价格调整是交错发生的。这种交错使工资和价格的整体调整显得非常缓慢，即使在个体工资和价格频繁变动时也是这样。

我们先假定，在一开始价格制定是同步的，每个公司都在每月的第一天调整它的价格。如果在某月的 10 日，货币供应和总需求突然上升，那么从这一天到月底的产出将高于此前的十天，因为价格在当月是保持不变的。但到下一个月初，作为对总需求上升的反应，所有的公司都会提高价格，经济高涨结束。我们再来考察价格交错调整的情况。假定一半公司是在 1 日调价，另一半公司则在 15 日调价。这样，当货币需求在 1 日出现上升时，一半的公司就可以在 15 日提价。但它们可能不会将价格提高太多，因为在另一半公司价格保持不变的情况下，过分的提价将导致在竞争中占下风。如果这些公司仅仅略为提高价格的话，到下月 1 日时，另一半公司出于同样的考虑，也只会对其价格进行微调，而不是大幅涨价。在这种机制的作用下，价格水平的变动将是一个缓慢的过程。也就是说，交错造成价格水平的黏性，因为没有哪个公司愿意充当大幅涨价的“罪魁祸首”。

交错同样会影响工资的决定。比方说，当货币供应下降时，总需求相应减少，这时需要名义工资水平的相应降低以维持充分就业。如果所有其他人的工资都要降低的话，名义工资的降低就可以被每一个工人接受。但每个工人都不愿做第一个被减薪的人，因为这至少会暂时地带来相对工资的下降。由于设定工资水平的过程也是交错的，单个工人在率先减薪方面的迟疑拖延了整体工资水平对总需求变化的反应，即个人工资的交错设定导致了总体工资水平的刚性。

（三）协调失败引发的衰退

一些新凯恩斯主义经济学家认为，衰退来自于某种协调的失败。当一个社会无法取得一个可行的、为所有人认可的产出水平时，从某种角度来说，社会成员之间就出现了协调失败。协调问题可以产生于工资与价格的制定过程中，因为每个制定者都必须预计其他制定者的行为。进行工资谈判的工会会就其他工会可能达到的工资水平进行攀比，公司在定价时也会考虑其他公司的报价。

我们用一个简化的两公司模型来说明这个问题。假定宏观经济中仅有两家公司 A 和 B，当货币供应出现下降后，每家公司都得在利润最大化的目标下决定是否降价。但每家公司的利润都不仅仅取决于其自身的定价选择，还要受另一家公司定价选择的影响。表14-1 显示了两家公司分别面临的选择及其利润的决定。如果两家公司都不降价，实际货币均衡就比较低，进而引发衰退，每家公司都仅得到 25 元利润。如果两家公司都降价，实际货币均衡的升高就会避免衰退的发生，它们将分别得到 50 元利润。尽管每家公司都希望避免衰退的发生，但它们均无法通过自身的努力做到这一点。如果其中的一家公司降价而另一家不降的话，衰退仍将发生，降价的公司将只得到 20 元利润，另一家公司则得到 25 元利润。这一模型的精髓在于每家公司的选择都会影响另一家公司收益的决定。当一家公司降价时，另一家公司的处境就得到改善，因为另一家公司因此而避开了进一步恶化。这种一家公司降价给另一家公司带来利润的效应，同样来自于一种总需求外部性。

表 14-1　两公司协调模型

公司 A 的选择 / 公司 B 的选择	降价	不降
降价	公司 A 利润：50 元 公司 B 利润：50 元	公司 A 利润：25 元 公司 B 利润：20 元
不降	公司 A 利润：20 元 公司 B 利润：25 元	公司 A 利润：25 元 公司 B 利润：25 元

那么，这个经济体最终将得出怎样的结果呢？如果两家公司都预计对方会降价，它们就会同时选择降价，这样就会达成两家公司均得到 50 元利润的最优结果；但如果两家公司都预计对方不会降价，它们就会选择维持原价，这时得到的是各 25 元利润的次优结果。这两种结果都是有可能发生的，经济学家将之称为多边均衡。其中的后者，即次优结果，就是协调失败的一个例子。如果两家公司进行很好的协调，它们可以共同降价，从而取得最优结果。但在现实经济活动中，协调通常是十分困难的，因为进行价格制定的公司太多。这个模型告诉我们，价格刚性来源于人们对价格刚性的预期，尽管它对大家都没有好处。

➤本章提要

所谓经济周期（又称商业循环），是指经济活动沿着经济发展的总体趋势所经历的有规律的扩展和收缩。经济周期大体上会经历四个阶段，即繁荣、衰退、萧条和复苏。

经济周期分为平均长度为 50~70 年的长周期、平均长度为 8~10 年的中周期和平均长度为 40 个月左右的短周期。在众多非凯恩斯主义的经济周期理论中，比较有名的有以下几种理论：①消费不足理论；②投资过度理论；③纯货币危机论；④创新周期论；⑤心理理论；⑥太阳黑子论。

在凯恩斯主义的经济周期理论中，乘数–加速数模型是一个有代表性和影响性的模型。该模型试图把外部因素和内部因素结合起来分析，通过对乘数机制和加速机制的相互作用对经济周期做出解释的同时，特别强调投资变动的因素。目前学术界关于经济周期具有代表性的理论为政治经济周期理论、真实经济周期理论和新凯恩斯的经济周期理论。

经济周期理论的新进展主要表现为：政治周期理论和真实经济周期理论。政治周期理论是用政府交替运用紧缩性和扩张性政策调节经济生活，来解释经济的周期性变化。

真实经济周期理论认为技术冲击是造成经济周期的最主要因素。由于技术冲击具有随机性，经济波动也呈现出随机性特征。

➤关键概念

经济周期（business cycle）
经济波动（economic fluctuation）
乘数–加速数理论（multiplier-accelerator theory）
真实经济周期（real-business-circle）
多边均衡（multiple equilibrium）

➤复习思考题

1. 试述乘数–加速数原理，并用这一原理来解释经济周期波动的形成。
2. 如何评价真实周期理论?
3. 何谓经济周期? 经济周期有哪些阶段?
4. 实际经济周期理论是如何解释就业波动的? 根据实际经济周期理论，暂时的技术冲击和永久性的技术冲击分别会对经济产生什么影响?
5. 单个企业工资和价格的缓慢调整是如何引起整个经济价格刚性的?

➤扩展性阅读资料

巴罗 R J. 1997. 现代经济周期理论. 方松英译. 北京：商务印书馆
陈继勇. 2004. 美国新经济周期与中美经贸关系. 武汉：武汉大学出版社
杜辉. 2007. 中国经济周期探索 50 年. 大连：大连理工大学出版社
国际货币基金组织. 2008. 全球经济中的溢出效应与经济周期. 北京：中国金融出版社
胡永刚. 2002. 当代西方经济周期理论. 上海：上海财经大学出版社
黄险峰. 2003. 真实经济周期理论. 北京：中国人民大学出版社
黄亚钧. 2005. 宏观经济学. 第 2 版. 北京：高等教育出版社
加比希 G，洛伦费 W. 1993. 经济周期理论：方法和概念通论. 薛玉炜，高建强译. 上海：上海三联书店
卡莱茨基 M. 1989. 社会主义经济增长导论. 符钢战译. 上海：上海三联书店
林兆木. 2008. 经济周期与宏观调控. 北京：人民出版社
刘树成. 2005. 经济周期与宏观调控. 北京：社会科学文献出版社
刘树成. 2007. 中国经济周期报告. 北京：社会科学文献出版社
卢卡斯 Jr R E. 2000. 经济周期理论研究. 朱善利译. 北京：商务印书馆
宋玉华. 2007. 世界经济周期理论与实证研究. 北京：商务印书馆

第十五章

宏观经济政策

宏观经济政策是指政府有意识、有计划地运用一定的政策工具，调节控制宏观经济运行，以达到一定目标的政策。针对宏观经济运行中存在的问题，政府宏观经济政策的主要目标包括充分就业、物价稳定、经济增长与国际收支平衡。实现上述目标，主要通过国家的财政政策与货币政策来影响总需求水平及其构成；在通货膨胀与失业并发的情况下，还应当借助人力资本政策等作为财政政策与货币政策的补充。本章第一节介绍政府的宏观经济行为；第二节讨论宏观经济政策的作用机制；第三节讨论宏观经济政策的争论。我们将特别阐述宏观经济财政政策、货币政策、人力资本政策以及各种政策之间的相互协调问题。

第一节　政府的宏观经济行为

一、政府的储蓄、投资和借贷

政府的储蓄、投资和借贷对国民总储蓄和投资具有重要的影响，掌握宏观经济政策的作用、机制与意义，首先需要理解政府的宏观经济行为。

与家庭收入主要来自自己生产的产品（Q）不同，政府大部分收入来自于税收。这些税收可分为三大类：第一，个人和公司的所得税，包括工资收入的社会保障税；第二，支出税，包括销售税、消费税和进口关税；第三，财产税，包括对房屋建筑、农村居住用地和遗产所征收的各种税。

政府支出包括政府购买和政府转移支付等。政府的税收减少了可支配收入，而转移支付对消费需求的作用与税收恰恰相反，它增加了家庭的可支配收入。

按照宏观经济学中广义的储蓄概念，政府部门也作为储蓄人的一部分。政府部门的资金收付活动是通过财政的收入和支出进行的，政府储蓄就是财政收入与财政支出的差额，即财政节余。若财政收入大于财政支出，就称财政盈余为正储蓄；若财政收入小于财政支出，就称财政预算赤字为负储蓄[①]。用公式表达，当政府购买等于净税收，即 $G=T$ 时，政府预算平衡；当 $G>T$ 时，政府的支出超过收入，存在预算赤字；反之，当 $G<T$ 时，政府存在预算盈余。

1. 政府的储蓄、投资和借贷间的相互关系

假定政府向家庭和企业征收一次性总额税 T，也就是说，该税收与收入和支出无关，它只会影响家庭和企业的总收入，并不直接影响其投资和生产等决策行为。当政府的支出与收入不等时，政府就会像私有部门一样借款或贷款。假设 B^g 是政府的净金融资产存量，其随时间变化关系如下：

$$B^g=B_{-1}^g+rB_{-1}^g+T-(G+I^g) \tag{15-1}$$

其中，r 为利息率；T 为扣除转移支付后的税收；G 为政府的消费支出；I^g 为政府的投资支出。该式表明：

即期期末政府资产=前期期末政府资产+资产利息

+政府税收–政府消费和投资支出

假设政府净债务为 D^g，政府净债务是负金融资产，所以 $D^g=-B^g$，即

$$D^g=-B^g=D_{-1}^g+rD_{-1}^g+G+I^g-T$$

变形得

$$D^g-D_{-1}^g=G+rD_{-1}^g+I^g-T \tag{15-2}$$

等式左边是政府净债务的变化量（$D^g-D_{-1}^g$），右边是预算赤字或负储蓄（DEF），所以政府净债务变化量等于预算赤字，从而预算赤字的增加会导致政府债务的增长。

假定 D^g 全部为私人部门所有，政府完全依靠向私人部门借债来为其财政赤字融资。由于政府储蓄（S^g）是收入（$T-rD_{-1}^g$）与消费 G 之间的差额，即 $S^g=(T-rD_{-1}^g)-G$，与式（15-2）连立，可以推导出政府储蓄、投资和借贷之间的关系为

$$\text{DEF}=D^g-D_{-1}^g=I^g-S^g \tag{15-3}$$

即预算赤字等于投资减去储蓄；而预算盈余是预算赤字的相反值，它等于储蓄减去投资。

2. 政府的储蓄、投资和借贷行为的作用

政府的储蓄、投资和借贷行为会对均衡收入水平产生影响。例如，比例收入税减少了消费者从每增加 1 单位收入中所获得的可支配收入的部分，它对均衡收入的作用与降低消费倾向对均衡收入的作用相同；而政府购买和转移支付类似于自发支出增加，从而对均衡的收入产生作用。

具体地，以政府购买为例，假定政府购买增加 ΔG，见图 15-1，横轴为产出 Y，纵轴为计划支出 E。首先，政府购买增加 ΔG 后，计划支出线由 E_0 向上平行移动 ΔG 单位至 E_1，在新的均衡点 B 处，均衡国民收入也随之从 Y_0 增加至 Y_1，显示了政府购买对于总需求的扩大效应。

---

① 李伟民. 金融大辞典（卷三）. 哈尔滨：黑龙江人民出版社，2002.

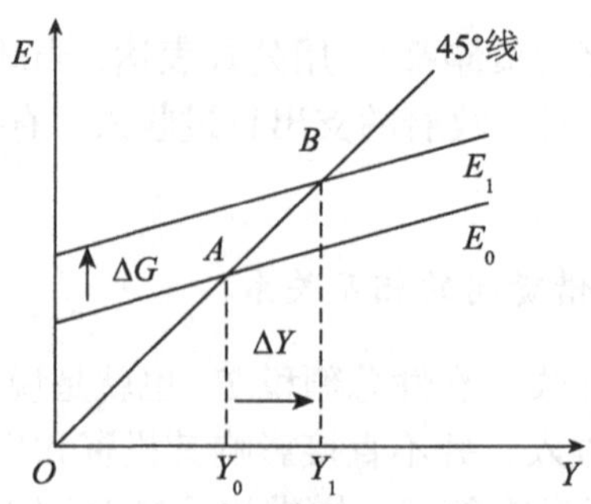

图 15-1 增加政府购买的作用

其次，因为政府购买增加后引起国民收入的增加，随之也增加了派生支出，因此均衡的国民收入的增量等于自生支出的增量加上派生支出的增量，要大于原先的自生支出增量，所以总收入的增量ΔY大于政府购买的增量ΔG。

可见，政府购买增加对于国民收入具有放大效应，即“乘数效应”。乘数效应表明，在总需求不足的情况下，政府只需启动微小的政策变量，就可以对总需求的扩张产生较大的影响；但乘数效应也是一把“双刃剑”，即在政府购买减少的情况下，总支出和总收入也会同样成倍地减少。

二、私人部门和公共部门的相互作用

（一）政府部门对家庭预算约束的影响

根据弗里德曼的持久收入（permanent income）消费模型，政府部门（公共部门）可以通过税收对家庭（私人部门）跨期预算约束产生影响，从而直接影响家庭的最优选择行为。

在两期模型下，包含税收的家庭的预算约束为

$$C_1+\frac{C_2}{(1+r)}=(Q_1-T_1)+\left(\frac{Q_2-T_2}{1+r}\right) \tag{15-4}$$

其中，C_1、C_2分别为第一期和第二期的消费；Q_1、Q_2分别为第一期和第二期的家庭收入；T_1和T_2分别为第一期和第二期的税收；R为利息率。显然，政府的财政政策通过T_1和T_2的变化可以影响消费的时间路径（time path）并影响消费者的最优选择。

（二）挤出效应

1. 挤出效应的一般含义

挤出效应（crowding out effect）是指伴随公共支出的增加直接提高了总需求和总收入，在货币供给不变的情况下使利率上升，增加私人投资的成本，进而出现的私人支出下降。

2. 挤出效应分析

如前所述，由于利率下降增加了投资支出，从而提高了产品市场均衡时的总需求和产量水平，IS 曲线向下倾斜；财政政策的变化会导致 IS 曲线移动，其中财政扩张会导致 IS 曲线向右方移动。如图 15-2 所示，横坐标为产出 Y，纵坐标为利率 r。扩张财政政策对会对国民收入 Y 和利率 r 产生影响。

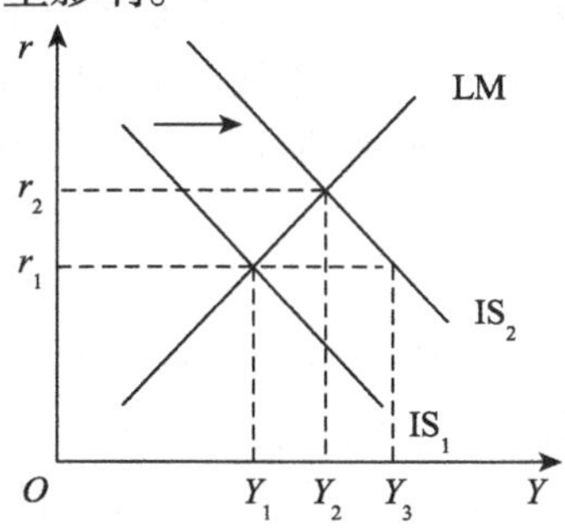

图 15-2　挤出效应

IS-LM 模型初始均衡点为（r_1，Y_1），增加政府购买、转移支付或减税时，IS_1 右移至 IS_2，并与 LM 相交于新的均衡点（r_2，Y_2），最终结果是利率水平提高，收入增加。可见，扩张财政政策会增加国民收入。

比较新均衡点与初始的均衡点可以发现，IS-LM 模型中政府购买对于收入扩大的乘数效应（Y_1 到 Y_2）小于国民收入决定模型中政府购买对于收入扩大的乘数效应（Y_1 到 Y_3）。

收入之所以上升到 Y_2，而不是 Y_3，是因为利率从 r_1 上升到 r_2 降低了投资支出水平。也就是政府支出增加挤出了投资支出，存在着挤出效应，即政府购买增加而使利率上升，从而导致出现私人投资成本上升、私人投资下降的现象。挤出效应的大小会直接影响到财政政策的效果。

挤出效应的过程如下：政府购买增加→商品市场上购买竞争加剧→导致可用于投机目的的货币量 L_2 减少→债券价格下跌→利率上升→投资减少，从而政府购买增加挤出了私人投资。

3. 挤出效应的影响因素

挤出效应的大小取决于 IS 曲线和 LM 曲线的斜率以及乘数的大小。一般来说，LM 曲线越平坦，收入增加就越多而利率上升就越少；IS 曲线越平坦，收入增加就越少而利率上升也越少。例如，投资的利率弹性代表投资对于利率的敏感程度，投资的利率弹性越小，利率上升引发的挤出效应就越小；乘数越大 IS 曲线水平移动的幅度越大，收入和利率就都有较大幅度的增加。在以上情形下，当政府支出上升时，利率上升的幅度就越大，挤出效应就越明显。

三、李嘉图等价

征税和发行国债是政府筹措收入的两种主要方式，这两种方式对社会经济将产生何种影响，经济学家们历来对此观点不一、争论不休。李嘉图（David Ricardo）认为，这两种做法对经济的影响是等价的；美国经济学家罗伯特·巴罗（Robert Barro）在 1974 年发表的论文《政府债券是净财富吗》中进一步阐述了李嘉图的这种观点[①]。

1. 假设条件

第一，消费者是理性和向前看的，他们意识到今天的减税意味着未来更重的债务负担；第二，消费者并不会遇到约束性的借贷制约，他们根据一生的收入安排消费；第三，消费者关心子孙后代，会通过留遗产来抵消减税给子孙后代造成的更重的税收负担。

2. 李嘉图等价的内容

政府债务相当于未来税收，并且如果消费者是前瞻的，未来税收等价于现在的税收。在一定条件下，税收路径在实践过程中的变化（如现在减税、未来增税；或反之）不影响家庭的消费，从而也不影响一国储蓄、投资或经常项目。

李嘉图等价用数学表述为

私人部门预算约束：$C_1+\dfrac{C_2}{(1+r)}=(Q_1-T_1)+\left(\dfrac{Q_2-T_2}{1+r}\right)$

政府部门预算约束：$G_1+I_1^g+\dfrac{G_2+I_2^g}{(1+r)}=T_1+\dfrac{T_2}{(1+r)}+\dfrac{D_2^g}{(1+r)}$ （15-5）

其中，第一和第二时期的政府消费分别为 G_1 和 G_2；政府投资分别为 I_1^g 和 I_2^g，政府第二个时期的债务为 D_2^g 给定的情况。也就是说，在两期模型中，在各个时期的政府消费（G_1 和 G_2）、政府投资（I_1^g 和 I_2^g）以及第二个时期的债务（D_2^g）给定的情况下，税收的现值就确定了。如果 $T_1+\dfrac{T_2}{1+r}$ 保持不变，那么 T_1 和 T_2 的变化对家庭的跨时期预算约束就没有影响，即消费的时间路径（C_1 和 C_2）并不取决于税收的时间路径（T_1 和 T_2）。

3. 李嘉图等价的逻辑

李嘉图等价的基本逻辑是用债务筹资的减税并不影响消费。一方面，从消费角度，人力财富并没有因最初的减税受到影响，因为消费者意识到当年更低的税收会被下一年更高的税收完全抵消；另一方面，从储蓄角度，私人储蓄的增加对应于公共储蓄的减少，从而总储蓄不变，投资者面对的总金额将不受影响。随着时间的推移，政府预算约束机制将导致政府债务增加，但这一增加并没有带来资本积累的增加。

4. 李嘉图等价的有效性

李嘉图等价命题的成立与否取决于消费者的预期。此外消费者的决策不仅取决于当前的收入也取决于未来的收入，当未来税收增加时间的不确定性增强时，李嘉图等价可能失效。

---

① 关于李嘉图等价的详细内容还可以参考以下书籍：范金、朱强、王艳的《中级宏观经济学》，第 107-111 页；孔爱国的《高级宏观经济学教程》，第 298-304 页；戴维·罗默的《高级宏观经济学》，第 86-95 页。

实证检验几乎不支持李嘉图等价，其原因是多样的。首先，公共部门可能比家庭具有更长的借债视角，从而当期的家庭会将减税看作意外收获，减税将增加消费、减少国民储蓄。其次，家庭可能受到流动性约束的影响而不能自由借贷；或者家庭目光短浅，不考虑子孙后代的幸福；又或者家庭无法确定其未来收入水平，当前减税能使私人消费增加。最后，当税收不是一次性总额税时，李嘉图等价也会受到削弱。

第二节 宏观经济政策的作用机制

一、宏观经济政策的目标

政府干预宏观经济，首先必须明确所需达到的宏观经济目标。

政府对经济生活的干预主要是为了矫正市场失灵，用“看得见的手”来弥补“看不见的手”的不足，解决市场自由运作的非效率性、非公平性与不稳定性。

一方面，针对市场的非效率性，主要靠政府制定各种法律法规，如反垄断法、反污染法、反不正当竞争法及兴建灯塔、水利水电设施等来解决；针对市场运作的不公平性，主要通过实行收入再分配措施，如收入和财产累进税制、实行收入支付计划等来解决。这两类问题的解决具有一定的长期性，相应的宏观经济政策目标主要涉及资源最优配置、收入均等化、环境保护等。

另一方面，由于宏观经济运行的不稳定性具有普遍性，通货膨胀、失业、低增长和高债务问题困扰着许多国家的经济发展，政府有必要经常性地对经济中的失衡与不稳定性进行干预，形成一个微调机制，努力熨平经济周期，实现经济的稳定与持续增长。具体的目标包括以下几种：

（1）充分就业。这一目标有两方面含义：一是指除了摩擦性失业和自愿性失业之外，所有愿意接受各种现行工资的人都能找到工作的一种经济状态，即消除了非自愿失业；二是指包括劳动在内的各种生产要素，都按其愿意接受的价格，全部用于生产的一种经济状态，即所有资源都得到充分利用。

（2）物价稳定。物价稳定是指物价总水平的稳定。一般用价格指数来衡量一般价格水平的变化。价格指数又分为居民消费价格指数、生产价格指数和 GDP 平减指数三种。物价稳定并不是指通货膨胀率为零，而是允许保持一个低而稳定的通货膨胀率，在相当时期内能使通货膨胀率维持在大致相等的水平上。

（3）经济增长。经济增长是指在一个特定时期内经济社会所生产的人均产量和人均收入的持续增长。通常用一定时期内实际国民生产总值年均增长率来衡量。经济增长会增加社会福利，但并不是增长率越高越好。

（4）国际收支平衡。这一目标不是机械地使一国在国际收支账户上经常收支和资本收支相抵，或者消极地防止汇率波动、外汇储备不正常变动，外汇储备变动，而是指在汇率稳定的基础上，外汇储备适度，进出口平衡。

二、宏观经济政策的类型及其工具

一旦确定了宏观经济目标，政府就可以明确能够采用的政策工具。经济生活中常见的三大宏观经济政策，包括宏观经济财政政策、货币政策和人力资本政策。前两者主要是调节总需求的经济政策，能够通过"需求管理"治理单纯的通货膨胀或经济衰退；在通货膨胀与失业并发（滞胀）的情况下，需要辅助其他政策，其中，人力资本政策从总供给角度，影响总供给与个别生产要素的供给，从而保证宏观经济运行的稳定。

（一）财政政策

财政政策（fiscal policy）是指政府变动税收和支出以便影响总需求进而影响就业和国民收入，达到稳定国民经济目标的政策。其中，变动税收指改变税率和税率结构，变动政府支出指改变政府对产品和劳务的购买支出以及转移支付。在凯恩斯主义出现以前，财政政策主要影响的是收入分配，现代经济中财政政策是宏观经济管理特别是需求管理的重要工具。

1. 财政政策原则与调控手段

关于财政政策的原则，比较有影响的观点主要有三种：

第一，预算平衡原则。亚当·斯密在《国富论》中指出政府应该厉行节约、量入为出，每年预算都要保持平衡，认为政府赤字是计划不周造成的，会影响社会资金的投入，为后代带来负担；供应学派提出了现代预算平衡原则，他们提出一方面通过减税刺激供给增加，另一方面通过减少政府开支谋求预算平衡，以此来控制通货膨胀。

第二，周期平衡的财政预算原则。这是对原先年度平衡预算原则——要求每个财政年度的收支平衡（20 世纪 30 年代大危机前采用）的改进，周期平衡预算是指政府在一个经济周期中保持平衡，在经济衰退时实行扩张政策，有意安排预算赤字，在繁荣时期实行紧缩政策，有意安排预算盈余，以繁荣时的盈余弥补衰退时的赤字，使整个周期的盈余和赤字相抵而实现预算平衡。这种思想在理论上似乎非常完整，但实行起来非常困难。这是因为在一个预算周期内，很难准确估计繁荣与衰退的时间与程度，二者不会相等，因此连预算也难以事先确定，从而周期预算也难以实现。

第三，充分就业平衡预算原则，又称功能财政思想。其是指政府应当使支出保持在充分就业条件下所能达到的净税收水平。不能机械地用财政预算收支平衡的观点来对待预算赤字和预算盈余，而应从反经济周期的需求来利用预算赤字和预算盈余。当国民收入低于充分就业的收入水平时，政府有义务实行扩张性财政政策，增加支出或减少税收，以实现充分就业；如果起初存在财政盈余，则政府有责任减少盈余甚至不惜出现赤字，坚定地实行扩张政策，反之亦然。

在实践中，为了实现促进经济发展和充分就业的目标，政府财政政策的主要内容包括政府税收和支出，主要运用国家预算、财政支出、税收、财政补贴和公债等财政手段。

2. 自动稳定器

自动稳定器（automatic stabilizers）是指在对税收和财政支出做出一定制度安排的前提下，财政对社会经济具有内在的自动稳定的功能。

财政的自动稳定功能主要通过两方面来实现：

第一，自动调整税收①。在现代税制中，所得税有着重要地位。因为所得税具有固定的起征点和累进的税率，当经济繁荣特别是过热时，均衡国民收入增加，不仅有更多的人进入交纳所得税的行列，还有许多人将按更高的税率交税。其结果是，税收自动增加，并且税收的增幅还会超过居民收入的增长幅度，即抑制总需求的进一步扩张，使经济增长降温。假设经济衰退，情形正好相反，由于居民税后可支配收入减少的幅度小于总收入下降的幅度，自然对经济下降趋势有一定的遏制作用。公司或企业所得税的作用机制与个人所得税类似。

第二，财政转移支付的自动增减。在经济繁荣时期，税收自动增加，同时由于失业人数和需要救济的人数减少，政府转移支付减少，这会抑制消费和投资的过快增长，有助于遏制需求进一步膨胀；而一旦经济萧条，失去工作的人可立即从政府得到收入（失业救济金），以维持一定的消费需求，政府转移支付增加，这就能抑制消费和投资的过度减少，有助于减轻社会经济进一步下滑的程度。其他福利支出因经济波动而自动增减也有内在的反周期、促稳定的作用。

财政的内在稳定器作用的大小，取决于税收结构、转移支付结构及其水平。在边际消费倾向一定的条件下，边际税率越高，稳定经济的作用越大。例如，假设边际消费倾向为 0.8，当税率为 0.1 时，则增加 1 美元投资就会使总需求增加 3.57 美元 $\left[1\times\frac{1}{1-0.8\times(1-0.1)}=3.57\right]$；若税率增至 0.25 时，则增加 1 美元投资只会使总需求增加 2.5 美元 $\left[1\times\frac{1}{1-0.8\times(1-0.25)}=2.5\right]$。可见税率越高，自发投资冲击带来的总需求波动越小，说明自动稳定作用越大。

但由于政府税收和转移支付自动调整的幅度不大，从总体看，财政政策工具“自动稳定器”的作用很有限。它只能减轻经济萧条或通货膨胀的程度，并不能改变经济萧条或通货膨胀的总趋势。

（二）货币政策

货币政策（monetary policy）是指国家根据既定经济发展目标，通过中央银行运用其政策工具，调节货币供应量和利率，以影响宏观经济活动水平的政策。货币政策的作用曾经一度被忽视，但近年来其在现代宏观经济中的作用不断加强，许多经济学家主张货币政策与财政政策同样重要，应双管齐下，共同促进经济繁荣。宏观货币政策的目的是

① 关于降低一次性税收与降低税率的作用，建议参考邹薇的《宏观经济学》（中国社会科学出版社，2000 年版，第 49 页图 4-7）。

在萧条时期扩大货币供应量，降低利息率，刺激总需求；在通货膨胀时期缩小货币供应量，提高利息率，抑制总需求。除了宏观政策调控的主要目标外，货币政策还有其特殊的目标，包括稳定金融秩序，防止大规模银行倒闭与金融恐慌；稳定利率，防止利率大幅度波动引起经济秩序混乱等。

中央银行的货币政策工具主要有公开市场操作、准备金要求、调整再贴现率、道义劝导和窗口指导等。

（1）公开市场操作（open market operations）。所谓公开市场操作，是指中央银行在金融市场上买进或卖出政府债券，直接增加或减少基础货币以调节货币供应量。例如，在萧条时期，中央银行买进政府债券，把货币投入市场，出售债券的企业和居民得到货币，把这些货币存入商业银行，通过货币乘数的作用使市场上流通的货币量更大规模地增加，从而降低利息率，刺激总需求的扩大。它是中央银行稳定经济最常使用和最灵活的政策手段。

（2）准备金要求（reserve requirement）。准备金要求是指银行必须持有的、与可开支票的存款成比例的、最低数量的准备金。中央银行可通过提高或降低法定准备金率来降低或提高货币乘数，从而在基础货币不变时影响派生存款量。准备金要求的增加，将迫使银行为增加其准备金而采取激烈的措施，如收回已放出的贷款，所以被认为是强有力的政策手段，但由于影响太强烈而不经常使用。

（3）调整再贴现率（rediscount rate）。通常把中央银行给商业银行的贷款称为再贴现，把中央银行对商业银行的贷款利率称为再贴现率。调整再贴现率，一方面会改变商业银行从中央银行贷款的成本，增加再贴现率会促使商业银行减少向中央银行的贷款，从而减少基础货币数量，反之亦然；另一方面，由于再贴现率是中央银行货币政策的“公告牌”和“晴雨表”，它体现了货币政策的走势，因此商业银行的利率将随着再贴现率相应变动。

（4）道义劝导（moral suasion）。又称“打招呼”，是指中央银行对商业银行在放款、投资等方面应采取的措施和行为给予指导或劝告，希望商业银行与中央银行在货币政策方面相互配合。道义劝导既能控制信用的总量，也能调整信用的构成，在质和量的方面均起作用。中央银行的道义劝导不具有强制性，较为灵活但没有法律的约束力，所以其效果视各金融机构是否与中央银行合作而定。

（5）窗口指导（window guidance）。它是一种劝谕式监管手段，是指中央银行通过劝告和建议向金融机构解释说明相关政策意图，提出指导性意见，或者根据监管信息向金融机构提示风险从而影响商业银行的信贷行为，属于一种温和的、非强制性的货币政策工具。窗口指导是监管机构利用其在金融体系中的特殊地位和影响，引导金融机构主动采取措施防范风险，进而实现监管目标的监管行为。

除以上措施之外，还有一些辅助性政策工具，如规定利率限额与信用配额、信用条件限制、规定金融机构流动性比率和直接干预等。

相关链接 15-1 货币政策的传导机制

货币政策传导机制，是指货币政策工具的运用，如何引起社会生活中的某些变化，最终实现货币政策；它反映了“货币政策变动经由某种渠道或变量的传导引发真实经济变动的全过程”。其构成包括利率渠道、信贷供给渠道、资产价格渠道和汇率渠道。

1. 凯恩斯学派观点

（1）凯恩斯学派的货币政策传导机制理论，其最初的思路可归结为：通过货币供给 M 的增减影响利率 r，利率的变化则影响投资，而投资的增减会进而影响总支出 E 和总收入 Y，即 $M \to r \to I \to E \to Y$。

（2）在凯恩斯学派看来，货币数量的变动将只是通过对一组约定的收益（即对一组金融资产，如政府债券或公司债券的市场利率）的影响而影响产量或价格。当货币供应量增加时，人们以超出自愿保持的货币数量去购买债券，导致债券价格上升，从而利息率下降，投资增加，最终通过乘数效应使国民收入增加。在这个传导机制发挥作用的过程中，主要环节是利率，货币供应量的调整必须首先影响利率的升降，其次才能使投资乃至总支出发生变化。

（3）在局部均衡分析的基础上，凯恩斯学派提出了被称为一般均衡的分析，其主要观点是：货币供给量、利率、投资、总支出与总收入之间的相互影响，使利率来回升降，最终逼近均衡点。这个点同时满足了货币市场供求和商品市场供求两方面均衡的要求，即在这个点上，可能利率会比原来的均衡水平低，而产出量较原来的均衡水平高。

2. 现代货币主义学派观点

（1）现代货币主义学派不同意凯恩斯主义者关于货币政策传递机制的看法。他们认为货币增加量可以直接影响支出、价格以及物质资产很多种类固有的收益，不仅限于金融资产的一小组收益。货币数量对实际经济体系产生影响的传导机制是通过较广泛范围内资产选择所引起的各种金融资产、实物资产、债务和耐久性消费品的相对价格变化而起作用的。

（2）弗里德曼指出，由于凯恩斯学派只考虑相当狭窄范围的金融资产及利息率，十分重视投资的利息率弹性，但当考虑的资产范围放大时，货币需求的利息率弹性极小，即利息率下降不会引起人们对货币需求的增加，而是用增加的货币去购买其他资产以调整其资产结构，从而大部分货币增量将直接作用于名义收入。

（3）在货币数量急剧增加时，随着人们对其他资产的购买，各种资产价格上升，利息率最初会下降。但是由于货币数量增加过多会引起物价上涨，又会促使利息率上升，尤其是当考虑到物价上升时实际利息率和名义利息率的背离幅度，名义利息率还会进一步上升。现代货币主义基于此提出：依据利息率来制定货币政策，必然会导致货币政策的失误。因为从长期看，货币供应量的增加并不会降低利息率，反而会使利息率上升，而为降低利息率再增加货币供应量，则只会加剧通货膨胀。所以，衡量货币政策效果的有效指标不应是利率，而是名义货币供应量。

资料来源：曾宪久：《货币政策传导机制论》，中国金融出版社，2004 年，经改编所得。

（三）人力资本政策

人力资本政策，又称就业政策，是一种旨在改善劳动力市场结构，以减少失业的政策。它主要对劳动力的供给发生作用，特别是可以解决失业与职位空位的矛盾。

人力资本政策的理论依据在于：一方面，人力资本投资在经济增长中起关键作用。人力资本的社会收益大于私人收益，受过良好教育并有丰富经验的人的相互作用所产生的额外生产率大于每个个人自己可以得到的收益，因此需要政府政策予以支持。另一方面，失业中主要是结构性失业。由于经济结构、体制、增长方式等的变动，劳动力在包括技能、经验、工种、知识、年龄、性别、主观意愿、地区等方面的供给结构与需求结构不相一致，从而表现为失业和空岗并存的特征。

人力资本政策被认为是对付失业从而促进经济增长的有效办法，其主要政策工具包括：

（1）人力资本投资。例如，制订人力训练方案，包括对失业者和在业人员的培训，使非熟练劳动者能够符合就业机会所要求的条件，对技术过时的劳动者进行知识更新等。

（2）完善劳动力市场。例如，发展职业介绍体制，改善职位空缺和就业机会消息的传播，为企业和失业者及时提供充分而准确的劳动力市场信息等。

（3）协助工人进行流动。例如，帮助劳动者和企业进行地区迁移，解决劳动力地区间流动的困难；发展劳动密集型部门与企业（如服务行业和公共服务部门），为劳动者创造更多的就业岗位等。

三、宏观经济政策的搭配

在宏观经济政策影响投资、消费与政府支出方面，货币政策与财政政策具有显著的差异。货币政策主要通过刺激总需求中对利息敏感的组成部分（主要是投资支出）发挥作用；财政政策则取决于政府采购的是什么商品、变动的是什么税种以及什么样的转移。虽然所有政策都提高产出，但对经济各个领域的影响程度却有很大的不同。

因此，为了实现宏观经济目标而采取的财政政策、货币政策以及其他一些政策工具相互搭配，不但会使经济趋于充分就业，而且有助于解决其他政策问题。财政政策与货币政策搭配使用的效果如表 15-1 所示。

表 15-1　财政政策与货币政策的搭配使用

政策搭配	产出	利率
扩张性财政政策和紧缩性货币政策	不确定	上升
紧缩性财政政策和紧缩性货币政策	减少	不确定
紧缩性财政政策和扩张性货币政策	不确定	下降
扩张性财政政策和扩张性货币政策	增加	不确定

例如，扩张性财政政策的财政表现为 IS 曲线右移，在使收入增加的同时会带来利率的上升，而扩张性的货币政策表现为 LM 曲线的右移动，在使收入增加的同时会带来利率的下降。因此，将两种政策搭配使用，可以实现利率水平保持不变的情况下，

收入较大幅度增加。如图 15-3 所示，横轴为产出 Y，纵轴为利率 r。

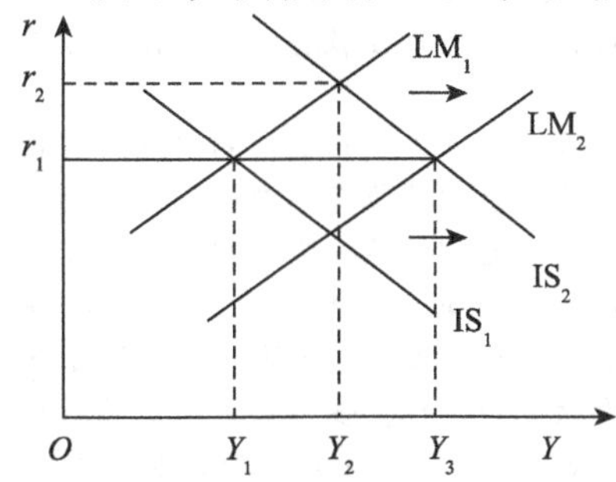

图 15-3 财政政策与货币政策的配合使用

政府和中央银行可以根据具体情况和不同经济目标选择不同的政策组合：①当经济发生严重通货膨胀时，用紧缩货币来提高利率，降低总需求水平，辅以紧缩财政以防止利率过分提高；②当经济严重萧条时，用扩张性财政政策增加总需求，用扩张性货币政策降低利率以克服“挤出效应”；③当经济中出现通货膨胀但不严重时，用紧缩性财政政策压缩总需求，又用扩张性货币政策降低利率，以免财政政策紧缩而引起衰退；④当经济萧条但不太严重时，用扩张性财政政策刺激总需求，又用紧缩性货币政策控制通货膨胀。表 15-2 显示了不同政策组合效应情况。

表 15-2 不同政策组合效应

项目	直接影响	间接影响	利率水平	货币供应	消费比重	投资比重
紧财政	Y↓	R↓	R↓	M↑	C↓	I↑
松货币	R↓	Y↑				
松财政	Y↑	R↑	R↑	M↓	C↑	I↓
紧货币	R↑	Y↓				

●专栏 15-1 2008 年中国的宏观经济政策

近年来，中国经济继续保持增长较快、效益较好、运行较稳的态势，不过在国际收支不平衡、流动性过剩矛盾突出、信贷投资增长较快、节能减排任务艰巨等问题尚未根本缓解的同时，经济运行中又出现了一些新情况和新问题，主要是经济增速由偏快转为过热的风险加大，食品、房地产等领域价格大幅上涨等。高增长和高通胀的事实反映出我国总需求和总供给格局的变化。进入 2008 年，中国宏观经济发生了微妙变化。由于美国次贷危机、美元贬值，国际市场原油、粮食和主要初级产品价格大幅上涨等国际环境的变化，以及我国 2008 年年初罕见的冰雪灾害、5 月的汶川大地震等不利因素，经济增速开始放缓，能源等价格上涨压力比较突出，中国经济面临前所未有的考验。

回顾近年来我国宏观经济财政、货币政策改革的三次转型，从 2002 年提出的“实施积极的财政政策和稳健的货币政策”，到 2004 年的“稳健的财政政策和货币政策”，再到 2007 年年底“稳健的财政政策和从紧的货币政策”；调控政策将政府的调控目标从 2007 年的“单防”（防止经济过快增长），转变为 2008 年的“双防”（防止经济增长由偏快转向过热，防止价格由结构性上涨演变为明显通货膨胀）。表现在宏观政策工具使用上：货币政策方面，2007 年中国人民银行共 10 次上调存款准备金率，到 2008 年 6 月为止又 5 次上调存款准备金率；2003~2007 年，先后 8 次（2007 年 6 次）调整 1 年期存款基准率共 2.16%，9 次上调 1 年期贷款基准率 2.16%，并通过多次公开市场操作回收流动性。财政政策方面，2008 年 4 月 24 日国家将证券（股票）交易印花税税率从 3‰下调为 1‰；2008 年 5 月，中央财政加大了对灾后重建的财政支持，中央财政在教育、社会保障方面投入加大，支持发展基本医疗保障和推进医疗改革。

从紧的货币政策主要发挥收紧银根的作用，而稳健的财政政策在配合货币政策作总量调节的同时优化结构，通过区别对待，支持经济社会中的薄弱部分得到更好的提高、改善，来增加整个社会生活中的有效供给。从经济数据来看，一季度“一稳一紧”组合发挥了较好的调控效果。一季度国内生产总值增速比上年同期回落 1.1 百分点，经济增长过热趋势得到缓解，同时 3 月全国居民消费价格总水平比 2 月下降 0.7%，物价有所回落；2 月起贷款增速下降，而 3 月货币供应量增速也出现回落。

稳健的财政政策和从紧的货币政策的搭配，较适合宏观调控所要达到的国民经济保持又好又快发展，同时预防新的通货膨胀威胁的多重目标，是比较合理的宏观政策组合。

资料来源：依据余永定的《当前中国宏观经济的新挑战》（《国际经济评论》，2007 年 10 月）和国家发展和改革委员会宏观经济研究院课题组的《2007—2008 年中国宏观经济形势分析与预测》（中国经济出版社，2008 年）等改编。

第三节 宏观经济政策的争论

一直以来，关于宏观经济运行的特征以及政府应当通过其政策在经济活动中扮演什么角色之类的争论使得宏观经济政策成为经济学家关注的焦点。相关的争论主要集中于两个方面：第一，宏观经济政策在稳定经济中应该是积极的还是消极的，即应该是主动性政策还是被动性政策；第二，决策者的政策应该是斟酌处置还是应该遵循固定规则。

由于很少有什么政策只有好处而没有代价，每一种貌似免费午餐的政策主张背后都有隐藏的价格标签。以下将具体分析有关宏观经济政策争论的不同政策支持者的观点。

一、主动性政策与被动性政策

（一）主动性政策的观点

主动性政策，即积极财政政策与货币政策的支持者认为，经济本质上是不稳定的，相信政府可以管理总需求，以便抵消内在的不稳定性。凯恩斯是积极政策最主要的代表。

由于经济会经常受到冲击，且总需求与总供给模型说明了经济冲击可能引起衰退，从而出现高失业、低收入和经济的不稳定，除非运用货币或财政政策稳定经济，否则这些冲击会导致产出、失业和通货膨胀等不必要且无效率的波动。许多经济学家都认为宏观经济政策应“逆势”操作以稳定经济。

（二）被动性政策的观点

被动性政策，即消极政策的支持者认为：首先，由于宏观经济政策存在时滞，稳定经济的政策最终可能破坏经济的稳定；其次，决策者对经济的预测能力有限，而微观经济主体的预期会很大程度地影响未来政策效果，从而增加了不确定性；最后，宏观经济运行本身具有较强的自我稳定功能，所以不主张用政策干预经济。

1. 内部时滞与外部时滞

内部时滞（inside lag）是指从经济发生变动，认识到有必要采取政策措施，到决策者制定出适当的经济政策并付诸行动之间的时间间隔。它可分成三个组成部分——认识时滞（recognition lag）、决策时滞（decision lag）和行动时滞（action lag）。不同的经济政策具有不同的内部时滞。货币政策由于从决策到执行所需的环节较少，其内部时滞较短；财政政策的制定和执行需要通过立法机构讨论和表决，再到中央和地方政府执行，因而其内部时滞较长。

外部时滞（outside lag）是指从一项经济政策特别是宏观经济政策开始执行到其充分发挥全部效果并达到预期目标之间的时间间隔。一般外部时滞呈分布滞后的形式。政策开始实施后，因为一般不会马上对目标变量发生作用，而是首先作用于某个中间变量，再由这个中间变量影响目标变量，所以只有经过一段时间后政策才能完全发挥作用，达到预期目标。不同的经济政策具有不同的外部时滞。货币政策影响目标变量一般要经过多个中间变量（$M \to r \to I \to E \to Y$），因而外部时滞较长；财政政策影响目标变量一般较为直接，因而外部时滞较短。

2. 卢卡斯批判

“卢卡斯批判”（Lucas critique）[①]是指卢卡斯在20世纪70年代提出的一种认为传统政策分析没有充分考虑到预期对经济政策作用的观点。不同于凯恩斯学派僵化的总供给曲线的观点，卢卡斯认为总供给曲线是可变的，它会对政府的宏观经济政策做出反应。

卢卡斯指出，人们在对将来的事态做出预期时，不但要考虑过去，还要估计现在的事件对将来的影响，并且根据他们所得到的结果来改变他们的行为，即“理性预期”——人们会根据经济情况的变化去调整自己的经济行为方式，同时会积极地收集与自身利益相关的信息并有效加以利用。在这一过程中，行为的改变会使经济模型的参数发生变化，而参数的变化又是难以衡量的。因此卢卡斯认为用宏观经济模型很难评价经济政策的效果。

二、斟酌处置政策与固定规则政策

（一）斟酌处置政策

斟酌处置（又称相机抉择）政策是指政府进行需求管理时，根据市场情况和各项调节措施的特点，机动灵活地采取一种或几种措施，使财政政策和货币政策相互搭配，既保持总需求提高又不致引起较高的通货膨胀率。主张相机抉择的经济学家认为，政策制

---

① Lucas Jr R E. Econometric policy evaluation：a critique. Carnegie-Rochester Conference Series on Public Policy，1976，（1）：19-46.

定者不应当受既定规则约束，而应自行选择每个时点上的最优政策。

（二）固定规则政策

固定规则政策是指以弗里德曼为代表的货币主义学派关于货币供应量每年按固定比例增长的政策主张。弗里德曼建议货币供应量每年按固定的比例（实际国民收入增长率加通货膨胀率）增长，以使得货币供应量不限制国民收入的自然增长。主张固定规则政策的经济学家认为相机抉择会导致无规则情况下经济政策的滥用和时间的不一致性，损害政策的可信度，最终会给经济活动带来不利后果。

1. 政治性经济周期

无规则情况下的经济政策滥用会导致政治性经济周期，这是指为选举利益而操纵经济所引起的产出和就业的波动。政治性经济周期会加剧经济波动，不利于经济的稳定。因此为消除政治性经济周期带来的不利影响，政府应该按规则行事，实行固定规则政策。

2. 时间不一致性

在特定时点上做出的相机抉择尽管在当时可能是理性选择，但从长期来看往往适得其反，这被称为“时间不一致性”（time inconsistency）。这一问题最先由基德兰德（F. E. Kydland）和普雷斯科特（E. C. Prescott）在 1977 年提出。决策者（政府）开始实施一项最优政策，随着时间的推移，下一阶段会出现使决策者改变计划的动机，即今天的决策不再适合于明天了，这就出现了时间不一致性。由于政策制定者被赋予了过多的相机抉择权力，每一时点努力采用的最优化政策最终会趋于无效。所以有效的政策是时间一致性的政策，这一政策虽不是在每个时点上都是最优的，但从长期来看是政府的最佳选择。

➤本章提要

政府的储蓄、投资和借贷间的关系表现为：政府净债务变化量等于预算赤字，政府的预算赤字等于公共部门投资和储蓄的差额。政府的储蓄、投资和借贷行为对国民总储蓄和投资具有重要的影响，如政府购买增加对于国民收入具有“乘数效应”。

李嘉图等价认为征税和发行国债对经济的影响等价，这一命题的成立与消费者预期、未来收入等方面因素密切相关，当未来税收增加和时间的不确定性增强时，李嘉图等价可能失效。宏观经济政策的目标包括充分就业、物价稳定、经济增长和国际收支平衡；常见的宏观经济政策包括财政政策、货币政策和人力资本政策。

财政政策指政府变动税收和支出以便影响总需求进而影响就业和国民收入，达到稳定国民经济目标的政策，它具有“自动稳定器”的功能。货币政策指国家根据既定经济发展目标，通过中央银行运用其政策工具，调节货币供应量和利率，以影响宏观经济活动水平的政策。人力政策是一种旨在改善劳动力市场结构，以减少失业的政策。为了实现宏观经济目标，财政政策、货币政策以及其他一些政策工具可以相互搭配，这不但会使经济趋于充分就业，而且有助于解决其他政策问题。

宏观经济政策的争论可以归纳为主动性政策与被动性政策之争和斟酌处置政策与固定规则政策之争。主动性政策的倡导者认为，经济本质上是不稳定的，并相信政府可以管理总需求，以便抵消内在的不稳定性。而被动性政策支持者认为，由于宏观经济政策存在时滞，微观经济主体的预期会很大程度地影响未来政策效果，且宏观经济运行本身具有较强的自我稳定功能，所以不主张用政策干预经济。

➤关键概念

财政政策（fiscal policy）
货币政策（monetary policy）
人力政策（human resource policy）
李嘉图等价（Ricardian equivalence theorem）
挤出效应（crowding out effect）
自动稳定器（automatic stabilizers）
公开市场操作（open market operations）
准备金要求（reserve requirement）
再贴现率（rediscount rate）
道义劝导（moral suasion）
窗口指导（window guidance）
内部时滞（inside lag）
认识时滞（recognition lag）
决策时滞（decision lag）
行动时滞（action lag）
外部时滞（outside lag）

➤复习思考题

1. 宏观经济政策的基本目标是什么？
2. 什么是自动稳定器？是否税率越高，税收作为自动稳定器的作用越大？
3. 下列何种政策组合会使利率肯定下降，收入的变化不确定？
（1）松财政政策与紧货币政策；
（2）紧财政政策与松货币政策；
（3）松财政政策与松货币政策；
（4）紧财政政策与紧货币政策。
4. 中央银行的货币政策工具主要有哪些？
5. 货币主义者与凯恩斯主义者在货币政策的传导机制问题上有什么分歧？
6. 什么是内在时滞与外在时滞？哪一种政策内在时滞更长——货币政策还是财政政策？哪一种政策外在时滞更长？为什么？
7. 如何协调使用宏观财政政策与货币政策？

8. 简述卢卡斯批判的主要内容。
9. 什么是斟酌使用的财政政策和货币政策？

➤扩展性阅读资料

多恩布什 S，费希尔 S，斯塔兹 R. 2000. 宏观经济学. 第7版. 范家骧等译. 北京：中国人民大学出版社
黄亚钧. 2005. 宏观经济学. 第2版. 北京：高等教育出版社
贾德奎. 2004. 西方经济学货币政策规则理论述评. 财经理论与实践，（1）：32-36
李晓西. 2005. 宏观经济学（中国版）. 北京：中国人民大学出版社
厉以宁. 2005. 西方经济学. 第2版. 北京：高等教育出版社
刘斌. 2002. 我国货币供应量与产出、物价间相互关系的实证研究. 金融研究，（7）：10-17
曼昆 G N. 2015. 经济学原理：宏观经济学分册. 第7版. 梁小民，梁砾译. 北京：北京大学出版社
帕金 M. 2008. 宏观经济学. 第8版. 张军译. 北京：人民邮电出版社
平新乔. 2003. 财政政策与经济增长. 北京：经济科学出版社
王广谦. 2003. 20世纪西方货币金融理论研究进展与述评. 北京：经济科学出版社
邹薇. 2000. 高级宏观经济学. 北京：中国社会科学出版社
Barro R J，Gordon D. 1983. Rules，discretion and reputation in a model of monetary policy. Journal of Monetary Economics，12（1）：101-121
Friedman M. 1957. A Theory of the Consumption Function. Princeton University Press
Ireland P. 1999. Does the time-inconsistency problem explain the behavior of inflation in the United States? Journal of Monetary Economics，44（2）：279-291
Kydland F，Prescott E. 1977. Rules rather than discretion：the inconsistency of optimal plans. Journal of Political Economy，85（3）：473-492
Pill H，Rostagno M. 2001. Inflation targeting and taylor rules as benchmarks for monetary policy decision：a critical survey. NBER Working Paper，8421